プリント形式のリアル過去問で本番の臨場感！

神奈川県 市立

横浜サイエンスフロンティア高等学校附属中学校

2025年春受験用

解答集

本書は，実物をなるべくそのままに，プリント形式で年度ごとに収録しています。
問題用紙を教科別に分けて使うことができるので，本番さながらの演習ができます。

■ 収録内容

・解答集（この冊子です）

書籍ＩＤ番号，この問題集の使い方，最新年度実物データ，リアル過去問の活用，解答例と解説，ご使用にあたってのお願い・ご注意，お問い合わせ

・2024（令和６）年度 ～ 2018（平成30）年度　学力検査問題

JN132479

○は収録あり　年度	'24	'23	'22	'21	'20	'19
■ 問題(適性検査)	○	○	○	○	○	○
■ 解答用紙	○	○	○	○	○	○
■ 配点	○	○	○	○	○	○

全分野に解説があります

上記に2018年度を加えた7年分を収録しています
注)問題文等非掲載:2024年度適性検査Ⅰの2，2020年度適性検査Ⅰの問題6と問題7

問題文の非掲載につきまして

著作権上の都合により，本書に収録している過去入試問題の本文の一部を掲載しておりません。ご不便をおかけし，誠に申し訳ございません。

教英出版

■ 書籍ＩＤ番号

入試に役立つダウンロード付録や学校情報などを随時更新して掲載しています。
教英出版ウェブサイトの「ご購入者様のページ」画面で，書籍ＩＤ番号を入力してご利用ください。

書籍ＩＤ番号　103214

（有効期限：2025年9月30日まで）

【入試に役立つダウンロード付録】
「要点のまとめ（国語／算数）」
「課題作文演習」ほか

■ この問題集の使い方

年度ごとにプリント形式で収録しています。針を外して教科ごとに分けて使用します。①片側，②中央のどちらかでとじてありますので，下図を参考に，問題用紙と解答用紙に分けて準備をしましょう（解答用紙がない場合もあります）。

針を外すときは，けがをしないように十分注意してください。また，針を外すと紛失しやすくなりますので気をつけましょう。

① 片側でとじてあるもの

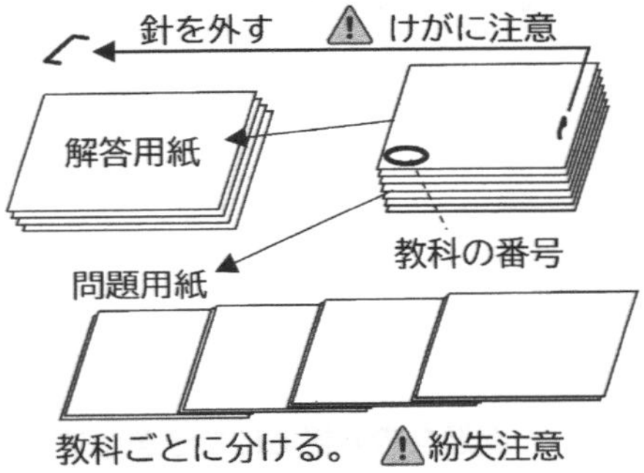

② 中央でとじてあるもの

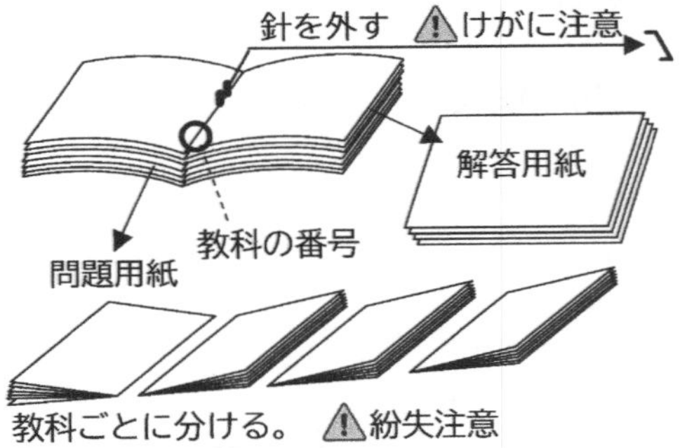

※教科数が上図と異なる場合があります。
解答用紙がない場合や，問題と一体になっている場合があります。
教科の番号は，教科ごとに分けるときの参考にしてください。

■ 最新年度 実物データ

実物をなるべくそのままに編集していますが，収録の都合上，実際の試験問題とは異なる場合があります。実物のサイズ，様式は右表で確認してください。

問題用紙	Ａ４冊子（二つ折り）
解答用紙	Ａ３片面プリント 適性Ⅰの一部：Ａ４片面プリント

リアル過去問の活用

～リアル過去問なら入試本番で力を発揮することができる～

本番を体験しよう！

問題用紙の形式（縦向き／横向き），問題の配置や余白など，実物に近い紙面構成なので本番の臨場感が味わえます。まずはパラパラとめくって眺めてみてください。「これが志望校の入試問題なんだ！」と思えば入試に向けて気持ちが高まることでしょう。

入試を知ろう！

同じ教科の過去数年分の問題紙面を並べて，見比べてみましょう。

① 問題の量

毎年同じ大問数か，年によって違うのか，また全体の問題量はどのくらいか知っておきましょう。どのくらいのスピードで解けば時間内に終わるのか，大問ひとつにかけられる時間を計算してみましょう。

② 出題分野

よく出題されている分野とそうでない分野を見つけましょう。同じような問題が過去にも出題されていることに気がつくはずです。

③ 出題順序

得意な分野が毎年同じ大問番号で出題されていると分かれば，本番で取りこぼさないように先回りして解答することができるでしょう。

④ 解答方法

記述式か選択式か（マークシートか），見ておきましょう。記述式なら，単位まで書く必要があるかどうか，文字数はどのくらいかなど，細かいところまでチェックしておきましょう。計算過程を書く必要があるかどうかも重要です。

⑤ 問題の難易度

必ず正解したい基本問題，条件や指示の読み間違いといったケアレスミスに気をつけたい問題，後回しにしたほうがいい問題などをチェックしておきましょう。

問題を解こう！

志望校の入試傾向をつかんだら，問題を何度も解いていきましょう。ほかにも問題文の独特な言いまわしや，その学校独自の答え方を発見できることもあるでしょう。オリンピックや環境問題など，話題になった出来事を毎年出題する学校だと分かれば，日頃のニュースの見かたも変わってきます。

こうして志望校の入試傾向を知り対策を立てることこそが，過去問を解く最大の理由なのです。

実力を知ろう！

過去問を解くにあたって，得点はそれほど重要ではありません。大切なのは，志望校の過去問演習を通して，苦手な教科，苦手な分野を知ることです。苦手な教科，分野が分かったら，教科書や参考書に戻って重点的に学習する時間をつくりましょう。今の自分の実力を知れば，入試本番までの勉強の道すじが見えてきます。

試験に慣れよう！

入試では時間配分も重要です。本番で時間が足りなくなってあわてないように，リアル過去問で実戦演習をして，時間配分や出題パターンに慣れておきましょう。教科ごとに気持ちを切り替える練習もしておきましょう。

心を整えよう！

入試は誰でも緊張するものです。入試前日になったら，演習をやり尽くしたリアル過去問の表紙を眺めてみましょう。問題の内容を見る必要はもうありません。どんな形式だったかな？受験番号や氏名はどこに書くのかな？…ほんの少し見ておくだけでも，志望校の入試に向けて心の準備が整うことでしょう。

そして入試本番では，見慣れた問題紙面が緊張した心を落ち着かせてくれるはずです。

※まれに入試形式を変更する学校もありますが，条件はほかの受験生も同じです。心を整えてあせらずに問題に取りかかりましょう。

横浜サイエンスフロンティア高等学校附属中学校　2024 令和6 年度　適性検査Ⅰ

《解答例》

1　問題１．１　問題２．１　問題３．672 年…５　1868 年…４　問題４．４　問題５．２
問題６．その国の文化，習慣や気候を学ぶこと

2　問題１．３
問題２．〈作文のポイント〉
・最初に自分の主張、立場を明確に決め、その内容に沿って書いていく。
・わかりやすい表現を心がける。自信のない表現や漢字は使わない。
さらにくわしい作文の書き方・作文例はこちら！→https://kyoei-syuppan.net/mobile/files/sakupo.html

《解　説》

1　**問題１**　１日中太陽が出ない現象を極夜といい，北極や南極に近い高緯度地域で起きる現象である。右図において，北極付近で１日中太陽が沈まない白夜になる時期，南極付近では極夜となる。

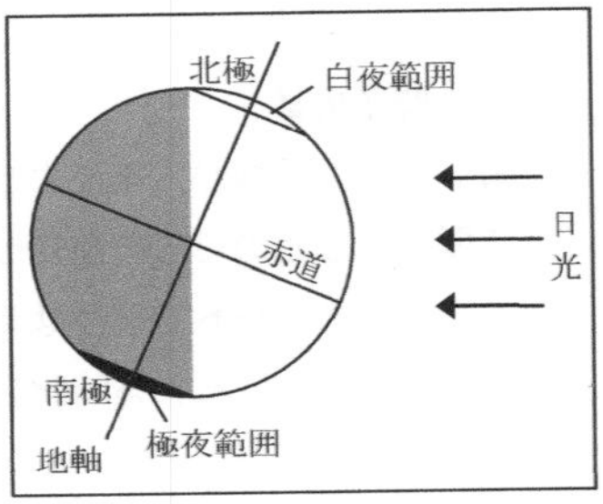

問題２　Ａは熱帯雨林気候，Ｂは温帯の地中海性気候を示す雨温図である。バナナの栽培条件を見ると，高温多湿，気温 27～31℃とあることから，熱帯雨林気候が条件にあう。また，資料６よりマレーシアやシンガポールの気候が熱帯であることがわかることも判断材料になる。熱帯で栽培される農作物は，資料５からコーヒーと判断できる。オリーブは温帯，小麦は温帯，亜寒帯，乾燥帯の地域で栽培される。

問題３　672÷10＝67 あまり２より，十干は壬である。672÷12＝56 あまり０より，十二支は申である。よって，672 年には壬申の乱が起きたとわかる。同様にして，1868÷10＝186 あまり８より，十干は戊，1868÷12＝155 あまり８より，十二支は辰だから，1868 年には戊辰戦争が起きたとわかる。

問題４　下関条約が結ばれたところがある県は山口県，門司港がある県は福岡県である。ポルトガル人が漂着し，鉄砲が伝わったのは，鹿児島県の種子島である。金印が発見されたのは福岡県の志賀島，壇ノ浦があるのは山口県，元との戦いに備えて防塁がつくられたのは福岡県の博多湾沿岸である。

問題５　学制が定められた 1870 年代には，家事の重要な担い手とされた女子の就学率は特に低かった。1890 年に小学校令が改正され，尋常小学校３～４年間の義務教育が明確化された頃から，男女ともに就学率は伸び，1900 年頃には 80％を超え，1910 年頃には 100％近くになった。

問題６　会話１には，文化や習慣を知ることの重要性が書かれている。会話２には，言語と気候，農作物との関連性が書かれている。会話３と会話４をもとにして，「その国の歴史的なできごとや背景を知ること」などとしてもよい。

2　**問題１**　科博の研究員の言葉をきっかけに筆者が気づいたことが，文章の最後の方に書かれている。「解剖《かいぼう》の目的は，名前を特定することではない。生き物の体の構造を理解することにある。ノミナを忘《わす》れ，まずは純粋《じゅんすい》な目で観察することこそが，体の構造を理解する上で何より大事なことである。当時の私はこのことに気がついておらず，名前を特定することが目的化し，まさに名前に振《ふ》り回されていた」とあるので，３が適する。

問題２　資料１と資料２に共通する考えは，目の前にあるものをちゃんと見ることと，そうすることを通して，自

分の頭を使って考えることが大切だということである。第一段落にはこのことをまとめて書く。資料１では，「共通する考え」について，「ノミナを忘れ，まずは純粋な目で観察することこそが，体の構造を理解する上で何より大事なことである」，解剖の際には，「目の前の筋肉《きんにく》がどの骨とどの骨をつないでいるのか〜長いか短いか」といったことを観察し，考えるという具体例を通して述べている。第二段落にはこのことをまとめて書く。資料２では，「共通する考え」について，美術館で作品を鑑賞《かんしょう》する際には，解説文を読んで情報を得ることよりも，作品そのものをしっかり見て，いろいろなことに気づいたり考えたりする方が豊かな鑑賞につながると述べている。第三段落にはこのことをまとめて書く。

《解答例》

1　問題１．4716686　問題２．0.92　問題３．37240　問題４．あ．1030　い．つぶれて

問題５．３時間 12 分　問題６．３，６，８　問題７．(う)５　(え)２

2　問題１．５　問題２．210.42　問題３．右図

問題４．あ．３：５　い．１：４　問題５．(う)11　(え)12

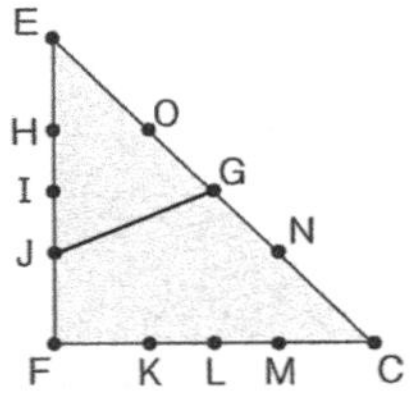

《解　説》

1　**問題１**　海洋の面積が 362822000 ㎢で，6000m以上の深さの海の面積は全海洋の 1.2＋0.1＝1.3(%)だから，362822000×0.013＝4716686(㎢)である。

問題２　液体中の物体には，浮力《ふりょく》という上向きの力がはたらき，浮力より物体の重さが大きければ物体は沈《しず》み，物体の重さが小さければ物体は浮《う》かぶ。また，浮力の大きさは，物体がおしのけた液体の重さに等しい。図４で，(ア)と(イ)にはたらく浮力と(ア)と(イ)の重さは等しくなっているから，実験の４での浮き沈みについては，実験の３で入れたサラダ油 300mL にはたらく浮力とその重さや(ウ)の重さだけが関係すると考えればよい。サラダ油 300mL がおしのけた海水の体積は 300mL であり，その重さは 1.03×300＝309(g)だから，サラダ油 300mL にはたらく浮力は 309g である。実験の３で(ア)が沈むのは，サラダ油の重さと(ウ)の合計の重さの和が浮力(309g)と同じになるときである。(ウ)の合計の重さの平均が(33.0＋32.8＋33.0＋32.9＋32.7＋32.9＋33.0＋32.6＋33.1＋33.0)÷10＝32.9(g)だから，サラダ油の重さは 309－32.9＝276.1(g)である。よって，サラダ油１mL は 276.1÷300＝0.920…→0.92g である。

問題３　海水中のガソリン１mL にはたらく浮力は 1.03g で，ガソリンの重さが 0.75g だから，ガソリン１mL あたり 1.03－0.75＝0.28(g)の上向きの力(浮き上がろうとする力)がはたらく。よって，ガソリン 133 ㎥→133000000mL では，0.28×133000000＝37240000(g)→37240 kgの上向きの力がはたらく。

問題４　あ．10000m→1000000 cmより，１×1000000＝1000000(㎤)の海水が乗っているから，1.03×1000000＝1030000(g)→1030 kgの海水が乗っていることになる。

問題５　降下と上昇《じょうしょう》のそれぞれにかかる時間が 6480÷45＝144(分)だから，降下・上昇時間の合計は 144×２＝288(分)→４時間 48 分である。潜航《せんこう》開始から海面浮上までを８時間で行うから，調査時間は，８時間－４時間 48 分＝３時間 12 分である。

問題６　１・２×，３○…図 10 より，海水温は，水深０mで最も高く，水深０m～1000m付近までで大きく低くなり，さらに水深が深くなると変化は小さくなり，水深 2000m付近をこえるとほとんど変化しなくなる。
４・５×，６○…図 11 より，塩分濃度《のうど》は，水深０mで最も高く，水深０m～750mで下がっていき，水深 750m付近で最も低くなる。さらに水深が深くなると再び塩分濃度は高くなっていき，水深 3000mをこえるとほとんど変化しなくなる。　７・９×，８○…図 12 より，音の速さは，水深０m～250m付近まで速くなっていき，それをこえると水深 1000m付近まで遅くなっていき，水深 1000m付近で最も遅くなる。さらに水深が深いところでは，水深が深くなるほど音の速さは速くなっている。

問題７　図15より，初号機は10秒に１枚，新型機(2018年)は２秒に１枚(10秒に５枚)送っていることがわかる。同じ時間(10 秒)で送れる枚数が５倍になっている，つまり，通信速度は５倍になったとわかる。なお，図 13 の数値を用いても新型機(2018 年)の通信速度は，初号機の 80÷16＝５(倍)になっているとわかる。また，通信速度が５倍になると，１枚を送るのにかかる時間は$\frac{1}{5}$倍になるから，新型機(2018 年)は 10×$\frac{1}{5}$＝２(秒)で１枚送ることができると求めることもできる。

[2]　**問題１**　【図４】で開いた折り紙を，再び折り目にそって折っていくと，図ⅰのようになる。よって，ハサミで切った部分は太線部で表した部分だから，５が正しい。

図ⅰ

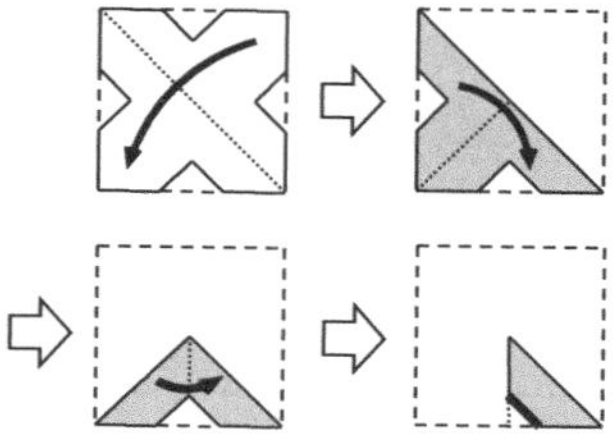

問題２　切り取った直角二等辺三角形を４つつなげると，対角線の長さが2.7×２＝5.4(cm)の正方形が１つできる。よって，切り取った部分の面積の合計は5.4×5.4÷２＝14.58(cm²)だから，【図４】の面積は15×15－14.58＝210.42(cm²)である。

問題３　はなこさんが一刀切りした折り紙【図６】を，問題１と同様に折りたたんで⑥の状態にすると，図ⅱのようになる。図ⅱでは，三角形ＥＦＣから２つの合同な三角形が切り取られるので，この２つの三角形が重なるように，アエとイウを重ねて折ると，折り目はアイ，エウの真ん中の点をそれぞれ通る。ＧからＥＦに垂直な直線を引くと，Ｉで交わるので，折り目はＩの下側にあるＪを通ることになる。よって，２点Ｇ，Ｊを直線で結べばよい。

図ⅱ

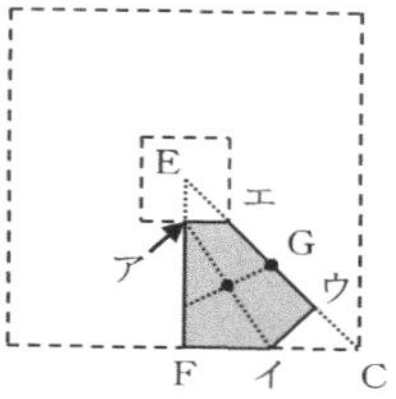

問題４　【図10】の後，折り目にそって折り紙を開いていくと，図ⅲのようになる。図ⅲでは，ＨＩ：ＩＣ＝１：１であり，ＲＳ＝ＨＩ×２だから，ＲＳ：ＳＣ＝２：１となる。これをＲＳ：ＳＣ＝１：２にしたいから，(ＨＩ×２)：ＩＣ＝１：２より，ＨＩ：ＩＣ＝(１×$\frac{1}{2}$)：２＝１：４となればよい。実際に切り取った部分を斜線《しゃせん》で表すと，図ⅳのような長さの比になればよいので，ＥＧ：ＧＢ＝([2]＋[1])：([1]＋[4])＝３：５となる。

図ⅲ

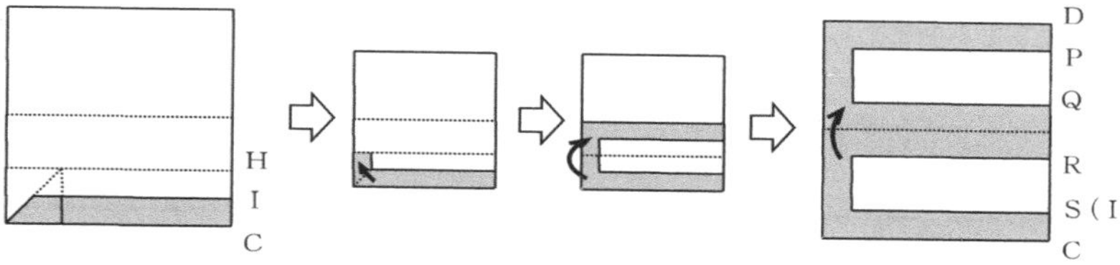

図ⅳ

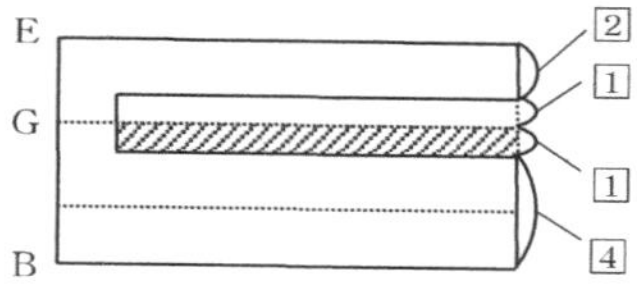

問題５　折り方(う)，(え)を行い，一刀切りした紙を開いていくと，それぞれ図ⅴ，図ⅵのようになる。

よって，折り方(う)は「M」，折り方(え)は「P」ができる。

図ⅴ

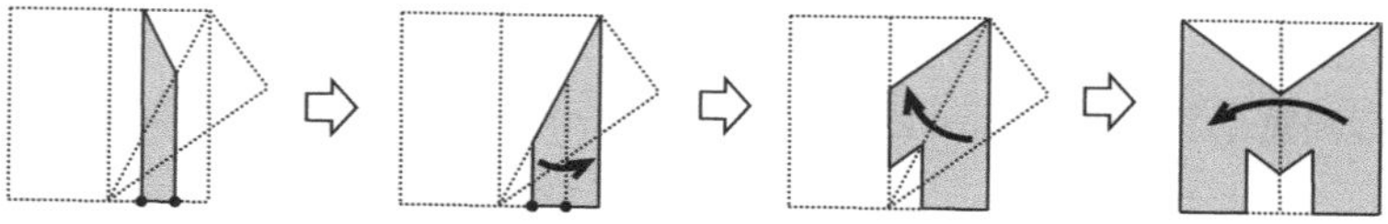

図ⅵ

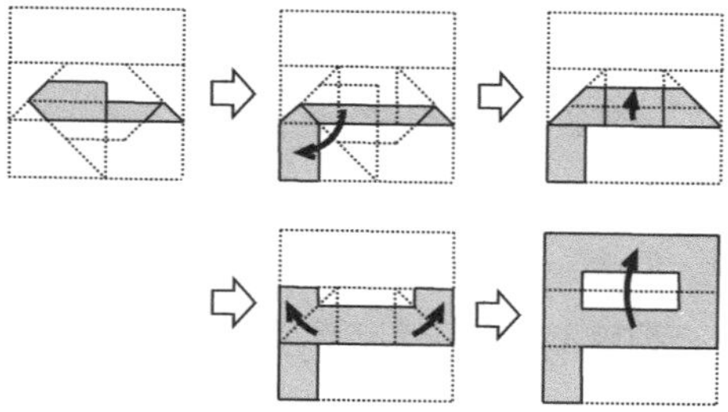

《解答例》

1 問題1．ア，ウ，オ

問題2．

都市とは、四角で囲まれた空間の中に人が住むところだ。そこには、四角の中には自然のものは置かないというルールがある。

自然が排除される代わりに、都市の中には基本的に人工物が置かれる。人工物とは、人が考えたもの、意識的に、あるいは意図的に置いたものだ。都市や建物など、人が設計し、すべてを意識的につくり上げた空間では、予期せざる出来事は起こらないことになっていて、それが起こると不祥事と見なされる。

都市という人工空間は世界中で同じ性質を持つ。都市を城壁で囲うと、人の意識でコントロールしうるのはこの中だけだという約束事が成り立ち、その外に人がコントロールできない自然があることを明確に認識できる。

2 問題1．1，4，6　　問題2．右図

問題3．夜間の人の安全と光害から星空を守る

問題4．1　　問題5．1．×　2．×　3．○　4．×

《解　説》

1 **問題1**　アの「ホール」は，自然のものである「ゴキブリ」が出てきてはいけない，人が設計してつくった空間の例として取り上げられている。ウの「都市」は，自然が排除《はいじょ》され，すべてが人の意識でコントロールしうる世界だと述べられている。オの「敷石《しきいし》」は，人が都市の中に意識的に置いたもので，自然を排除する「都市のルール」の例として取り上げられている。

問題2　各段落《だんらく》で筆者が言おうとしていることをおさえたうえで，それらの内容的なつながりを考えよう。

2 **問題1**　1．資料1・2において，エネルギーの浪費については書かれているが，資源価格の上昇や資源の配分についてまでは書かれていない。4．どの条例においても，星空を守るために夜間照明を抑制することが書かれているので，夜間照明を増やすことはこれらの条例の意図に反している。6．特定の事業者だけでなく，事業者全体と住民・滞在者を含めている。

問題2　1㎢あたりの人口のことを人口密度といい，人口÷面積(㎢)で求められる。

群馬県･･･1980000÷6362＝311.2…より，約310人／㎢　鳥取県･･･560000÷3507＝159.6…より，約160人／㎢

岡山県･･･1910000÷7114＝268.4…より，約270人／㎢　神奈川県･･･9180000÷2416＝3799.6…より，約3800人／㎢

問題3　図1では，街灯の光が拡散されており，夜空を照らしてしまっている分，図3に比べて夜道を照らすこと

ができていない。また，図２では光害の原因は排除できているが，夜道を照らすという本来の目的が達成されない。

問題４　会話２のみなみさんの発言で，「秋菊は，秋になって日照時間が短くなると花芽が付き，つぼみがふくらんで開花する」とあることから，日照時間を人工的に長くして，開花時期を遅らせていることがわかる。電照ぎくの抑制栽培は，愛知県の渥美半島や沖縄県などで行われている。

問題５　１．【資料８】で「赤」と「青」の数字を比べてみると，「赤」のほうが「体重増加」が少ないので，「成長が早くなる」は誤り。　２．【文章】では「総合すると，平均して年間 300 万円以上のコストの削減《さくげん》が見込《こ》まれる」と述べているので，「総費用が増えてしまう」は誤り。　３．【文章】で「緑色のＬＥＤライトが日中の 12 時間点灯され，ヒラメ～泳ぎまわっています。活発にえさを食べて栄養の吸収《きゅうしゅう》と成長が早くなる～出荷までの期間を９か月に短縮《たんしゅく》できた」「出荷までの期間が短くなるため，その分の人件費や燃料代が抑《おさ》えられ」と述べていることに合う。　４．「他の魚にも同じ傾向《けいこう》～全国で～取り入れられている」というようなことは書かれていない。

《解答例》

1 問題１．ＧＨ…１　ＨＩ…１　ＩＪ…３　ＪＫ…１　ＫＬ…１

問題２．１．１　２．１　３．０　４．１　５．１　６．０　７．０　８．０　９．１　10．０　11．０　12．０　13．０　14．０　15．１

問題３．右図

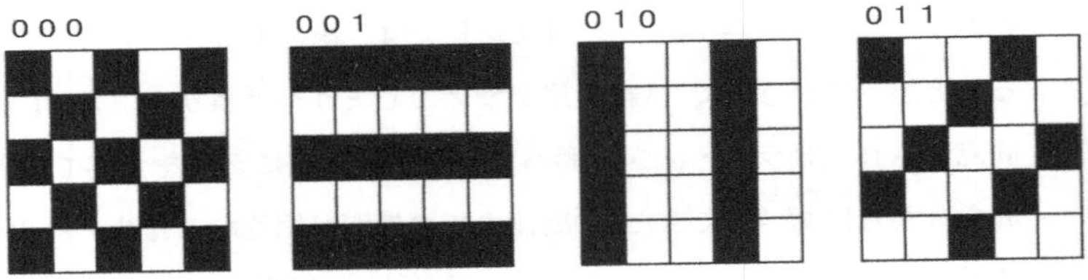

2 問題１．13　問題２．15　問題３．３Ｆ，３Ｇ，７Ｂ，７Ｃ　問題４．１，３，６，７，９，10

問題５．ア．１　イ．４　ウ．３　エ．２〔別解〕ア．４　イ．１　ウ．２　エ．３

3 問題１．24.5　問題２．ア．56　イ．３　問題３．11，43　問題４．130　問題５．ア．２　イ．７　ウ．14

《解　説》

1 **問題１**　エが通っているファインダパターンはアが通っているファインダパターンと合同だから，ＧＨ：ＨＩ：ＩＪ：ＪＫ：ＫＬ＝ＡＢ：ＢＣ：ＣＤ：ＤＥ：ＥＦ＝１：１：３：１：１となる。

問題２　図２および図４で左上に位置する，うすい色で示されたフォーマット情報で読み取ろうとすると，タイミングパターンが目に入り，読み間違える可能性があるため，左下と右上に位置する，濃《こ》い色で示されたフォーマット情報(右図の楕円《だえん》で囲まれた部分)の方が，より読み取りやすい。隣《とな》り合うセルやファインダパターンの位置を参考に読み取ると，フォーマット情報の番号１～15のうち，１，２，４，５，９，15が黒いセルなので１，それ以外が白いセルなので０である。

問題３

マスク番号０００ではｉ＋ｊ＝０または２の倍数のときに出力が０になり，反転して黒になる。よって，(ｉ，ｊ)＝(０，０)(０，２)(０，４)(１，１)(１，３)(２，０)(２，２)(２，４)(３，１)(３，３)(４，０)(４，２)(４，４)を黒くぬる。

マスク番号００１ではｉが０または２の倍数のときに出力が０になり，反転して黒になる。よって，横の０行目，２行目，４行目をすべて黒くぬる。

マスク番号０１０ではｊが０または３の倍数のときに出力が０になり，反転して黒になる。よって，縦の０列目，３列目をすべて黒くぬる。

マスク番号０１１ではｉ＋ｊ＝０または３の倍数のときに出力が０になり，反転して黒になる。よって，(ｉ，ｊ)＝(０，０)(０，３)(１，２)(２，１)(２，４)(３，０)(３，３)(４，２)を黒くぬる。

2 **問題１**　リバーシのマス目は８×８＝64(マス)あり，コマを打てるマスが半数以上残っているので，残りのマスは64÷２＝32(マス)以上である。つまり，コマは合わせて32コマ以下である。マスにある白いコマと黒いコマの比が７：８のとき，白いコマと黒いコマの合計は７＋８＝15の倍数だから，15コマまたは30コマのどちらかである。初めに置いてあるコマは４コマで，２人ともパスをせず同じ回数コマを打ったので，コマの合計は偶数になる。よって，コマの合計は30コマだから，２人が打ったコマは30－４＝26(コマ)であり，それぞれ26÷２＝13(回)ず

つ打ったことになる。

問題２　ア，イ，ウ，エそれぞれでどのマスに置けるのかを考えていく。アとエでは十分なコマ数がなく，≪リバーシのルール≫のはさみ方ができないため，上下または上下の斜《なな》めにはさむことを考える。また，イとウではアとエに十分なコマ数がないため，≪リバーシのルール≫のはさみ方しかできない。

イでは１Ｆ，２Ｅ，３Ｈ，４Ｇに白いコマを置けるので，４ヶ所。

ウでは６Ｄ，８Ｂ，８Ｄに白いコマを置けるので，３ヶ所。

アではウの６Ｂの白いコマを利用してはさむことを考える。２Ｂに置けば上下に２Ｆをはさめる。４Ｄに置けば上下の斜めに３Ｇをはさめる。白いコマを置けるのはこの２ヶ所である。

エではイの２Ｇと３Ｆをそれぞれ利用してはさむことを考える。６Ｇ，７Ｆに置けば上下に６Ｃ，７Ｂをそれぞれはさめる。７Ｈ，８Ｇに置けば上下の斜めに７Ｃをはさめる。５Ｈ，８Ｅに置けば上下の斜めに６Ｃ，７Ｂをそれぞれはさめる。白いコマを置けるのはこの６ヶ所である。

以上より，白いコマは全部で４＋３＋２＋６＝15(ヶ所)に置くことができる。

問題３　４Ｇはイにあるマスなので，①イの中で≪リバーシのルール≫ではさむコマと②イとエで上下または上下の斜めにはさむウにあるコマを考える。下線部①では，３Ｆと３Ｇの２コマを裏返す。下線部②では，７Ｃ(６Ｇとはさむ)と，７Ｂ(６Ｅとはさむ)の２コマを裏返す。

問題４　すべてのマスの合計は64マスだから，ゲーム終了時にコマが置かれていないマスが32マスになるのは，全体の半分のコマが置かれていないことになる。イとウには初めから４コマ置かれているので，≪リバーシのルール≫でコマを置くことができる。したがって，アとエにコマを１つも置けないのはどのような場合かを考える。アとエにコマを置くとき，２つ上(下)の段に置かれたコマを使って，１つ上(下)の段のコマをはさむ必要がある。つまり，イとウが１段上下の関係になければ，上下または上下の斜めにはさむことはできないので，アとエにはゲーム終了時までコマを置くことはできない。よって，イとウが１段上下の関係にないものを選べばよいから，条件に合うものは１，３，６，７，９，10である。

問題５　黒いコマは１Ｄ(ア)に打った。これにより，６Ｇ(エ)と７Ｂ(ウ)の２コマを裏返した。よって，アとイでウとエを上下の斜めにはさんだとわかる。よって，アとイはそれぞれ上から１段目と４段目のどちらかである。上下の斜めに，１Ｄ，６Ｇ，７Ｂ，４Ｅ，の順に並ぶから，アが１段目，イが４段目，ウが３段目，エが２段目，または，アが４段目，イが１段目，ウが２段目，エが３段目である。

3　**問題１**　資料３に，「北半球では北極星の高度がそのまま緯度《いど》を示しているのです。」とある。よって，北極星の高度が24.5度の地点の緯度は，北緯24.5度である。

問題２　ア．赤道の長さ４万kmが360度に相当するので，0.5度は$40000\times\frac{0.5}{360}=55.5\cdots$→56kmである。　イ．１時間→3600秒で15度回転しているから，0.5度は$3600\times\frac{0.5}{15}=120$(秒)である。これが６週間→42日間での最大の誤差だから，１日あたりでは120÷42＝2.8…→３秒である。

問題３　表で，最も太陽の高度が高いのは11時44分だが，それだけでこの時刻が南中時刻だと決めることはできず，この時刻を含《ふく》む周辺の時刻が南中時刻と考えられる。資料５の「ボールがある高度を上に向かって通り過ぎる瞬《しゅん》間《かん》の時刻と下に向かって通り過ぎる瞬間の時刻が分かれば，ボールが最も高い点に達する瞬間の時刻を計算できる」という内容に着目する。これは，同じ高度を上に向かって通り過ぎる瞬間と下に向かって通り過ぎる瞬間のちょうど中間の時刻を，最も高い点に達する時刻だと考えればよいということである。よって，表で，11時38分と11時48分の太陽の高度が同じであることから，これらの時刻のちょうど中間の11時43分が南中時刻だと考えられる。

問題４　＋９の区分にある日本では，東経135度の明石市で正午(12時00分)に太陽が南中する。南中時刻が12時20分の地点では，正午の太陽は真南よりも東寄りにある。つまり，この地点は東経135度の経線よりも西側にある。20分を経度に置きかえると$15\times\frac{20}{60}=5$(度)だから，この地点の経度は東経135度よりも５度小さい東経130度である。

《解答例》

問題１　⑴オ　⑵ア

問題２　右図

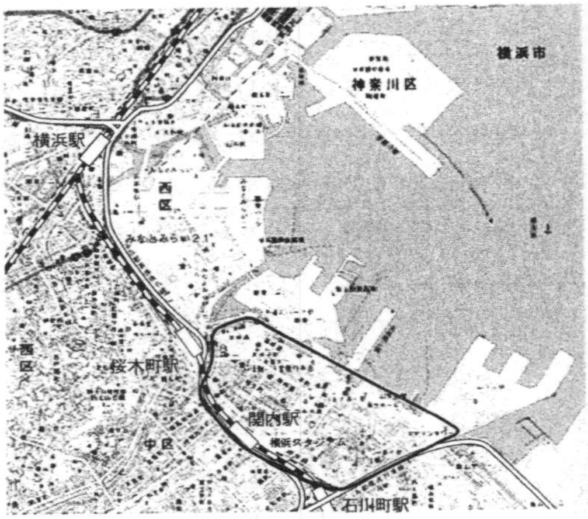

問題３　エ

問題４　イ

問題５　横浜駅～の強化

問題６　写真①…日本で最初の石造りのドックを保存、復元し、イベント広場として活用している。横浜ランドマークタワーの建設時にいったんは埋められたが、港を軸として発展してきた歴史を大事にするという「基本的な戦略」に沿って、保存された。ここが日本で最初に開かれた港であり、多くの船を建造した地であるという歴史を伝えている。　写真②…桜木町から石川町にかけての高速道路は地下を通っている。一九六〇年代に高架での建設計画があったが、それでは市民が大事にしているミナト周辺の景観が壊れてしまう。そこで、無秩序な開発を規制して快適な住みやすい環境を確保するという「基本的な戦略」に沿って、国や首都高速道路公団に交渉し、地下に通すことにした。

問題７　政策の戦略として、保有する価値を見直し、それを財産として尊重、活用する考え方。

《解　説》

問題１⑴　オ．【資料２】より，多くの人が行き来する東海道に神奈川宿が位置することが読み取れる。さらに，りかさんが「たった４隻の蒸気船でペリーが来ただけで，幕府はとても混乱した」と言っていることから，日本人と外国人のかかわりを避けることで，大混乱を防ごうとしたことが分かる。　**⑵**　ア．りかさんが「陸地と川で切り離されているので，まるで長崎の出島みたいに見えます」と言っていることに着目する。鎖国体制が完成した後も，キリスト教の布教を行わないオランダとの貿易は長崎の出島で続けられ，江戸幕府はオランダ風説書によって海外の貴重な情報を入手し，貿易を独占していた。

問題２　最後のみなみさんの言葉に着目すると，開港場を「関内」と呼んでいた名残りが「関内駅」に残っていること，横浜を取り囲むようにつくられた運河の一部は，川として残っているところと高速道路がつくられたところがあることを手がかりにできる。

問題３　エ．【資料４】の整備後を見ると，共同溝に人が入って点検や補修ができるので，道路を掘りおこさずに作業できることが読み取れる。また，工事によって生じる交通渋滞を減らすことができる。さらに，電線を地中化することで，景観の向上が図られたり，地震の発生時に電柱の倒壊を防げたりするなどの利点もある。

問題４　イ．ベイブリッジの角度とＨに見えるかたちに着目する。１は高架下のＢかＤであり，左のＨの方が大きく見えるのでＢと判断する。２と３は斜めから見たＡとＦであり，右のＨの方が大きく見える２をＦ，左のＨの方が大きく見える３をＡと判断する。また，２はベイブリッジの手前に高速道路が通ることも手がかりになる。４は横から見たＣかＥであり，右のＨの方が大きく見えるのでＣと判断する。

問題５　「六大事業」は，【文章】（p. ２）で「横浜駅と関内地区に分断されている都市中心部機能の強化，良好な住宅環境を確保するニュータウン建設，工業団地と住宅を組み合わせた大規模《だいきぼ》な埋立《うめた》て，市内の高速道路網《もう》，地下鉄建設，ベイブリッジ建設」と説明されている。【資料６】は，「横浜駅周辺地区」と「関内　伊勢佐木町」を「統合一体化」していくイメージ図であるから，「六大事業」のうちの下線部にあたる。

問題６　写真①…「ドックヤードガーデン」については，【文章】（p. ３）で「この石造りのドックは日本で最初のものです～２号ドックは，一度解体したあとに，中をレストランにして，再度大きな石を使って復元しました。そして全体をイベント広場『ドックヤードガーデン』として活用した～日本で最初に開かれた港であり，多くの船を建造した地であるという歴史の記憶《きおく》が残ることになりました」と説明されている。これに関連する「基本的な戦略」については，【文章】（p. ２）に「港を軸《じく》として発展してきた歴史を大事にすること～という基本的な戦略を生かしてまちづくりを進めている」とある。これらの部分を用いてまとめる。　**写真②…**「桜木町から石川町にかけての高速道路」については，【文章】（p. ４）で「横浜市民は『ミナトヨコハマ』に住んでいるという意識～1960 年代に，そのミナト周辺に高速道路が高架《こうか》で建設されるという動き～ＪＲ根岸線よりも高い位置に高速道路が建設されるという計画でした。経済的《けいざいてき》に見れば高架のほうが建設費は安いのですが～横浜にとって最も大事なミナト周辺の景観が壊れてしまいます～桜木町から石川町にかけては，高速道路を地下に通すことにしたのです」と説明されている。これに関連する「基本的な戦略」については，【文章】（p. ２）に「無秩序《むちつじょ》な開発を規制して快適な住みやすい環境を確保すること～という基本的な戦略を生かしてまちづくりを進めている」とある。これらの部分を用いてまとめる。

問題７　【資料７】では，「1980 年代までは～森林をさかんに破壊《はかい》してきました。しかし～熱帯林やその生物多様性こそ自国の戦略的資源《しげん》であるとの再認識《さいにんしき》のもと，保全を重視《じゅうし》～エコツアー（ツーリズム）の推進《すいしん》～すべての生物を～収集《しゅうしゅう》，分類し，その生物資源としての可能性を探査《たんさ》している」ということが述べられている。これは，横浜市が，高度経済成長期に背負った「大きな課題」に対処《たいしょ》するときの戦略とした「港を軸として発展してきた歴史を大事にすること～時代の変化に対応できるように新しい機能を呼《よ》び込《こ》むこと，という基本的な戦略を生かしてまちづくりを進めている」ということに重なる部分がある。それは，もともと持っている価値を大事にすること，それを生かして新しい方向性に発展させていくことだと言える。

《解答例》

1　問題1．4　問題2．1．イ　2．ク　3．カ　問題3．2

2　問題1．3　問題2．3　問題3．5

問題4．40°…3　45°…2　60°…1

3　問題1．右グラフ　問題2．1　問題3．11.63

問題4．1．1.40　2．0.97　3．0.93

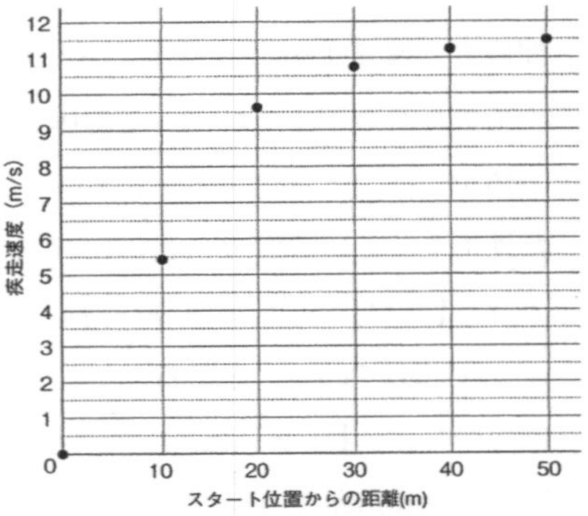

《解　説》

1　**問題1**　増える色の排除《はいじょ》効果が増えるので，黒が増えれば黄が排除され，最終的には黒だけになる。

問題2　黄が減ると，黒への遠距離《きょり》の生存促進《そくしん》効果が減り，黒が減る。黒が減ることにより，黄への排除効果が減り，黄が増え，黄の数は元に戻《もど》る。

問題3　黄が増えた中央から少し離《はな》れたところで黒が増え，それぞれの領域《りょういき》が次第にはっきりしてくるのがDのときのグラフだから，中央付近では黄だけになり，その両どなりで黒の割合が大きくなる2が適切である。

2　**問題1**　1つの鏡にうつる像は左右が入れかわるが，リバーサルミラーにうつる像は左右が入れかわらない。「左右が入れかわらない」とは，鏡に向けている面を直接見たときと鏡にうつった像を見たときで左右が同じという意味である。例えば，図1の正面に見えるマッチは左右が入れかわっているように見えるが，鏡に向けている面を直接見たとき，マッチのこする部分は左側にあり，鏡にうつっている像もこする部分が左側にあるから，左右が入れかわっていないと考える。

問題2　リバーサルミラーを図8のように置いたとき，左右は1つの鏡にうつる像と同じように入れかわる。また，図7のマッチ棒Aのこする部分を上として考えたとき，正面にうつるDの位置にある像は，こする部分が下になっている。つまり，上下が逆さまに見えるということである。

問題3　図9の状態から少し時計回りに回転したとき，右側の鏡で反射する光は少し上に向かい，左側の鏡で反射する光は少し下に向かうので，見える像も少し時計回りに回転する。また，図9の状態からリバーサルミラーを時計回りに90°回転させると，問題1と2のリバーサルミラーにうつる「F」の像の向きと同じように，観察者の顔の像は180°回転して見える。したがって，リバーサルミラーを1回転(360°回転)させると，観察者の顔の像は時計回りに $180\times\frac{360}{90}=720$(°)→2回転して見える。

問題４　２つの鏡を40°，45°，60°で組み合わせたときの像のでき方は右図の通りである。40°のときは３，45°のときには正面に図７と同じ向きの像ができるから２，60°のときには正面に図７と逆向きの像ができるから１である。なお，次のように考えると図を用いずに答えを求めることができる。２つの鏡をさまざまな角度で組み合わせたとき，〔360÷角度〕で実物と像の数の和を求めることができ，その和が偶数《ぐうすう》のときには正面に像が見える。さらに，その和を２で割ると，正面に見える像が鏡で何回反射したのかを求めることができ，鏡で反射した回数が奇数《きすう》であれば左右が入れかわった像，偶数であれば左右が入れかわっていない像ができる。40°のときは，360÷40＝９より，像が一つに定まらない。45°のときは，360÷45＝８，８÷２＝４より，左右が入れかわっていない像ができる。60°のときは，360÷60＝６，６÷２＝３より，左右が入れかわった像ができる。

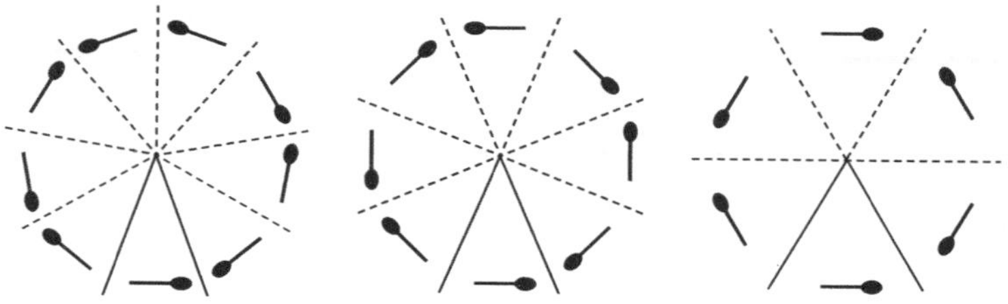
40°のとき　　45°のとき　　60°のとき

3　**問題１**　【表２】から，10ｍごとの速さを見て，丁寧《ていねい》に点を打とう。

問題２　０ｍの地点では速さは０ｍ/ｓだから，各区間の速さの差をみると，０ｍ～10ｍの5.29－０＝5.29(ｍ/ｓ)が最も速度の変化が大きいことがわかる。

問題３　【表３】より，タイソン・ゲイ選手は30ｍ～40ｍの10ｍ区間を，4.71－3.85＝0.86(秒)で走っている。10÷0.86＝11.627…より，あてはまる数値は11.63である。

問題４．１　【表４】より，ウサイン・ボルト選手の身長は196㎝，最大ストライドは275㎝である。よって，求める割合は，275÷196＝1.403…より，1.40である。

２　【表４】より，ウサイン・ボルト選手の最大速度は12.35ｍ/ｓ，最終速度は11.98ｍ/ｓである。よって，求める割合は，11.98÷12.35＝0.970…より，0.97である。

３　【表４】より，タイソン・ゲイ選手の最大ピッチは4.90，最終ピッチは4.54である。よって，求める割合は，4.54÷4.90＝0.926…より，0.93である。

《解答例》

1　問題１．カ，ク　問題２．イ，エ，ク　問題３．ク　問題４．エ　問題５．イ　問題６．エ
問題７．オ
問題８．(例文)

アフリカでは，初等教育における非就学児の割合が男女ともに３０％から４０％程度あります。また，識字率は男女ともに５０％未満であり，女性は男性よりも更に低くなっています。

ブルキナファソ政府は，３歳から１６歳の公立学校の費用を無償化しました。その成果として，小学校の就学率は２倍以上に改善されました。また，女子の就学率が男子の就学率を超えるなど，男女の教育格差の解消も見られます。

アフリカでは，１日１ドル未満で過ごす人の割合が４０％以上であり，家庭で教育費を負担できません。ですから，政府が公立学校の費用を無償化した方が良いと考えます。子どもたちが十分な教育を身につければ，将来賃金の低い不安定な仕事に就く可能性が減るので，貧困の連鎖を断ち切れるでしょう。

2　問題１．ウ　問題２．ア．×　イ．×　ウ．○　エ．×　オ．○　カ．○

《解　説》

1　**問題１**　カ・ク．就学率の低いドミニカ共和国，セネガル，モザンビークのうち，ドミニカ共和国の2010年だけが，世界全体の割合を上回っている。

問題２　イ・エ・ク．【資料３】の初等教育の学校の就学率の男女差を［世界全体／ブルキナファソ／エチオピア／イエメン］の順に並べると，1997～2000 年代は［７％／13％／12％／35％］，2000～2004 年代は［６％／11％／８％／25％］，2000～2007 年代は［４％／10％／５％／20％］，2011～2016 年代は［１％／４％／７％／14％］であり，ブルキナファソとエチオピアとイエメンは，すべての年代で世界全体の割合よりも大きくなっている。

問題３　クを選ぶ。【資料３】の 1997 年と 2016 年における初等教育の学校の男女別就学率の差は，イエメンが 21 ポイント，日本とスウェーデンとニュージーランドが０ポイント，ブルキナファソが９ポイント，ブラジルが７ポイント，エチオピアが５ポイント，カンボジアが 12 ポイントだから，イエメンが最も縮まっている。

問題４　エ．【資料５】より，2015 年におけるサブサハラ・アフリカの１日１ドル未満で過ごす人の割合は 41％であり，1990 年の半数の 57÷２＝28.5(％)以上だから，達成していない。

問題５　イ．【資料６】より，2015 年におけるサブサハラ・アフリカの５歳未満児死亡数は 86 人で，1990 年の３分の１の $179\times\frac{1}{3}=59.6\cdots$(人)以上である。2015 年における南アジアの５歳未満児死亡数は 50 人で，1990 年の３分の１の $126\times\frac{1}{3}=42$(人)以上である。2015 年における東南アジアの５歳未満児死亡数は 27 人で，1990 年の３分の１の $71\times\frac{1}{3}=23.6\cdots$(人)以上である。2015 年における世界全体の５歳未満児死亡数は 43 人で，1990 年の３分の１の $90\times\frac{1}{3}=30$(人)以上である。よって，すべての地域で達成していない。

問題６　「×」の数にあたるから，エを選ぶ。ア(○)の数は，日本は２つ，韓国とアメリカ合衆国はなし，デンマークは３つである。イ(△)は，日本とアメリカ合衆国は５つ，韓国は６つ，デンマークは９つである。ウ(▼)は，日本は６つ，韓国は８つ，アメリカ合衆国は５つ，デンマークは３つである。

問題７　オが正しい。　Ａ.「４　質の高い教育をみんなに」を達成しているのは日本のみで，他の国には課題が残っている。　Ｂ.「14　海の豊かさを守ろう」において，アメリカ合衆国は課題が残っており，日本と韓国は重要課題，デンマークは最大の課題となっている。　Ｃ.「○」の数は，デンマークは３つ，日本は２つ，韓国とアメリカ合衆国はなしである。

問題８　【資料８】より，2011～2016 年の初等教育における非就学児の割合は，日本などの先進国では低いが，ニジェールやブルキナファソなどのアフリカの途上国では高いとわかる。【資料９】より，アフリカ諸国の識字率は国際的に見て低く，女性は男性よりも更に 10%以上低いとわかる。これらのことから，アフリカの途上国は，先進国よりも教育が行き届いておらず，男女格差もあることが課題として導ける。【資料 10】より，政府による公立学校の費用の無償化で，ブルキナファソでは 2019 年に小学校の就学率が 90%近くまで上がったこと，とくに女子教育の格差が解消されたことがわかる。以上のことを踏まえて【資料５】を見れば，途上国と先進国の教育格差を生み出す背景として，経済的な問題があることを導ける。

2　**問題１**　Ａ と Ｂ の直前の「危なっかしい方法で，ちょっと気を許すと失敗してしまう，精神統一し，息を止めてやらないとできない，といった作業」は，それまでの本文で述べた「できるかぎり簡単《かんたん》に，失敗がないように，誰《だれ》にでもできる工夫をすること」(技術)，「確実で精確《せいかく》で，何度やっても同じ結果が出る」(技の基本)と対極にあるもの。よって Ａ は，「技術ではなく」となる。Ｅ は，直前の２段落の「誰でもただ計算をするだけで解決に至《いた》る」「発想いらずの簡単さ」「最適ではなくても，答が出れば良い」「理論がなくても」という点から考えると生じる疑問なので，「はたして，人間は賢《かしこ》くなっているのだろうか？」(＝賢くなっているとは言えないのではないか)。同様に，Ｆ は，直前の段落の「百年くらいまえの機械技術～再現できなくなっている。簡単なおもちゃも，もう作れない～歯車式の時計を直せる人も少なくなっている」という状況《じょうきょう》から生じる疑問なので，「はたして，人間は器用になっているのだろうか？」(＝器用になっているとは言えないのではないか)。よって，ウが適する。

問題２　ア．本文では，「技の基本」は「非常に回り道をして，確実で精確で，何度やっても同じ結果が出るという，安全な道の選択《せんたく》にある」と述べているので，「早く」は×。　イ．本文では「人間の文明をざっと眺《なが》めてみると～どんどん発展していることはまちがいないのだが，個別のジャンルに目を向けると～勢いがなくなって～失われている，という場合がある」と述べているので，「全てのジャンルで」は×。　ウ．本文で「ロボット～人間では到底真似《とうていまね》ができないような方法に見えるのだが～数値《すうち》で設定されて動いている～数値でやり方が表せる，数値さえわかれば誰にでも再現できる」と述べているので，○。　エ．本文では「ある少数の人にだけ可能な作業というのは，つまりは技が洗練《せんれん》されていない，技術が遅《おく》れている分野だともいえる」と述べているので，「洗練され，技術が進んだ」は×。　オ．本文で「歯車で動くような絡繰《からく》り～今はすべてデジタルになって，コンピュータが肩《かた》代《が》わりして(＝かわって引き受けて)いる」と述べているので，○。　カ．本文で「電子技術が台頭《たいとう》～これによって～電子制御《せいぎょ》によって目的が比較的《ひかくてき》簡単に，しかも高精度に達成されるようになった」と述べているので，○。

横浜サイエンスフロンティア高等学校附属中学校　2021 令和3 年度　適性検査Ⅱ

《解答例》

1　問題1．①3　②5　　問題2．1，4，6，11　　問題3．え．1　お．5　か．2

2　問題1．39：55　　問題2．5　　問題3．①4，5　②1　　問題4．207

3　問題1．158　　問題2．［○，×の記号／理由］　1．［×／オ］　2．［×／ウ］　　問題3．(あ)1　(い)4　(う)7　　問題4．0.745　　問題5．1種類しか生息していない状態

《解　説》

1　**問題1**　下線①では，くり抜いた深さ 500mごとに区切るので，最初の 500m(50×10m)ではおよそ 20×千年分，次の 500mではおよそ 60－20＝40(×千年分)，次の 500mではおよそ 110－60＝50(×千年分)となっている3が最も適切である。また，下線②では，5万年ごとに区切るので，最初の5万年(50×千年)では，くり抜いた氷床の厚さはおよそ 880m，次の5万年(50×千年)ではおよそ 580m，次の5万年(50×千年)ではおよそ 440mとなっている5が最も適切である。

問題2　問題1で選んだ3か5のグラフについてまとめた内容を表す文になればよい。ここでは 11 に着目して，5のグラフからわかることを答えればよい。(1)5万年ごとの(4)氷床の厚さは(6)古いものほど(11)薄《うす》くなっていることがわかる。

問題3　資料4より，気温が上昇するとき，二酸化炭素濃度は上昇し，その後に海水面も上昇することがわかる。図4の数値とグラフの変化から，－8から4の間で変動している「え」が(1)南極の気温の変動(℃)，－160 から0の間で変動していて，気温の上昇の少し後に上昇しているグラフになっている「お」が(5)海水面の変動(m)，160 から 280 の間で変動していて，気温の変動とほぼ同じ形のグラフになっている「か」が(2)大気中の二酸化炭素濃度(ppm)である。

2　**問題1**　赤くぬった面は底面，青くぬった面は側面である。底面の四角形を，右図のように2つの直角三角形に分けて考えると，底面積は，10×7.5÷2＋12×3.5÷2＝58.5(㎠)

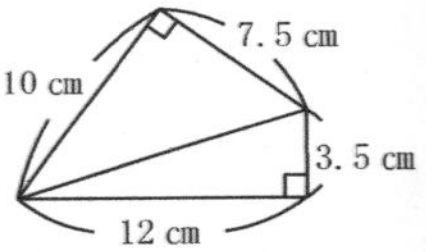

柱体の側面積は，(底面の周りの長さ)×(高さ)で求められるから，(7.5＋10＋12＋3.5)×5＝165(㎠)

よって，求める比は，(58.5×2)：165＝117：165＝39：55

問題2　資料1の①の図について，右図のように記号をおく。④の図では，右図のAEとBE，BFとCF，CGとDG，DHとAHがそれぞれぴったり重なり，長方形ができる。

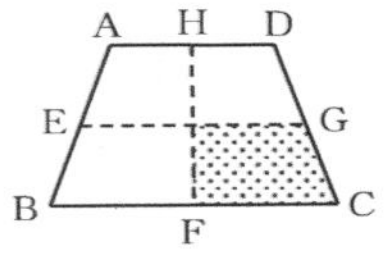

よって，AE＝BE，BF＝CF，CG＝DG，DH＝AHだから，E，F，G，Hはそれぞれ，AB，BC，CD，DAのまん中の点となる。したがって，5の条件が適切だとわかる。

問題3　1～6はすべて，並べかえると並べかえる前の四角形の辺が内側にきて，切り取り線を表していた線が外側の辺となる。実際に並べかえてみると，右図のようになる(2，3は平行四辺形，6は台形)。

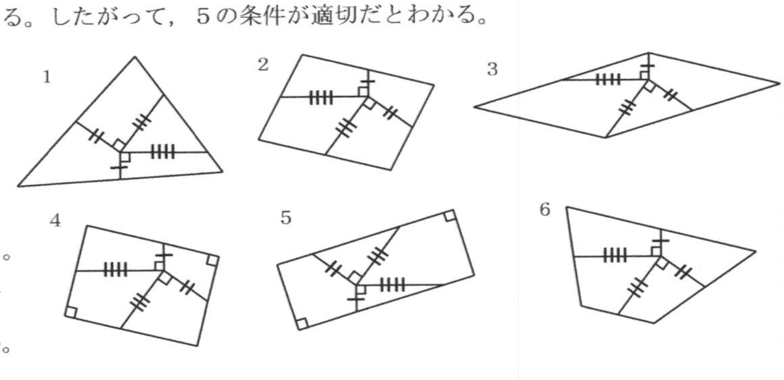

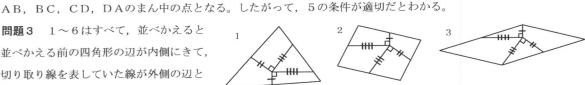

問題4　白い面の面積は，並べかえてできた図形を底面とする柱体の側面積に等しい。

問題３より，並べかえてできた図形の周りの長さは，切り取り線の長さの和の２倍に等しいとわかるので，(6.5＋9.2＋５)×２＝41.4(㎝)である。よって，求める面積は，底面の周りの長さが41.4㎝で，高さが５㎝の柱体の側面積に等しく，41.4×５＝207(㎠)

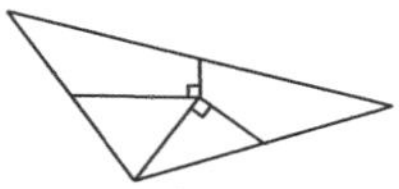

また，実際に並べかえると，右図のような三角形になる。

3 **問題１**　資料２の標識再捕獲法より，標識をつけたオオクチバスの数(25匹)を，２回目の調査で捕まえた中に標識をつけた個体がふくまれる割合($\frac{3}{19}$)で割ればよい。したがって，池全体に生息するオオクチバスの数は $25 \div \frac{3}{19} =$ 158.3…→158匹となる。

問題２　１×，理由オ…資料１より，オオクチバスの繁殖期は，水温が16℃から20℃となる春から初夏だから，１回目の捕獲(４月)から２回目の捕獲(７月)までの間にふ化して個体数が増加している可能性が高い。

２×，理由ウ…オオクチバスが自由に移動できる川とつながっている湖で調査を行うと，オオクチバスが湖から出て行ったり，新たに湖に入ってきたりするので，標識再捕獲法が適していない。

問題３　コドラートを日当たりの良い場所や悪い場所など，(あ)多くの場所に置き，その(い)平均した値を求めれば，より正確な１㎡あたりの個体数が求められる。その値と空き地の面積の値を(う)かけ算すれば，より正確に推定できる。

問題４　植物１の相対優占度(0.25)と同様に，植物２～４の相対優占度を資料４の計算式を使って求めると，25＋20＋25＋30＝100 より，植物２は$\frac{20}{100}$＝0.2，植物３は$\frac{25}{100}$＝0.25，植物４は$\frac{30}{100}$＝0.3 となるので，シンプソンの多様度指数は１－(0.25×0.25＋0.2×0.2＋0.25×0.25＋0.3×0.3)＝１－0.255＝0.745 となる。

問題５　シンプソンの多様度指数が０となるのは，資料４の(あ＋い＋う＋え)の値が１になるとき，つまり，相対優占度が１になるときである。これは，１種類の植物しか生息していない状態である。

《解答例》

問題１　Ｄ

問題２　イ

問題３　４

問題４　ア

問題５　イ

問題６　物事のとらえ方は、何を基準にするか、どの立場で見るかによって変わるという考え方。

問題７　　私たちは、いろんな活動の中で、ことばを用いて他者とかかわりあっている。その談話を通して、さまざまなことが見えてくる。

　私たちの日常を構成する活動場面には、それぞれ特有の談話のパターンがあり、談話を見ただけで特定の場面を思い浮かべることができる。しかし、理解に苦しむようなやりとりに出会うこともある。そのような時は、相手を否定するのではなく、発言の意味や価値観などにしっかり目を向けることが必要だ。

　談話のパターンは固定的でない。だから、そのあり方を見つめ、必要に応じてレパートリーを広げたり、新たな形をつくったりすることができる。また、どんな談話のパターンも万能ではない。だから、それぞれのパターンが何を可能にして何を不可能にしているか、何を大切にして何をおろそかにしているかを考えることが大切だ。

《解　説》

問題１　【資料２】で東京から西(左)にはられたひもがインドシナ半島のミャンマー辺りを通過することから，【資料１】でその延長線上にあるＤを導く。

問題２　イが正しい。ドイツの自動車の輸出額は 1340752×0.178＝238653.856(百万ドル)，日本の機械類の輸出額は 644932×0.35＝225726.2(百万ドル)である。　ア．人口密度は，日本が 127185÷378＝336.4…(人／㎢)，ドイツが 82293÷357＝230.5…(人／㎢)だから，日本の方が高い。　ウ．ドイツの機械類，自動車，精密機械の輸出額に占める割合の合計は 48.3％であり，50％以下になる。　エ．ドイツの減少率は$\frac{82293-79238}{82293}\times100=3.71\cdots(\%)$であり，10％以下になる。

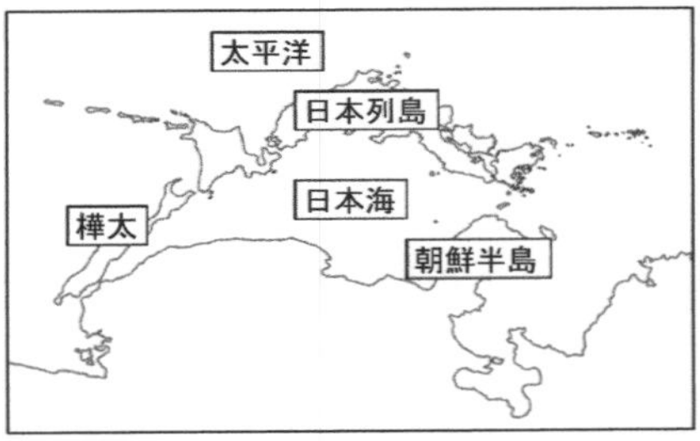

問題３　樺太(サハリン)，日本列島，朝鮮半島が見られることから，４と判断できる(右図参照)。

問題４　アが正しい(右図参照)。なお，【資料７】に大西洋とインド洋は見られない。

問題５　イ．円の中心付近にユーラシア大陸や北アメリカ大陸などの北半球にある大陸が位置し，その外側にオーストラリア大陸・アフリカ大陸・南アメリカ大陸などが位置していることから，北極を中心とした世界地図と判断できる。

問題６・問題７

著作権に関係する弊社《へいしゃ》の都合により本文を非掲載《ひけいさい》としておりますので、解説を省略させていただきます。ご不便をおかけし申し訳ございませんが、ご了承《りょうしょう》ください。

《解答例》

1 問題１．3.1　問題２．４　問題３．３　問題４．４

2 問題１．５　問題２．右図　問題３．１　問題４．右図

3 問題１．５　問題２．２，６，７，12　問題３．３

問題４．LE-7A エンジン…４　LE-9 エンジン…２　問題５．５

問題６．LE-5 エンジン…228.9　LE-7A エンジン…2500

【右から見た図】

1	4
6	3

2問題２の図

【右から見た図】

2	×	×
5	×	1
5	6	1

2問題４の図

《解　説》

1 **問題１** $\frac{482}{158}$＝3.05…→3.1倍

問題２　４○…資料２の畑の準備の８～９行目に「実の粒《つぶ》ぞろいをよくするには，株を複数列に配置し，お互《たが》いの株の花粉が飛んで，雌穂《しずい》の絹糸《けんし》にかかるようにします」とある。トウモロコシは，花粉が風によって運ばれて受粉する風媒花《ふうばいか》で，ふつう，他の株の花粉で受粉する(他家受粉)。

問題３　資料３より，南側で育てたトウモロコシはすべて，粒の数がおよそ650個，可食部の重さがおよそ210ｇだから，３が正答となる。グラフの縦軸《たてじく》が可食部の重さ，横軸が粒の数を表している。

問題４　資料３と４より，南側と西側でそれぞれのデータの合計を求めると，右表のようになる。　１×…一粒あたりの重さの平均は，南側が$\frac{1480}{4600}$＝0.321…(ｇ)，西側が$\frac{927}{2982}$＝0.310…(ｇ)で，その差は約0.01ｇである。　２×…実の重さは$\frac{1617}{2296}$×100＝70.4…(％)，粒の個数は$\frac{2982}{4600}$×100＝64.8…(％)，可食部の重さは$\frac{927}{1480}$×100＝62.6…(％)で，実の重さについては65％より大きい。　３×…南側では$\frac{1480}{2296}$＝0.64…，西側では$\frac{927}{1617}$＝0.57…で，南側の方が大きい。　４○…実の重さが最大の株と最小の株との差は，南側で334－322＝12(ｇ)，西側で250－210＝40(ｇ)である。この差が小さい方が，ばらつきが少ないということである。

	実の重さ(ｇ)	粒の数(個)	可食部の重さ(ｇ)
南側	2296	4600	1480
西側	1617	2982	927

2 **問題１**　図２から，左から見た図において，右上のマスには７－３＝４が，左上のマスには「×」が入るとわかる。この条件に合うのは５の図だけである。なお，右下のマスには５と２以外が入り，左下のマスには１と６以外が入るが，５の図はその条件も満たしている。

問題２　図６と，さいころを５つ使ったことから，このさいころ体は右図アのようであるとわかる。図のように５つのさいころをA～Dとし，各面の目の数を数字でかく。

Cの後ろの面は２であり，図１のさいころは向きを変えると，図イのようになるから，Cの右の面は１とわかる。このように１，２，３のうち２つの面の位置がわかれば，図１のさいころの向きを変えたものと比べることで，すべての面の位置がわかるので，以下同様に考えていく。

Dは下の面が１，前の面が２だから，右の面は４とわかる。

Aは上の面が４だから下の面が３，後ろの面が２だから，右の面は６とわかる。

Bは上の面が１，前の面が２だから，右の面は３とわかる。よって，解答例のようになる。

図ア

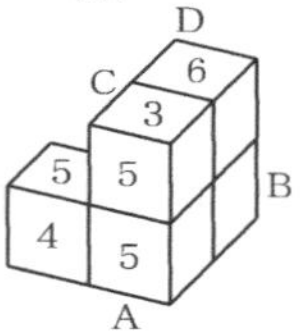

図イ

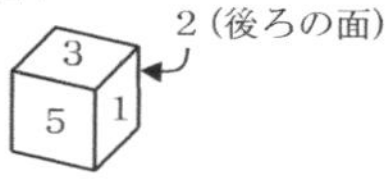

問題３　図１と図７のさいころの１の面と２の面の向きをそろえると，３の面と４の面の位置が反対になっているとわかる。図７のさいころの展開図において，１，２，３の面の位置関係は右図ウや図エなどのようになるので，３の図の展開図は図１のさいころの展開

図ウ

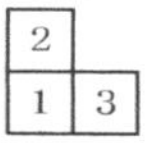

図エ

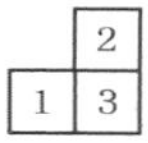

図とわかる。３以外の展開図は変形して，１，２，３の面の位置関係が図ウや図エのようになるものを探す。展開図を変形するさいは，立方体の展開図では，となりの面にくっつくのならば面を90°だけ回転移動させることができることなどを利用する。３以外の展開図を変形すると下図のようになるから，図７のさいころの展開図は１だとわかる。

1

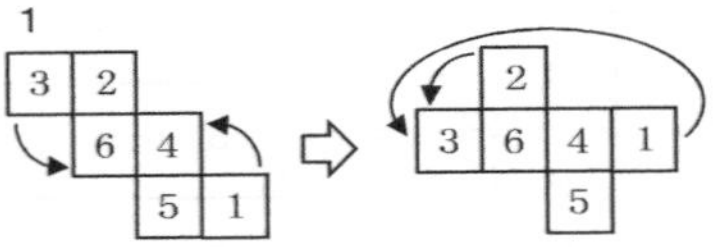

2

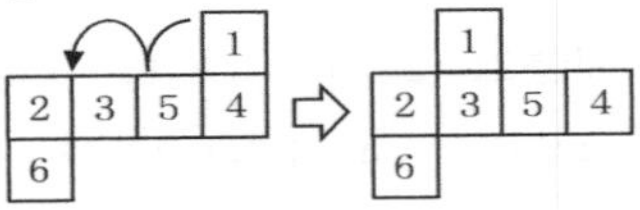

4

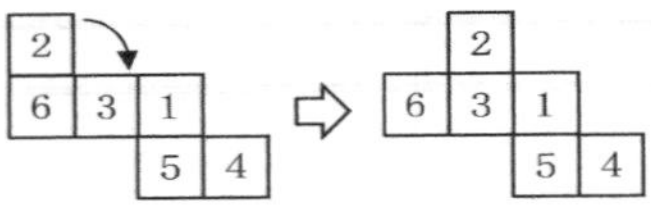

5

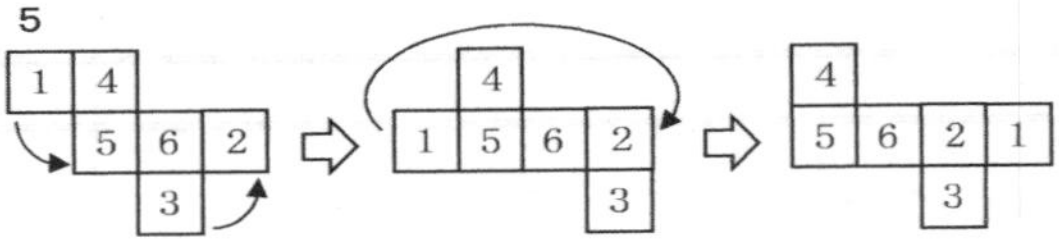

6

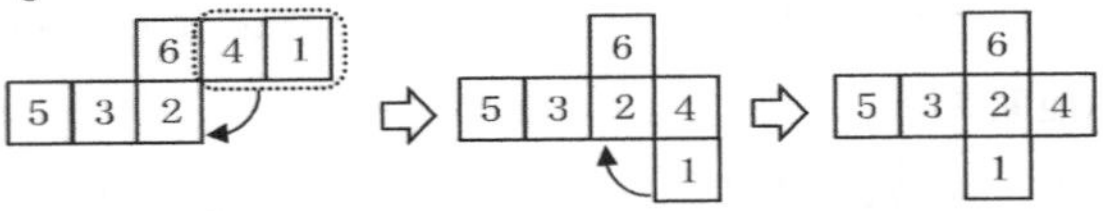

問題４　問題２の解説と同様に考える。つまり，１，２，３の面のうち２つの面の位置がわかれば，すべての面の位置がわかる。図８のさいころ体のさいころに右図のように記号をおく。

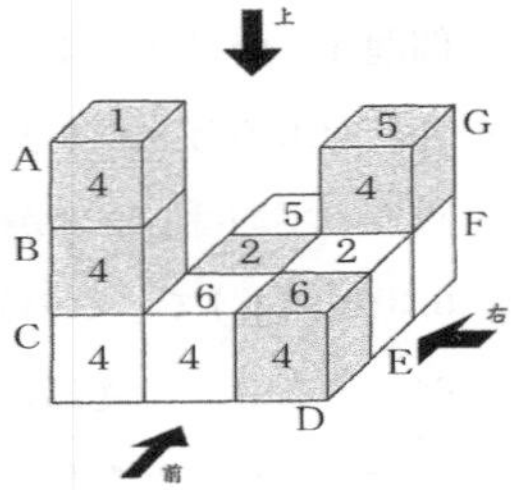

Ａは上の面が１，後ろの面が３だから，右の面は２とわかる。
Ｂは上の面が６だから下の面が１で，後ろの面が３だから，右の面は５とわかる。
Ｄは下の面が１，後ろの面が３だから，右の面は５とわかる。
Ｅは上の面が２，前の面が３だから，右の面は６とわかる。
Ｇは下の面が２，後ろの面が３だから，右の面は１とわかる。
Ｆは前の面が４だから後ろの面が３で，上の面が２，右の面は１とわかる。よって，解答例のようになる。

3　**問題１**　５○…２つの蒸気の噴《ふ》き出し口の向きが逆になっていることで，球体が一定方向に回転するようになっている。

問題２　ロケットは燃焼ガスを噴き出した反動による力で飛ぶ。資料２のロケットの速度に関わる式より，噴き出した燃焼ガスの質量と噴き出した燃焼ガスの速度が大きくなるほど，ロケットの速度が増すことがわかる。

問題３　多段式ロケットでは，不要になったものを切り離すことで質量比を小さくして加速しやすくしている(ア)。クラスターロケットでは，経費や時間のかかる大型のエンジンの開発を必要とせず，性能の確定しているロケットを束ねることで，失敗しにくい大型のロケットを作ることができる。

問題４　１．資料５と６より，ＬＥ－７ＡとＬＥ－９はどちらも長さが40m未満のロケットには使用されていない。２．資料６より，推力が最大であるのはＬＥ－９であり，資料２より，質量が大きいもの(動かしにくさの度合いが高いもの)ほど大きな推力が必要である。　３．資料５と６より，ＬＥ－７ＡとＬＥ－９はＬＥ－５よりも大き

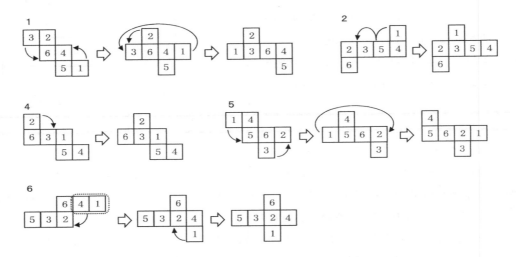

いから，日本最小ではない(少なくとも日本最小でなければ，世界最小である可能性はない)。　４．資料６より，ＬＥ－７ＡはＬＥ－５よりも推力が大きく，ＬＥ－９よりも比推力が大きい(一定の推力を出せる時間が長い)。　５．資料６より，ＬＥ－５についての説明である。　６．資料６より，二段エキスパンダブリードサイクルという仕組みになっているものはない。

問題５　５○…資料４より，スウィングバイは，天体に引き寄せられる力を利用して，軌道や速度を変える方法である。１はスウィングバイの内容に反するものであり，２～４はスウィングバイの内容と関係がない。

問題６　資料３の〔比推力＝$\frac{\text{推力}}{\text{１秒間に消費する推進剤の重さ}}$〕より，〔１秒間に消費する推進剤の重さ＝$\frac{\text{推力}}{\text{比推力}}$〕で求める。１kN＝1000Nより，ＬＥ－５は$\frac{103000}{450}$＝228.88…→228.9N，ＬＥ－７Ａは$\frac{1100000}{440}$＝2500(N)である。

《解答例》

問題１　イ，エ

問題２　２

問題３　イ

問題４　とやま

問題５　A．カ　B．ア　C．エ

問題６　イ

問題７　(例文)

日本語の横書きが増えてきたが、それは本当に「合理的」なのだろうか。

日本語はそれぞれの文字の幅が同じなので横組み印刷、横書きに変えるのは容易である。一方、読む場合には、眼の進行方向に対して直角に交わる線が多い文字の方が、視覚に有効な抵抗感を与え、読みやすい。だから、横線を基調とする日本語を横に並べると読みにくくなり、心理的な負担が生じる。

日本の文字を横にならべると文字の読まれ方も変わる。文章も、俳句や和歌に代表されるように、横書きにすることで、受けるイメージや、スタイルが異なったものになる。

日本語の文字の性質上、縦から横への移行はかならずしも「合理的」ではない。それは、文字の性質を一部分崩すほどの力を加えることであり、根本的な国語の改編を意味する大きな問題である。

問題８　(例文)言葉や文字は、人々の生活や文化と深く結びついた大切なものなので、かんたんに変えるべきではない。

《解　説》

問題１　イとエが正しい。薩摩藩(現在の鹿児島県)出身の西郷隆盛は，大久保利通らに征韓論を反対された後，政府を去り鹿児島に帰郷した。その後，鹿児島の不平士族らにかつぎあげられ，西南戦争を起こし，敗れて亡くなった。一方，同じく薩摩藩出身の大久保利通は，岩倉使節団の一員として欧米に渡り，帰国した後，政府の中心人物として士族の特権を廃止する秩禄《ちつろく》処分を行った。勝海舟は江戸(現在の東京都)，陸奥宗光は紀伊藩(現在の和歌山県)，木戸孝允は長州藩(現在の山口県)出身である。

問題２　【資料１】より，方言語形残存率が最も高いのは約96％の沖縄県で，ついで約84％の鹿児島県となる。

問題３　りかさんが「作成した地図をみると，関東地方から距離が離れるほど，方言の形が残っている割合が高くなっている」と言っていることに着目しよう。【資料１】の方言語形残存率において75％以上の九州地方の県(■)は，沖縄県を除いて，鹿児島県，佐賀県，宮崎県なので，イと判断する。各県の位置については右図参照。

問題４　長野県に接する新潟県，群馬県，埼玉県，山梨県，静岡県，愛知県，岐阜県，富山県のうち，【資料１】の方言語形残存率を見ると，約69％の富山県が最も高いとわかる。なお，長野県と富山県の間には飛驒山脈がある。

問題５　A．「居る」についてはカが正しい。オは，【資料２】より，日本の北側に「いる」などが，南側に「おる」などが多く分布している。　B．「かたつむり」についてはアが正しい。イは，【資料３】より，岐阜周辺の地域には「かたつむり」「かさつむり」などが分布している。　C．「しもやけ」についてはエが正しい。ウは，【資料４】より，紀伊山地(和歌山県・奈良県・三重県)，筑紫山地(福岡県・佐賀県・長崎県)，九州山地(熊本県・大分県・宮崎県・鹿児島県)では「しもやけ」「しもばれ」「しもぶくれ」などが，越後平野(新潟県)，富山平野などの平地では「ゆきやけ」「ゆきがけ」などが分布している。

問題６　イが正しい。先生が「『東西分布』は，日本アルプスなどの山々が境界となって，その東西で言葉が変化することによって起こったこと」「『周圏分布』は，文化の中心地に新しい表現が生まれ，それがだんだん周囲に広がったことで生じたもの」「『日本海太平洋型分布』は，日本海側と太平洋側の気候の違いが言葉に影響を及ぼしたもの」と言っていることから考えよう。【資料５】より，「顔」の方言分布は，東北や九州では「ツラ」，関東では「カオ」が広がっていると読み取れる。ア．日本アルプスは，飛騨山脈(北アルプス)，木曽山脈(中央アルプス)，赤石山脈(南アルプス)の総称で，中部地方の中央をほぼ南北にならんでいる。【資料５】を見ると，日本アルプスの東側にも西側にも「ツラ」と「カオ」の共存している地域がある。　ウ．【資料５】を見ると，日本海側にも太平洋側にも「ツラ」と「カオ」の共存している地域がある。日本海側気候と太平洋側気候の地域については右図参照。

《解答例》

1　問題1．あ．3　い．6　　問題2．う．イ　え．ア　お．イ　　問題3．溶けやすい
問題4．試料黄緑色，茶色のインクのみに共通して含まれる色素…2　エタノールに最も溶けやすい色素…3
問題5．92.54

2　問題1．(う)10　(え)14　(お)20　　問題2．5　　問題3．A．2　B．11　C．6

3　問題1．3，4，6，9　　問題2．5　　問題3．86　　問題4．エンジンの種類…5　よい理由…9

《解　説》

1　**問題1**　インクがにじんで広がるのは，インクが水に溶《と》けることで浮《う》き上がり，溶け出したインクが広がるためである。

問題2　結果2で，Aが上がって(溶けて)，Bが上がっていない(溶けていない)液体イが水である。また，結果2で，展開液が上がった位置を表す太線がより上にある液体イの方がろ紙にしみ込《こ》みやすい(液体アの方がろ紙にしみ込みにくい)と考えられる。

問題3　結果3より，液体イ(水)では色素が移動していないので，水に溶けにくい性質だとわかる。また，液体ア(エタノール)では色素が少し移動しただけだから，エタノールに溶けやすいとはいえない。

問題4　結果4で，黄緑色のインクと茶色のインクのみに共通して見られる色素(紫《むらさき》色のインクのみに見られない色素)は△の黄である。また，結果4で，×から垂直方向に離《はな》れているものほど展開液①に溶けやすく，×から水平方向に離れているものほど展開液②に溶けやすい色素である。エタノールは展開液①だから，エタノールに最も溶けやすい色素は，×から垂直方向に最も離れた位置にある◇のピンクである。

問題5　同じ時間で移動した距離が速さであり，展開のしやすさだから，距離が短いピンク色の方が展開しにくい。ピンク色の展開のしやすさは青色の$\frac{6.2}{6.7}$×100＝92.537…→92.54％である。

2　**問題1**　【図2】の立体の見取図を利用して，面の数を数えて求めればよいが，以下のように考えると数えまちがいを防ぐことができる。

図 i

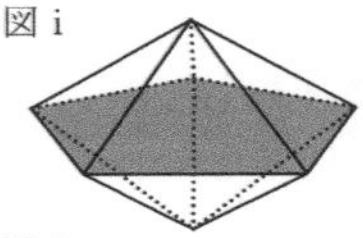

(う)の立体について，右図ｉの色付きの五角形で2つの立体に分けると，2つは合同な立体となり，上の立体に正三角形は5個あるから，求める面の数は5×2＝10(個)である。

図 ii

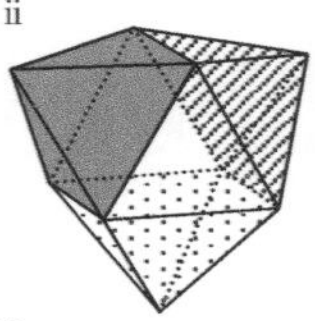

(え)の立体について，右図ⅱのように正方形1個と正三角形4個でできた立体が3つあり，この部分にふくまれない正三角形が2個あるから，求める面の数は4×3＋2＝14(個)である。

図 iii

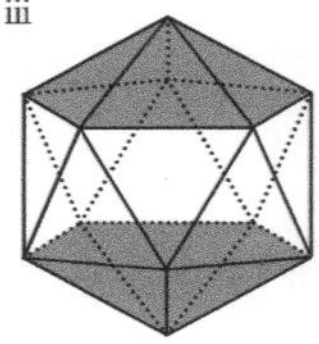

(お)の立体について，右図ⅲの色付き部分の立体を組み合わせると(う)と同じ形の立体になるから，ここには10個の正三角形がある。真ん中の部分(白い部分)には上下の立体の底面の五角形の各辺に1個ずつ正三角形がついているから，5×2＝10(個)ある。したがって，求める面の数は10＋10＝20(個)である。

問題２　(い)の立体を安定するように，台に置くと右図ⅳのようになり，台に平行な面でこの立体を切ると，必ず６つの辺を通るから，切り口は六角形となる。そのうち，右図ⅳのように切り口が通る６つの辺のそれぞれ真ん中を通るとき正六角形となる。

図ⅳ

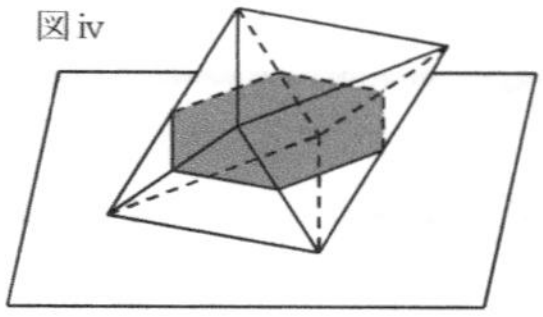

問題３　すべての面が正方形でできている立体で面の数が最も少ないのは，立方体である。右図ⅴの太線の３辺を切り開くと，同じ大きさの正方形の面が４つ必要となる(右図ⅵの点線で示した面)。したがって，４つの面は長方形となってしまう。

図ⅴ　図ⅵ

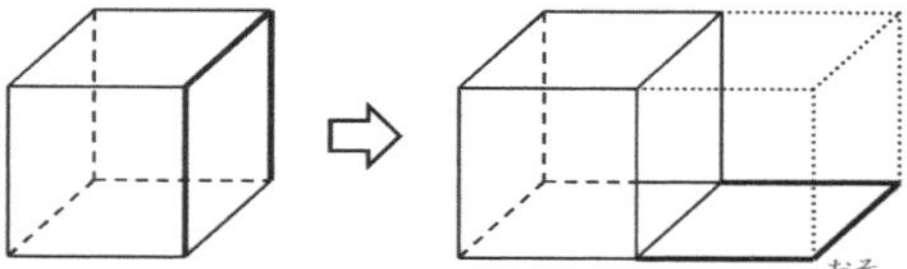

3　**問題１**　ブロックと紙の実験で，流れが速い方に紙が近づくのは，流れが速い方が紙を押す力よりも，流れが遅《おそ》い方が紙を押す力の方が大きいためだと考えることができる。したがって，飛行機の翼《つばさ》でも同様に，流れが速い上面では翼を下向きに押す力が弱く，流れが速い下面では翼を上向きに押す力が強くなるため，その差が翼を上向きに押す力(揚力《ようりょく》)となる。

問題２　表１で，ライト兄弟が風洞《ふうどう》実験を繰《く》り返したのが1901年だから，その次の年の1902年に作成したグライダーに着目する。このグライダーは，アスペクト比が$\frac{9.75(\mathrm{m})}{1.52(\mathrm{m})}=6.41\cdots$で1900年や1901年に作成したものより大きく，キャンバー比が$\frac{0.06}{1.52}=\frac{1}{25.3\cdots}$で1900年や1901年に作成したものより小さいから，５が正答となる。

問題３　スタートからの時間を底辺，速さを高さとして，グラフの斜線《しゃせん》部分の三角形に着目すればよい。滑走《かっそう》を始めて離陸するのに50秒間かかり，2150m滑走したから，離陸したときの速さを□m/秒とすると，50×□÷２＝2150が成り立ち，□＝2150÷50×２＝86(m/秒)となる。

問題４　音の速さを１Mとしたとき，その約85%の速さは１×0.85＝0.85(M)である。したがって，資料５のグラフで，0.85Mのときの１時間当たりの燃料使用量が最も少ない高バイパスターボファン・エンジンを使用すれば，燃料の使用量が最小になり，燃料費も二酸化炭素排出《はいしゅつ》量も減らすことができる。

《解答例》

1　問題１．(1)２　(2)中京工業地帯と京浜工業地帯のそれぞれの製造品出荷額にそれぞれの工業地帯の機械のわり合をかけて工業地帯ごとの機械の製造品出荷額をだし、京浜工業地帯の機械の製造品出荷額を中京工業地帯の機械の製造品出荷額でわりました　(3)５

2　問題１．(1)2.1　(2)１

問題２．(1)(例文)

一つ目は木の癖組みです。木は遺伝子や育った環境によって、一本ずつちがう癖を持っています。同じ癖の木ばかりを使うと、同じ方向に癖の力が働いて建物は弱くなってしまいます。しかし、異なる癖の木をうまく組み合わせれば、たがいの癖を補い合う、丈夫な建物を造ることができます。二つ目は解体と修理です。木は年月が経つと傷んできます。そのため、伝統的な木造建築物は、解体できるように作られています。解体して傷んだところを取り替えたり補修したりしてから建て直すのです。また、傷みやすい部署は補修することを前提に作られています。

(2)(例文)

私は、日本の伝統的な建物が、最初から傷んだ部分を補修して使うように作られていることに感動しました。現代の生活では、何かを直して使うことがほとんどないからです。

この前、大切にしていたゲーム機がこわれてしまいました。愛着があったので、修理してもらおうと電気屋に持っていきました。ところが、修理する値段と新品の値段がほとんど変わらないことがわかり、新品を買うことになりました。

しかし、こわれたゲーム機はごみとして捨てられてしまいました。愛着があったので少し残念です。それに資源には限りがあります。身のまわりのものをもっと大切に使うことが必要だと思います。

《解　説》

1　**問題１(1)**　１．2014 年の製造品出荷額は，京浜工業地帯より関東内陸工業地域の方が多いので誤り。　３．製造品出荷額の合計(億円)はそれぞれ，1990 年が 2468000，2000 年が 2188000，2010 年が 2106000，2013 年が 2149000，2014 年が 2241000 なので，2013 年と 2014 年時に前年より減少していないので誤り。　４．1990 年と 2014 年を比べて，製造品出荷額が増加しているのは中京工業地帯，北九州工業地帯，瀬戸内工業地域，京葉工業地域の四つなので誤り。

(2)　2014 年の機械の製造品出荷額(億円)はそれぞれ，中京工業地帯が $546000\times0.667=364182$，京浜工業地帯が $262000\times0.465=121830$ なので，$121830\div364182=0.33\cdots$となり，京浜工業地帯の機械の製造品出荷額は中京工業地帯の約３分の１となる。

(3)　工業地帯や工業地域の軽工業の製造品出荷額(億円)はそれぞれ，京浜工業地帯が $262000\times0.244=63928$，中京工業地帯が $546000\times0.152=82992$，阪神工業地帯が $317000\times0.253=80201$，北九州工業地帯が $85000\times0.337=28645$，瀬戸内工業地域が $310000\times0.23=71300$，関東内陸工業地域が $293000\times0.331=96983$，東海工業地域が $161000\times0.306=49266$，京葉工業地域が $139000\times0.214=29746$，北陸工業地域が $128000\times0.317=40576$ なので，京浜工業地帯の製造品出荷額は５番目に多い。

2 **問題1(1)**　直径が3寸の円の中にできるだけ大きい正方形をかくとき，正方形の対角線が表目の3寸であればよい。図2より，表目の3寸は裏目の目盛りでは約2.1寸だから，正方形の1辺の長さは表目の約2.1寸となるので，求める長さは約2.1寸とわかる。

(2)　表目ではかった数値を裏目の数値にあてはめたとき，その長さが正方形の対角線の長さである。よって，その長さを表目の目盛りではかると，対角線の長さがわかる。

《解答例》

1　問題１．1.55，0.31　　問題２．(1)942　(2)２　(3)からだの細ぼうの中の液体と同じである　　問題３．２
問題４．(1)４　(2)34.8

2　問題１．カ　　問題２．(1)30　(2)右図

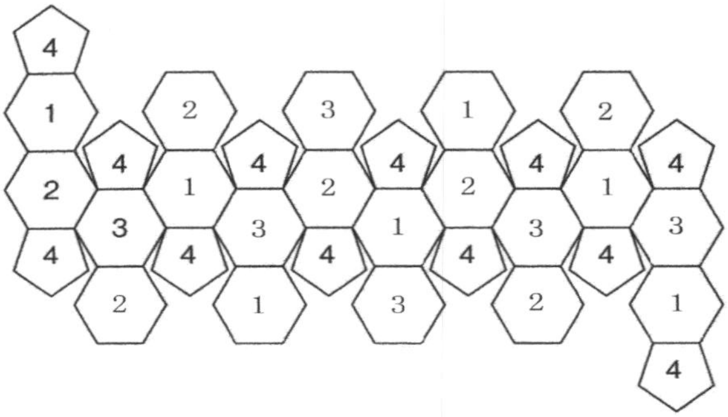

3　問題１．３
問題２．(1)１　(2)11回転…92295　30回転…91516
問題３．(1)C．0　D．1　(2)H．1　I．0
問題４．２，４，５

《解　説》

1　**問題１**　資料１より，経口補水液 100mL あたり，塩化ナトリウムが 310mg→0.31ｇ含《ふく》まれている。したがって，経口補水液 500mL あたりでは，塩化ナトリウムが $0.31\times\frac{500}{100}=1.55$（ｇ）含まれている。また，経口補水液 100mL は，重さが 101.1ｇ，含まれる塩化ナトリウムが 0.31ｇなので，塩化ナトリウムの割合は，$\frac{0.31}{101.1}\times100=0.306\cdots$→0.31％である。経口補水液の量が 100mL のときでも 500mL のときでも塩化ナトリウムの割合は同じになるので，計算しやすい方で求めればよい。

問題２(1)　フタ１㎠あたりが水を押す力が同じならば釣《つ》り合う。10㎠のフタの上に 750ｇのおもりを置いたとき，フタ１㎠あたりが水を押す力は $\frac{750}{10}=75$（ｇ）である。直径４㎝の円の面積は，２×２×3.14＝12.56（㎠）なので，フタ１㎠あたりが水を押す力を 75ｇにするには，75×12.56＝942（ｇ）のおもりをのせればよい。　**(2)**　半透膜《はんとうまく》をはさんだ両側で，同じ濃《こ》さになろうとするが，大きな食塩の粒《つぶ》は半透膜を通れないため，小さな水の粒だけが，食塩水の方に移動して食塩水の濃さを薄《うす》めようとする。そのため，水から食塩水の方に向かって力が生じる。

(3)　細胞《さいぼう》の中の液体よりも濃い液体だと，資料３の観察②のように細胞内の液体が外に出て細胞がしぼんでしまう。逆に，細胞の中の液体よりも薄い液体だと，資料３の観察④のように細胞内に液体が入ってきて細胞が膨《ふく》らんでやぶれてしまうこともある。細胞の中の液体と同じ濃さの液体ならば，資料３の観察③のように液体が細胞の中に入ることも，細胞内の液体が細胞の外に出ることもなく，細胞に影響《えいきょう》を与えない。

問題３　問題２(3)解説の通り，細胞の中の液体と同じ浸透圧《しんとうあつ》の経口補水液ならば，細胞がしぼんだり膨らんだりすることなく，水分を吸収することができる。

問題４(1)　蒸発皿 No.８の計測結果は，塩の結晶《けっしょう》が蒸発皿から飛び出していて，測定値の正確さが疑《うたが》わしいので除き，他の９つの蒸発皿の結果を使って平均を求めればよい。　**(2)**　(1.73＋1.74＋1.76＋1.72＋1.79＋1.75＋1.78＋1.70＋1.69)÷９＝1.74（ｇ）が，蒸発皿１つ（海水 50mL）に含まれる塩分の重さである。したがって，海水１Ｌ→1000mL には，$1.74\times\frac{1000}{50}=34.8$（ｇ）の塩分が含まれる。

2 **問題１**　右図Ｂは図１のサッカーボールを真裏から見た図である。

図A
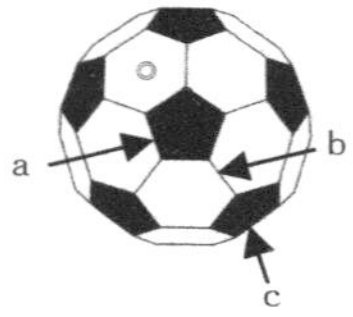

図B
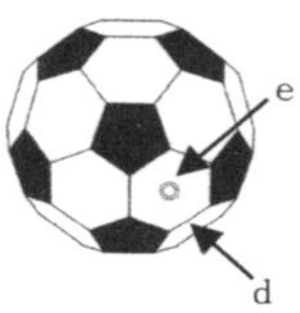

右図Ａ～Ｃのように記号をおく。

向かい合う面は，右図Ｂの◎（ｅ）の面であるとわかる。

よって，右図Ａの◎から右下に向かって，となり合うものを順番に見ていくと，

ａの五角形，ｂの六角形の辺，ｃの五角形，ｄの六角形，ｅの六角形とわかる。

よって，展開図の◎から同じようにたどっていくと，右図Ｃのようになり，

向かい合う面はカとわかる。

図C
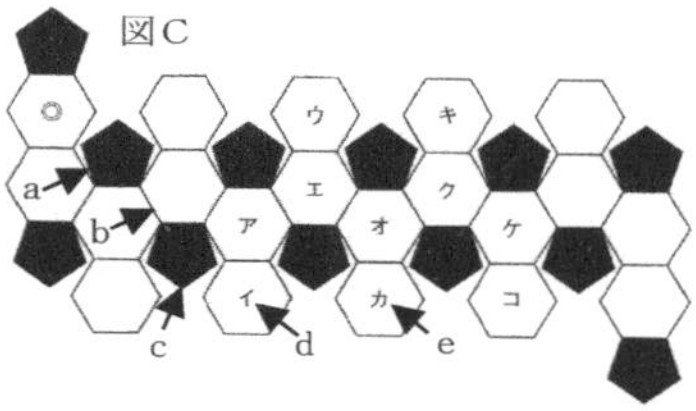

問題２(1)　立方体の１つの面の色を青と決めたとき，その向かい合う面に塗れる色は，黄，黒，緑，赤，茶の５色ある。例えば上の面を青，下の面を黄と決めると，向かい合う面の色の組み合わせは，(黒と緑，赤と茶)(黒と赤，緑と茶)(黒と茶，緑と赤)の３通りある。このうち，(黒と緑，赤と茶)の組み合わせに注目すると，回転して色が重ならない組み合わせは右図のような２通りがあるとわかる。よって，全部で，$2\times3\times5=30$(通り)あるとわかる。

(2)　組み立てたときにとなり合う面が同じ数字にならないように数字を書きこめばよい。展開図の左右のはしの部分や上下にある正六角形は，組み立てたときにとなり合う面に注意する。例えば左はしの上から３番目の２と書かれた面と右はしの上から２番目の面はとなり合うから，右はしの上から２番目の面に２は書けない。上下にある正六角形については，上または下にある正六角形については，例えば問題１の図２のウとキ，イとカ，カとコのように連続して並ぶ正六角形はとなり合うから異なる数字が入る。

3 **問題１**　①では，Ｂの窓に 480 を表示させて，ハンドルＣを(＋)の方向に１回回し，Ｂの窓に 256 を表示させて，ハンドルＣを(－)の方向に１回転させる。②では，ハンドルＣは回転させない。③では，かけ算なので，ハンドルＣを(＋)の方向に４回転させる。④では，割り算なので，ハンドルＣを(－)の方向に回転させる。③までの計算の答えは，$(480-256)\times4=896$ なので，$896\div128=7$ より，８回転目にベルがなり，(＋)の方向に１回転して計算の結果が正しく表示される。よって，(－)に回した回数から(＋)に回した回数をひくと，

$(1+8)-(1+4+1)=3$(回)とわかる。

問題２(1)　わけた数の大きい方の数の，アの数の求めやすさに注目する。１の 90000 は 9×10000 にでき，９のアの数も，$9-1-3-5=0$ より，３と求められる。２の 92000 や３の 92400，４の 92416 では，アの数を求めるのにハンドルを多くまわす必要がある。よって，答えは１とわかる。

(2)　ひく数の合計は，１回転のとき１，２回転のとき $1+3=4$，３回転のとき $1+3+5=9$ なので，

(回転数)×(回転数)とわかる。よって，11 回転のときは $92416-11\times11=92416-121=92295$，30 回転のときは

$92416-30\times30=92416-900=91516$ とわかる。

問題３(1)　右図のように素子に記号をおく。㋐はＯＲ素子で１と１が入力されているので，出力される数は１とわかる。㋑はＡＮＤ素子で１と１が入力されているので，出力される数は１とわかる。㋒はＮＯＴ素子で１が入力されているので，出力される数は０とわかる。㋓はＡＮＤ素子で１と０が入力されているので，出力される数は０とわかる。よって，Ｃは０，Ｄは１が出力されているとわかる。

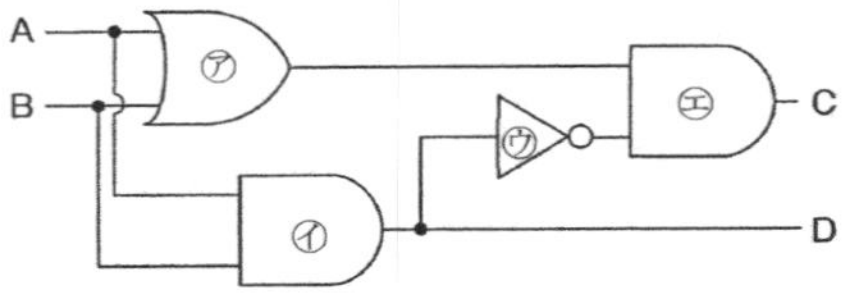

(2)　下図のように記号をおき，(1)と同じように考える。㋕は１を出力，㋖は０を出力，㋗は１を出力，㋘は１を出力，㋙は１を出力，㋚は０を出力，㋛は１を出力，㋜は１を出力，㋝は０を出力している。よって，Ｈは１，Ｉは０が出力されているとわかる。

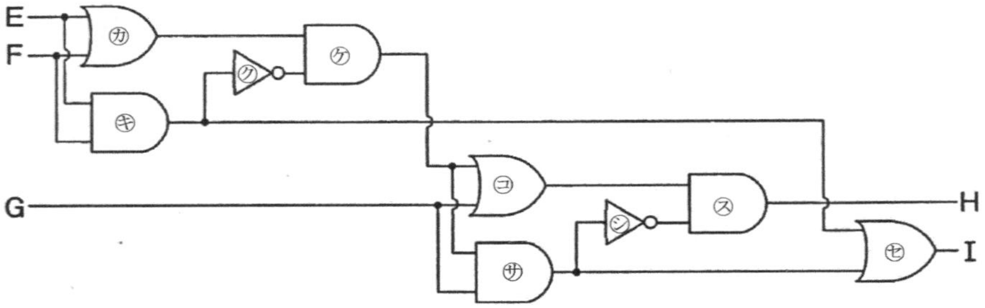

問題４　１．資料４より，「ディープラーニング」は自動的にデータから学習して答えを出すための手法とあるので誤り。　３．資料６より，レベル３の条件付運転自動化では，運転の責任主体はシステムとあるので誤り。

■ ご使用にあたってのお願い・ご注意

（1）問題文等の非掲載

著作権上の都合により，問題文や図表などの一部を掲載できない場合があります。

誠に申し訳ございませんが，ご了承くださいますようお願いいたします。

（2）過去問における時事性

過去問題集は，学習指導要領の改訂や社会状況の変化，新たな発見などにより，現在とは異なる表記や解説になっている場合があります。過去問の特性上，出題当時のままで出版していますので，あらかじめご了承ください。

（3）配点

学校等から配点が公表されている場合は，記載しています。公表されていない場合は，記載していません。

独自の予想配点は，出題者の意図と異なる場合があり，お客様が学習するうえで誤った判断をしてしまう恐れがあるため記載していません。

（4）無断複製等の禁止

購入された個人のお客様が，ご家庭でご自身またはご家族の学習のためにコピーをすることは可能ですが，それ以外の目的でコピー，スキャン，転載（ブログ，ＳＮＳなどでの公開を含みます）などをすることは法律により禁止されています。学校や学習塾などで，児童生徒のためにコピーをして使用することも法律により禁止されています。

ご不明な点や，違法な疑いのある行為を確認された場合は，弊社までご連絡ください。

（5）けがに注意

この問題集は針を外して使用します。針を外すときは，けがをしないように注意してください。また，表紙カバーや問題用紙の端で手指を傷つけないように十分注意してください。

（6）正誤

制作には万全を期しておりますが，万が一誤りなどがございましたら，弊社までご連絡ください。

なお，誤りが判明した場合は，弊社ウェブサイトの「ご購入者様のページ」に掲載しておりますので，そちらもご確認ください。

■ お問い合わせ

解答例，解説，印刷，製本など，問題集発行におけるすべての責任は弊社にあります。

ご不明な点がございましたら，弊社ウェブサイトの「お問い合わせ」フォームよりご連絡ください。迅速に対応いたしますが，営業日の都合で回答に数日を要する場合があります。

ご入力いただいたメールアドレス宛に自動返信メールをお送りしています。自動返信メールが届かない場合は，「よくある質問」の「メールの問い合わせに対し返信がありません。」の項目をご確認ください。

また弊社営業日（平日）は，午前９時から午後５時まで，電話でのお問い合わせも受け付けています。

2025 春

株式会社教英出版

〒422-8054　静岡県静岡市駿河区南安倍３丁目 12-28

TEL　054-288-2131　　FAX　054-288-2133

URL　https://kyoei-syuppan.net/

MAIL siteform@kyoei-syuppan.net

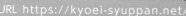

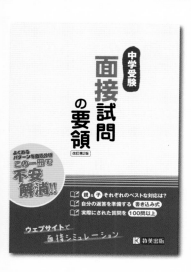

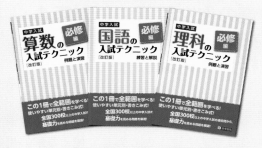

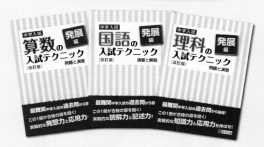

教英出版　2025年春受験用　中学入試問題集

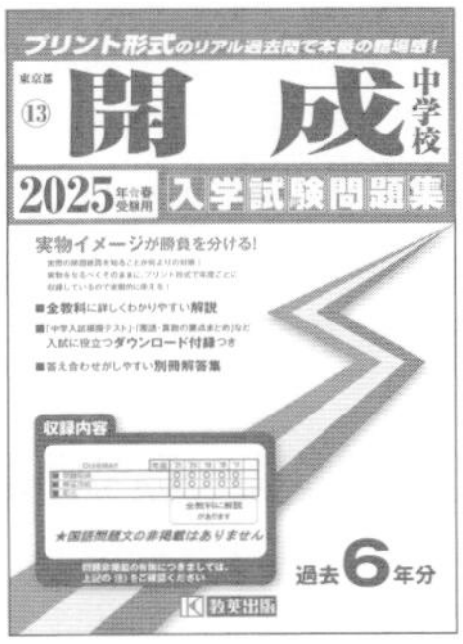

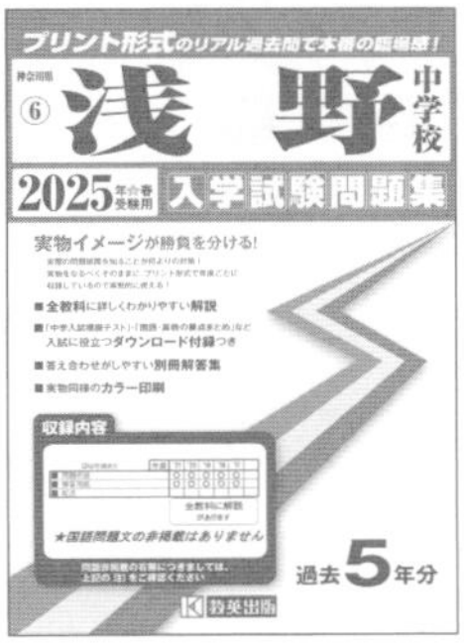

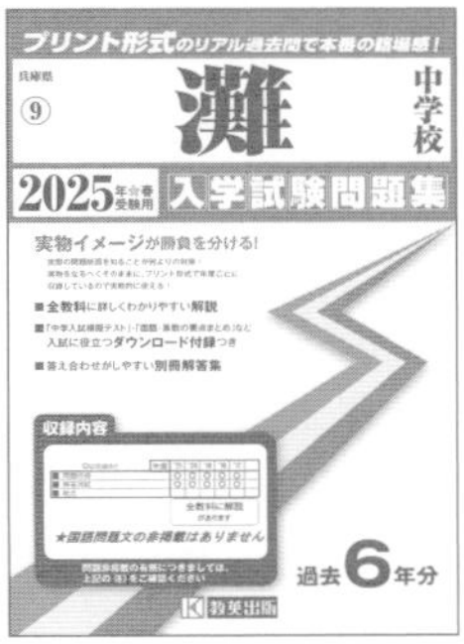

学校別問題集

✿はカラー問題対応

北海道

①[市立]札幌開成中等教育学校
②藤女子中学校
③北嶺中学校
④北星学園女子中学校
⑤札幌大谷中学校
⑥札幌光星中学校
⑦立命館慶祥中学校
⑧函館ラ・サール中学校

青森県

①[県立]三本木高等学校附属中学校

岩手県

①[県立]一関第一高等学校附属中学校

宮城県

①[県立]宮城県古川黎明中学校
②[県立]宮城県仙台二華中学校
③[市立]仙台青陵中等教育学校
④東北学院中学校
⑤仙台白百合学園中学校
⑥聖ウルスラ学院英智中学校
⑦宮城学院中学校
⑧秀光中学校
⑨古川学園中学校

秋田県

①[県立]
- 大館国際情報学院中学校
- 秋田南高等学校中等部
- 横手清陵学院中学校

山形県

①[県立]
- 東桜学館中学校
- 致道館中学校

福島県

①[県立]
- 会津学鳳中学校
- ふたば未来学園中学校

茨城県

①[県立]
- 日立第一高等学校附属中学校
- 太田第一高等学校附属中学校
- 水戸第一高等学校附属中学校
- 鉾田第一高等学校附属中学校
- 鹿島高等学校附属中学校
- 土浦第一高等学校附属中学校
- 竜ケ崎第一高等学校附属中学校
- 下館第一高等学校附属中学校
- 下妻第一高等学校附属中学校
- 水海道第一高等学校附属中学校
- 勝田中等教育学校
- 並木中等教育学校
- 古河中等教育学校

栃木県

①[県立]
- 宇都宮東高等学校附属中学校
- 佐野高等学校附属中学校
- 矢板東高等学校附属中学校

群馬県

①
- [県立]中央中等教育学校
- [市立]四ツ葉学園中等教育学校
- [市立]太田中学校

埼玉県

①[県立]伊奈学園中学校
②[市立]浦和中学校
③[市立]大宮国際中等教育学校
④[市立]川口市立高等学校附属中学校

千葉県

①[県立]
- 千葉中学校
- 東葛飾中学校

②[市立]稲毛国際中等教育学校

東京都

①[国立]筑波大学附属駒場中学校
②[都立]白鷗高等学校附属中学校
③[都立]桜修館中等教育学校
④[都立]小石川中等教育学校
⑤[都立]両国高等学校附属中学校
⑥[都立]立川国際中等教育学校
⑦[都立]武蔵高等学校附属中学校
⑧[都立]大泉高等学校附属中学校
⑨[都立]富士高等学校附属中学校
⑩[都立]三鷹中等教育学校
⑪[都立]南多摩中等教育学校
⑫[区立]九段中等教育学校
⑬開成中学校
⑭麻布中学校
⑮桜蔭中学校
⑯女子学院中学校
✿⑰豊島岡女子学園中学校
⑱東京都市大学等々力中学校
⑲世田谷学園中学校
✿⑳広尾学園中学校(第2回)
✿㉑広尾学園中学校(医進・サイエンス回)
㉒渋谷教育学園渋谷中学校(第1回)
㉓渋谷教育学園渋谷中学校(第2回)
㉔東京農業大学第一高等学校中等部
(2月1日 午後)
㉕東京農業大学第一高等学校中等部
(2月2日 午後)

神奈川県

①[県立] 相模原中等教育学校
平塚中等教育学校
②[市立]南高等学校附属中学校
③[市立]横浜サイエンスフロンティア高等学校附属中学校
④[市立]川崎高等学校附属中学校
✿⑤聖光学院中学校
✿⑥浅野中学校
⑦洗足学園中学校
⑧法政大学第二中学校
⑨逗子開成中学校(1次)
⑩逗子開成中学校(2·3次)
⑪神奈川大学附属中学校(第1回)
⑫神奈川大学附属中学校(第2·3回)
⑬栄光学園中学校
⑭フェリス女学院中学校

新潟県

①[県立] 村上中等教育学校
柏崎翔洋中等教育学校
燕中等教育学校
津南中等教育学校
直江津中等教育学校
佐渡中等教育学校
②[市立]高志中等教育学校
③新潟第一中学校
④新潟明訓中学校

石川県

①[県立]金沢錦丘中学校
②星稜中学校

福井県

①[県立]高志中学校

山梨県

①山梨英和中学校
②山梨学院中学校
③駿台甲府中学校

長野県

①[県立] 屋代高等学校附属中学校
諏訪清陵高等学校附属中学校
②[市立]長野中学校

岐阜県

①岐阜東中学校
②鶯谷中学校
③岐阜聖徳学園大学附属中学校

静岡県

①[国立]静岡大学教育学部附属中学校
(静岡·島田·浜松)
② [県立]清水南高等学校中等部
[県立]浜松西高等学校中等部
[市立]沼津高等学校中等部
③不二聖心女子学院中学校
④日本大学三島中学校
⑤加藤学園暁秀中学校
⑥星陵中学校
⑦東海大学付属静岡翔洋高等学校中等部
⑧静岡サレジオ中学校
⑨静岡英和女学院中学校
⑩静岡雙葉中学校
⑪静岡聖光学院中学校
⑫静岡学園中学校
⑬静岡大成中学校
⑭城南静岡中学校
⑮静岡北中学校
⑯ 常葉大学附属常葉中学校
常葉大学附属橘中学校
常葉大学附属菊川中学校
⑰藤枝明誠中学校
⑱浜松開誠館中学校
⑲静岡県西遠女子学園中学校
⑳浜松日体中学校
㉑浜松学芸中学校

愛知県

①[国立]愛知教育大学附属名古屋中学校
②愛知淑徳中学校
③ 名古屋経済大学市邨中学校
名古屋経済大学高蔵中学校
④金城学院中学校
⑤椙山女学園中学校
⑥東海中学校
⑦南山中学校男子部
⑧南山中学校女子部
⑨聖霊中学校
⑩滝中学校
⑪名古屋中学校
⑫大成中学校
⑬愛知中学校
⑭星城中学校
⑮名古屋葵大学中学校
(名古屋女子大学中学校)
⑯愛知工業大学名電中学校
⑰海陽中等教育学校(特別給費生)
⑱海陽中等教育学校(Ⅰ·Ⅱ)
⑲中部大学春日丘中学校
新刊⑳名古屋国際中学校

三重県

①[国立]三重大学教育学部附属中学校
②暁中学校
③海星中学校
④四日市メリノール学院中学校
⑤高田中学校
⑥セントヨゼフ女子学園中学校
⑦三重中学校
⑧皇學館中学校
⑨鈴鹿中等教育学校
⑩津田学園中学校

滋賀県

①[国立]滋賀大学教育学部附属中学校
②[県立] 河瀬中学校
守山中学校
水口東中学校

京都府

①[国立]京都教育大学附属桃山中学校
②[府立]洛北高等学校附属中学校
③[府立]園部高等学校附属中学校
④[府立]福知山高等学校附属中学校
⑤[府立]南陽高等学校附属中学校
⑥[市立]西京高等学校附属中学校
⑦同志社中学校
⑧洛星中学校
⑨洛南高等学校附属中学校
⑩立命館中学校
⑪同志社国際中学校
⑫同志社女子中学校(前期日程)
⑬同志社女子中学校(後期日程)

大阪府

①[国立]大阪教育大学附属天王寺中学校
②[国立]大阪教育大学附属平野中学校
③[国立]大阪教育大学附属池田中学校

④[府立]富田林中学校
⑤[府立]咲くやこの花中学校
⑥[府立]水都国際中学校
⑦清風中学校
⑧高槻中学校(A日程)
⑨高槻中学校(B日程)
⑩明星中学校
⑪大阪女学院中学校
⑫大谷中学校
⑬四天王寺中学校
⑭帝塚山学院中学校
⑮大阪国際中学校
⑯大阪桐蔭中学校
⑰開明中学校
⑱関西大学第一中学校
⑲近畿大学附属中学校
⑳金蘭千里中学校
㉑金光八尾中学校
㉒清風南海中学校
㉓帝塚山学院泉ヶ丘中学校
㉔同志社香里中学校
㉕初芝立命館中学校
㉖関西大学中等部
㉗大阪星光学院中学校

兵庫県

①[国立]神戸大学附属中等教育学校
②[県立]兵庫県立大学附属中学校
③雲雀丘学園中学校
④関西学院中学部
⑤神戸女学院中学部
⑥甲陽学院中学校
⑦甲南中学校
⑧甲南女子中学校
⑨灘中学校
⑩親和中学校
⑪神戸海星女子学院中学校
⑫滝川中学校
⑬啓明学院中学校
⑭三田学園中学校
⑮淳心学院中学校
⑯仁川学院中学校
⑰六甲学院中学校
⑱須磨学園中学校(第1回入試)
⑲須磨学園中学校(第2回入試)
⑳須磨学園中学校(第3回入試)
㉑白陵中学校
㉒夙川中学校

奈良県

①[国立]奈良女子大学附属中等教育学校
②[国立]奈良教育大学附属中学校
③[県立] 国際中学校
　　　 青翔中学校
④[市立]一条高等学校附属中学校
⑤帝塚山中学校
⑥東大寺学園中学校
⑦奈良学園中学校
⑧西大和学園中学校

和歌山県

①[県立] 古佐田丘中学校
　　　 向陽中学校
　　　 桐蔭中学校
　　　 日高高等学校附属中学校
　　　 田辺中学校
②智辯学園和歌山中学校
③近畿大学附属和歌山中学校
④開智中学校

岡山県

①[県立]岡山操山中学校
②[県立]倉敷天城中学校
③[県立]岡山大安寺中等教育学校
④[県立]津山中学校
⑤岡山中学校
⑥清心中学校
⑦岡山白陵中学校
⑧金光学園中学校
⑨就実中学校
⑩岡山理科大学附属中学校
⑪山陽学園中学校

広島県

①[国立]広島大学附属中学校
②[国立]広島大学附属福山中学校
③[県立]広島中学校
④[県立]三次中学校
⑤[県立]広島叡智学園中学校
⑥[市立]広島中等教育学校
⑦[市立]福山中学校
⑧広島学院中学校
⑨広島女学院中学校
⑩修道中学校
⑪崇徳中学校
⑫比治山女子中学校
⑬福山暁の星女子中学校
⑭安田女子中学校
⑮広島なぎさ中学校
⑯広島城北中学校
⑰近畿大学附属広島中学校福山校
⑱盈進中学校
⑲如水館中学校
⑳ノートルダム清心中学校
㉑銀河学院中学校
㉒近畿大学附属広島中学校東広島校
㉓AICJ中学校
㉔広島国際学院中学校
㉕広島修道大学ひろしま協創中学校

山口県

①[県立] 下関中等教育学校
　　　 高森みどり中学校
②野田学園中学校

徳島県

①[県立] 富岡東中学校
　　　 川島中学校
　　　 城ノ内中等教育学校
②徳島文理中学校

香川県

①大手前丸亀中学校
②香川誠陵中学校

愛媛県

①[県立] 今治東中等教育学校
　　　 松山西中等教育学校
②愛光中学校
③済美平成中等教育学校
④新田青雲中等教育学校

高知県

①[県立] 安芸中学校
　　　 高知国際中学校
　　　 中村中学校

福岡県

①[国立]福岡教育大学附属中学校（福岡·小倉·久留米）

②[県立]
- 育徳館中学校
- 門司学園中学校
- 宗像中学校
- 嘉穂高等学校附属中学校
- 輝翔館中等教育学校

③西南学院中学校
④上智福岡中学校
⑤福岡女学院中学校
⑥福岡雙葉中学校
⑦照曜館中学校
⑧筑紫女学園中学校
⑨敬愛中学校
⑩久留米大学附設中学校
⑪飯塚日新館中学校
⑫明治学園中学校
⑬小倉日新館中学校
⑭久留米信愛中学校
⑮中村学園女子中学校
⑯福岡大学附属大濠中学校
⑰筑陽学園中学校
⑱九州国際大学付属中学校
⑲博多女子中学校
⑳東福岡自彊館中学校
㉑八女学院中学校

佐賀県

①[県立]
- 香楠中学校
- 致遠館中学校
- 唐津東中学校
- 武雄青陵中学校

②弘学館中学校
③東明館中学校
④佐賀清和中学校
⑤成穎中学校
⑥早稲田佐賀中学校

長崎県

①[県立]
- 長崎東中学校
- 佐世保北中学校
- 諫早高等学校附属中学校

②青雲中学校
③長崎南山中学校
④長崎日本大学中学校
⑤海星中学校

熊本県

①[県立]
- 玉名高等学校附属中学校
- 宇土中学校
- 八代中学校

②真和中学校
③九州学院中学校
④ルーテル学院中学校
⑤熊本信愛女学院中学校
⑥熊本マリスト学園中学校
⑦熊本学園大学付属中学校

大分県

①[県立]大分豊府中学校
②岩田中学校

宮崎県

①[県立]五ヶ瀬中等教育学校

②[県立]
- 宮崎西高等学校附属中学校
- 都城泉ヶ丘高等学校附属中学校

③宮崎日本大学中学校
④日向学院中学校
⑤宮崎第一中学校

鹿児島県

①[県立]楠隼中学校
②[市立]鹿児島玉龍中学校
③鹿児島修学館中学校
④ラ・サール中学校
⑤志學館中等部

沖縄県

①[県立]
- 与勝緑が丘中学校
- 開邦中学校
- 球陽中学校
- 名護高等学校附属桜中学校

もっと過去問シリーズ

北海道

北嶺中学校
7年分（算数・理科・社会）

静岡県

静岡大学教育学部附属中学校
（静岡·島田·浜松）
10年分（算数）

愛知県

愛知淑徳中学校
7年分（算数・理科・社会）
東海中学校
7年分（算数・理科・社会）
南山中学校男子部
7年分（算数・理科・社会）
南山中学校女子部
7年分（算数・理科・社会）
滝中学校
7年分（算数・理科・社会）
名古屋中学校
7年分（算数・理科・社会）

岡山県

岡山白陵中学校
7年分（算数・理科）

広島県

広島大学附属中学校
7年分（算数・理科・社会）
広島大学附属福山中学校
7年分（算数・理科・社会）
広島学院中学校
7年分（算数・理科・社会）
広島女学院中学校
7年分（算数・理科・社会）
修道中学校
7年分（算数・理科・社会）
ノートルダム清心中学校
7年分（算数・理科・社会）

愛媛県

愛光中学校
7年分（算数・理科・社会）

福岡県

福岡教育大学附属中学校
（福岡·小倉·久留米）
7年分（算数・理科・社会）
西南学院中学校
7年分（算数・理科・社会）
久留米大学附設中学校
7年分（算数・理科・社会）
福岡大学附属大濠中学校
7年分（算数・理科・社会）

佐賀県

早稲田佐賀中学校
7年分（算数・理科・社会）

長崎県

青雲中学校
7年分（算数・理科・社会）

鹿児島県

ラ·サール中学校
7年分（算数・理科・社会）

※もっと過去問シリーズは
国語の収録はありません。

教英出版
〒422-8054
静岡県静岡市駿河区南安倍3丁目12−28
TEL 054-288-2131
FAX 054-288-2133
詳しくは教英出版で検索
教英出版 検索
URL https://kyoei-syuppan.net/

令和六年度

適性検査Ⅰ

9：15
〜
10：00

［注　意］

1　この問題冊子《さっし》は一ページから二十一ページにわたって印刷してあります。ページの抜《ぬ》け、白紙、印刷の重なりや不《ふ》鮮明《せんめい》な部分などがないかを確認《かくにん》してください。あった場合は手をあげて監督《かんとく》の先生の指示にしたがってください。

2　解答用紙は二枚《まい》あります。受検番号と氏名をそれぞれの決められた場所に記入してください。

3　声を出して読んではいけません。

4　答えはすべて解答用紙に記入し、解答用紙を二枚とも提出してください。

5　解答用紙のマス目は、句読点などもそれぞれ一字と数え、一マスに一字ずつ書いてください。

6　字ははっきりと書き、答えを直すときは、きれいに消してから新しい答えを書いてください。

7　文章で答えるときは、漢字を適切に使い、丁寧《ていねい》に書いてください。

＃教英出版　注
編集の都合上、解答用紙は表裏一体となっております。

横浜市立横浜サイエンスフロンティア高等学校附属中学校

このページには問題は印刷されていません。

1　りかさんとみなみさんが図書館で社会の授業の話をしています。りかさんとみなみさんの【会話】や【資料】を読み、あとの問題に答えなさい。

【会話１】

りかさん：今日の社会の授業で、ヨーロッパの国の学習をしましたね。
みなみさん：はい。スペインには【SIESTA（シエスタ・昼の休憩《きゅうけい》）】という文化があるのですね。
りかさん：スペインといえば、【SOBREMESA（ソブレメサ）】というスペイン語を知っていますか。
みなみさん：いいえ、知りません。それはどういう意味なのですか。
りかさん：「食後に食卓《しょくたく》を囲んで、くつろいでおしゃべりをする」という習慣を指す言葉です。
みなみさん：スペインでは、午後２時ごろに昼食をとり、【SIESTA】や【SOBREMESA】をはさみ、また仕事にもどるのですね。
りかさん：はい。その国の言葉にはその国の文化が反映《はんえい》されているのですね。
みなみさん：外国の言葉について興味が出てきました。少し調べてみませんか。
りかさん：そうですね。調べてみましょう。

みなみさん：わたしはこのような言葉を調べてきました。【資料１】を見てください。

【資料１】みなみさんが見つけてきた言葉

SKÁBMA（スカーマ） 太陽の出ない季節

（吉岡《よしおか》　乾《のぼる》「なくなりそうな世界のことば」をもとに作成）

りかさん：【SKÁBMA】で「太陽の出ない季節」を表すのですね。

みなみさん：はい。日本語にはない表現で、特に気になりました。

りかさん：確かに、日本にはない季節ですね。これはどこで使われている言葉なのですか。

みなみさん：これは【資料2】を参考に考えてみると、わかりやすいです。【資料2】は地球儀《ちきゅうぎ》に、太陽の光に見立てた光を当てているところを表したものです。

りかさん：地球儀を、【資料2】中の「地球儀を固定している軸《じく》」を中心に回すと、一周しても太陽の光が当たらない地域《ちいき》がありますね。

みなみさん：はい。そこが①「太陽の出ない季節」という言葉が使われている地域です。

【資料2】地球儀に太陽の光に見立てた光を当てている図

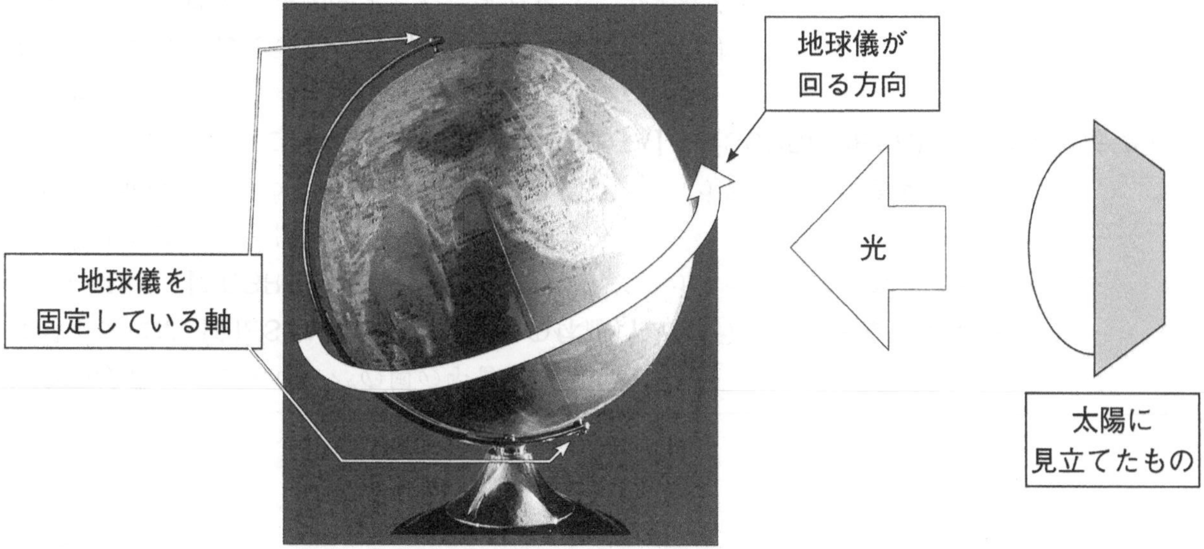

問題１　【会話１】中の①「太陽の出ない季節」という言葉が使われている地域として最も適切な地域を次の【地図】中の１～４から一つ選び、番号を書きなさい。

【地図】

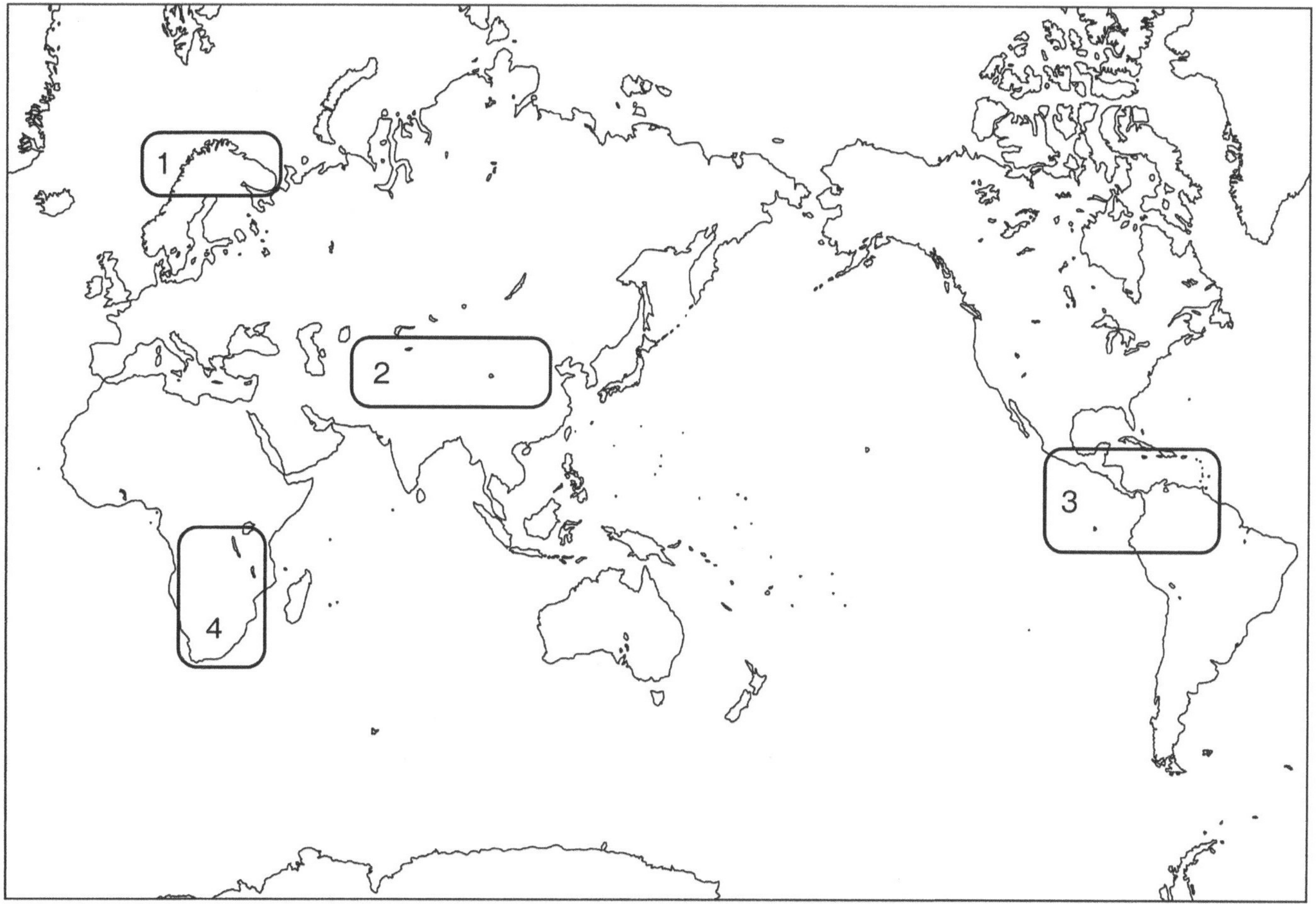

【会話2】

りかさん：わたしは少し変わった言葉を見つけました。【資料3】の言葉を見てください。

【資料3】りかさんが見つけてきた言葉

PISAN ZAPRA（ピサンザプラ） バナナを食べるときの所要時間

（エラ・フランシス・サンダース「翻訳《ほんやく》できない世界のことば」をもとに作成）

みなみさん：「バナナを食べるときの所要時間」を表す言葉があるのですね。30秒くらいですか。

りかさん：人やバナナによりますが、約2分らしいです。どこで使われている言葉だと思いますか。

みなみさん：バナナが栽培《さいばい》されている地域で使われていると思うのですが…。

りかさん：はい。バナナの栽培条件について調べた【資料4】を見てください。

【資料4】りかさんが調べたバナナの栽培条件

・高温多湿《たしつ》な土地に育つ ・気温27～31℃くらいがいちばん元気に育つ ・暑い季節は毎日しっかり水やりをする

（農山漁村文化協会「知りたい　食べたい　熱帯の作物　バナナ」をもとに作成）

みなみさん：条件に当てはめると、【PISAN ZAPRA】が使われている地域の気温と降水《こうすい》量を表しているグラフは　②　ですね。

りかさん：はい。【PISAN ZAPRA】は、マレーシアやシンガポールなどで話されているマレー語の言葉です。同じ気候の地域で【資料５】の［　③　］が育てられていますね。

【資料５】コーヒー、オリーブ、小麦の生産量の上位５か国（２０２０年　単位：千ｔ）

コーヒー		オリーブ		小麦	
ブラジル	３７００	スペイン	８１３８	中国	１３４２５０
ベトナム	１７６３	イタリア	２２０７	インド	１０７５９０
コロンビア	８３３	チュニジア	２０００	ロシア	８５８９６
インドネシア	７７３	モロッコ	１４０９	アメリカ	４９６９１
エチオピア	５８５	トルコ	１３１７	カナダ	３５１８３

（「世界国勢図会　２０２２／２３」をもとに作成）

【資料６】世界の気候について表した地図

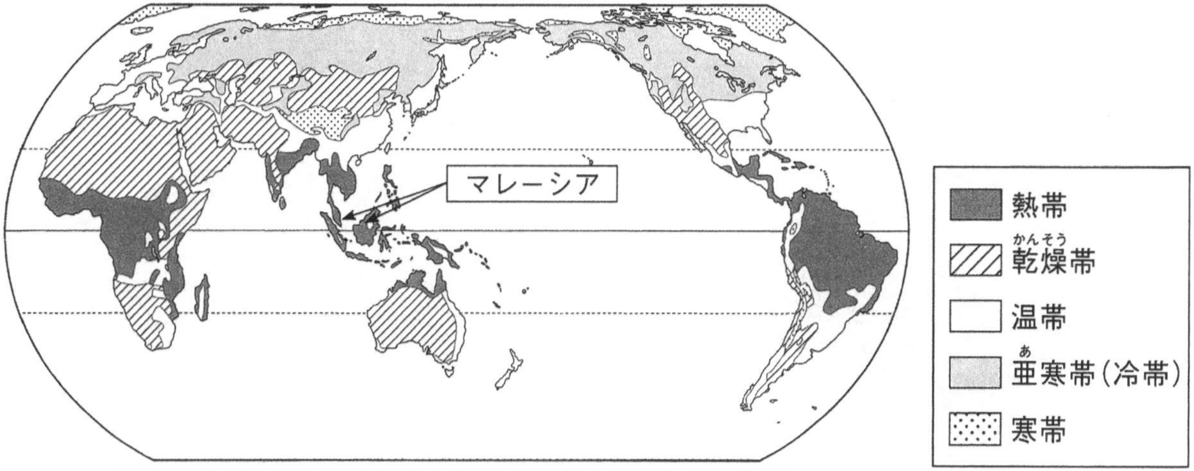

（明治図書「よくわかる社会の学習　地理Ⅰ」をもとに作成）

【資料7】【資料5】中のコーヒー、オリーブ、小麦がつくられている国々

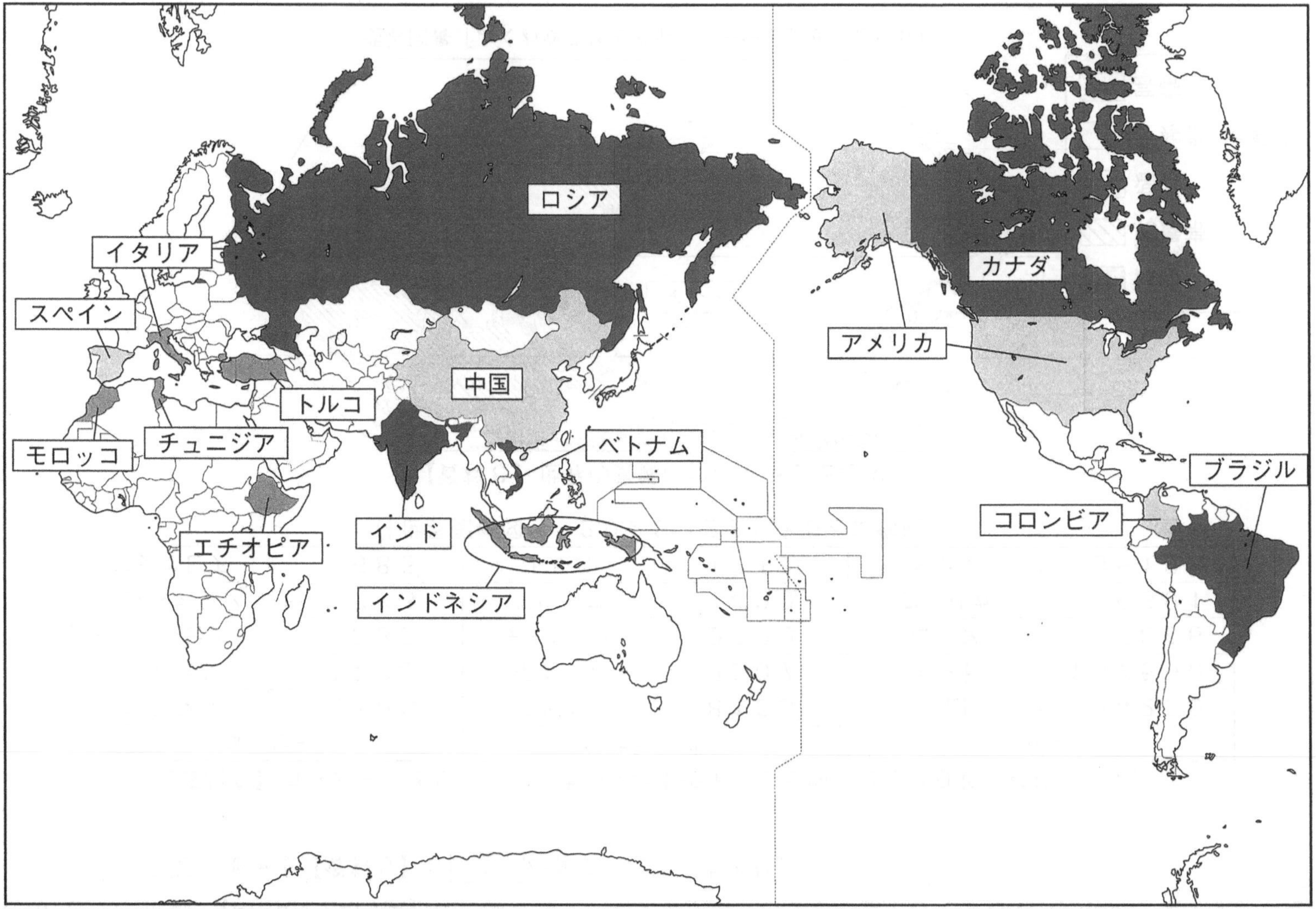

問題２　【会話２】中の ② にあてはまる気温と降水《こうすい》量のグラフを次のＡとＢから選び、【会話２】中の ③ にあてはまる作物との組み合わせとして最も適切なものを、【資料５】～【資料７】を参考にしてあとの１～６から一つ選び、番号を書きなさい。

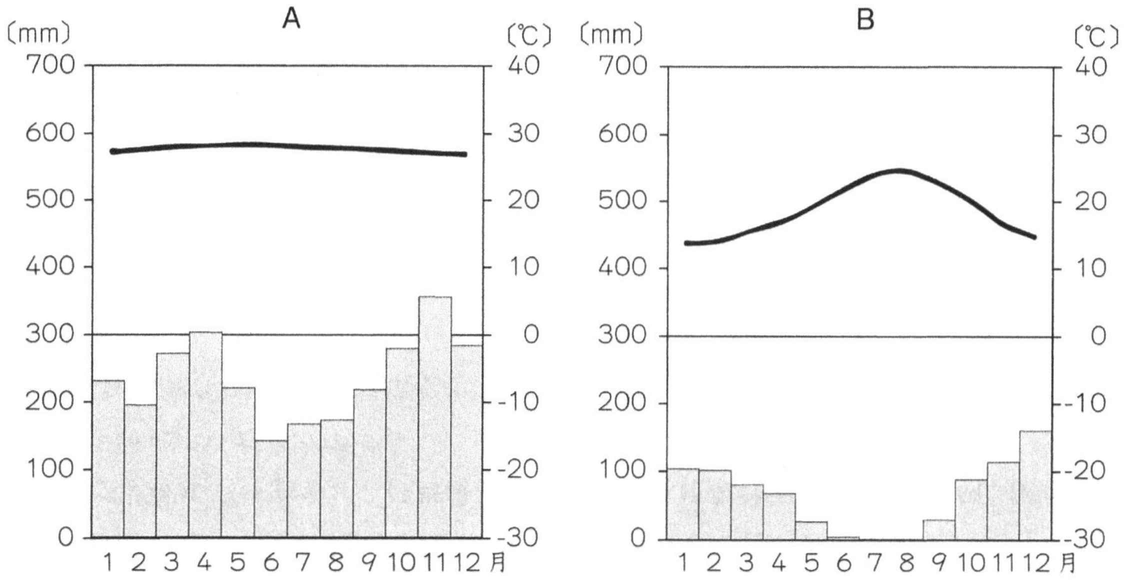

（国立天文台編「理科年表２０２３」をもとに作成）

１　Ａとコーヒー　　２　Ｂとコーヒー　　３　Ａとオリーブ

４　Ｂとオリーブ　　５　Ａと小麦　　６　Ｂと小麦

【会話３】

みなみさん：日本にバナナが広まったのは１９００年ごろに行われた台湾《たいわん》からの輸入がきっかけです。

りかさん：そうなのですね。台湾は日清《にっしん》戦争の結果、④下関《しものせき》条約によって、日本の領土になっていましたね。

みなみさん：日清戦争は甲午《こうご》農民戦争という争いがきっかけで起こったと本で読んだことがあります。

りかさん：はい。この「甲午」というのは、十干《じっかん》十二支からきています。【資料８】を見てください。

みなみさん：これで歴史上のできごとが起こった年を算出することもできますね。

りかさん：この時期に台湾からバナナが輸入されていた主要な港はどこだったのですか。

みなみさん：⑤門司港《もじこう》だと言われています。この当時、同じ県内に八幡《やはた》製鉄所もでき、台湾にも地理的に近いことで、ずいぶんにぎわっていたようです。

りかさん：【資料９】にある県ですね。筑豊炭田《ちくほうたんでん》などの地理的な条件を生かして、のちに工業地帯ができていきますね。

【資料8】十干十二支と西暦《せいれき》を利用して十干十二支を算出するときの手順

十干

	甲	乙	丙	丁	戊	己	庚	辛	壬	癸
読み方	こう	おつ	へい	てい	ぼ	き	こう	しん	じん	き
	きのえ	きのと	ひのえ	ひのと	つちのえ	つちのと	かのえ	かのと	みずのえ	みずのと
	4	5	6	7	8	9	0	1	2	3

十二支

	子	丑	寅	卯	辰	巳	午	未	申	酉	戌	亥
読み方	ね	うし	とら	う	たつ	み	うま	ひつじ	さる	とり	いぬ	い
	し	ちゅう	いん	ぼう	しん	し	ご	び	しん	ゆう	じゅつ	がい
	4	5	6	7	8	9	10	11	0	1	2	3

計算したときのあまりの数

手順１　西暦年を１０でわる。そのあまりの数から十干を特定する。

手順２　西暦年を１２でわる。そのあまりの数から十二支を特定する。

例）甲子園《こうしえん》球場の建設(１９２４年)

１９２４÷１０＝１９２あまり４（十干　甲）

１９２４÷１２＝１６０あまり４（十二支　子）

【資料9】【会話3】中の④下関条約《しものせき》が結ばれたところがある県、⑤門司港《もじこう》がある県

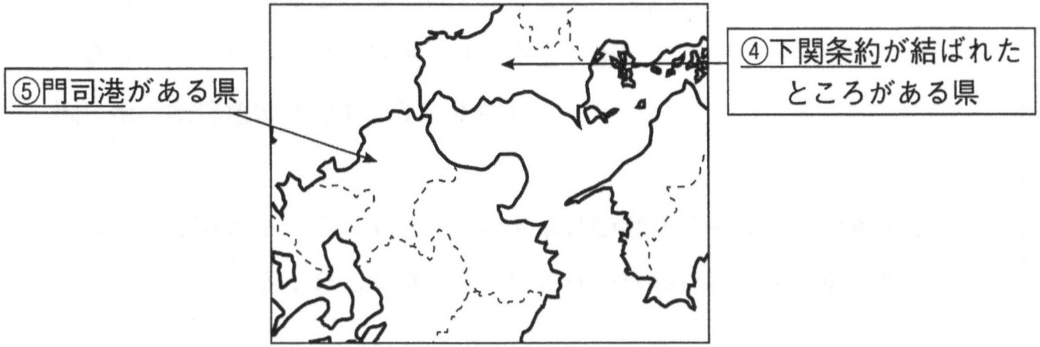

問題３　【資料８】を参考にして、６７２年と１８６８年に起こったできごとを次の１～６からそれぞれ一つずつ選び、番号を書きなさい。

1　高野長英《たかのちょうえい》が幕府《ばくふ》の外国船への対応について「戊戌夢物語《ぼじゅつゆめものがたり》」を書いた。
2　豊臣秀吉《とよとみひでよし》が朝鮮《ちょうせん》への出兵を命じ、文禄《ぶんろく》の役《えき》（壬辰倭乱《じんしんわらん》）が起こった。
3　中大兄皇子《なかのおおえのおうじ》と中臣鎌足《なかとみのかまたり》が蘇我氏《そがし》をほろぼした乙巳《いっし》の変が起こった。
4　新政府軍と旧幕府軍が戦った戊辰《ぼしん》戦争が起こった。
5　大海人皇子《おおあまのおうじ》と大友皇子《おおとものおうじ》が次の天皇《てんのう》の位をめぐって争った壬申《じんしん》の乱が起こった。
6　清《しん》をたおし、近代国家をつくろうとした辛亥革命《しんがいかくめい》が起こった。

問題４　【資料９】中の④下関条約が結ばれたところがある県と⑤門司港がある県の２つの県以外で起こったことを次の１～４から一つ選び、番号を書きなさい。

1　中国（漢）の皇帝《こうてい》から与《あた》えられた金印が発見された。
2　源氏《げんじ》が壇ノ浦《だんのうら》の戦いで平氏《へいし》をほろぼした。
3　元《げん》との戦いに備えて防塁《ぼうるい》がつくられた。
4　ポルトガル人が漂着《ひょうちゃく》し、鉄砲《てっぽう》が伝わった。

【会話４】

みなみさん：１９００年といえば、明治時代ですね。この時代にはいろいろな改革《かいかく》が行われました。

りかさん：はい。【資料１０】はこの時代の改革についての資料です。これは[⑥]を表しています。

【資料１０】ある改革についての資料

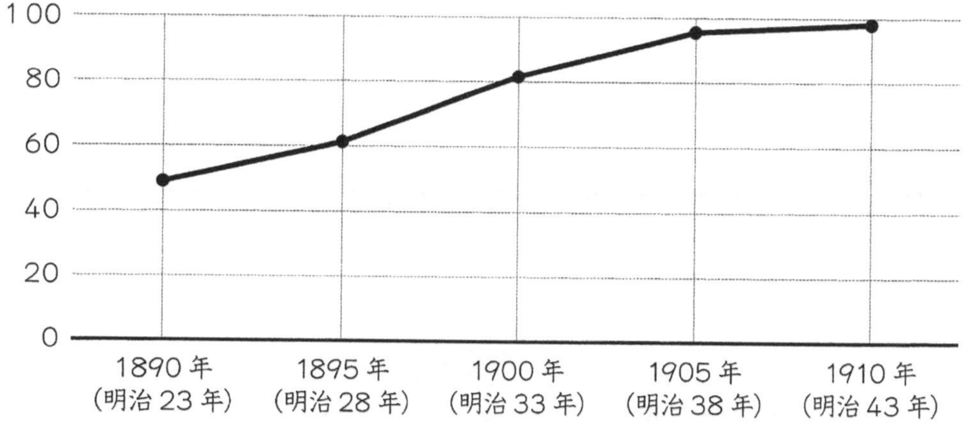

(文部科学省のホームページをもとに作成)

みなみさん：今では当たり前のように思えることも、昔はちがったのですね。

りかさん：わたしたちが何気なく食べているものも、歴史的な背景《はいけい》があるのですね。

みなみさん：言葉の話から始まり、ずいぶんと大きなスケールの話になりましたね。

りかさん：これからは知らない言葉や外国の言葉を聞いたらいろいろ考えてみたいと思います。

みなみさん：そうですね。探究《たんきゅう》に終わりはありませんね。

問題５　【会話４】中の ⑥ にあてはまる言葉として最も適切なものを次の１～４から一つ選び、番号を書きなさい。

1　徴兵《ちょうへい》制にもとづいて兵役《へいえき》についた人の割合《わりあい》の変化

2　学制にもとづいて小学校に通った子どもの割合の変化

3　殖産興業《しょくさんこうぎょう》の政策《せいさく》にもとづいて工場で働いた人の割合の変化

4　古い身分制度の廃止《はいし》にもとづいて平民とされた人の割合の変化

問題６　りかさんは日本や外国の言葉に興味をもち、さらにくわしく調べることにしました。その際に大切だと考えられることはどのようなことですか。次の【条件】にしたがって書きなさい。

【条件】

1　本文中の【会話１】～【会話４】の内容をふまえて書きなさい。

2　「その国の言葉を調べるときには」に続けて「が大切です。」へつながる一文になるように書きなさい。

3　１０字以上、２０字以内で書きなさい。（読点も字数に数えます。）

2 りかさんは、キリンの研究をしている郡司《ぐんじ》さんの本を見つけました。【資料1】はその本の一部です。【資料1】を読んで、あとの問題に答えなさい。

【資料1】

お詫び

著作権上の都合により、文章は掲載しておりません。
ご不便をおかけし、誠に申し訳ございません。

教英出版

お詫び

著作権上の都合により、文章は掲載しておりません。
ご不便をおかけし、誠に申し訳ございません。

教英出版

（郡司《ぐんじ》　芽久《めぐ》「キリン解剖記」より。一部省略やふりがなをつけるなどの変更《へんこう》があります。）

※1　シロ……筆者が解剖した2体目のキリン。

※2　ニーナ……筆者が数日前に初めて解剖したキリン。

※3　研究室……東京大学の遠藤秀紀《えんどうひでき》研究室。
遠藤秀紀（一九六五年―）は動物の解剖研究で有名な研究者。

※4　院生……この場合は大学院生の略称《りゃくしょう》。

※5　腱《けん》……筋肉と骨をつないでいる繊維《せんい》状の丈夫《じょうぶ》な組織。

※6　筋膜《きんまく》……筋肉を包む伸縮《しんしゅく》性のある薄《うす》い膜。

※7　埒《らち》があかない……ものごとのきまりがつかなくて、先へすすまない。

※8　科博……国立科学博物館の略称。

※9　心底……心のそこから。

※10　チャールズ・ダーウィン
……一八〇九―八二年。イギリスの博物学者。
「種《しゅ》の起源《きげん》」で進化論を説いた。

※11　走行……筋肉の連なりやその向き。

問題1　「科博の研究員」が――線「筋肉《きんにく》の名前は、とりあえずそんなに気にしなくてもいいんじゃない？」と言ったことをきっかけに、**筆者が気づいたこと**として最も適切なものを、次の1～4から一つ選び、番号を書きなさい。

1　生き物の解剖《かいぼう》では、体の構造を理解することを通して、神経の名前を特定することが重要だということ。

2　科博の研究員にとってキリンは専門外《せんもんがい》の分野であるので、体の構造の観察は重要ではないということ。

3　生き物の体の構造を理解するには、目の前にあるものをありのままに観察することが重要だということ。

4　「名は体を表す」というように、筋肉の名前は体の構造を表していると理解することが重要だということ。

りかさんが見つけた【資料1】を読んだみなみさんは共通する考えがあると思い【資料2】を持ってきました。【資料2】を読んで、あとの問題に答えなさい。

【資料2】

お詫び

著作権上の都合により、文章は掲載しておりません。
ご不便をおかけし、誠に申し訳ございません。

教英出版

お詫び

著作権上の都合により、文章は掲載しておりません。
ご不便をおかけし、誠に申し訳ございません。

教英出版

(鈴木《すずき》　有紀《ゆき》「教えない授業　美術館発、「正解のない問い」に挑《いど》む力の育て方」より。一部省略やふりがなをつけるなどの変更《へんこう》があります。)

※1 学芸員………博物館資料の収集、保管、展示《てんじ》、調査研究を行う博物館職員。
※2 MoMA……ニューヨーク近代美術館のこと。マンハッタンにある。
※3 エドヴァルド・ムンク
……十九世紀―二十世紀のノルウェー出身の画家。
※4 《叫び》………エドヴァルド・ムンクが制作した油彩《ゆさい》絵画作品。

問題2 【資料1】【資料2】に共通する考えを、次の【条件】【書き方の注意】にしたがって説明しなさい。

【条件】

1 三つの段落《だんらく》で構成し、三百四十字以上四百字以内で書くこと。

2 三つの段落それぞれの内容は次のようにすること。

第一段落	【資料1】【資料2】に共通する考え
第二段落	共通する考えが【資料1】では具体的にどのように述べられているか
第三段落	共通する考えが【資料2】では具体的にどのように述べられているか

【書き方の注意】

1 題名、名前は書かずに一行目、一マス下げたところから、書くこと。

2 段落を作るときは改行し、一マス下げたところから、書くこと。

問題３　【資料８】を参考にして、６７２年と１８６８年に起こったできごとを次の１～６からそれぞれ一つずつ選び、番号を書きなさい。

1　高野長英《たかのちょうえい》が幕府《ばくふ》の外国船への対応について「戊戌夢物語《ぼじゅつゆめものがたり》」を書いた。
2　豊臣秀吉《とよとみひでよし》が朝鮮《ちょうせん》への出兵を命じ、文禄《ぶんろく》の役《えき》（壬辰倭乱《じんしんわらん》）が起こった。
3　中大兄皇子《なかのおおえのおうじ》と中臣鎌足《なかとみのかまたり》が蘇我氏《そがし》をほろぼした乙巳《いっし》の変が起こった。
4　新政府軍と旧幕府軍が戦った戊辰《ぼしん》戦争が起こった。
5　大海人皇子《おおあまのおうじ》と大友皇子《おおとものおうじ》が次の天皇《てんのう》の位をめぐって争った壬申《じんしん》の乱が起こった。
6　清《しん》をたおし、近代国家をつくろうとした辛亥革命《しんがいかくめい》が起こった。

問題４　【資料９】中の④下関条約が結ばれたところがある県と⑤門司港がある県の２つの県以外で起こったことを次の１～４から一つ選び、番号を書きなさい。

1　中国（漢）の皇帝《こうてい》から与《あた》えられた金印が発見された。
2　源氏《げんじ》が壇ノ浦《だんのうら》の戦いで平氏《へいし》をほろぼした。
3　元《げん》との戦いに備えて防塁《ぼうるい》がつくられた。
4　ポルトガル人が漂着《ひょうちゃく》し、鉄砲《てっぽう》が伝わった。

【会話４】

みなみさん：１９００年といえば、明治時代ですね。この時代にはいろいろな改革《かいかく》が行われました。

り か さ ん：はい。【資料１０】はこの時代の改革についての資料です。これは［　⑥　］を表しています。

【資料１０】ある改革についての資料

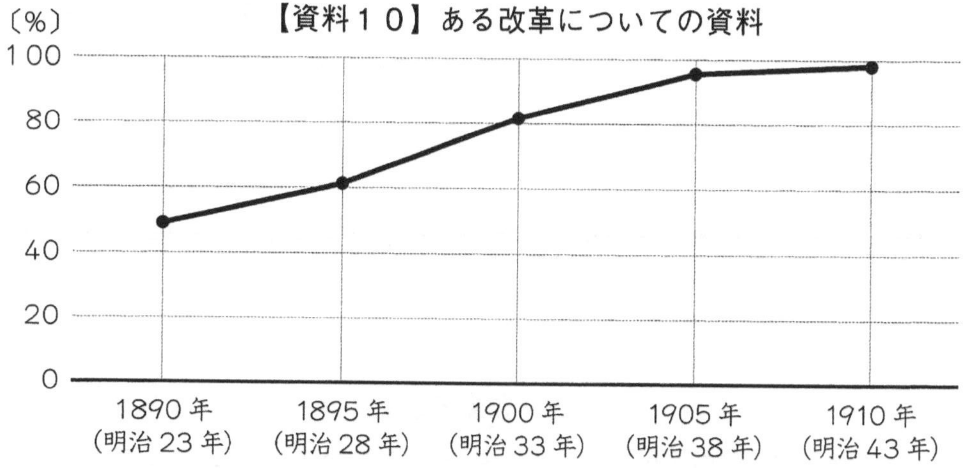

（文部科学省のホームページをもとに作成）

みなみさん：今では当たり前のように思えることも、昔はちがったのですね。

り か さ ん：わたしたちが何気なく食べているものも、歴史的な背景《はいけい》があるのですね。

みなみさん：言葉の話から始まり、ずいぶんと大きなスケールの話になりましたね。

り か さ ん：これからは知らない言葉や外国の言葉を聞いたらいろいろ考えてみたいと思います。

みなみさん：そうですね。探究《たんきゅう》に終わりはありませんね。

問題５　【会話４】中の ⑥ にあてはまる言葉として最も適切なものを次の１～４から一つ選び、番号を書きなさい。

1　徴兵《ちょうへい》制にもとづいて兵役《へいえき》についた人の割合《わりあい》の変化

2　学制にもとづいて小学校に通った子どもの割合の変化

3　殖産興業《しょくさんこうぎょう》の政策《せいさく》にもとづいて工場で働いた人の割合の変化

4　古い身分制度の廃止《はいし》にもとづいて平民とされた人の割合の変化

問題６　りかさんは日本や外国の言葉に興味をもち、さらにくわしく調べることにしました。その際に大切だと考えられることはどのようなことですか。次の【条件】にしたがって書きなさい。

【条件】

1　本文中の【会話１】～【会話４】の内容をふまえて書きなさい。

2　「その国の言葉を調べるときには」に続けて「が大切です。」へつながる一文になるように書きなさい。

3　１０字以上、２０字以内で書きなさい。（読点も字数に数えます。）

2 りかさんは、キリンの研究をしている郡司《ぐんじ》さんの本を見つけました。【資料1】はその本の一部です。【資料1】を読んで、あとの問題に答えなさい。

【資料1】

お詫び

著作権上の都合により、文章は掲載しておりません。
ご不便をおかけし、誠に申し訳ございません。

教英出版

お詫び

著作権上の都合により、文章は掲載しておりません。
ご不便をおかけし、誠に申し訳ございません。

教英出版

（郡司《ぐんじ》　芽久《めぐ》「キリン解剖記」より。一部省略やふりがなをつけるなどの変更《へんこう》があります。）

※1　シロ……筆者が解剖した2体目のキリン。

※2　ニーナ……筆者が数日前に初めて解剖したキリン。

※3　研究室……東京大学の遠藤秀紀《えんどうひでき》研究室。
遠藤秀紀（一九六五年―）は動物の解剖研究で有名な研究者。

※4　院生……この場合は大学院生の略称《りゃくしょう》。

※5　腱《けん》……筋肉と骨をつないでいる繊維《せんい》状の丈夫《じょうぶ》な組織。

※6　筋膜《きんまく》……筋肉を包む伸縮《しんしゅく》性のある薄《うす》い膜。

※7　埒《らち》があかない……ものごとのきまりがつかなくて、先へすすまない。

※8　科博……国立科学博物館の略称。

※9　心底……心のそこから。

※10　チャールズ・ダーウィン
……一八〇九―八二年。イギリスの博物学者。
「種《しゅ》の起源《きげん》」で進化論を説いた。

※11　走行……筋肉の連なりやその向き。

問題1　「科博の研究員」が――線「筋肉《きんにく》の名前は、とりあえずそんなに気にしなくてもいいんじゃない？」と言ったことをきっかけに、**筆者が気づいたこと**として最も適切なものを、次の1～4から一つ選び、番号を書きなさい。

1　生き物の解剖《かいぼう》では、体の構造を理解することを通して、神経の名前を特定することが重要だということ。

2　科博の研究員にとってキリンは専門外《せんもんがい》の分野であるので、体の構造の観察は重要ではないということ。

3　生き物の体の構造を理解するには、目の前にあるものをありのままに観察することが重要だということ。

4　「名は体を表す」というように、筋肉の名前は体の構造を表していると理解することが重要だということ。

りかさんが見つけた【資料1】を読んだみなみさんは共通する考えがあると思い【資料2】を持ってきました。【資料2】を読んで、あとの問題に答えなさい。

【資料2】

お詫び

著作権上の都合により、文章は掲載しておりません。
ご不便をおかけし、誠に申し訳ございません。

教英出版

（鈴木《すずき》　有紀《ゆき》「教えない授業　美術館発、「正解のない問い」に挑《いど》む力の育て方」より。一部省略やふりがなをつけるなどの変更《へんこう》があります。）

※1 学芸員………博物館資料の収集、保管、展示《てんじ》、調査研究を行う博物館職員。

※2 MoMA……ニューヨーク近代美術館のこと。マンハッタンにある。

※3 エドヴァルド・ムンク
……十九世紀―二十世紀のノルウェー出身の画家。

※4 《叫び》………エドヴァルド・ムンクが制作した油彩《ゆさい》絵画作品。

問題2 【資料1】【資料2】に共通する考えを、次の【条件】【書き方の注意】にしたがって説明しなさい。

【条件】

1 三つの段落《だんらく》で構成し、三百四十字以上四百字以内で書くこと。

2 三つの段落それぞれの内容は次のようにすること。

第一段落	【資料1】【資料2】に共通する考え
第二段落	共通する考えが【資料1】では具体的にどのように述べられているか
第三段落	共通する考えが【資料2】では具体的にどのように述べられているか

【書き方の注意】

1 題名、名前は書かずに一行目、一マス下げたところから、書くこと。

2 段落を作るときは改行し、一マス下げたところから、書くこと。

令和６年度

適性検査Ⅱ

１０：４０～１１：２５

注意

１　問題は[1]と[2]があり、この問題冊子《さっし》は１ページから２２ページにわたって印刷してあります。**ページの抜《ぬ》け、白紙、印刷の重なりや不鮮明《ふせんめい》な部分などがないかを確認《かくにん》してください。あった場合は手をあげて監督《かんとく》の先生の指示にしたがってください。**

２　**受検番号**と**氏名**を解答用紙の決められた場所に記入してください。

３　答えはすべて解答用紙に記入し、**解答用紙だけを提出してください。**

４　声を出して読んではいけません。

５　計算が必要なときは、この問題冊子の余白を利用してください。

６　字ははっきりと書き、答えを直すときは、きれいに消してから新しい答えを書いてください。

７　問題冊子、解答用紙を折ったり、切ったりしてはいけません。

横浜市立横浜サイエンスフロンティア高等学校附属中学校

1　たろうさんは、深海が地球最後のフロンティアと言われていることに興味をもち、調べ学習を進めていました。そこで科学者たちが深海探査《たんさ》をどのように進めてきたのかについてまとめました。次の**【資料１】**～**【資料７】**をみて、あとの問題に答えなさい。

【資料１】深海の面積と深海探査の歴史

陸海の面積とその比

面積〔万km^2〕		百分率〔%〕	
陸地	海洋	陸地	海洋
１４７２４.４	３６２８２.２	２８.９	７１.１

海洋の深さの面積比

深さの範囲《はんい》〔m〕	全海洋〔%〕
０以上～　２００未満	７.５
２００以上～１０００未満	４.４
１０００以上～２０００未満	４.４
２０００以上～３０００未満	８.５
３０００以上～４０００未満	２０.９
４０００以上～５０００未満	３１.７
５０００以上～６０００未満	２１.２
６０００以上～７０００未満	１.２
７０００以上	０.１

海の深さが２００mを超《こ》えるところは太陽の光が全く届《とど》かない世界で深海とよばれています。また、深さが６０００m以上の深い海の面積はとても小さいことが分かりました。

（「理科年表２０１６」をもとに作成）

問題１　６０００m以上の深さの海の面積は何km^{2}か答えなさい。

深海探査の歴史

<table>
<tr><td rowspan="2">いつ</td><td>出来事</td><td>誰《だれ》が</td></tr>
<tr><td colspan="2">方法と結果</td></tr>
<tr><td rowspan="2">１５２１年</td><td>太平洋の深さを測定しようとした。</td><td>フェルディナンド・マゼラン</td></tr>
<tr><td colspan="2">おもり付きの７３１.５ｍの紐《ひも》を船から下ろしたが海底に届《とど》かなかった。</td></tr>
<tr><td rowspan="2">１９３４年</td><td>鋼鉄《こうてつ》製の球形の潜水装置《せんすいそうち》で潜水した。【図１】</td><td>ウィリアム・ビービ
オーティス・バートン</td></tr>
<tr><td colspan="2">中に人が入った鉄の球をケーブルで海中につり下ろして、深さ９２３ｍの潜水の世界記録を作った。</td></tr>
<tr><td rowspan="2">１９６０年</td><td>深海探査艇《たんさてい》トリエステ号がチャレンジャー海溝《かいこう》の海底に向けて潜水した。【図２】</td><td>ジャック・ピカール
ドン・ウォルシュ</td></tr>
<tr><td colspan="2">球状の搭乗《とうじょう》球の上に大きなガソリンタンクがあり、重さを調節できるおもりを積んで潜水し、深さ１０９００ｍよりも深い海底に到達《とうたつ》した。</td></tr>
</table>

【図１】球形の潜水装置

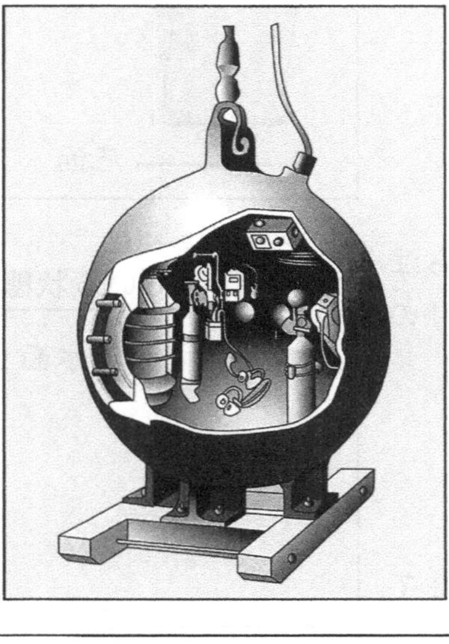

【図２】深海探査艇トリエステ号

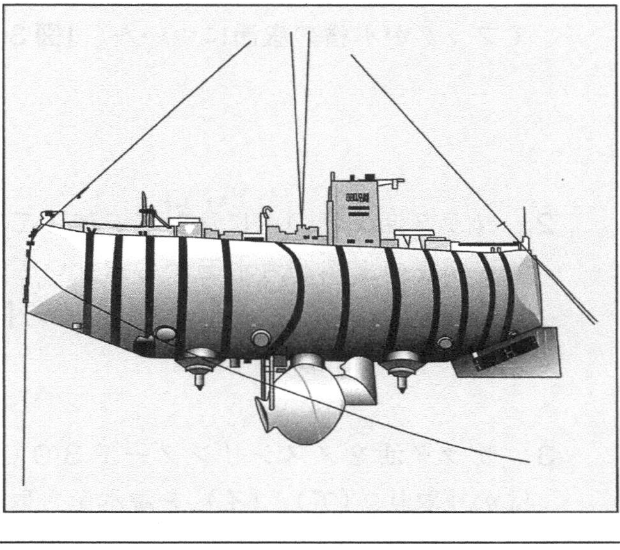

（ウェブページ「命がけの深海探査。　世界初の有人潜水球『バチスフィア』」、「ワールドアトラス」と　堀元美《ほりもとよし》　「海に潜る」をもとに作成）

たろうさんは、深海探査艇《たんさてい》が浮《う》き上がる力を得るための材料としてガソリンを使用したことに興味をもち、液体を袋《ふくろ》につめて海水中でおもりをつるす実験を行おうと考えました。ガソリンは燃えやすく実験室で使用するのは危《あぶ》ないので、代わりにサラダ油を用いて次のような実験を行いました。

【資料２】たろうさんが行った実験

〔目的〕海水中でサラダ油をつめた袋がおもりを浮き上がらせる力を調べる。

〔実験の様子〕

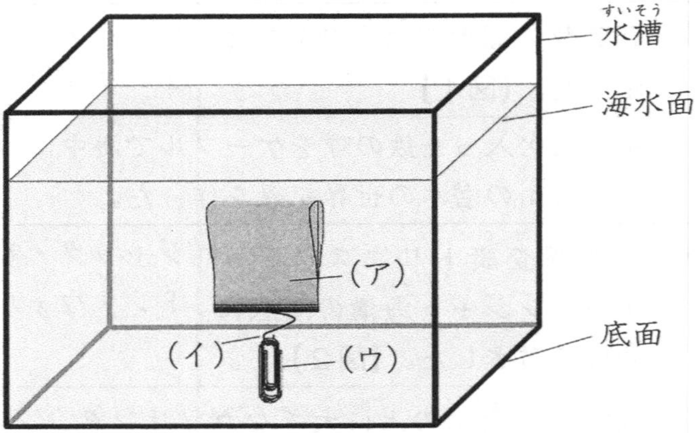

〔実験〕

１　何も入っていないファスナー付きポリエチレン袋（ア）に針金《はりがね》で作ったフック（イ）をつけた。海水が入っている水槽に静かに入れると、沈《しず》んでフックが水槽の底面についた。【図３】

【図３】沈んでいる状態

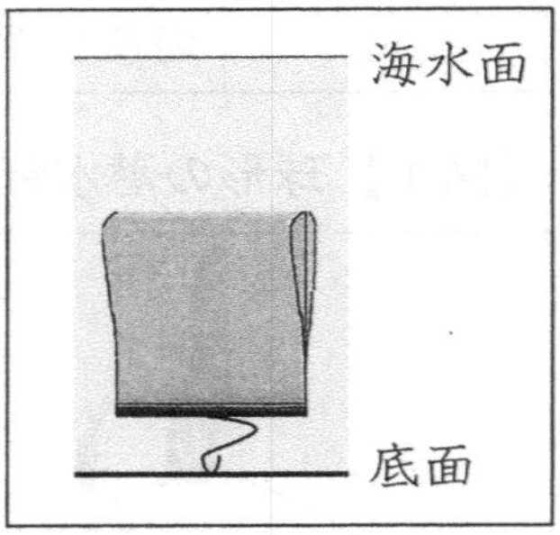

２　サラダ油を袋の中に注射器《ちゅうしゃき》を使って下から注入し、袋の上端《じょうたん》が海水面から出ないぎりぎりのところで浮いているように調節した。【図４】

【図４】浮いている状態

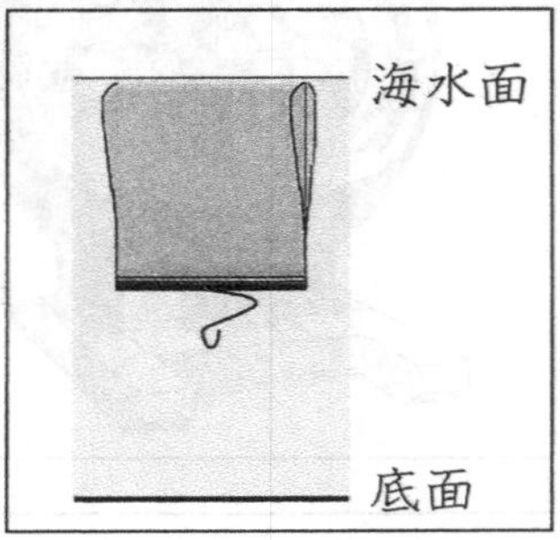

３　サラダ油をメスシリンダーで３００mLはかり取り、（ア）、（イ）を海水から取り出して、（ア）に追加して入れた。

4　(ア)が浮き上がっていることを確認《かくにん》し、(イ)に【図5】のような金属製のクリップ(ウ)をおもりとしてひとつずつかけていき、(ア)が海水面から沈んだときのおもり(ウ)の合計の重さをばねはかりを使い水中ではかった。

【図5】クリップ

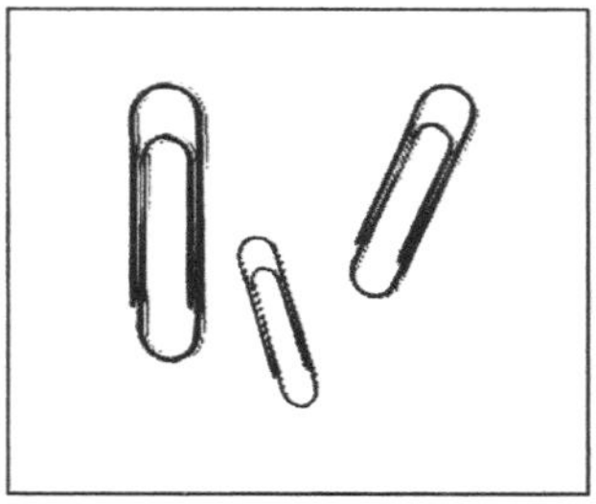

5　1から4までの手順を繰《く》り返《かえ》し10回行った。

〔結果〕

実験	(ウ)の合計の重さ〔g〕	実験	(ウ)の合計の重さ〔g〕
1回目	33.0	6回目	32.9
2回目	32.8	7回目	33.0
3回目	33.0	8回目	32.6
4回目	32.9	9回目	33.1
5回目	32.7	10回目	33.0

問題2　実験データを適切に扱《あつか》い、海水1mLが1.03gとするとき、サラダ油1mLは何gか答えなさい。答えがわりきれないときは、小数第三位を四《し》捨《しゃ》五《ご》入《にゅう》して、小数第二位まで答えなさい。ただし、おもりの体積については考えないこととします。

たろうさんは、深海探査艇《たんさてい》トリエステ号の構造についての資料を見つけました。

【資料３】深海探査艇トリエステ号の構造

球状の搭乗球《とうじょうきゅう》の上部は大きなタンク（容器）からできており、タンクの上部からガソリンを入れて浮《う》く力を得ていました。また、そのタンクは潜航《せんこう》して深海で大きな力がかかると下部から海水が入り、つぶれないように作られていました。探査艇の下側にある容器におもりを入れて潜航して、浮く力を調節するときや浮上《ふじょう》するときには、おもりを捨《す》てていました。

【図６】深海探査艇トリエステ号の構造

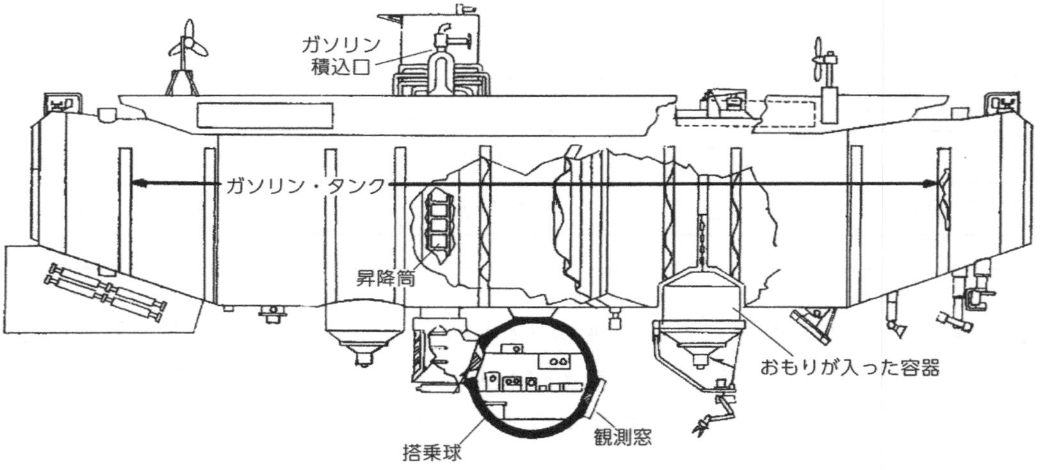

（堀元美《ほりもとよし》　「海に潜《もぐ》る」をもとに作成）

問題３　トリエステ号がタンクに入れたガソリンの体積は１３３m^3でした。
この探査艇が海面にあるとき、ガソリンの浮き上がろうとする力で支えられる重さは何kgか答えなさい。ただし、海水１ｍＬは1.０３ｇ、ガソリン１mLは0.７５ｇであるとして計算しなさい。答えがわりきれないときは、小数第一位を四捨五入《ししゃごにゅう》して、整数で答えなさい。

たろうさんは、「しんかい６５００」が浮く力を得るための材料について調べてまとめました。

【資料４】水の重さと浮力材

１cm^{2}の板を板の上面から１cmの深さに沈《しず》めるとその上に水が１cm^{3}乗っていることになります。１cm^{3}の海水は１.０３ｇであるとして、１００００ｍの深さに１cm^{2}の板を沈めたと考えると[あ]kgの水が乗っていることになります。この水の重さに耐《た》えるために、トリエステ号の乗員が乗る部分は厚い金属で精密《せいみつ》な球形に作られていました。

日本では１９８１年に「しんかい２０００」が完成し、１９８６年には「しんかい６５００」が完成しました。繰《く》り返し探査を行うために、浮き上がる力を得るために用いる浮力材《ふりょくざい》には特別な素材が使われています。例えば、発《はっ》泡《ぽう》ポリスチレン製のカップ麺《めん》の容器に６５００ｍの深海と同じ水の重さが加わると容器はすっかり小さくなってしまいます。そのため深海では【図７】の発泡ポリスチレンの一つひとつの小さな空間が[い]しまい、元に戻《もど》らなくなります。そのため、発泡ポリスチレンは浮力材として使うことができません。それに対して深海用浮力材は【図８】のようなガラスの丈夫《じょうぶ》な微小《びしょう》中空球体であるマイクロバルーンをプラスチックでまとめたものを使っているので、深海の海水の重さに耐える仕組みになっています。

【図7】発泡ポリスチレンの断面図

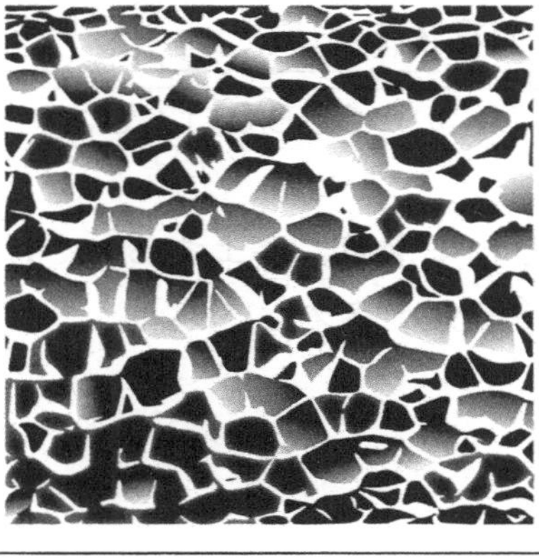

【図8】「しんかい6500」用浮力材の模式図《もしきず》

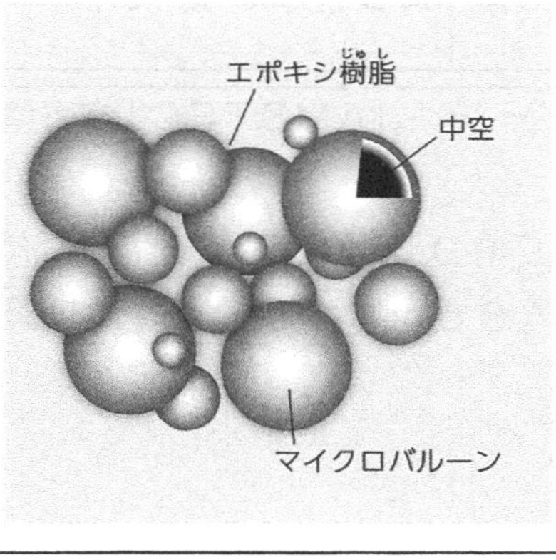

（ウェブページ「発泡スチレンシート工業会」、ＪＳＴ「シンタクチックフォーム」と
読売新聞社　ＮＨＫプロモーション「特別展《とくべつてん》　『深海』」をもとに作成）

問題４　[あ]、[い]にあてはまる数やことばを答えなさい。

たろうさんは「しんかい６５００」の潜航《せんこう》スケジュールについて調べ、下の表のようにまとめました。

【資料５】「しんかい６５００」の潜航スケジュール

時刻《じこく》	内容	説明
7時00分	作業開始	潜航開始地点まで運ぶ母船の上で潜航するための準備をする。
8時30分	着水作業	「しんかい６５００」を母船から海面に降《お》ろす。
9時00分	潜航開始	バラストタンクという空洞《くうどう》のタンクに海水を注入し毎分約４５ｍで降下《こうか》する。
	海底到着《とうちゃく》、調査開始	潜航開始から海面浮上《ふじょう》までを日中の８時間で行うことにしているので、降下・上昇《じょうしょう》時間を差し引いた残りが調査時間となる。
	離底《りてい》（上昇開始）	「しんかい６５００」の底に付けた鉄板のおもりを捨てて毎分約４５ｍで上昇する。
17時00分	海面浮上、揚収《ようしゅう》作業	翌日《よくじつ》の調査に備えて、電池の充電《じゅうでん》や保守整備などの準備を行う。

（ウェブページ　ＪＡＭＳＴＥＣ「有人潜水調査船『しんかい６５００』」をもとに作成）

問題５　９時００分に潜水を開始して、毎分４５ｍで潜航、浮上するとき、水深６４８０ｍで行う調査時間は最大で何時間何分か答えなさい。

たろうさんは、「しんかい６５００」の通信について資料を見つけました。

【資料６】「しんかい６５００」の音響《おんきょう》伝送装置《そうち》について

「しんかい６５００」は、ただ深くに潜《もぐ》るだけでなく、海底の調査も行っています。調査の結果を素早く地上に送るためには、地上との通信が必要となります。しかし、海中では電波が吸収《きゅうしゅう》されてしまうため、音声通信や※測位通信には音波（音）が用いられています。**【図９】**のように、音波の伝わる速さは、空気中では秒速約３４０ｍに対し、水中では秒速約１５００ｍです。水は空気に比べ振動《しんどう》が伝わりやすく、音波を伝えやすい性質をもっています。**【図10】**～**【図12】**は、日本近海における水深と水温、塩分濃度《のうど》、音の速さに関するグラフです。海水中での音波の伝わる速さは、水温と塩分濃度と深さに関係していることが分かっており、グラフのように面白い性質を示します。

「しんかい６５００」のような探査艇《たんさてい》が調査を行う水深１００ｍを超《こ》えるような場所では、通信距離《きょり》を対象に考えると、ケーブル等で探査艇と繋《つな》ぐことはできないので、現在のところ唯一《ゆいいつ》の実用的な通信方式が音波なのです。

【図９】　電波の伝わり方と水中での音波の伝わり方の比較《ひかく》

	空気中の電波	空気中の音波	水中の音波
速さ	秒速約３０万ｋｍ	秒速約３４０ｍ	秒速約１５００ｍ

※測位通信・・・探査艇の位置を確かめるために母船や観測機器と行う通信

【図10】海水温と水深の関係

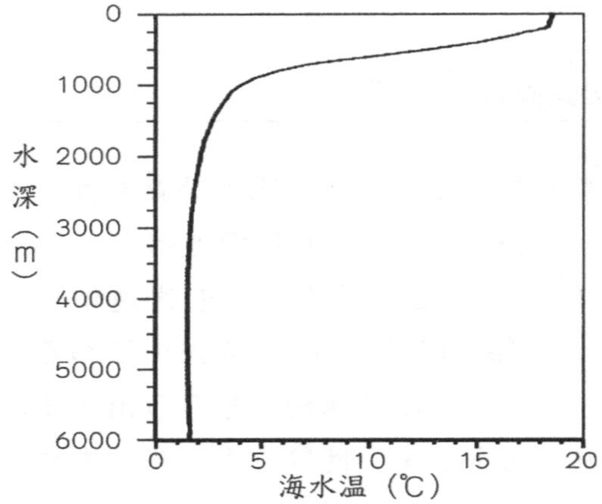

【図11】塩分濃度と水深の関係

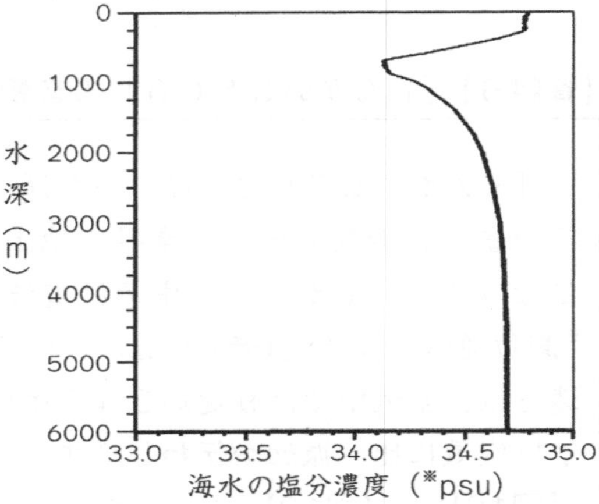

【図12】音の速さと水深の関係

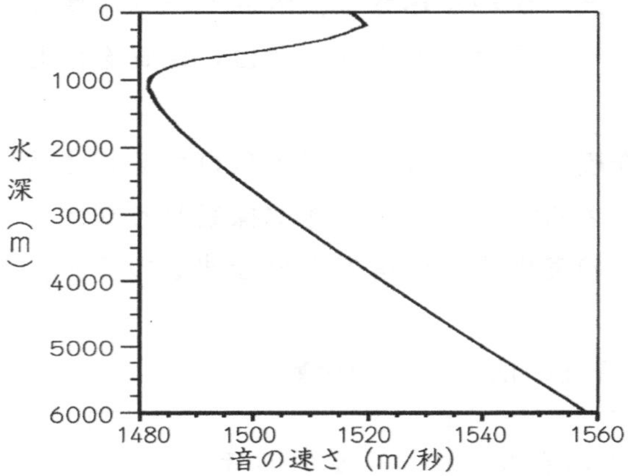

※psu・・・海水の塩分濃度の単位

（ウェブページ　東京海洋大学　土屋利雄「海洋の音速構造と音速の算出式　解説」をもとに作成）

問題６　【図10】～【図12】から読み取れることとして、次の１～９からあてはまるものをすべて選び、番号を書きなさい。

1　水深と海水温は比例の関係になっている。
2　水深１０００mでの海水温が最も高い。
3　水深１０００mから水面までが最も海水温の変動が大きい。
4　水深１０００m付近の塩分濃度が最も高い。
5　水深が深くなればなるほど塩分濃度は上がっていく。
6　水深が０mに近いときの塩分濃度が最も高い。
7　水深が浅いほど音の伝わる速さは遅《おそ》い。
8　水深１０００m付近の音の伝わる速さが最も遅い。
9　水深と音の速さは比例の関係になっている。

【資料７】「しんかい６５００」の音響《おんきょう》画像伝送装置《そうち》について

「しんかい６５００」には深海で撮影《さつえい》したカラー画像を音波によって地上に転送する音響画像伝送装置が搭載《とうさい》されています。音響画像伝送装置は【図13】、【図14】の通り、性能はどんどん良くなっています。

また、【図15】は「しんかい６５００」から送られてきた画像です。上の列が初号機の画像、下の列が新型機（２０１８年）のものです。初号機は画像を１０秒に１枚《まい》しか送ることができなかったり、転送がうまくいかずに画像が欠けてしまったりするものもありました。一方、新型機（２０１８年）では、初号機と比べて同じ距離でも通信速度が（　う　）倍になったので画像を（　え　）秒に１枚送ることができるようになるまで改良され、画像が欠けるなどのエラーが起こることもほとんどなく、コマ送りのように画像が転送されてきます。このような音響画像伝送装置の改良により、珍《めずら》しい魚を見失《みうしな》ったり、新たな発見を見落としたりする心配がなくなりました。

【図13】音響画像伝送装置の性能比較《ひかく》①

	通信速度（※kbps）	距離《きょり》（ｋｍ）
初号機	16	6.5
新型機（２０１７年）	70	3.6
新型機（２０１８年）	80	6.5

※ｋｂｐｓ…1秒間に送ることのできる情報数

【図14】音響画像伝送装置の性能比較②

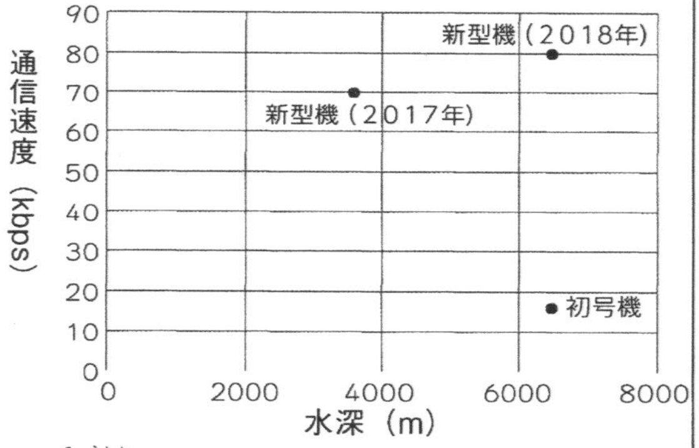

【図15】「しんかい６５００」から実際に送られてきた画像

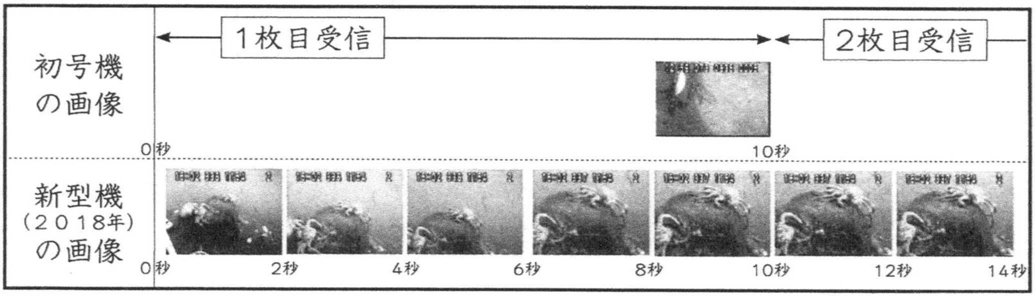

（ウェブページ　ＪＡＭＳＴＥＣ「水中音響通信の研究」をもとに作成）

問題７　【資料７】の（　う　）（　え　）にあてはまる数を答えなさい。

このページに問題は印刷されていません。

2　たろうさんとはなこさんは、**【図１】**について考えています。次の**【会話文】**を読み、あとの問題に答えなさい。ただし、図は正確とは限りません。

【会話文】

【図１】折り紙でつくった雪の結晶《けっしょう》

たろうさん：はなこさん、**【図１】**を見てください。
はなこさん：これは雪の結晶ですか。
たろうさん：そうです。折り紙でつくった雪の結晶です。この雪の結晶は、折り紙を適当に何度か折って、ハサミで１回だけ、まっすぐに切ったらできました。
はなこさん：１回だけですか。
たろうさん：はい。これを**一刀切り**というそうですよ。この**一刀切り**は、折り方と切り方が重要になります。折り方は、**【図２】**の①のように、必ずしも頂点《ちょうてん》や辺同士が重ならなくてもよく、切り方は、１本のまっすぐな線で切っていれば、**【図２】**の②のように切ってもよいです。

【図２】

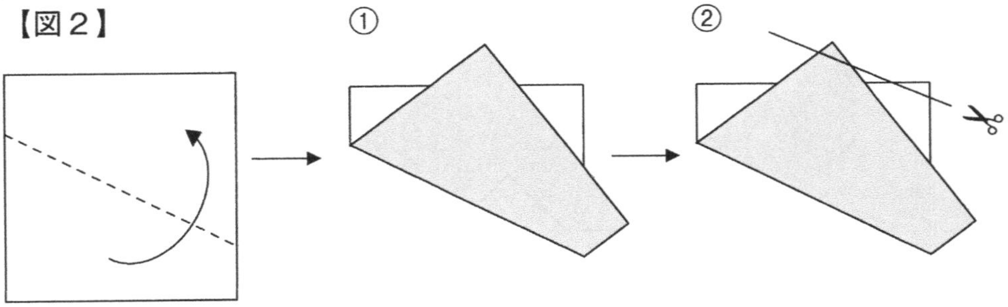

はなこさん：そうなんですね。ところで、**たろうさん**は【**図１**】の雪の結晶《けっしょう》をつくるために、どのように折ったんですか。

たろうさん：それが、適当に折ったので全く覚えていないんです。試しに１辺が１５ｃｍの正方形の折り紙があるので、一緒《いっしょ》に**一刀切り**をやってみませんか。

はなこさん：いいですね。

たろうさん：まずは【**図３**】のように折って、切ってみましょう。

【図３】たろうさんの折り紙の折り方

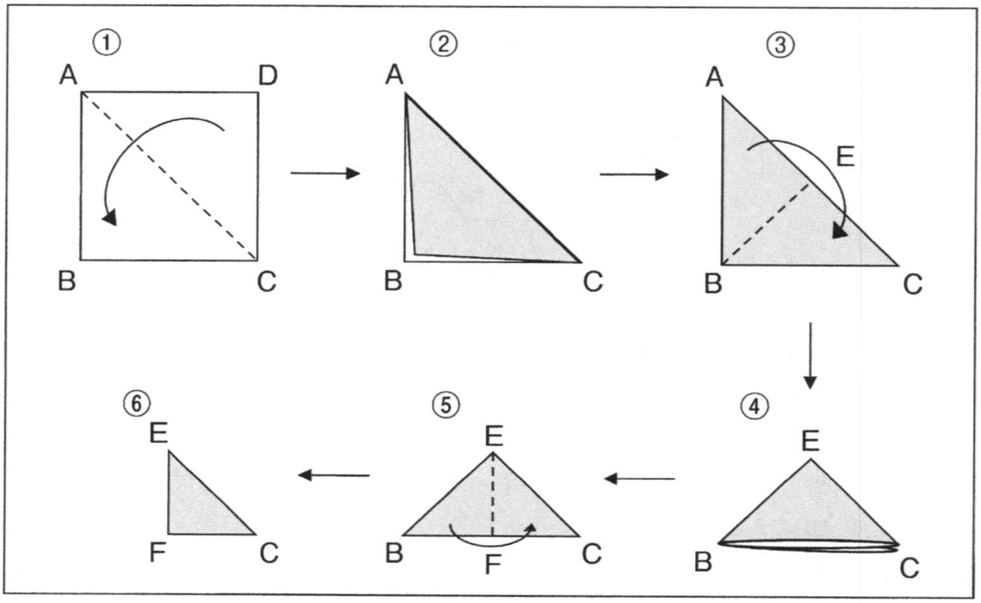

【図４】たろうさんが一刀切りした折り紙

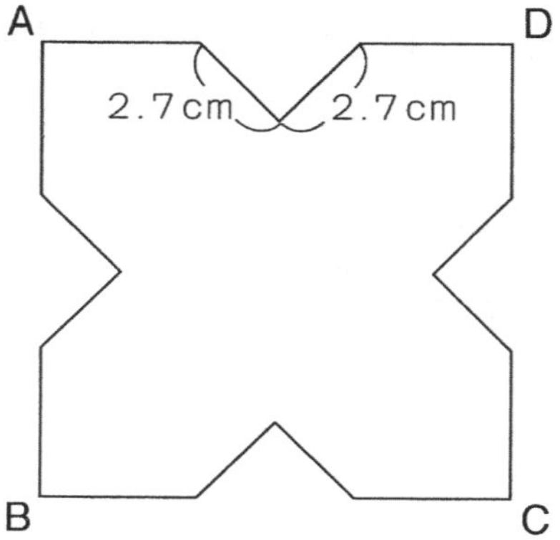

問題１　【図３】の⑥のように折られた折り紙ＥＦＣを、ハサミで切って、折り紙を①の状態まで開くと、【図４】のようになりました。どのように切ったか、最も適切なものを、次の１～８から一つ選び、番号を書きなさい。

1

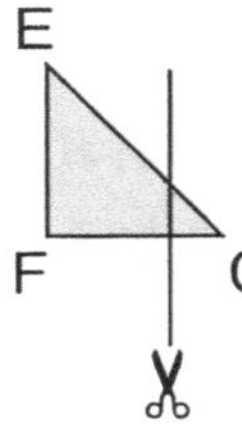

2

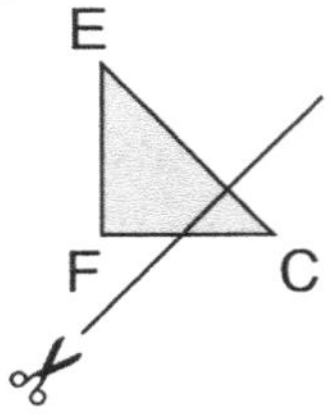

3

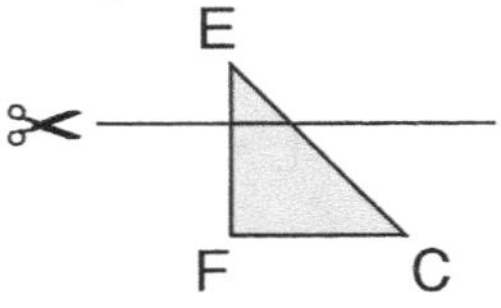

4

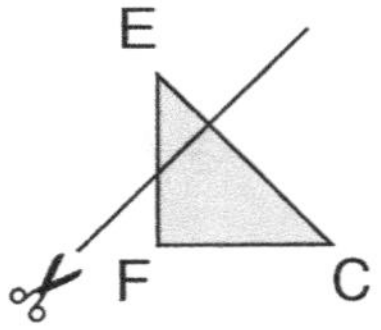

5

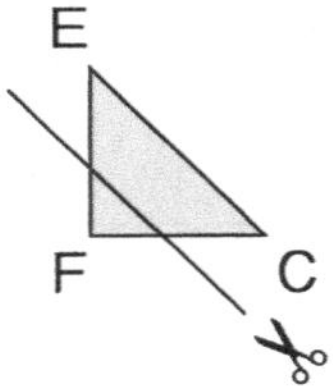

6

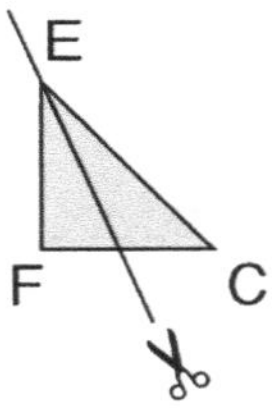

7

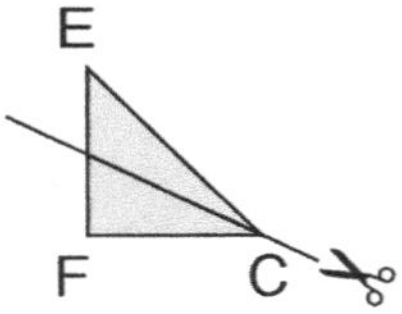

8

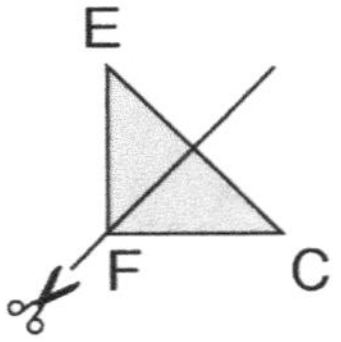

問題２　【図３】の⑥のように折られた折り紙ＥＦＣから切り取られた４つの三角形を開いたところ、すべて合同な直角二等辺三角形でした。このとき、【図４】の面積は何cm^2になるか答えなさい。

【会話文】の続き

たろうさん：折り方を工夫すれば、ハサミで１回まっすぐな線を切るだけでも、このような模様《もよう》がつくれるんですね。

はなこさん：でも、【図１】の雪の結晶《けっしょう》はどうやって真ん中に穴《あな》をあけたのでしょうか。

たろうさん：ハサミで１回しか切ることができないという条件であれば、ハサミで切るまっすぐな線の上に切りたい部分が重なるように、もう一度折るしかなさそうですね。

はなこさん：確かにそうですね。また【図３】の⑥のように折った折り紙ＥＦＣを使って、それぞれ試してみましょう。

【図５】たろうさんが一刀切りした折り紙

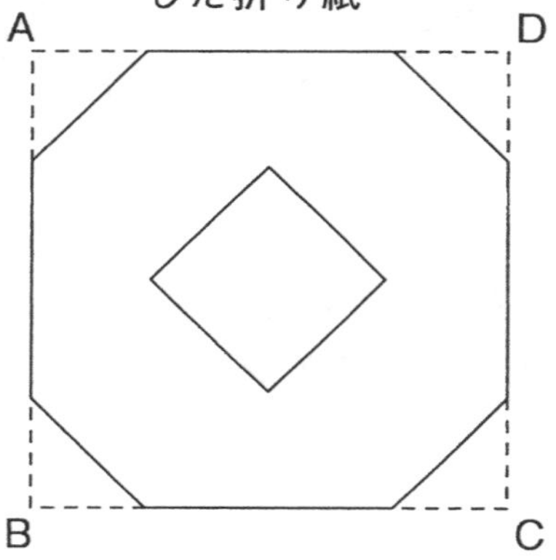

【図６】はなこさんが一刀切りした折り紙

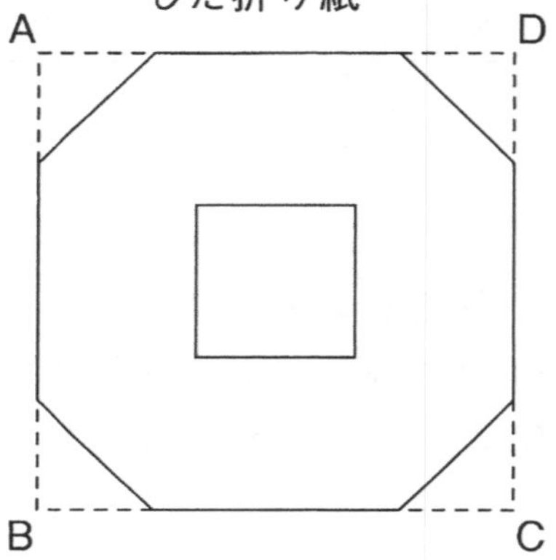

たろうさん：はなこさん、【図５】を見てください。真ん中に穴をあけることができましたよ。

はなこさん：本当ですね。どのように一刀切りをしたんですか。

たろうさん：【図３】の⑥をさらに、【図７】のように、ＥとＣが重なるように折って、ＦＧに平行な直線で切ったらできました。

【図７】たろうさんが一刀切りした方法

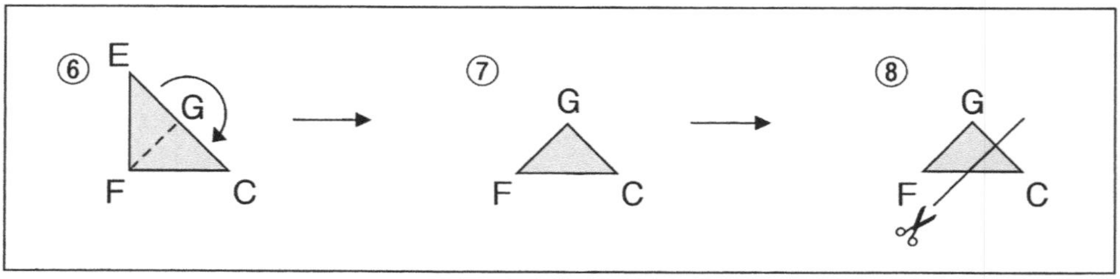

はなこさん：つまり、たろうさんは【図８】のように、ＥとＣの真ん中の点をＧとしたとき、ＧとＦをつなぐ直線で折ったということですか。

【図８】たろうさんが入れた折り目

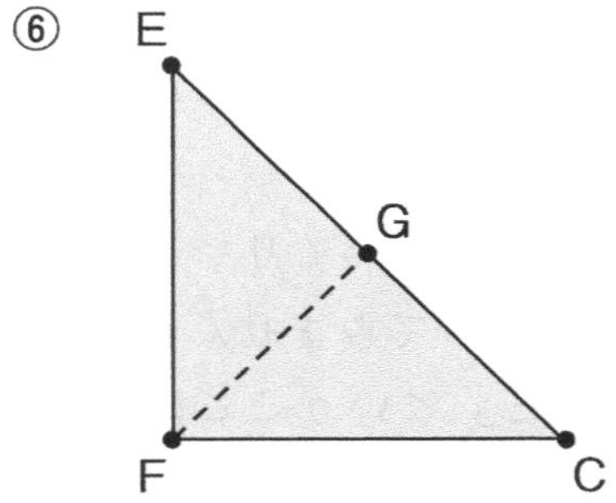

たろうさん：その通りです。

はなこさん：たろうさんとは違《ちが》う折り方をしましたが、真ん中に穴をあけることができました（【図６】）。たろうさんが**一刀切り**したものにとても似ていますが、違う模様ができました。

問題３　はなこさんは、【図３】の⑥のように折られた折り紙ＥＦＣを、たろうさんとは別の折り方で、あと１回だけ折ってから、**一刀切り**をし、折り紙を【図３】の①の状態まで開くと、【図６】のようになりました。折り目となる直線を解答用紙の図にかき入れなさい。ただし、解答用紙の図にある点Ｃ、Ｅ、Ｆ、Ｇ、Ｈ、Ｉ、Ｊ、Ｋ、Ｌ、Ｍ、Ｎ、Ｏから、最も適切な２点を選び、まっすぐにつなぐこと。また、Ｇ、Ｉ、Ｌはそれぞれ辺ＥＣ、ＥＦ、ＦＣの真ん中の点とする。

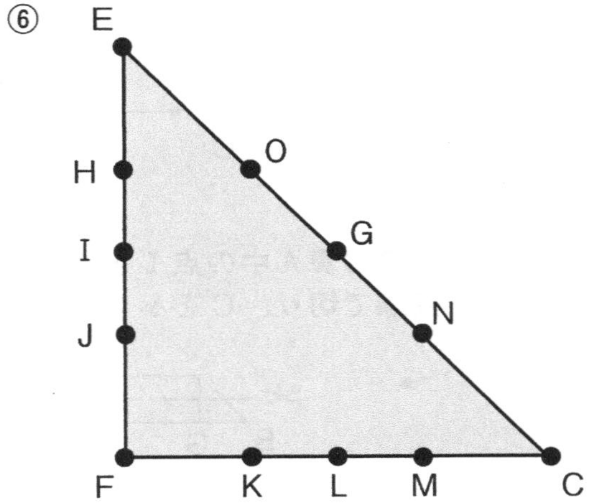

【会話文】の続き

はなこさん：何となく仕組みがわかりましたね。

たろうさん：ところで、**はなこさん**がつくった【図６】はまるでアルファベットの「O」のように見えませんか。このようにして模《も》様《よう》をつくれるのであれば、他のアルファベットもつくれるのではないでしょうか。

はなこさん：面白いですね。では、つくりやすそうな「E」をつくってみませんか。

たろうさん：いいですね。「E」ということは、折り紙ＡＢＣＤが【図９】のようになればよいということですね。さっそくやってみましょう。

【図９】アルファベット「E」の予想図

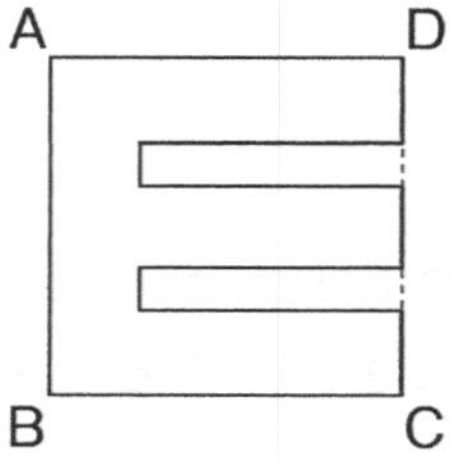

【図10】アルファベット「E」のつくり方

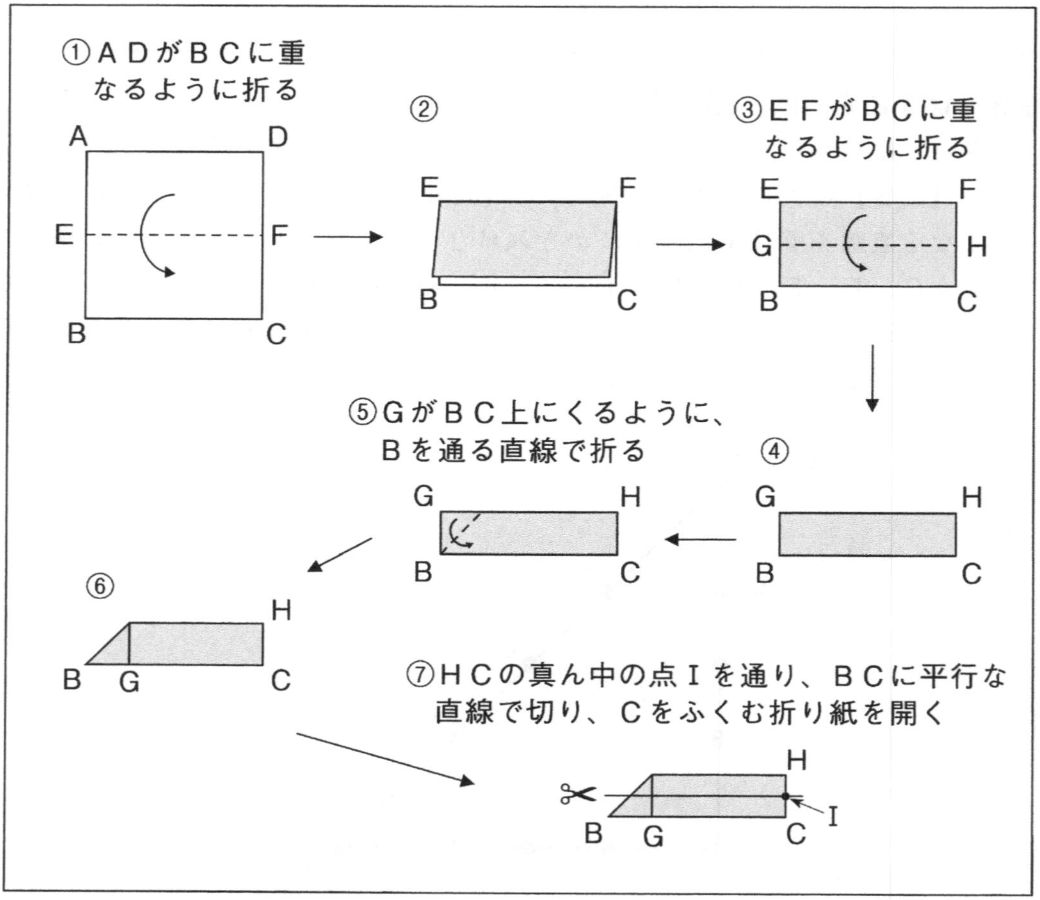

はなこさん：切れましたよ。さっそく開いてみましょう。

たろうさん：予想していた【図９】とは違《ちが》い、３本の横線の太さがそろいませんでしたね。

はなこさん：そうですね。【図12】のように、DP：PQ：QR：RS：SC＝２：１：２：１：２となるようにしたいですね。【図10】のどこの操作《そうさ》を変えれば良いでしょうか。

たろうさん：まずは【図10】の③の操作ではないでしょうか。【図10】のときは、EG：GB＝１：１となるように、GHとBCが平行に折られていましたが、これをEG：GB＝［　あ　］にする必要がありますね。

【図11】アルファベット「E」の完成図

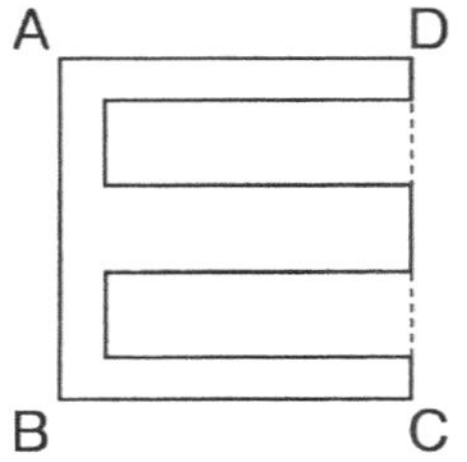

【図12】アルファベット「E」の理想図

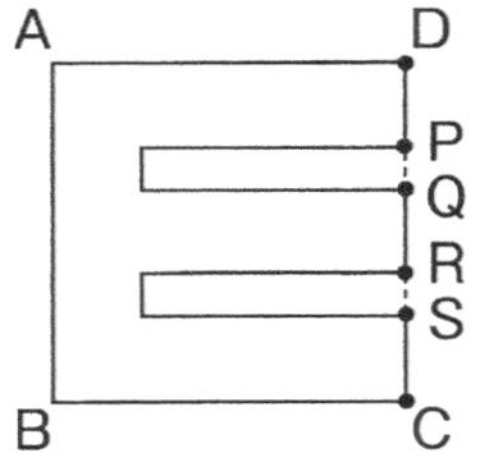

はなこさん：そのあとの操作は【図10】の④⑤⑥⑦の操作と同じようにすればいいですね。

たろうさん：いや、最後の⑦の切るところも変えなければなりません。【図10】のときはHI：IC＝１：１となるようなIを通り、BCに平行な直線で切りましたが、これをHI：IC＝［　い　］に変えましょう。

はなこさん：最後に【図13】のCをふくむ折り紙を開くと…。【図12】と同じものができましたね。

【図13】

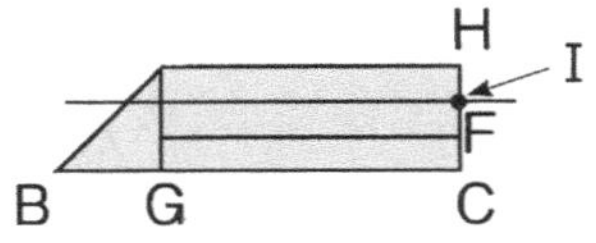

問題４　【会話文】中の［　あ　］、［　い　］にあてはまる比を、それぞれ最も簡単《かんたん》な整数の比で表しなさい。

問題５　次の折り方（う）、（え）について、**一刀切り**をしたとき、どのアルファベットになるか、最も適切なものを、次の１～18からそれぞれ一つずつ選び、番号を書きなさい。

折り方（う）

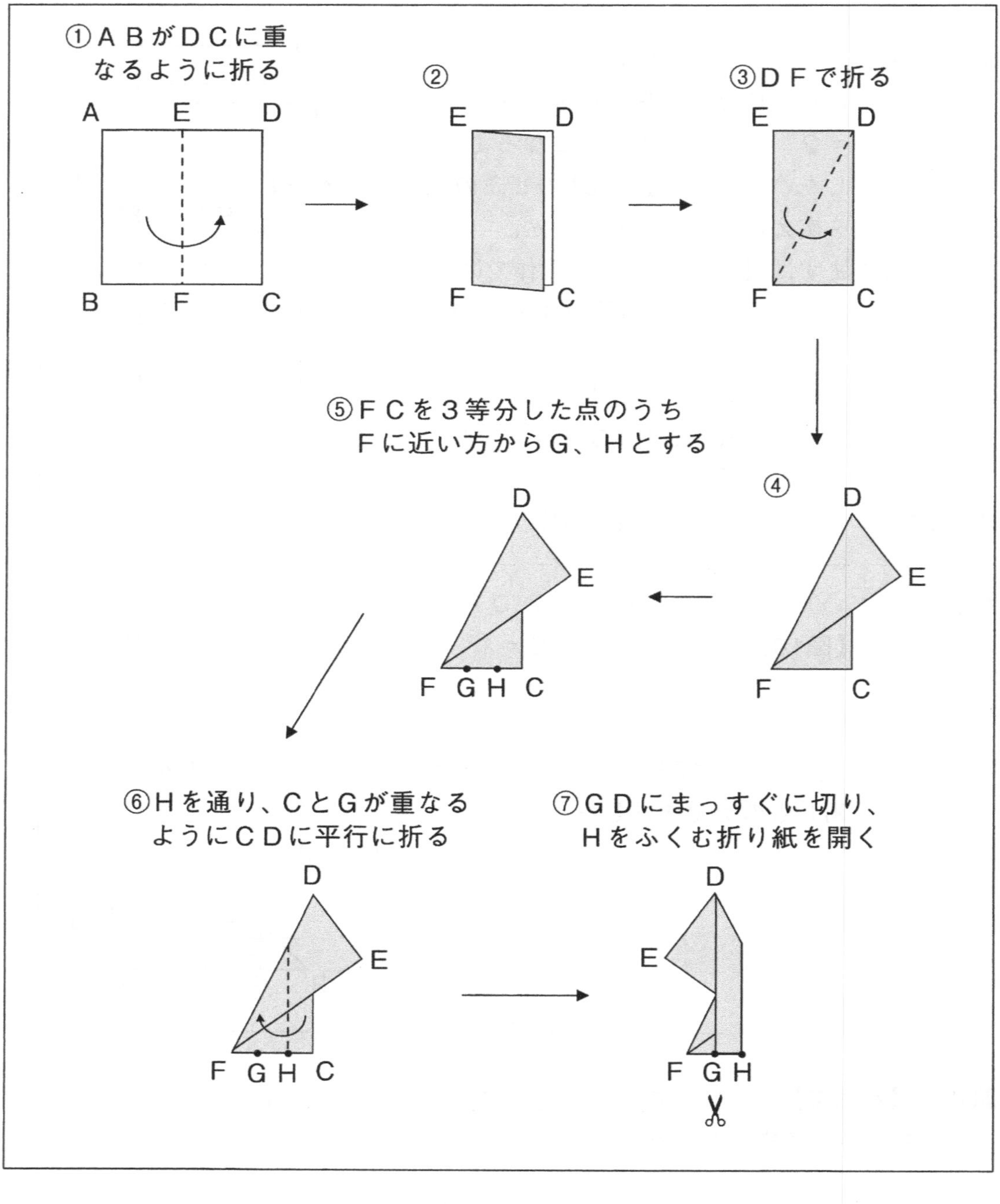

折り方（え）

①ＡＢを３等分した点のうち、Ａに近い方の点をＥとし、そのＥを通り、ＡＤに平行な直線で折る

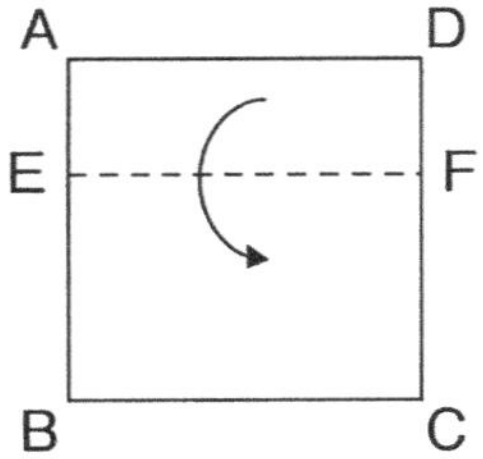

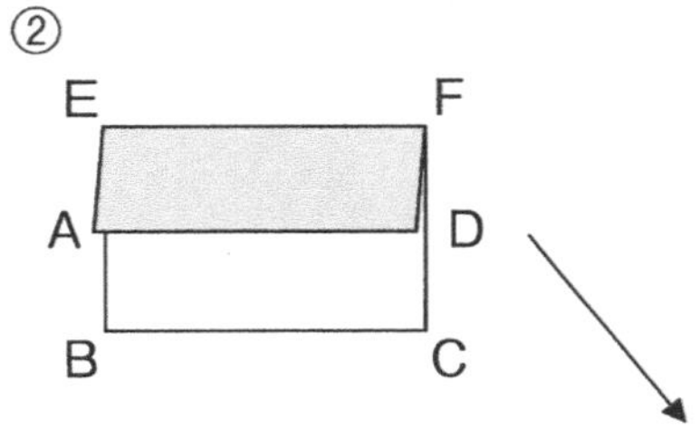

③ＥがＡＤ上にくるように、Ａを通る直線で折る

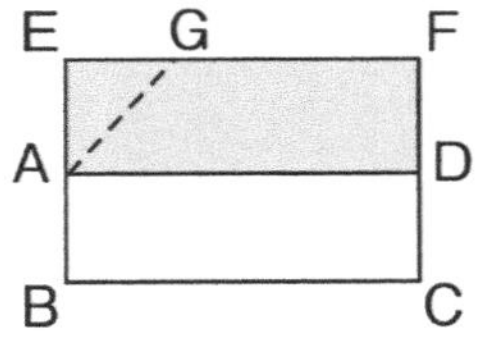

④ＦがＡＤ上にくるように、Ｄを通る直線で折る

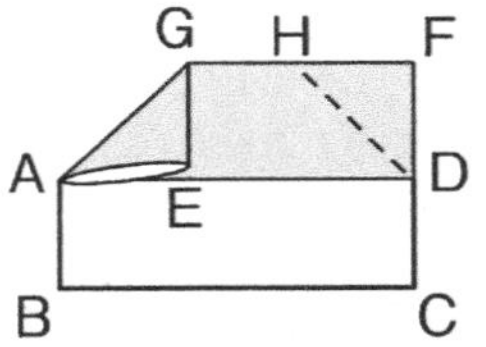

⑤ＧＨがＡＤを越《こ》え、かつ、ＧＨがＡＤと平行になるように折る

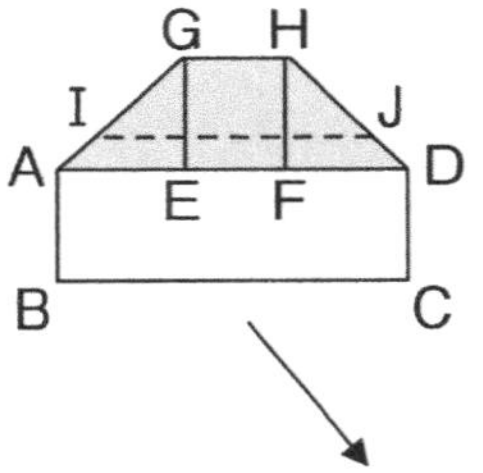

⑥ＩＧを延長《えんちょう》しＢＣと交わる点をＫとするとき、ＩＫで折る

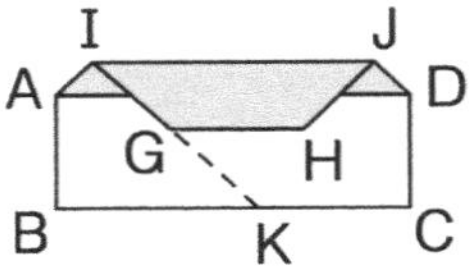

⑦Ｄを通るＫＣと平行な直線で切り、Ｂをふくむ折り紙を開く

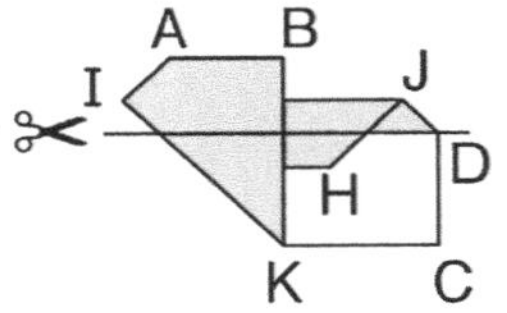

1	A	7	H	13	Q
2	B	8	J	14	R
3	C	9	K	15	S
4	D	10	L	16	T
5	F	11	M	17	V
6	G	12	P	18	Y

このページに問題は印刷されていません。

このページに問題は印刷されていません。

【適

問題6

その国の言葉を調べるときには

									10
									20

が大切です。

※	※
※4	6点

受検番号	氏　　名

※
40点

横浜市立横浜サイエンスフロンティア高等学校附属中学校

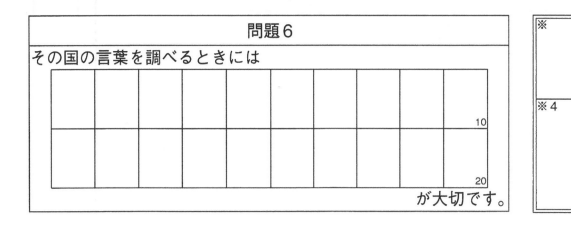

340

400

※３

①

②

③

※４

※５

50点

2

問題1

※ 5点

問題2
cm²

※ 5点

問題3

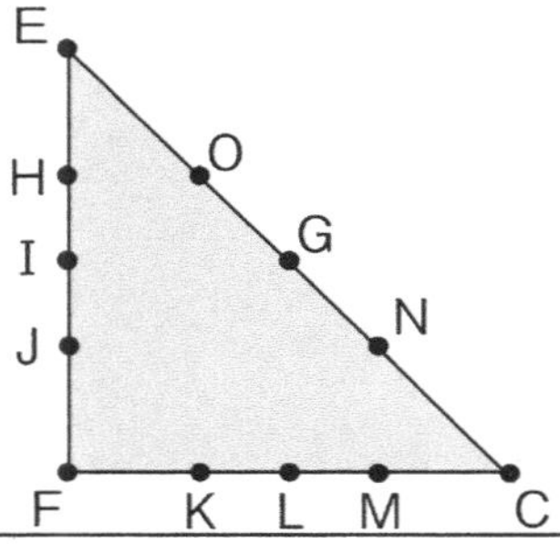

※ 10点

問題4	
あ	い
：	：

※ 15点

問題5	
（う）	（え）

※ 15点

受検番号	氏　　名

※ ※100点満点

横浜市立横浜サイエンスフロンティア高等学校附属中学校

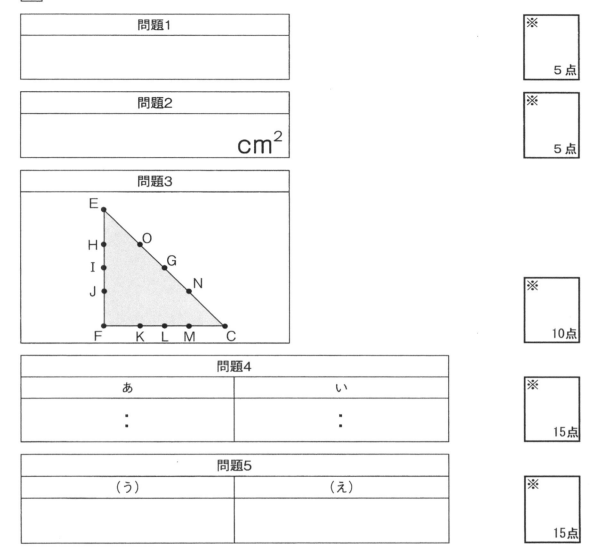

適性検査Ⅱ　解答用紙

1

※には何も記入しないこと。

問題1
km²

※ 5点

問題2
g

※ 10点

問題3
kg

※ 10点

問題4	
あ	い

※ 5点

問題5
時間　　　　分

※ 10点

問題6

※ 5点

問題7	
（う）	（え）

※ 5点

適性検査Ⅰ　解答用紙

受検番号

氏　　名

※には何も記入しないこと。

※

60点

2

問題1

問題2

※1

10点

※2

①

②

③

適性検査Ⅰ　解答用紙

※100点満点

1

※には何も記入しないこと。

問題1	問題2	※1
		12点

問題3		※2
672年	1868年	
		10点

問題4	問題5	※3

令和五年度

適性検査Ⅰ

9：00
～
9：45

［注　意］

1　この問題冊子《さっし》は一ページから十四ページにわたって印刷してあります。**ページの抜《ぬ》け、白紙、印刷の重なりや不鮮明《ふせんめい》な部分などがないかを確認《かくにん》**してください。あった場合は手をあげて監督《かんとく》の先生の指示にしたがってください。

2　解答用紙は二枚《まい》あります。**受検番号と氏名**をそれぞれの決められた場所に記入してください。

3　声を出して読んではいけません。

4　答えはすべて解答用紙に記入し、**解答用紙を二枚とも提出してください。**

5　解答用紙のマス目は、**句読点などもそれぞれ一字と数え、一マスに一字ずつ書いてください。**

6　字ははっきりと書き、答えを直すときは、きれいに消してから新しい答えを書いてください。

7　文章で答えるときは、漢字を適切に使い、丁寧《ていねい》に書いてください。

＃教英出版　注
編集の都合上、解答用紙は表裏一体となっております。

横浜市立横浜サイエンスフロンティア高等学校附属中学校

1 【資料1】は、みなみさんが図書館で見つけた本の一部分です。【資料1】を読んで、あとの問題に答えなさい。

【資料1】

都市がどういうものかをごく図式的に書いてみますと、大陸はどこでも同じですが、四角の中に人が住むところです。日本ですとご存《ぞん》じのように最も古い形で都市ができてくるのは吉野ヶ里《よしのがり》のような堀《ほり》で囲まれた空間ですが、それがきちんと成立いたしますのは平城京、平安京です。日本は不思議なことに※1城郭《じょうかく》を置いていませんが、大陸諸国《しょこく》では必ず周辺を城郭で囲う。その内部が都市です。

ヨーロッパの中世ですと、典型的な城郭都市になりまして、現在でもこれはたくさん残っています。ヨーロッパへ行かれますと、こういう町を訪問《ほうもん》される方が非常に多い。そこへ行かれた方が、中世にできた町であるのに、道路が全部舗装《ほそう》してあると言って感心しておられる。コンクリートで舗装しているわけじゃないんで、敷石《しきいし》です。これはじつは都市のルールであると私《わたし》は考えています。一体どういうルールかというと、都市という四角の中には自然のものは置かないというルールです。自然はいわば排除《はいじょ》されます。たとえ木が植わっていてもそれは人が植えたものである、そこに※2しつらえて置いたものです。都市という空間をそういうふうに考えますと非常によく理解できるような気がします。

日本の場合には城郭を置きませんので、はっきりわからないんですが、近代日本の場合はおそらくこの島全体を都市と見なすような傾向《けいこう》になってきたんじゃないかという気がいたします。それを中央集権化《しゅうけんか》とか、近代化とか、さまざまに表現をいたしますが、要するにこういった四角で囲まれた空間の中に人が住むようになる。

この中では自然が排除されると申し上げたわけですが、それじゃあ代わりに何があるかというと、この中に置かれるものは基本的に人工物です。人工物とは何かといえば、それは私どもが考えたもの、意識的に、あるいは意図的に置いたものである。そういう世界です。ですから、都市化が進行すると何が起こるかというのは、そういう原理で比較的簡単《ひかくてきかんたん》に読めるわけでして、意識されないものはそこには置いてはいけないということです。

それを※3端的《たんてき》に示していますのが現在私どものいますこの空間です。横浜《よこはま》も大きな都市でして、そしてこの空間がそうである。この建物がそうでして、ここは人が完全に意識的につくり上げたものです。本来こんな空間はなかったわけで、設計してつくられたものですから、もともとの段階《だんかい》では設計者の頭の中にあって、設計図としてそれが表現されます。

その設計図に従《したが》ってつくられたものですから、皆《みな》さん方がお座《すわ》りの場所は、じつは建築家《けんちくか》と※4内装《ないそう》をやった方の脳《のう》の中、頭の中です。頭の中ですから、そこではすべてが意識化されていますので、一般《いっぱん》に※5予期せざる出来事は起こらないことになっています。

そういうことが起これば、それは※6不祥事《ふしょうじ》と見なされます。先日、私は九州にまいりまして、こういうホールでお話をしていましたら、足元をゴキブリがはっていました。これは典型的な不祥事です。つまりゴキブリはこういう空間には出てきてはいけないのであって、なぜいけないかというとそれは自然のものだからです。

つまり設計者、内装者はそこにゴキブリが出てくるということを全然計算に入れていません。したがってそれはあってはならないものです。ですから、そういうものが出てきますと大の男が目をつり上げて追いかけていって踏《ふ》みつぶしていますが、それはこういった自然の排除という原則がいかに強く都市空間では※7貫徹《かんてつ》されているかということを示すように私には見えるわけです。

こうやってつくり出された人工空間は世界中どこでもまったく同じ性質を持っています。そういったものを城壁《じょうへき》で囲うというのは案外利口な知恵《ちえ》でして、この中だけだよ、という約束事が成り立ちます。ですから、ちょっとでもここから外へ出れば、再び自然の※8浸透《しんとう》が始まる。そしてそこから離《はな》れるほど自然が強くなってくる。

つまりこの中はすべてが人の意識でコントロールしうるという世界ですが、この外に行きますと次第《しだい》に意識でコントロールできない部分がふえてまいりまして、最終的には完全に我々《われわれ》がコントロールできない世界、すなわち自然がそこに出現してまいります。

（養老《ようろう》　孟司《たけし》『ヒトはなぜ、ゴキブリを嫌《きら》うのか？』より。一部省略やふりがなをつけるなどの変更《へんこう》があります。）

［注］

※1　城郭・・・・・・城《しろ》のまわりの囲い。また、城の全体。

※2　しつらえる・・・用意する、準備すること。

※3　端的・・・・・・てっとりばやくはっきりと示すさま。

※4　内装・・・・・・建物や車などの内部の設備やかざりつけ。

※5　予期せざる・・・前もって起こるだろうと予想することができないさま。

※6　不祥事・・・・・好ましくない、困《こま》った事件。

※7　貫徹・・・・・・考えや行動を最後までつらぬき通すこと。

※8　浸透・・・・・・しだいに広くいきわたること。

問題1　次のア〜オは、【資料1】のなかの言葉です。ア〜オから「人が意識的につくり上げたもの」に分類されるものをすべて選び、記号を書きなさい。

ア　ホール
イ　ゴキブリ
ウ　都市
エ　自然
オ　敷石《しきいし》

問題2　【資料1】に書かれていることを、「意識」「自然」という言葉を用いて、あとの【条件】にしたがって、まとめなさい。

【条件】
○　複数の段落《だんらく》をつくり、二百六十字以上三百字以内で書くこと。
○　題名は書かずに、一行目、一マス下げたところから、書くこと。

このページに問題は印刷されていません。

2　りかさんは、夏休みの出来事について、みなみさんと話をしています。次の【会話】や【資料】を読んで、あとの問題に答えなさい。

【会話１】

りかさん：この前、キャンプに行ってきました。そこは、横浜《よこはま》の私《わたし》が住んでいる場所と違《ちが》い、夜は明かりが少なくて、真っ暗でした。

みなみさん：そうなんですね。

りかさん：懐中電灯《かいちゅうでんとう》を持って歩いていたら、「懐中電灯をつけると迷惑《めいわく》になることもあるよ。」と、地元の方に言われました。

みなみさん：えっ。どうしてですか？

りかさん：「すみません。」と言って、その場を去ってしまったからわからなくて…。

みなみさん：どうしてなのでしょう。一緒《いっしょ》に調べてみましょう。

【資料1】神津島村《こうづしまむら》（東京都）の美しい星空を守る光害防止条例（令和元年12月4日）の一部

（目的）

第1条　この条例は、光害の防止及《およ》び適正な照明に関し、村、村民等及び事業者それぞれの責務《せきむ》を明らかにするとともに必要な事項《じこう》を定めることにより、村民等の生活及び事業者の事業に必要な夜間照明を確保しつつ、光害から美しい星空を守ることを目的とする。

（適用範囲《はんい》）

第2条　この条例は、神津島村の全区域内《ぜんくいきない》に適用する。

（定義）

第3条　この条例において、光害とは屋外照明の使用が引き起こす以下の事項を指す。

（1）　夜空が照らされることにより星が見えにくくなること。

（2）　動植物への悪影響《えいきょう》

（3）　人間生活への支障《ししょう》

（4）　エネルギーの浪費《ろうひ》

2　この条例において、次の各号にあげる用語の意味は、当該《とうがい》各号に定めるところによる。

（1）　屋内照明とは、屋根及び壁面《へきめん》によって囲まれた建物の内部の照明をいう。

（2）　屋外照明とは、屋内照明以外のすべての照明をいい、照明そのものを目的とするもののほか、広告、装飾《そうしょく》等を目的とする発光物を含《ふく》むものとする。

（3）　上方光束《じょうほうこうそく》とは、屋外照明から発光する光のうち水平より上方向に向かう光をいう。ただし、近接する地面や壁面等による反射光《はんしゃこう》は含まない。

（4）　村民等とは、村民、旅行者及び滞在《たいざい》者をいう。

（5）　事業者とは、神津島村の区域内で公共事業又《また》は営利事業を行っている者をいう。

【資料２】美しい星空を守る井原《いばら》市（岡山県）光害防止条例（平成 16 年 12 月 17 日）の一部

（前文）

井原市美星町《びせいちょう》には、流れ星の伝説と、その名にふさわしい美しい星空がある。天球には星座《せいざ》が雄大《ゆうだい》な象形文字を描《えが》き、その中を天の川が流れている。更《さら》に、地平線から天の川と競うように黄道光が伸《の》び、頻繁《ひんぱん》に流れ星がみられる。また、夜空の宝石《ほうせき》ともいえる星雲や星団は、何千年、何万年以上もかかってその姿を地上に届けている。これら宇宙《うちゅう》の神秘《しんぴ》をかいま見ることができる環境《かんきょう》は、井原市民のみならず全人類にとってかけがえのない財産となっている。

しかし、宇宙は今、光害によってさえぎられ、視界《しかい》から遠ざかって行こうとしている。人工光による光害の影響《えいきょう》は、半径１００キロメートル以上にも及《およ》び、人々から星空の美と神秘に触《ふ》れる機会を奪《うば》うだけでなく、過剰《かじょう》な照明は資源《しげん》エネルギーの浪費《ろうひ》を伴《ともな》い、そのことが地球をとりまく環境にも影響を与えている。また、過剰な照明により、夜の安全を守るという照明本来の目的に反するのみならず、動植物の生態系《けい》にも悪影響を与《あた》えることも指摘《してき》されている。

近隣《きんりん》には主要な天文台が設置されているとおり、井原市美星町の周辺は天体観測に最も適した環境にあり、これまで『星の郷《さと》づくり』に取り組み、天文台も建設してきた。そして、今後も多くの人々がそれぞれに感動をもって遥《はる》かなる星空に親しむよう宇宙探索《たんさく》の機会と交流の場を提供《ていきょう》することが井原市及び井原市民へ与えられた使命と考える。

このため、我《わ》が井原市民は、井原市美星町の名に象徴《しょうちょう》される美しい星空を誇《ほこ》りとして、これを守る権利《けんり》を有し、義務を負うことをここに宣言《せんげん》し、この条例を制定する。

【資料３】高山村《たかやまむら》（群馬県）の美しい星空を守る光環境条例（平成10年３月20日）の一部

（目的）

第１条　この条例は、高山村における夜間照明等の光環境に関し、村民の夜間の安全性や生産活動等の社会的活動に必要な照明を確保しつつ、人工光の増加を抑制《よくせい》することによって、高山村の美しい星空と光環境を維持《いじ》することを目的に、必要な事項《じこう》を定めるものとする。

（村の責務《せきむ》）

第２条　村は、夜間照明等の人工光による夜空の明るさの増加を抑制し、光環境の維持を図ることを目的に、これに必要な施策《しさく》の策定《さくてい》及び実施《じっし》を行うものとする。

２　村は、前項《ぜんこう》に定める施策の実施に関し、村民及び事業者等に対し普及啓発《ふきゅうけいはつ》活動や技術的支援《しえん》等を行うものとする。

（村民及び事業者等の責務）

第３条　村民及び事業者等は、夜間照明等の人工光による夜空の明るさの増加抑制に努めるとともに、村の施策に協力するものとする。

【資料4】鳥取県星空保全条例（平成29年12月26日）の一部

（前文）

鳥取県は、鳥取市さじアストロパークなどの観測拠点《きょてん》が星空の美しさで我《わ》が国随一《ずいいち》とされており、全ての市町村で天の川を観測できるなど、後世まで永く伝えるべき「星空」という大切な誇《ほこ》るべき「宝《たから》」を有している。

しかしながら、美しい星空が見える環境《かんきょう》は、清浄《せいじょう》な大気と人工光の放出の少なさによってもたらされているが、全国各地で過剰《かじょう》な人工光により星空が失われつつあるとされている。

私《わたし》たち鳥取県民は、豊かで美しい自然の象徴《しょうちょう》である星空を守る行動に立ち上がり、私たちの星空を、ふるさとの重要な景観と位置付けるとともに、観光や地域経済《ちいきけいざい》の振興《しんこう》、そして環境教育等に生かしていくこととし、鳥取県の美しい星空が見える環境を県民の貴重《きちょう》な財産として保全し、次世代に引き継《つ》いでいくため、この条例を制定する。

問題１　【資料１】～【資料４】のどの条例からも読み取れないものを次の１～６からすべて選び、番号を書きなさい。

1　過剰な照明は、資源《しげん》エネルギーの浪費《ろうひ》があることで、資源価格の上昇《じょうしょう》を引き起こし、すべての人に資源が均等に配分されなくなる。

2　過剰な照明は、夜の安全を守るという照明本来の目的に反するのみならず、動植物の生態系《けい》にも悪影響《えいきょう》を与《あた》えることも指摘《してき》されている。

3　星空を、ふるさとの重要な景観と位置付けるとともに、観光や地域経済の振興、そして環境教育等に生かしていく。

4　全国的に夜間照明を増やすことで、地域の安全性を高めるとともに、経済活動を活発にして、地域の活力を高めていく。

5　星空を見ることのできる環境は、全人類にとってかけがえのない財産である。

6　光害の防止に関して、特定の事業者のみの責務《せきむ》を明らかにし、村民や旅行者の生活を安全なものにする。

問題２　次の【資料５】は【資料２】～【資料４】の条例が施行《しこう》されている地方公共団体がある県とりかさんが住む神奈川県のデータです。【資料５】に示された４つの県の人口密度《みつど》を求め、その人口密度をあとの【記入例】に従《したが》って、解答用紙の白地図にかきあらわしなさい。

【資料５】

	群馬県	鳥取県	岡山県	神奈川県
人口（万人）	１９８	５６	１９１	９１８
面積（km²）	６３６２	３５０７	７１１４	２４１６

【記入例】
３００１～４０００人／km²…
２００１～３０００人／km²…
１００１～２０００人／km²…
１～１０００人／km²…

問題３　次の図１～図３は夜間の街灯の様子を表しています。**りかさん**の訪《おとず》れた町は、図１の街灯を**図２**のように消すのではなく、図３の街灯のように変えました。街灯を消すのではなく、**街灯を変えた理由**として考えられることを、**【資料１】～【資料４】**の条例の内容をふまえて、「～ため。」とつながるように**１０字以上２０字以内**で書きなさい。なお、一マス目から書き始めること。

図１

図３

図２

問題４　次の【会話２】を読んで、（　ア　）、（　イ　）に入る語句の組み合わせとして適切なものを、あとの１～４から一つ選び、番号を書きなさい。

【会話２】

りかさん：「光害」のように「光」にもよくない点があるのですね。

みなみさん：でも、「光」をうまく活用した例もあります。例えば、秋菊《あきぎく》は、秋になって日照時間が短くなると花芽が付き、つぼみがふくらんで開花する性質があります。【資料６】は、その性質を利用して、秋菊を栽培《さいばい》している様子です。ビニルハウス内を明るくすることによって、人工的に日照時間を（　ア　）し、開花時期を（　イ　）いるのです。

りかさん：菊の開花時期を調節して、菊の出荷《しゅっか》数が少ない時期に出荷できるということですね。他の分野でも「光」の活用があるか、調べてみましょう。

【資料６】

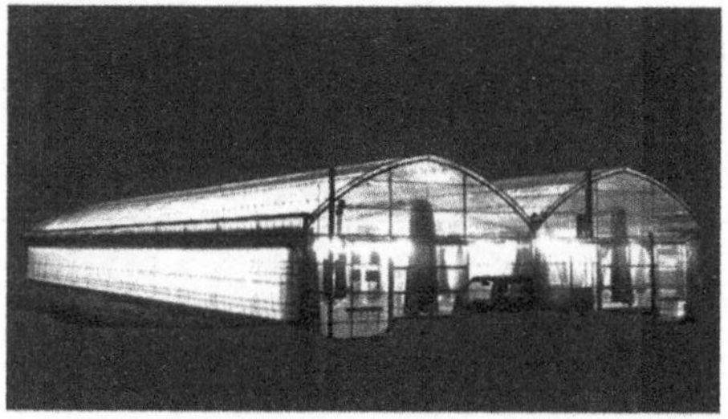

【資料７】菊のイラスト

1　（　ア　）長く　　（　イ　）遅《おく》らせて
2　（　ア　）長く　　（　イ　）早めて
3　（　ア　）短く　　（　イ　）遅らせて
4　（　ア　）短く　　（　イ　）早めて

問題５　みなみさんとりかさんは、次の【文章】と【資料８】を見つけました。あとの１～４が【文章】と【資料８】の内容に合っていれば○、合っていなければ×を、解答欄《らん》に書きなさい。

【文章】

大分県の養殖《ようしょく》ヒラメの生産量は、令和元年は６４３トンで全国トップと、魚の養殖が盛《さか》んに行われています。とある養殖業者では、ヒラメを飼育している水槽《すいそう》全体が緑色に見えます。天井《てんじょう》からつるされた緑色のＬＥＤライトが日中の１２時間点灯され、ヒラメを照らしていました。一般的《いっぱんてき》には水槽の底にへばりつくようにじっとしていることが多いヒラメですが、緑色の光で養殖したヒラメは、ぐるぐると水槽の中を泳ぎまわっています。

活発にえさを食べて栄養の吸収《きゅうしゅう》と成長が早くなることから、この技術を使って１年間養殖すると、通常の養殖と比べて重さが平均で1.6倍になり、これまで１年近くかかっていた出荷までの期間を９か月に短縮《たんしゅく》できたといいます。味や食感などの試験も行われ、従来《じゅうらい》のものと※1遜色《そんしょく》がないことも確認《かくにん》されました。ＬＥＤライトの設置費用は数十万円とそれほど高額ではなく、ＬＥＤライトの電気代も安いため、設備のための費用負担《ふたん》は大きくないといいます。一方で、出荷までの期間が短くなるため、その分の※2人件費や燃料代が抑《おさ》えられ、総合すると、平均して年間３００万円以上のコストの削減《さくげん》が見込《こ》まれるとしています。

「NHKサイカルjournal 「『光』で魚を育てる養殖新技術」(2021年6月9日掲載)を再編集して作成」

※１　遜色がない・・・見劣《みおと》りしない　　※２　人件費・・・働いている人に払《はら》う費用

【資料８】点灯されたＬＥＤライトの色とヒラメの体重増加の関係（６３日間）

色	緑	青	白	赤
体重増加	７3.３ｇ	６３.９ｇ	５６.６ｇ	５２.０ｇ

１　赤色のＬＥＤライトの光を当てると青色のＬＥＤライトの光を当てるよりもヒラメが興奮《こうふん》状態になり、成長が早くなる。

２　白熱電球よりＬＥＤライトの費用は高額であるため、電球を換《か》えることにより、ヒラメの出荷までにかかる総費用が増えてしまう。

３　緑色のＬＥＤライトの光を当てるとヒラメの成長が早くなり、出荷までの期間が短縮され、生産費用が抑えられる。

４　光の魚への成長効果は、他の魚にも同じ傾向《けいこう》がみられるので、全国でこの養殖方法が取り入れられている。

問題5　みなみさんとりかさんは、次の【文章】と【資料8】を見つけました。あとの1～4が【文章】と【資料8】の内容に合っていれば〇、合っていなければ×を、解答欄に書きなさい。

【文章】

[illegible]

令和５年度

適性検査Ⅱ

１０：２５～１１：１０

注　意

1　問題は[1]から[3]まであり、この問題冊子《さっし》は１ページから２６ページにわたって印刷してあります。ページの抜《ぬ》け、白紙、印刷の重なりや不鮮明《ふせんめい》な部分などがないかを確認《かくにん》してください。あった場合は手をあげて監督《かんとく》の先生の指示にしたがってください。

2　受検番号と氏名を解答用紙の決められた場所に記入してください。

3　答えはすべて解答用紙に記入し、解答用紙だけを提出してください。

4　声を出して読んではいけません。

5　計算が必要なときは、この問題用紙の余白を利用してください。

6　字ははっきりと書き、答えを直すときは、きれいに消してから新しい答えを書いてください。

7　問題用紙、解答用紙を切ってはいけません。

横浜市立横浜サイエンスフロンティア高等学校附属中学校

1　いくつかある２次元コードのうち、**【図１】**のような２次元コードは高速読み取りを重視《じゅうし》したものとして、１９９４年に日本の会社により開発されました。学校や街中でも、少し探《さが》してみるとたくさん見つけることができます。

最近では、商品を詳《くわ》しく説明するためのウェブサイトにつながる２次元コードや、アンケートを実施するための２次元コードなどもよく見られます。アルファベットや数字、カタカナや漢字などの情報も、アプリを使って２次元コードにすることができます（**【図１】**）。

【図１】ある文字情報を２次元コードにしたもの

次の【資料１】～【資料４】をみて問題に答えなさい。

【資料１】　【図１】のような２次元コードの構成

【図１】のような２次元コードを構成する最小の単位（白や黒の最も小さな正方形の１マス）をセルといいます。２次元コードは、主に下の４つから構成されています。

1　ファインダパターン：コードの位置を検出するためのもの
2　タイミングパターン：白黒交互《こうご》に配置されたセル。２次元コードの大きさを検出するためのもの
3　フォーマット情報：※1誤《あやま》り訂正《ていせい》レベルやマスク番号などの情報をもつもの
4　その他：データおよび誤り訂正符号《ふごう》をもつもの

【図２】　【図１】のような２次元コードの構成

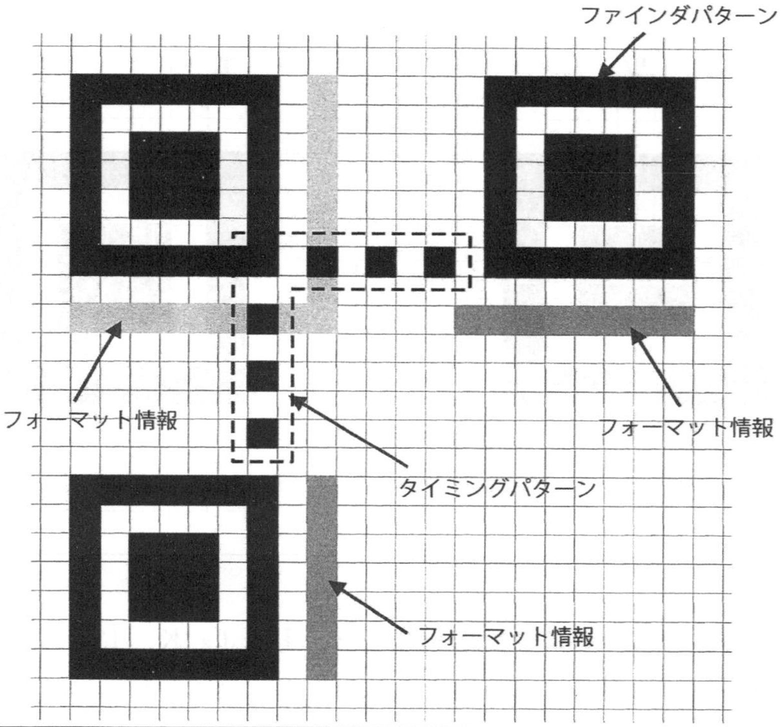

※１　誤り訂正レベル・・・コードの読み取りミスを訂正する能力のこと。
レベルが高いほど２次元コードのある部分が読めない状態（隠《かく》れる、汚《よご》れる）でも正しく読み取りが行える。

【資料２】　ファインダパターン

ファインダパターンは、【図１】のような２次元コードの四隅《よすみ》の内の３つに配置されています（【図２】）。まずこのパターンを検出することで、文字がある資料や、図や写真がある広告の中でも【図１】の２次元コードの位置を認識《にんしき》することができ、高速なデータの読み取りを可能にしています。

ファインダパターン（【図３】）はア、イ、ウのように、中心を通る直線をどのように引いても、白と黒を通過した直線の長さの比が同じになっています。例えば、アの直線上に点をＡ、Ｂ、Ｃ、Ｄ、Ｅ、Ｆとおいた場合では直線ＡＢ、直線ＢＣ、直線ＣＤ、直線ＤＥ、直線ＥＦの直線の長さの比がイ、ウと同じになっており、２次元コードが平面上でどのように回転していてもファインダパターンの位置関係から回転角度を認識できます。３６０度どの方向からでも読み取ることができるため、読み取り作業の効率化を実現しています。

【図３】ファインダパターン

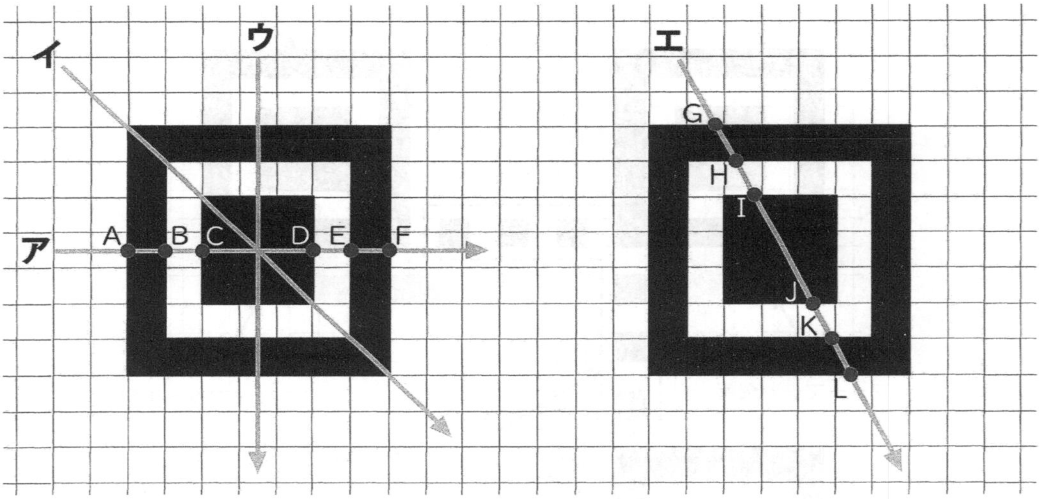

問題１　【図３】のエの直線上に点をＧ、Ｈ、Ｉ、Ｊ、Ｋ、Ｌとおいた場合、通過した直線の長さの比を（ＧＨ）：（ＨＩ）：（ＩＪ）：（ＪＫ）：（ＫＬ）の順に数で書きなさい。

ＧＨ	ＨＩ	ＩＪ	ＪＫ	ＫＬ

【資料3】　フォーマット情報

フォーマット情報は、【図1】の２次元コードに使用されている誤《あやま》り訂正《ていせい》レベルとマスクパターンに関する情報をもっています。１５セルを使い、２か所に同じデータが書き込《こ》まれています。※2デコードを行う際には、始めにフォーマット情報を読み取っています（【図4】）。

【図4】 フォーマット情報

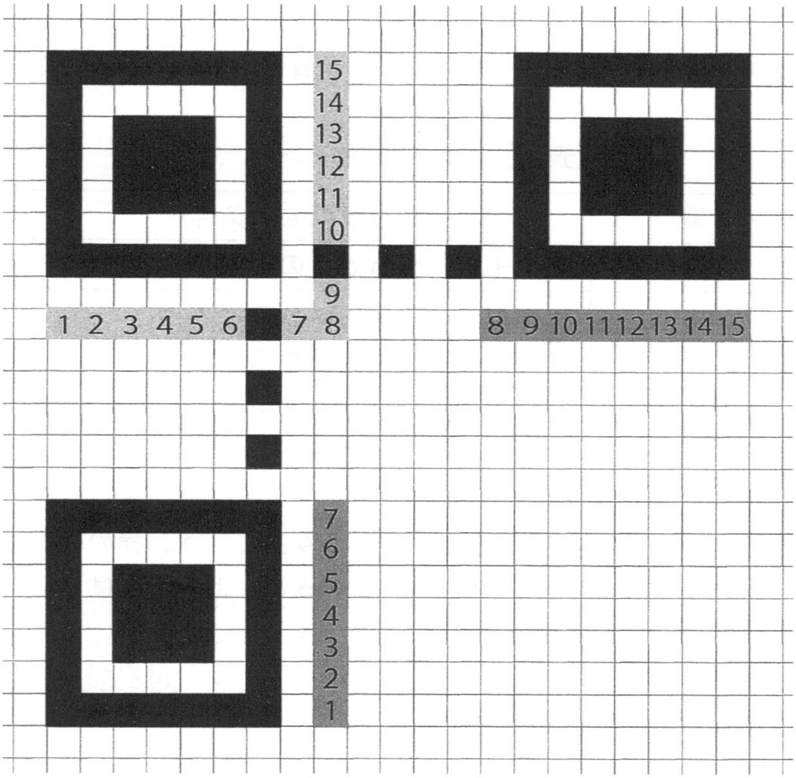

問題2　【図1】のフォーマット情報について、白いセルを0、黒いセルを１と読み取り、１５個の数を書きなさい。ただし、【図4】のセルにかかれている番号１～１５の順に0か１で答えること。

※2　デコード・・・文字や数字が一定の規則や方式で、コードの集まりに変換《へんかん》されたものを、元のデータに復元すること。

【資料4】　マスク処理《しょり》

フォーマット情報の３、４、５セル目には、マスク番号が書かれています。

【図１】の２次元コードに情報を書き込《こ》んだとき、**【図１】**の２次元コードの白か黒の片方《かたほう》が多かったり、ファインダパターンに似た模様《もよう》があったりすると、読み取りに支障《ししょう》がでる恐《おそ》れがあります。これを防ぐために白を黒に、黒を白に色を反転させることで、全体の色のバランスをとります。これをマスク処理といいます。マスク処理をするために、８つの条件から作られた８種類のマスクパターンが使われています。そのうちの４種類を例にあげます（**【表１】**）。条件にある□ｍｏｄ△の出力が☆とは、□を△で割《わ》った余りが☆ということを表しています。

【表１】マスクパターン

マスク番号	白黒反転する条件
０００	（ｉ＋ｊ）ｍｏｄ２の出力が０のとき
００１	ｉｍｏｄ２の出力が０のとき
０１０	ｊｍｏｄ３の出力が０のとき
０１１	（ｉ＋ｊ）ｍｏｄ３の出力が０のとき

マスク処理を５×５のセル（**【図５】**）で考えてみましょう。横の行をｉ、縦《たて》の列をｊとします。セルの表し方を（ｉ、ｊ）とすると左上のセルは（０、０）であり、黒いセルは（１、２）と表します。

セルの（ｉ、ｊ）の数字を条件のｉやｊに入力して、その出力が０になった場合だけ、そのセルの白、黒の色を反転させます。

【図５】５×５のセル

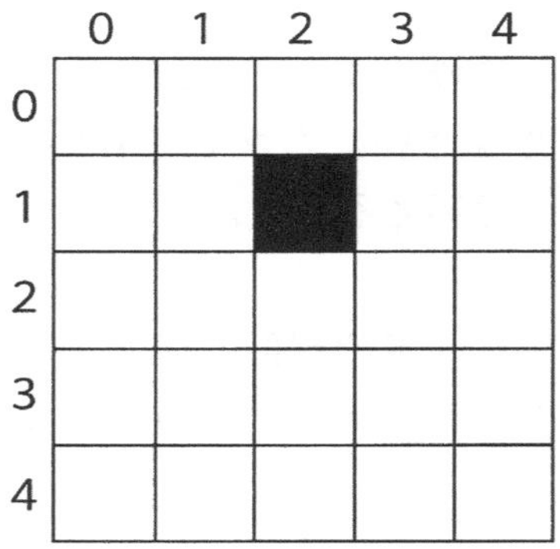

例えば、ｉｍｏｄ２のｉに０～２を入力した場合

０ｍｏｄ２の出力は０
１ｍｏｄ２の出力は１
２ｍｏｄ２の出力は０

例えば、ｊｍｏｄ３のｊに０～２を入力した場合

０ｍｏｄ３の出力は０
１ｍｏｄ３の出力は１
２ｍｏｄ３の出力は２

このように出力されます。

【図５】を使ってマスク番号０００のマスク処理の仕組みをみてみます。
マスク番号０００のパターンの条件は（ｉ＋ｊ）ｍｏｄ２の出力は０のときです。

左上のセル（０、０）の場合、条件のｉとｊに０と０を入力します。
（０＋０）ｍｏｄ２となります。
０ｍｏｄ２の出力は０になり、条件に当てはまります。
左上のセル（０、０）は白いセルなので、反転して黒になります。

黒いセル（１、２）の場合、条件のｉとｊに１と２を入力します。
（１＋２）ｍｏｄ２となります。
３ｍｏｄ２の出力は１になり、条件に当てはまりません。
黒いセル（１、２）は黒いセルなので、反転せず黒いままになります。

「ＫＥＹＥＮＣＥ　よくわかる２次元コードの基本」をもとに作成

問題３　すべてが白い５×５のセルに、**【資料４】**を参考にして、マスク処理《しょり》をしなさい。白いセルはそのままで、黒いセルを鉛筆《えんぴつ》で塗《ぬ》りつぶしなさい。

０００

００１

０１０

０１１

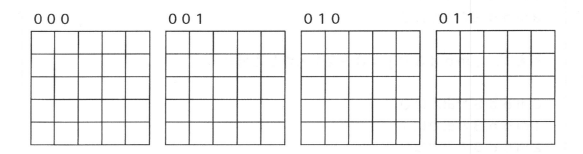

このページに問題は印刷されていません。

2　はなこさんとたろうさんは２人でリバーシ（オセロ）というゲームを、次のようなルールで遊んでいました。

《リバーシのルール》

①　使う道具は８×８の正方形のマス目がかかれた板と、表裏《うら》を黒と白に塗《ぬ》り分けた平《ひら》たい円形のコマです。

【図１】

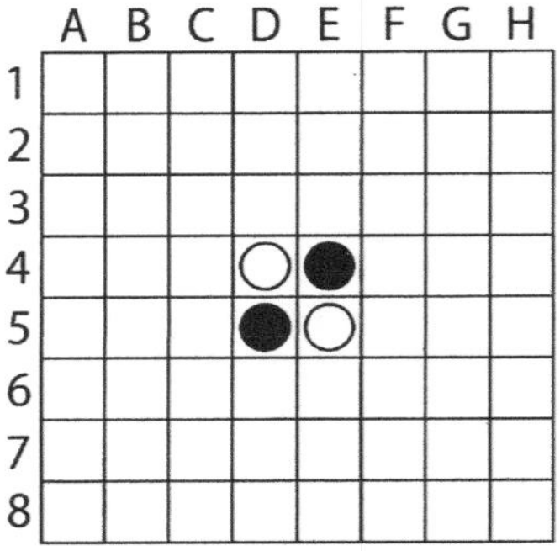

②　２人のプレイヤーが黒いコマと白いコマのどちらを担当《たんとう》するか決めます。**【図１】**のように、４Ｄに白いコマ、４Ｅに黒いコマ、５Ｄに黒いコマ、５Ｅに白いコマを置いた状態から、ゲームをスタートします。黒いコマを担当したプレイヤーが先手です。

【図２】

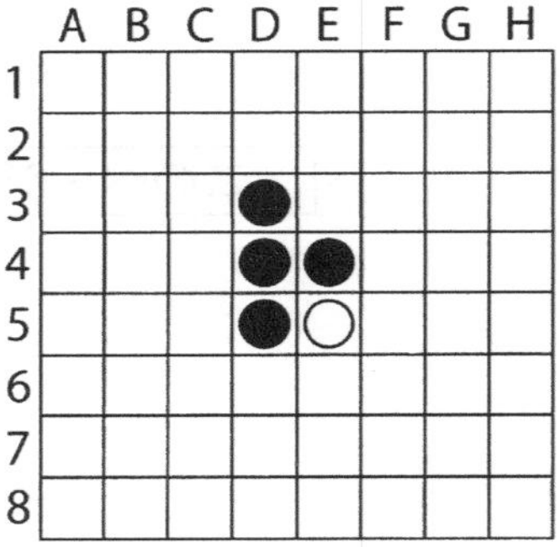

③　プレイヤーは自分の担当する色のコマ１つを、コマの置いていないマスに、順番に打ちます。打ったコマと他の自分の色のコマで、縦《たて》・横《よこ》・斜《なな》めのいずれかの方向ではさんだ相手の色のコマは、必ず裏返して自分の色に変えます。

例えば**【図１】**の状態で３Ｄに黒いコマを打つと、４Ｄの白いコマが５Ｄの黒いコマと３Ｄの黒いコマにはさまれるため、**【図２】**のようになります。

④　コマを打つときは、必ず相手の色のコマを１つ以上裏返すことができるように打たなければなりません。もし、裏返せるように打てるマスがない場合は、コマは打たずにパスとなり、相手の番となります。また、コマを打てるマスがあるときは、必ずコマを打たなければいけません。

⑤　はさまれた相手の色のコマが複数個の場合は、はさまれているすべてのコマを必ず裏返します。

例えば【図３】の状態で６Ｅに白いコマを打つと、４Ｅの黒いコマと５Ｅの黒いコマが３Ｅの白いコマと６Ｅの白いコマにはさまれます。同じように５Ｆの黒いコマも４Ｇの白いコマと６Ｅの白いコマにはさまれるため、【図４】のようになります。

【図３】

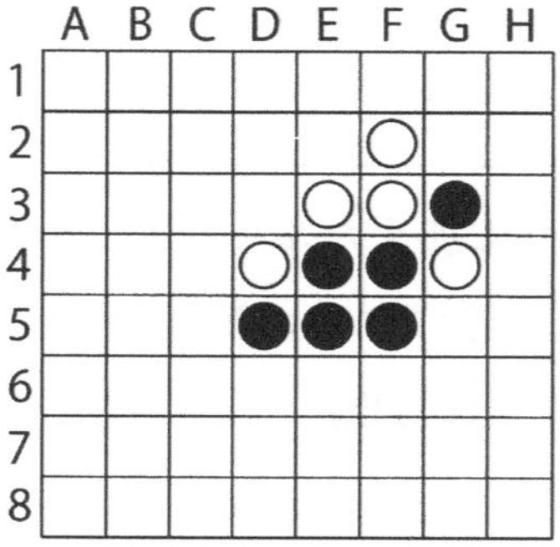

【図４】

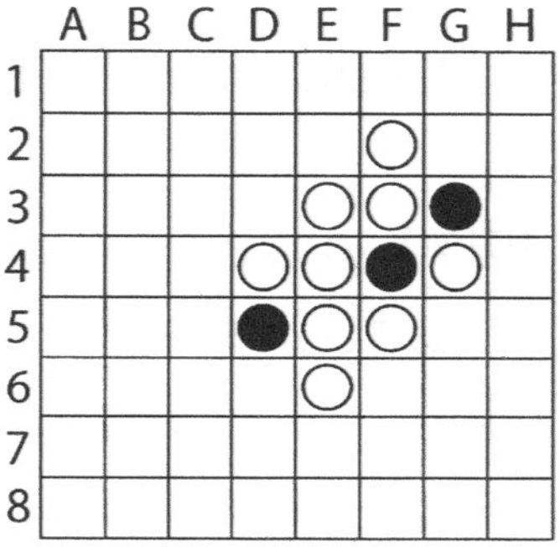

⑥　【図５】の状態で６Ｆに白いコマを打とうとすると、３Ｆの黒いコマと４Ｆの黒いコマが２Ｆの白いコマと６Ｆの白いコマにはさまれます。しかし、同時に５Ｆの白いコマも一緒《いっしょ》にはさんでしまいます。このような場合は３Ｆの黒いコマと４Ｆの黒いコマは裏返すことができないので、６Ｆに白いコマを打つことはできません。

【図５】

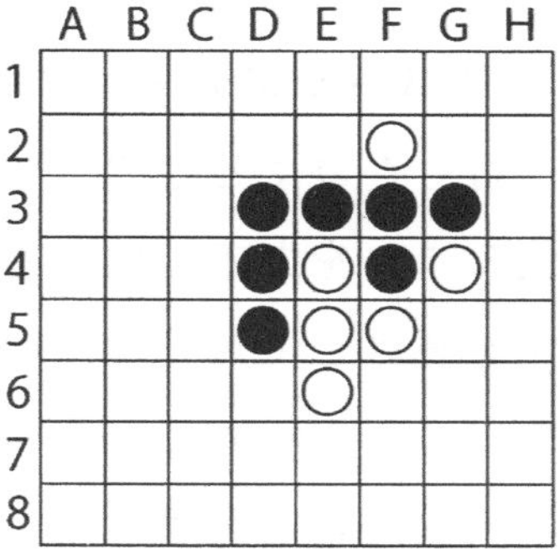

⑦　お互《たが》いに打てるマスがなくなったらゲーム終了《しゅうりょう》とし、マスにある黒いコマと白いコマの数を数え、多い方の勝ちとします。

問題１　**はなこさん**と**たろうさん**は、お互いにパスをすることなく、コマを同じ回数打ちました。コマを打てるマスがまだ半数以上残っています。マスにある黒いコマと白いコマの比が７：８のとき、**はなこさん**と**たろうさん**は何回ずつコマを打ったか答えなさい。

はなこさんとたろうさんは何度かゲームを繰《く》り返《かえ》してから、新たにルールを加えてみました。そのルールは次の通りです。また、今後はこのルールを加えて遊ぶことにします。

《新たに加えたルール》

① 最初のコマの配置は先手のプレイヤーから見て、**【図6】**のようにします。

② 8×8のマス目がかかれた板を先手のプレイヤーから見て、**【図7】**のア～エのような4×4の4つの範囲《はんい》に区切って考えます。

③ **【図7】**のアを上から1段目《だんめ》、イを2段目、ウを3段目、エを4段目として**【図8】**のように順番に重ねた状態を想像します。このとき、区切った範囲を回転させたりひっくり返したりして重ねるようなことはできません。

④ **《リバーシのルール》**のはさみ方に加えて、打ったコマと他の自分の色のコマで相手の色のコマを上下ではさんだ場合も、相手のコマを裏《うら》返して自分の色のコマに変えます。また、上下の斜《なな》めではさんだ場合も同じように、相手のコマを裏返して自分の色のコマに変えます。

例えば**【図6】**の状態で、8Hに黒いコマを打つと、7Cの白いコマが2Fの黒いコマと8Hの黒いコマに上下の斜めではさまれるため、**【図9】**のようになります。

【図6】

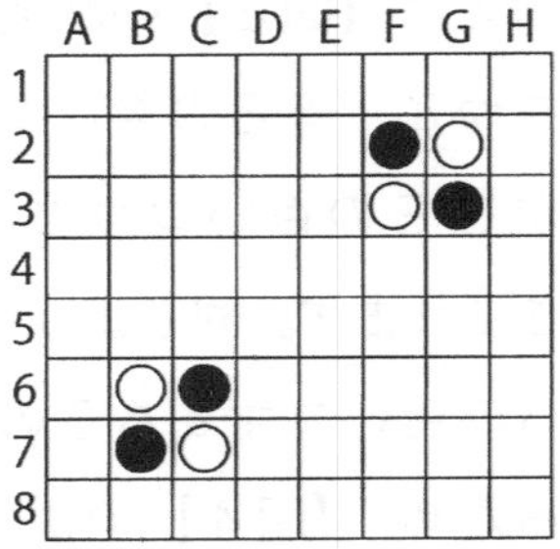

【図7】

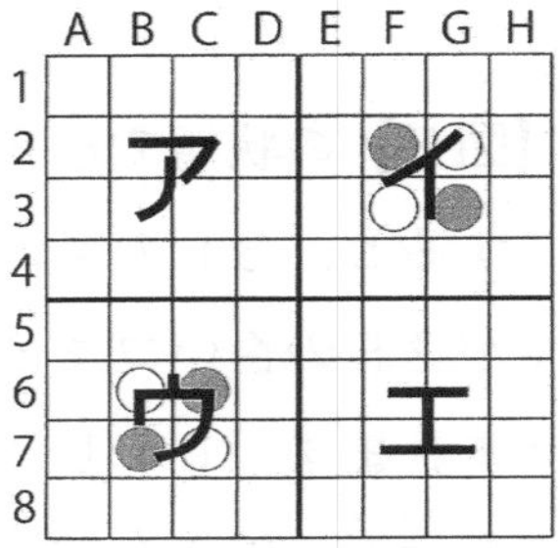

【図8】

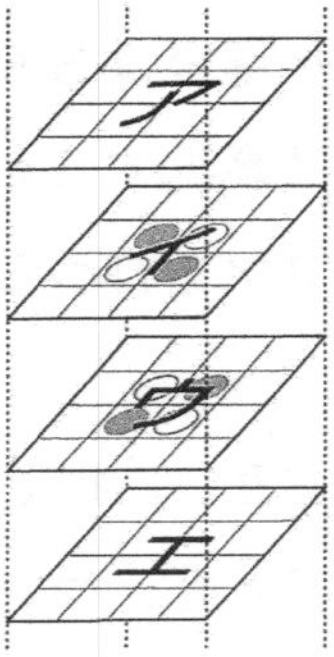

【図9】

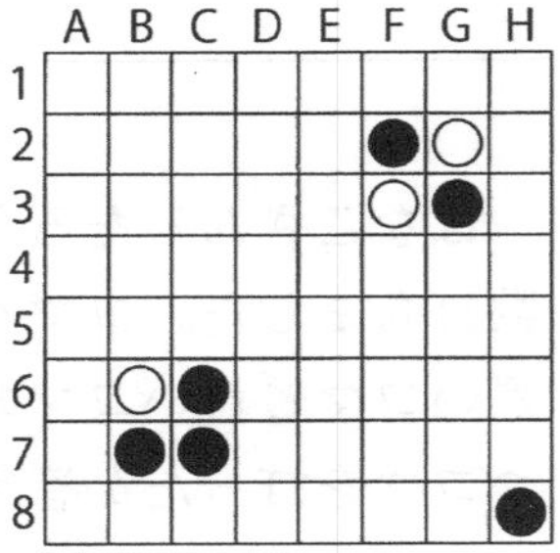

⑤　１段目のコマと４段目のコマで、２段目のコマと３段目のコマをはさんだ場合も、同じように相手のコマを裏返して自分の色のコマに変えます。

【図 10】

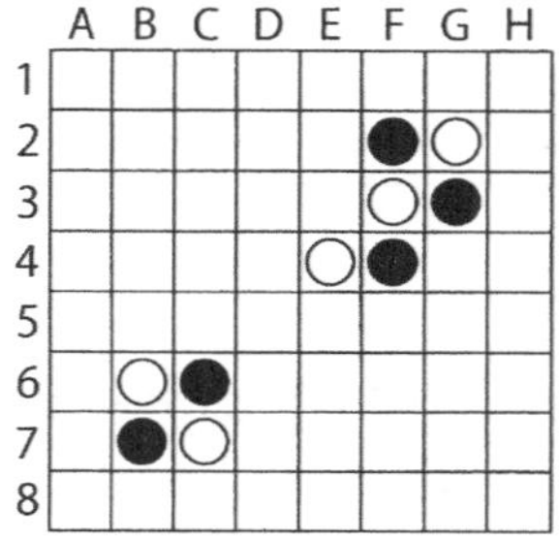

⑥　**《新たに加えたルール》**では、**【図10】**の状態で４Ｄに黒いコマを打つことはできません。

《リバーシのルール》では、**【図10】**の状態で４Ｄに黒いコマを打つと、４Ｅの白いコマが４Ｄの黒いコマと４Ｆの黒いコマにはさまれるので、４Ｄに黒いコマを打つことができました。しかし、**《新たに加えたルール》**では、４Ｄに打つ黒いコマは**【図７】**のアの範囲にあり、４Ｅの白いコマと４Ｆの黒いコマは**【図７】**のイの範囲にあります。このような場合、４Ｄに黒いコマを打つことはできません。

問題２　**【図９】**の状態で白いコマを打つとき、白いコマを打てる場所は何ヶ所あるか答えなさい。

問題３　**【図11】**の状態で４Ｇに黒いコマを打ちました。このとき、裏返して黒いコマにしなければいけない白いコマのある位置を、数字とアルファベットを用いて<u>すべて</u>書きなさい。

【図 11】

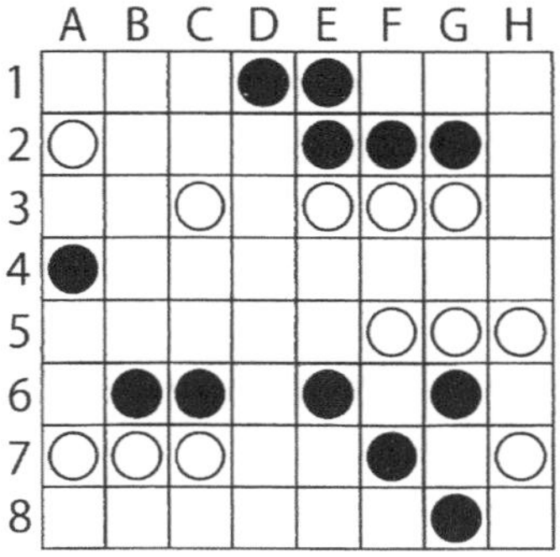

何度かゲームを繰《く》り返《かえ》していた**はなこさん**と**たろうさん**は、**【図７】**のア～エの範《はん》囲《い》の重ねる順番を**【図８】**とは変えてゲームを遊んでみました。重ねる順番をいろいろ試しているうちに、①ゲーム終了《しゅうりょう》時にコマが置かれていないマスが必ず３２マス以上になってしまう重ねる順番があることに気が付きました。

問題４　【図７】のア～エの範囲の重ねる順番を並《なら》べかえたとき、下線部①のような状態になる順番を、次の１～１１から**すべて選び**、番号を書きなさい。

	上から１段《だん》目《め》	上から２段目	上から３段目	上から４段目
１	ア	イ	エ	ウ
２	ア	ウ	イ	エ
３	ア	ウ	エ	イ
４	ア	エ	イ	ウ
５	ア	エ	ウ	イ
６	イ	ア	ウ	エ
７	イ	ア	エ	ウ
８	イ	ウ	ア	エ
９	イ	エ	ア	ウ
１０	ウ	ア	イ	エ
１１	ウ	イ	ア	エ

問題５　【図12】の状態で黒いコマを打ったところ、【図13】のようになりました。このとき**はなこさん**と**たろうさん**は、【図７】のア～エをそれぞれ何段目としてゲームを開始したと考えられますか。適切な順番を１つ書きなさい。

【図 12】

	A	B	C	D	E	F	G	H
1			●		●	●	●	
2	○	○	○	●	●	●	●	
3	●		○			●	○	●
4				○	●			○
5							○	
6		●	○				○	
7		○	●			●	●	
8		●				○	○	

【図 13】

	A	B	C	D	E	F	G	H
1			●	●	●	●	●	
2	○	○	○	●	●	●	●	
3	●		○			●	○	●
4				○	●			○
5							○	
6		●	○				●	
7		●	●			●	●	
8		●				○	○	

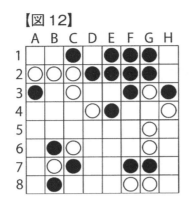

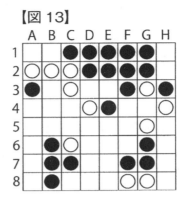

3　はなこさんが学習発表会に向けて作成している、次の【資料1】～【資料7】をみて問題に答えなさい。

【資料1】　はなこさんの研究資料1　まとめている途《と》中《ちゅう》のポスター

地球上で自分の位置を知る技術の発達について

調べたことの要約

自分の位置を知ることは航海の技術のひとつとして発達してきました。星を見て位置を調べる方法で緯度は簡単に分かりますが、経度を知るには正確な時刻を知る必要がありました。位置を知る技術は

調べようと思ったきっかけ

現在では、スマートフォンで地図アプリを使うと、目的地まで迷わずに移動することができます。それは、ＧＰＳを利用していると知りました。その仕組みやＧＰＳがなかった頃、どのようにして自分の位置を知ることできていたのか不思議に思いました。

調べて分かったこと

調べたこと1

位置は緯度と経度で表す

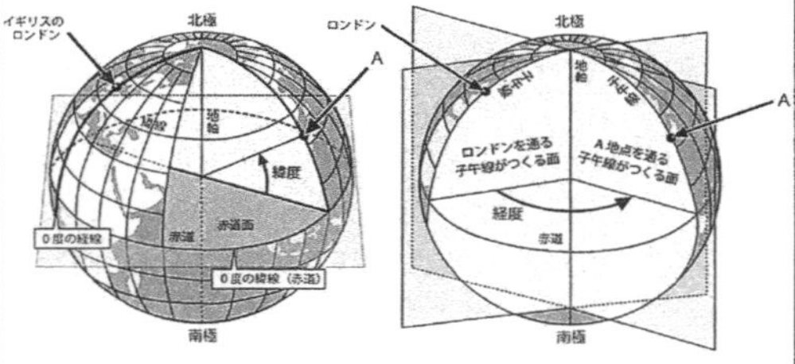

北緯…北極星観測

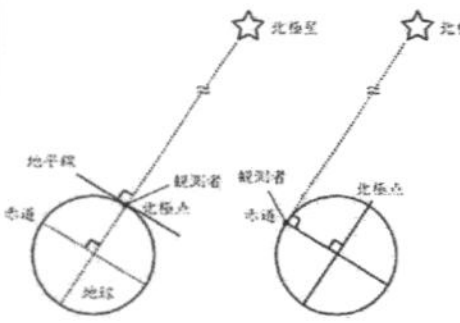

六分儀で太陽高度測定

経度測定への挑戦

太陽の最高点を正確に測定

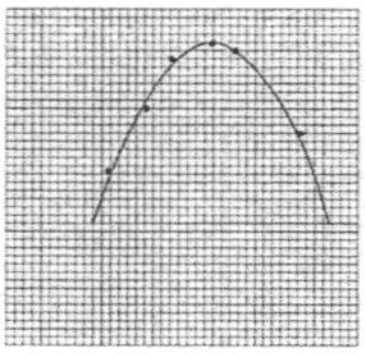

１７１４年イギリス政府の「経度法」の基準では６週間の航海後で経度誤差０.５度の範囲内

調べたこと2

世界を１時間=15°でゾーンに区分

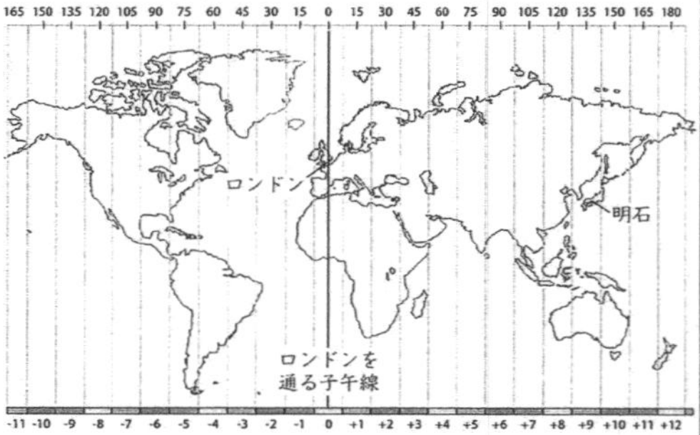

GPS衛星

距離を測定するしくみ

引用文献・参考文献

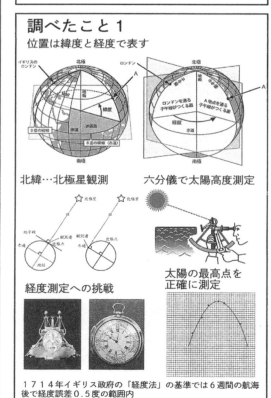

【資料2】　はなこさんの研究資料2

初めての場所でも迷わずに目的地に着けるスマートフォンの地図アプリはとても便利な道具です。調べてみたところ、正確な位置情報を得る仕組みは、大航海時代から始まる工夫や科学技術の発達によって成り立っていることがわかりました。【図1】の地球上にあるA地点の位置を正しく表すには、緯度《いど》と経度《けいど》を測定して示すことが必要です。

【図1】　地球と緯度

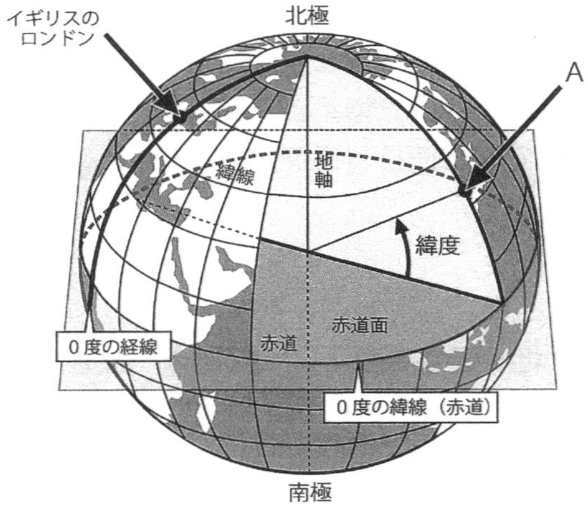

【図2】でA地点の経度は、グリニッジ天文台のあるロンドンを通る子午線を基準の0度として、地球の中心とA地点を通る子午線が赤道上で作る角度を表しています。

【図2】　ロンドンの子午線からの経度

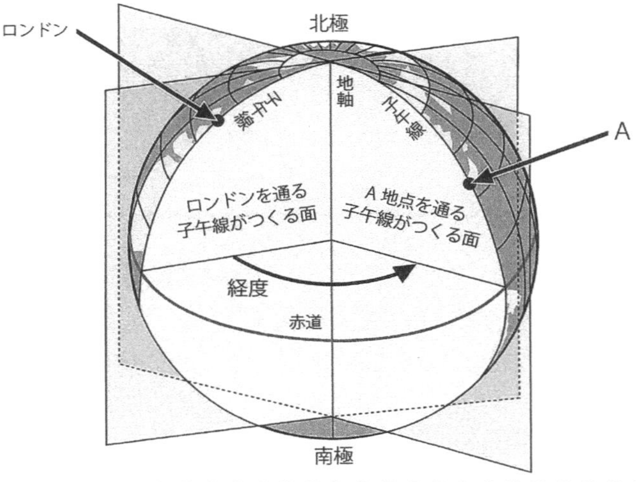

（国土交通省国土地理院ホームページより作成）

【資料3】　はなこさんの研究資料3

緯度《いど》を測定するには、北極星を利用する方法が早くから知られていました。地球は北極と南極を結ぶ地軸《ちじく》を中心に1日に1回転しています。北極星は【図3】のように地軸の延長《えんちょう》線上の大変遠いところにあります。【図3】を拡大《かくだい》して観測者からの視線《しせん》で考えてみると、北極点では【図4】のように地平線からの高度90度のところに、赤道上の地点では【図5】のように地平線と重なって地平線からの高度0度のところに北極星が見えることになります。北半球では北極星の高度がそのまま緯度を示しているのです。

【図3】　地軸と北極星

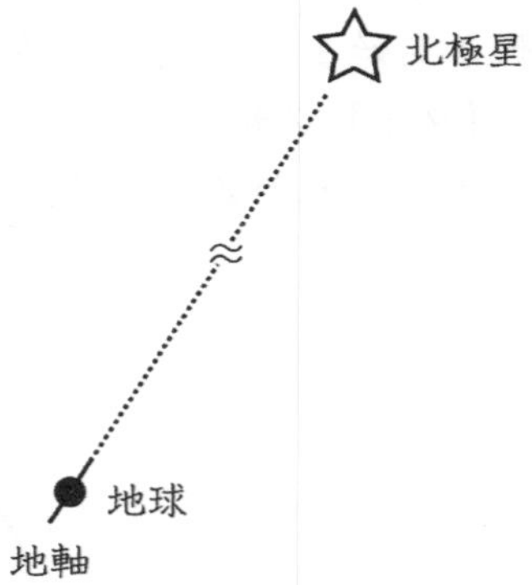

【図4】　北極点での北極星の高度

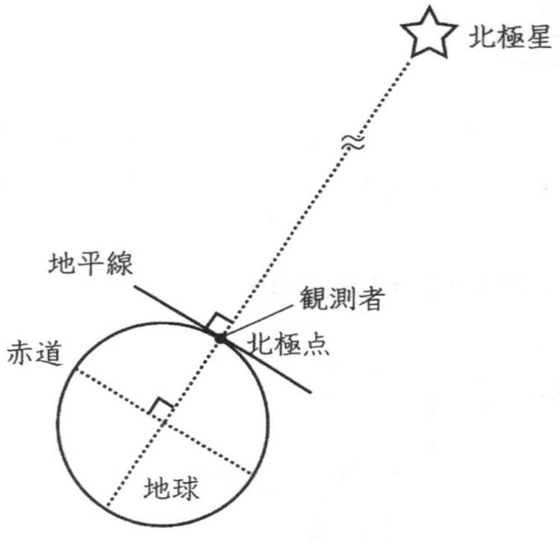

【図5】　赤道での北極星の高度

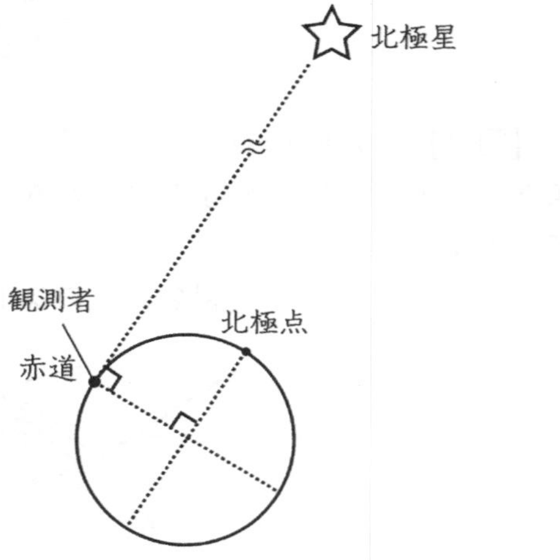

問題１　北半球のある地点で、北極星が地平線から２４.５度の角度で観測されました。この地点の緯度は北緯何度になるか書きなさい。

【資料４】　はなこさんの研究資料４

昔は正確な経度測定《けいどそくてい》がなかなかできなかったので、１７０７年にイギリスの軍艦《ぐんかん》４隻《せき》が嵐《あらし》の中で浅瀬《あさせ》にぶつかり、沈《しず》んでしまうという大事故がおこりました。このことからイギリス政府は、１７１４年に経度測定のための正確な時計の開発に賞金を出すという「経度法」を公布しました。イギリス政府の公布した経度法の基準は、６週間の航海後で経度誤差《ごさ》が最大０.５度の範囲《はんい》内の正確さを求めるものでした。その結果、様々な方法が検討《けんとう》され、時計の開発はもちろん天文学は大いに発達しました。

太陽が真南に来て、太陽と水平線でつくる角度の高度がその日のうちで最も高くなることを南中するといい、その時刻《じこく》を南中時刻といいます。グリニッジ天文台の経度は０度、南中時刻は正午の１２：００と決められていました。観測地点の経度を求めるには、南中時刻を精密《せいみつ》な時計を用いて正確に測定し、グリニッジ天文台の南中時刻と比べて計算します。

この経度法の誤差０.５度とはどのくらいの正確さなのかを考えてみます。例えば、赤道上のある点から出発した船が赤道上を航海して６週間後に観測地点の経度を計測したとき、計測結果と正確な位置との東西方向のずれが［ア］ｋｍ以内ということになります。また、地球は２４時間で１回転、１時間あたりでは３６０度÷２４＝１５度回転していることから考えると、経度の０.５度とは時計の誤差が１日あたり［イ］秒以内という大変な精度を求めるものでした。

イギリスの大工職人ジョン・ハリソンは３０年近くにわたって航海用時計の製作に取り組み【図６】のＨ１が完成し、その後も改良を続け、１７６１年に最高の作品である【図７】のＨ４を完成させました。航海テストの結果、基準をはるかに上回る結果を出しました。

【図６】　Ｈ１

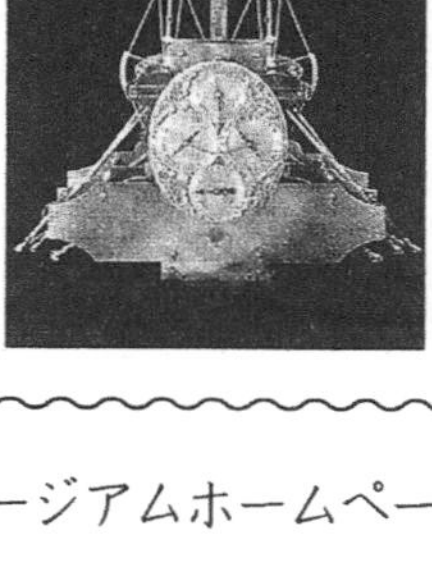

【図７】　Ｈ４

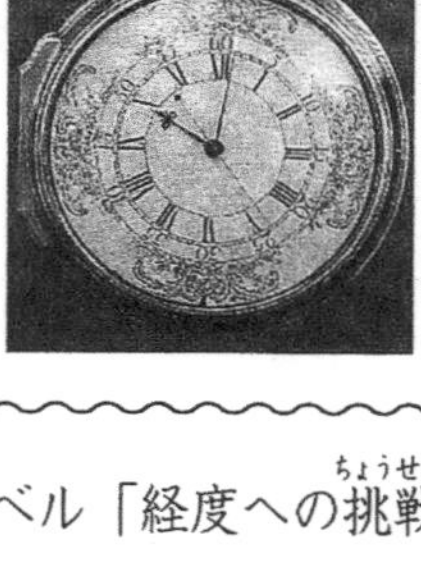

（セイコーミュージアムホームページ、テーヴァ・ソベル「経度への挑戦《ちょうせん》」をもとに作成）

問題２　赤道の長さを４万ｋｍとして考えたとき、**【資料４】**の ア と イ にあてはまる数を書きなさい。答えがわり切れないときは小数第一位を四《し》捨《しゃ》五《ご》入《にゅう》して整数で書きなさい。

【資料５】　はなこさんの研究資料５

太陽の最高点を測る方法を調べてみると、興味深い工夫の例を見つけました。天体の高度を正確に測る道具を六分儀《ろくぶんぎ》といいます（【図８】）。この道具で太陽をずっと観測していても、太陽がいつ最も高い点に達したかわかりにくいものです。毎日の観測や資料によっておおよその南中時刻《じこく》は予測できるので、その前後30分の間に複数回の観測を行うと、正確な南中時刻を求めることができます。

この考え方をボールの運動に例えて説明すると、床《ゆか》に落下した１つのボールがはね上がっているとき、ボールがいつ最も高い点に達したかということを考えるのに似ています。ボールがある高度を上に向かって通りすぎる瞬間《しゅんかん》の時刻と下に向かって通りすぎる瞬間の時刻が分かれば、ボールが最も高い点に達する瞬間の時刻を計算できることになります。

【図８】　六分儀を使った太陽の高度観測と結果例

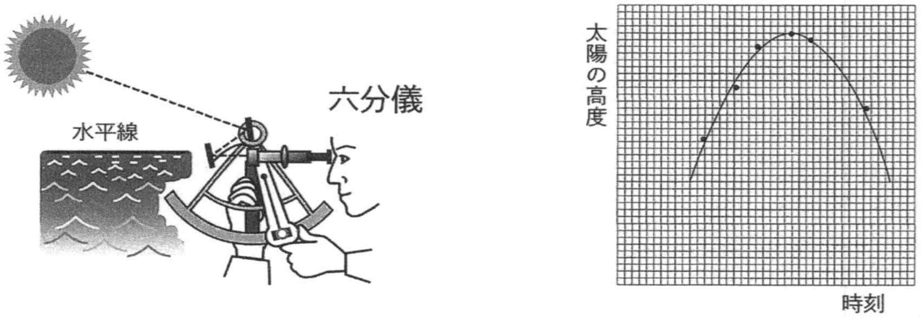

（空畑ホームページ、基礎《きそ》天文航法より作成）

問題３　ある地点である日に太陽の高度を観測した次の結果から、南中時刻は何時何分かを答えなさい。

時刻	太陽の高度
１１：２９	７７.５５７
１１：３５	７７.８０８
１１：３８	７７.８８５
１１：４１	７７.９２６
１１：４４	７７.９３２
１１：４６	７７.９１６
１１：４８	７７.８８５
１１：５５	７７.６５７
１２：００	７７.３８４
１２：０５	７６.０２６

【資料6】　はなこさんの研究資料6

現在では、地球の表面を【図9】のように地球の自転の1時間分にあたるおおむね15度ごとに区分して表すことがあります。ロンドンのグリニッジを通る子午線を経度《けいど》0度として、この区分には－11から＋12まで番号が付けられています。【図9】の世界地図の下の番号は、各区分の時刻《じこく》とロンドンのグリニッジとの時刻の違いを時間単位で表したものになっています。－1の区分にある地域では、グリニッジが午前3時のときに1時間前の午前2時ということになります。

【図9】の世界地図の上の数は、東経と西経を表しています。日本では東経135度の明石市で正午に太陽が南中します。

【図9】　世界を経度15度ごとに区分した地図

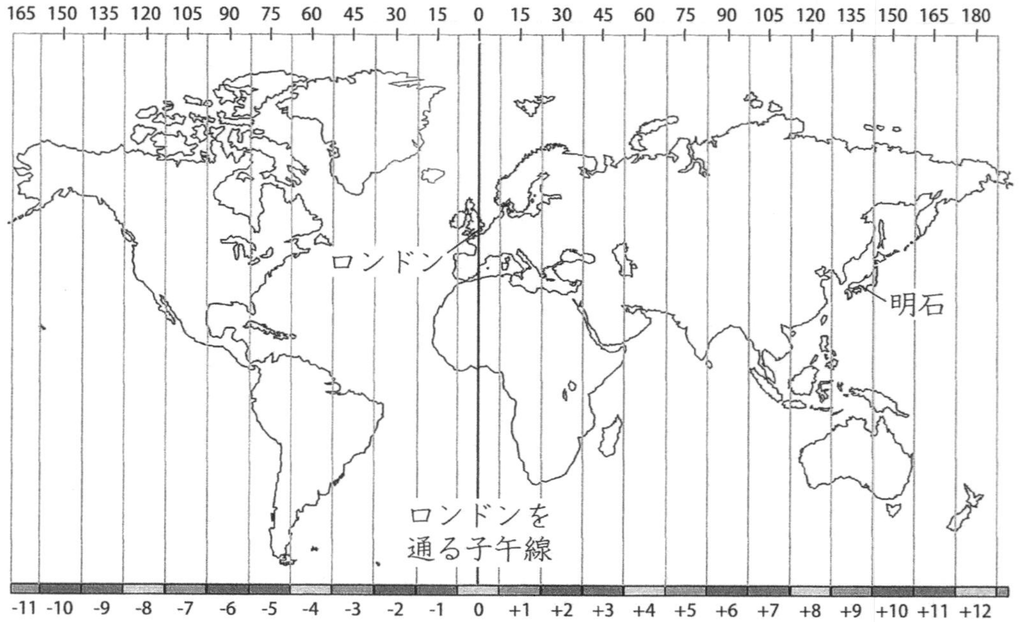

問題４　【図９】の＋９の国の海上で、その国の標準時刻を用いて太陽の南中時刻を計測したところ、１２：２０でした。この地点は東経何度になるか書きなさい。

【資料7】　はなこさんの研究資料7

１９６３年、米空軍は人工衛星を用いて正確な位置を知る新しい仕組みをまとめました。現在のＧＰＳ、グローバルポジショニングシステムのことです。

ＧＰＳは、「電波の発射時刻《はっしゃじこく》と到達時刻《とうたつじこく》が分かると、発信位置と受信位置との距離《きょり》が分かる」という仕組みになっています。電波の速度は通常では秒速約３０万ｋｍで一定なので、地球を周る位置が分かっている衛星から時刻情報の入った電波を受信すれば、発射時刻と到達時刻の時間差から観測地点と衛星との距離が分かります。**【図10】**のように、３機の衛星から送られた信号を受信すれば、３か所からの距離を使っておおよその現在位置を計算することができるのです。衛星には時刻を正確に測定するための非常に精度の高い原子時計が２台以上積まれています。受信側の機器に原子時計を積むのは、金額や大きさからもできないので内蔵《ないぞう》した時計を利用します。しかし、精度があまりよくないため衛星からの電波で修正しながら測定します。このために、位置が分かっている４機の衛星から電波を同時に受信することで、より正確な自分の位置と時刻を計算で知ることができるようになりました。

地球のどの場所でも常に４機以上の衛星からの電波を安定的に受信できるようにするためには、非常に多くの衛星が必要で、最終的にＧＰＳは２４機の衛星からなる大きな仕組みとなりました。実際には、故障《こしょう》に備えて地球を周る６つの通り道にそれぞれ1機以上の予備衛星も配置するので、３０機以上もの衛星を用いるシステムとなりました。

【図10】　距離を測定する仕組み

（みちびき、衛星測位入門　内閣《ないかく》府ホームページより作成）

問題５　**【資料７】**の内容を正しく表して、「正確な自分の位置と時刻を計算で知るには、」に続くことばになるように下の**ア**、**イ**、**ウ**から最もよくあてはまるものを１つずつ選び、番号を書きなさい。

ア

1　それぞれの衛星からの電波は伝わる速さが違《ちが》っているので、
2　受信側の時計の精度は衛星の時計ほどは正確ではないので、
3　宇宙空間にある衛星側の時計には大きな誤《ご》差《さ》が生じるので、
4　観測地からみて地球の裏側にある衛星が何機かわからないので、
5　１機の衛星から電波を受信すれば正確な位置がわかるので、

イ

6　数多くの情報を平均して誤差を少なくするために
7　受信機の時計を修正して位置の計算をするために
8　もう一機の衛星の電波を予備として受信するために
9　受信機の時計は全く修正する必要がないために
10　全ての衛星が同じ情報を発信したのを確認するために

ウ

11　１機の衛星から電波を受信するのがよい。
12　２機の衛星から電波を受信するのがよい。
13　３機の衛星から電波を受信するのがよい。
14　４機以上の衛星から電波を受信するのがよい。
15　全ての衛星から電波を受信する必要がある。

適性検査Ⅰ　解答用紙

受検番号

氏　名

※には何も記入しないこと。

※ 60点

※100点満点

1

問題1

※1 10点

問題2

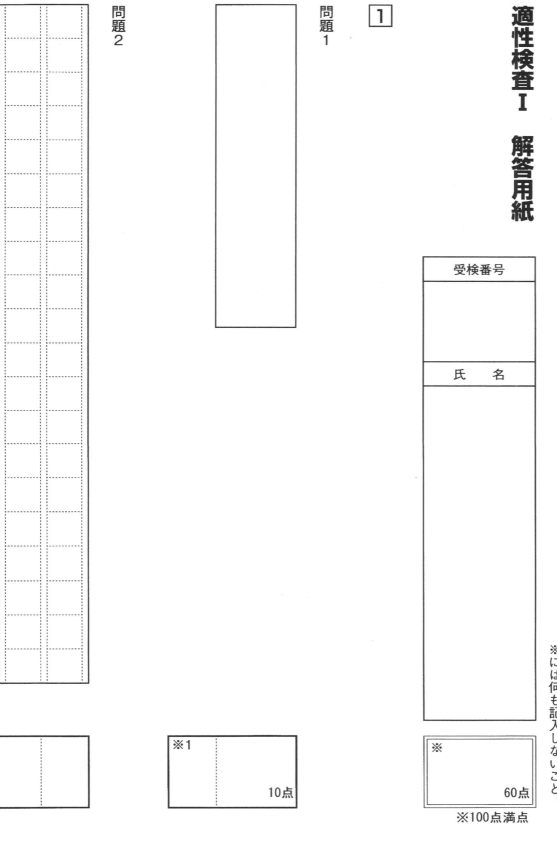

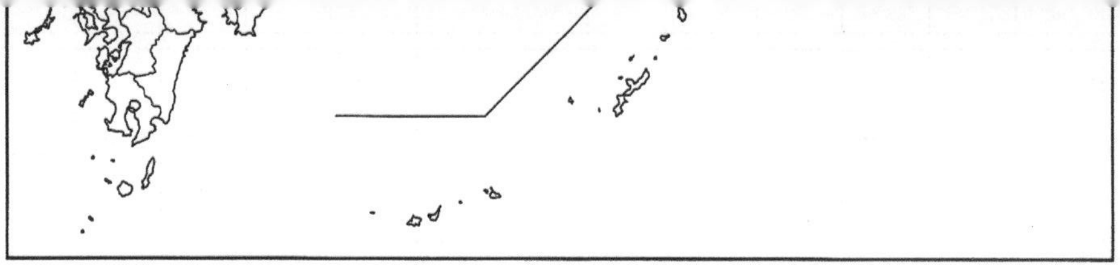

問題3
10
20

ため。

問題4

問題5			
1	2	3	4

受検番号	氏　名

※	※
※3 15点	
※4 5点	※5 5点
※ 40点	

問題５				
ア	イ	ウ	エ	※
段目	段目	段目	段目	10点

3

問題１	
北緯　　　　度	※　5点

問題２		
ア　　　km	イ　　　秒間	※　10点

問題３	
時　　　分	※　10点

問題４	
東経　　　　度	※　5点

問題５			
ア	イ	ウ	※
			5点

※100点満点

受検番号	氏　　名	※

横浜市立横浜サイエンスフロンティア高等学校附属中学校

適性検査Ⅱ　解答用紙

1

※には何も記入しないこと。

問題１				
GH	HI	IJ	JK	KL

※
５点

問題２							
1	2	3	4	5	6	7	8
9	10	11	12	13	14	15	

※
５点

問題３			
０００	００１	０１０	０１１

※
20点

2

問題１
回

※
10点

問題２
ヶ所

※
５点

問題３

※
５点

問題４

※
５点

適性検査Ⅰ　解答用紙

2

※には何も記入しないこと。

問題1

問題2

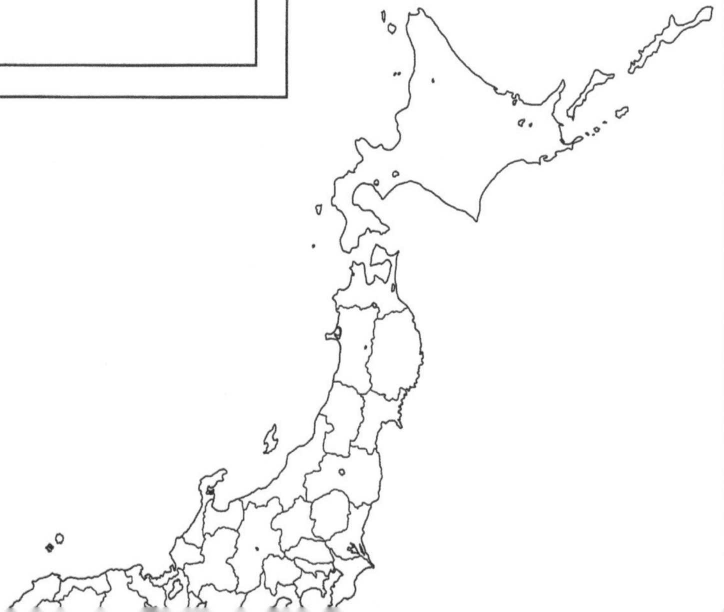

※1

5点

※2

10点

300

260

※5	※4	※3
50点		

令和４年度

適性検査Ⅰ

９：００～９：４５

注　意

1　問題は1ページから18ページにわたって印刷してあります。**ページの抜《ぬ》け、白紙、印刷の重なりや不鮮明《ふせんめい》な部分などがないかを確認《かくにん》してください。あった場合は手をあげて監督《かんとく》の先生の指示にしたがってください。**

2　解答用紙は二枚《まい》あります。**受検番号**と**氏名**をそれぞれの決められた場所に記入してください。

3　声を出して読んではいけません。

4　答えはすべて解答用紙に記入し、**解答用紙を二枚とも提出してください。**

5　字ははっきりと書き、答えを直すときは、きれいに消してから新しい答えを書いてください。

6　文章で答えるときは、漢字を適切に使い、丁寧《ていねい》に書いてください。

横浜市立横浜サイエンスフロンティア高等学校附属中学校

＃教英出版　注
編集の都合上、解答用紙は表裏一体となっております。

みなみさんとりかさんは、調べ学習で横浜について書かれたある本を見つけました。次の【文章】やあとの【会話】を読み、問題に答えなさい。

【文章】

都市の一般的《いっぱんてき》な形成過程はなかなか複雑で、それぞれの地理的、歴史的な条件にも大きく左右されます。ここでちょっとおもしろいシミュレーションゲームソフト「シムシティ」というのを紹介《しょうかい》しましょう。これはバージョンアップされるに従《したが》って複雑になってきましたが、最初のバージョンは、自分が市長になったつもりで、何もない土地に都市を建設するというものなのです。市長にはわずかな資金が渡《わた》されますが、その資金でまず発電所をつくります。そして、道路と住宅《じゅうたく》、その次には働く場である工場や買い物のための商業施設《しせつ》をというように、つぎつぎと都市の生活に必要な施設をつくっていくのです。資金は税金で、工場や商業施設が増えると税収《ぜいしゅう》が増えていきます。

このソフトでおもしろいのは、都市が大きくなるにつれて都市生活に必要な機能《きのう》の種類や量が増え、それが相互《そうご》に影響《えいきょう》してさまざまな問題を引き起こして、解決を迫《せま》られていくことでした。たとえば、人口が増えると交通渋滞《じゅうたい》も増える、工場が多いと公害が発生する、大きな都市になると港湾《こうわん》、空港、レジャー施設が必要になる、というようにです。

横浜の場合には、日本経済《けいざい》の発展《はってん》によって大きな課題を背負うことになりました。それは、東京に政治、経済、文化の機能が急速に集中していったことでした。

じつは、横浜にとって、高度経済成長による東京一極集中は、関東大震災《だいしんさい》や災害に匹敵するほどの大きな試練だったのです。戦争直後に横浜の中心部は連合国軍に※1接収《せっしゅう》されたのですが、それが解除《かいじょ》されたのは１９５０年代に入ってからでした。１９５５年ごろから日本の経済成長は年間成長率１０パーセントを超《こ》えるときもあり、高度経済成長期に移行しましたが、その当時の横浜の中心部は接収解除がようやく行われたものの、「関内《かんない》牧場」といわれるほどに、何もない荒《あ》れた空地状態にあったのです。

都市機能として、道路や鉄道が十分に整備されていないところに、東京への機能集中がはじまり、横浜は、東京に通勤《つうきん》・通学する人たちのベッドタウンとしての役割《やくわり》が重くなりました。市内のいたるところに、虫食い的に宅地《たくち》造成が行われるスプロール現象といわれる開発が進み、人口は年間１０万人も増える時期もありました。人口が増えることは、都市にとっては活気をもたらし歓迎《かんげい》されることもありますが、当時の横浜市役所は人口増にともなう小中学校の整備、水道や下水の整備、消防やバス路線

確保のための道路建設など、多忙《たぼう》をきわめていました。

仮設のプレハブ校舎で、午前と午後に分けた二部授業、雨が降《ふ》ればひざまでの水たまりができてしまう道路、１時間に１本しか来ないバスなど、当時は、市民にとって、あこがれのまち「ミナトヨコハマ」のイメージとはほど遠い生活環境《かんきょう》でした。人口急増にともなう都市基盤《きばん》の整備は緊急《きんきゅう》の課題だったのです。

横浜市役所では、このような状況《じょうきょう》への対処《たいしょ》をすすめる一方で、将来《しょうらい》に向けて、バランスのとれた都市の骨格《こっかく》をつくるために、１９６５年に「六大事業」と呼《よ》ばれる大改造計画を発表しました。

それは、横浜駅と関内地区に分断されている都市中心部機能の強化、良好な住宅環境を確保するニュータウン建設、工業団地と住宅を組み合わせた大規模《だいきぼ》な埋立《うめた》て、市内の高速道路網《もう》、地下鉄建設、ベイブリッジ建設の６つの事業でした。これらの事業は、横浜市全体の中で、住宅、工場、オフィスなどを適切に配置し、高速道路や地下鉄で効果的に結ぶという戦略性をもっていました。埋立てや交通網は３０年以上かけてほぼ計画どおりに実現しましたが、ニュータウンの形成は進行中ですし、都市部機能の強化はみなとみらい２１計画へと具体化し、計画から約４０年を経過した現在も進行中です。多くの人や企業《きぎょう》、組織が集まっている都市はそう簡単《かんたん》に計画し、短期間に計画を達成できるものではありません。それでも横浜は、港を軸《じく》として発展してきた歴史を大事にすること、無秩序《むちつじょ》な開発を規制して快適な住みやすい環境を確保すること、そして、時代の変化に対応できるように新しい機能を呼《よ》び込《こ》むこと、という基本的な戦略を生かしてまちづくりを進めているのです。

とくに、横浜都心を再生するみなとみらい２１計画は、大きな注目を集めながら着実に進行しています。この計画は、港の機能と※2官公庁《かんこうちょう》や企業などのビジネス機能が集まり、都市としての発展の基礎《きそ》となった関内地区と、東海道線をはじめ、いくつもの私鉄《してつ》やバス路線のターミナルとなり、交通や商業を中心にした機能が集まっている横浜駅地区の両方を、一体化しようとする計画です。みなとみらい地区には、かつて三菱《みつびし》重工の造船所や、旧国鉄（現在のＪＲ）の貨物ターミナルであった高島ヤードがあり、一般市民が立ち入ることはできませんでした。

関内地区と横浜駅地区が分断されたままでは、横浜市の中心部に、都市にふさわしい業務や商業などの機能を十分に※3誘致《ゆうち》することができません。働き、学び、買い物をする機能はますます東京に流出する可能性がありました。そこで、貨物ターミナルの廃止《はいし》と造船所の本牧《ほんもく》地区への移転を働きかけ、その跡地《あとち》を中心に大規模な埋立《うめた》てを

行って、関内《かんない》地区と横浜駅地区を結びつける新しい都市中心部をつくることになりました。「みなとみらい」という名称《めいしょう》は、市民からの公募《こうぼ》で決まったものです。その名のとおり、港としての歴史を軸《じく》にして未来に向かって発展《はってん》するまちづくりをスタートさせたのです。

横浜ランドマークタワーの地下部分に、石造りのドックを残して活用したことも横浜としてのこだわりでした。みなとみらい地区という新しい都市計画のシンボルが横浜ランドマークタワーなのですが、建設の際にいったんは埋《う》められた石造りのドックを、横浜港の歴史財産として保存《ほぞん》するように、横浜市が、土地の所有者であり開発者でもある三菱《みつびし》地所を説得したのです。

この石造りのドックは日本で最初のものです。1号ドックは、日本丸を係留※4して公園の一部にそのままの形で保存し、2号ドックは、一度解体したあとに、中をレストランにして、再度大きな石を使って復元しました。そして全体をイベント広場「ドックヤードガーデン」として活用したのです。これによって、いつまでもこの場所が日本で最初に開かれた港であり、多くの船を建造した地であるという歴史の記憶《きおく》が残ることになりました。

みなとみらい地区の先端《せんたん》のパシフィコ横浜は、国際都市として必要な国際会議場、展示場《てんじじょう》、ホテルを一体化したものです。海に開かれた横浜の伝統を示す国際コンベンション施設《しせつ》として、設計にも大きな工夫をしました。ホテルは帆《ほ》を、国立横浜国際会議場は貝を、そして展示場は波をイメージしています。

また、前にお話ししたとおり、ランドマークタワーから海に向かって徐々《じょじょ》に低くなるように、ビルの高さを規制して美しいスカイラインをつくりあげています。双眼鏡《そうがんきょう》があったら、海に面して建てられている帆の形のホテルの最上部を見てください。女神像が海を見つめている姿《すがた》を見ることができます。

はじめは、企業《きぎょう》を集めることを基本に考えられたみなとみらい地区の建設計画でしたが、現在では、企業だけでなく、美術館やコンサートホールを軸に、シネマコンプレックス、映像《えいぞう》スタジオなどの文化芸術機能の誘致《ゆうち》も計画されています。ホテルやレストランなどの商業施設も集まり、今ではつぎつぎと新しい機能を生み出す横浜の、未来に向けた「顔」として、多くの観光客をも呼《よ》び、高層住宅《こうそうじゅうたく》に数千人が生活するまちとなっています。

２００４年２月に開通した地下鉄みなとみらい線は、東京の渋谷《しぶや》駅と横浜駅を結ぶ東急東横線と相互《そうご》乗り入れで、横浜駅から元町《もとまち》・中華街《ちゅうかがい》駅までの横浜都心部をつなぐ

便利な路線となりました。各駅のデザインは、その地区の個性や歴史を反映《はんえい》させており、従来《じゅうらい》の地下鉄の駅のイメージを大幅《おおはば》に変えるユニークなものとなって注目を集めています。

パシフィコ横浜の横にある大観覧車《だいかんらんしゃ》（コスモクロック２１）は、１９８９年に横浜市政１００周年を記念して開催《かいさい》された横浜博覧会《はくらんかい》のときに造られたものです。博覧会の終了《しゅうりょう》とともに取《と》り壊《こわ》される予定でしたが、非常に人気があったのと、港周辺の雰囲《ふんい》気《き》に合っていたことから、その周辺の遊園地よこはまコスモワールドと一緒《いっしょ》に楽しめるアミューズメント施設として位置を移して残されることになりました。すぐ横にある横浜ワールドポーターズは、輸入品を中心に扱《あつか》っている商店や、シネマコンプレックス、スーパーマーケットなどの入った複合ビルで、若者《わかもの》に人気のあるスポットになっています。

１９９７年に行った横浜市民の意識調査によると、横浜のイメージは港であり、色で表すとブルーと答えた人が7割《わり》以上にのぼりました。自分の家から港が見えなくても、港周辺に出かけるのが年に１、２回でも、横浜市民は「ミナトヨコハマ」に住んでいるという意識をもっているというのです。１９６０年代に、そのミナト周辺に高速道路が※5高架《こうか》で建設されるという動きがありました。横浜駅から桜木町、関内を経由して石川町の駅あたりまで、ＪＲ根岸線よりも高い位置に高速道路が建設されるという計画でした。経済的《けいざいてき》に見れば高架のほうが建設費は安いのですが、それでは横浜にとって最も大事なミナト周辺の景観が壊れてしまいます。そこで、国や首都高速道路公団に交渉《こうしょう》して、桜木町から石川町にかけては、高速道路を地下に通すことにしたのです。この結果、みなとみらいから関内、石川町の中華街の入り口までは景観が保たれることになりました。

そして、それぞれの駅から山下公園までは、わかりやすいサイン（道案内標識）を取り付け、歩道には絵タイルを張って、それをたどって歩けば歴史的な建造物を見ながらミナトまで行けるような工夫をしたのです。

中華街では電信柱を赤く塗《ぬ》って、中華街らしいイメージをかもしだし、山下公園の向かいの狭《せま》い歩道は、ゆったりと歩けるように、建物を壁面《へきめん》後退させて広げました。県民ホールに沿《そ》ったいちょう並木《なみき》の広い歩道を歩くときは、歩道の真ん中にある３センチ角くらいの小さな金属板を注意して見てください。道路と建物の敷地《しきち》の境界線がしるしてあります。また、県民ホールと隣《となり》の産業貿易センタービルの広場は、同じようなデザインでペア広場として大きな空間をつくっています。

（南《みなみ》　学《まなぶ》「横浜　交流と発展《はってん》のまちガイド」岩波ジュニア新書より。
一部省略や表記を改める、ふりがなをつけるなどの変更《へんこう》があります。）

［注］
※１　接収《せっしゅう》……権力《けんりょく》をもって強制的に取り上げること。
※２　官公庁《かんこうちょう》…国や市区町村の仕事をする役所。
※３　誘致《ゆうち》……学校や工場などの施設《しせつ》をその場所に設けるように誘《さそ》い寄《よ》せること。
※４　係留……船などをつなぎ止めること。
※５　高架《こうか》……橋や電線、鉄道などを高く架《か》け渡《わた》すこと。

2022(R4) 横浜サイエンスフロンティア高附属中
教英出版

このページに問題は印刷されていません。

【会話１】

りかさん：横浜は、今も発展《はってん》し続けている都市であることが分かる文章でした。ところで、横浜はいつから発展したのでしょうか。

みなみさん：歴史の授業で、ペリーが来航したことをきっかけにして、１８５８年に結ばれた日米修好通商条約によって、横浜が開港したと学習しましたね。では、日米修好通商条約をもっと詳《くわ》しく見てみましょう。

【資料１】日米修好通商条約の一部

第３条
　下田・箱館《はこだて》に加え、以下の港を開港する。
　神奈川：１８５９年7月４日
　長崎　：同上
　新潟　：１８６０年1月1日
　兵庫　：１８６３年1月1日

りかさん：あれっ。横浜を開港するとは書かれていません。

みなみさん：そうなんです。この条約には神奈川を開港すると書いてありますが、実際に開港したのは横浜でした。当時、神奈川とは、東海道の宿場※6である神奈川宿の周辺のことを意味していました。アメリカは神奈川宿を開港場にするように求めてきたのですが、江戸幕府《えどばくふ》は、開港場を神奈川宿ではなく、まだ小さな漁村だった横浜村にしたのです。

りかさん：そのようなことをしてアメリカと対立しなかったのですか。

みなみさん：もちろん対立しました。しかし幕府は、横浜も神奈川の一部だから条約違反《いはん》ではないという考えを押《お》し通《とお》して、結局開港場は横浜になりました。

りかさん：なぜ幕府はそこまでして、神奈川宿を開港場にしたくなかったのでしょうか。

みなみさん：それは、その当時の地図を見てみるとわかります。【資料２】は、１８５５年に描《えが》かれた神奈川宿と横浜村周辺の地図です。

※６　宿場･･･街道の拠点《きょてん》。旅行者の宿泊《しゅくはく》・休憩《きゅうけい》のための宿屋や茶屋があった。

2022(R4) 横浜サイエンスフロンティア高附属中
教英出版

【資料2】１８５５年に描かれた地図

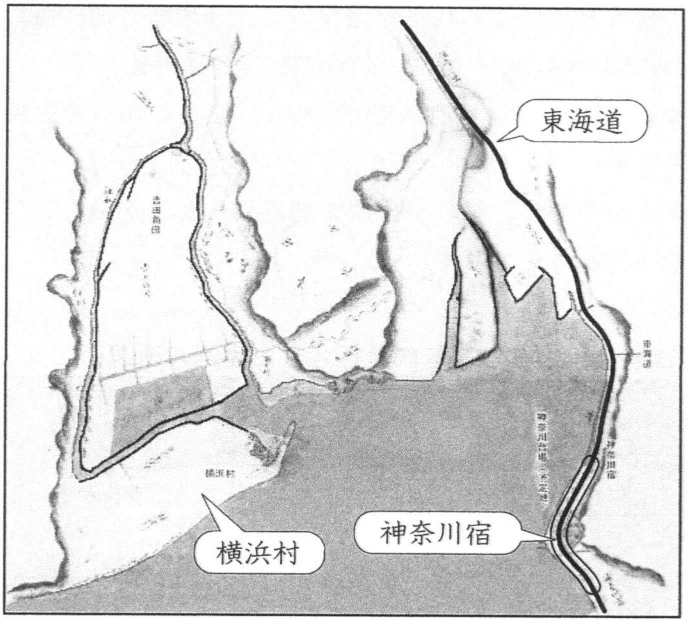

（岡田直《おかだなおし》　吉崎雅規《よしざきまさき》　武田周一郎《たけだしゅういちろう》「地図で楽しむ横浜の近代」
をもとに作成）

みなみさん：この地図を見ると幕府が神奈川宿を開港場にしたくなかった理由がわかってきます。

り か さ ん：そういえば、ペリーが最初に浦賀《うらが》に来航したときに、
「泰平《たいへい》の　眠《ねむ》りを覚ます　上喜撰《じょうきせん》　たった四杯《はい》で　夜も眠れず」
という歌がはやったというのを聞いたことがあります。たった４隻《せき》の蒸気《じょうき》船でペリーが来ただけで、幕府はとても混乱《こんらん》したという内容でした。その歌のことを思い出しました。

みなみさん：幕府が神奈川宿を開港場にしたくなかったのは（　１　）と考えたからなのです。

みなみさん：さらに幕府《ばくふ》には開港場を神奈川宿ではなく横浜にしたかった理由があります。次の**【資料３】**の地図を見てください。この地図は、１８６８年に作られた地図なので、日米修好通商条約から１０年後の横浜を描《か》いています。何かに似ていませんか。

りかさん：陸地と川で切り離《はな》されているので、まるで長崎の出島みたいに見えますね。

みなみさん：そうなのです。幕府が横浜を開港場にしたかったのは（　２　）と考えたからなのです。

【資料３】１８６８年に発行された横浜の地図

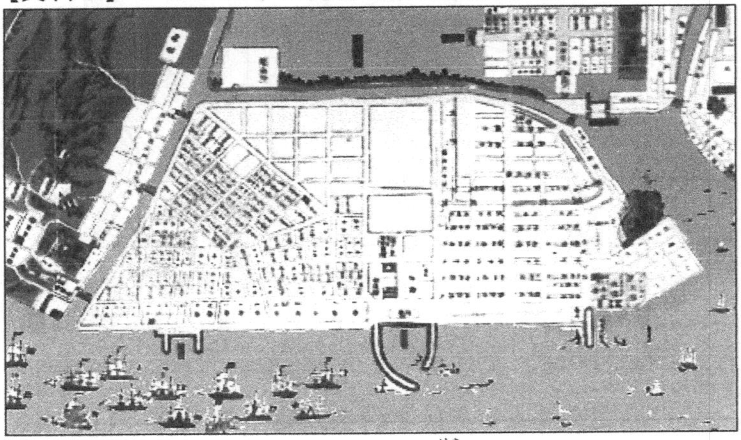

（「横濱《はま》明細全図」をもとに作成）

りかさん：明治時代の最初の横浜が**【資料３】**のような形をしていたのには驚《おどろ》きました。ところで、①<u>この地図の出島のような部分は現在の地図に当てはめるとどこになるのでしょうか。</u>今もその名残《なごり》があるのでしょうか。なんだかとても気になります。

みなみさん：「関内《かんない》」という地名を知っていますか。当時の「関内」には、外国人が住む開港場との間に置かれた関所があったので、開港場を「関内」、開港場の外を「関外」と呼《よ》んでいました。その名残が今も地名として残っています。また、横浜を取り囲むようにつくられた運河は、現在も川として残っているところもありますが、埋《う》められて高速道路になっている部分もあります。このようなことをヒントに探《さが》してみるといいかもしれませんね。

問題１　【会話１】中の（　１　）と（　２　）にあてはまることばとして、最も適切なものを、次の**ア〜カ**からそれぞれ一つずつ選び、記号を書きなさい。

ア　周りを海や川に囲まれた地形のため、外国から入って来る人やものの監視《かんし》がしやすい

イ　オランダとだけ貿易するため、キリスト教が国内に広がるのを防ぐことができる

ウ　川に囲まれている場所だったため、外国の船が攻《せ》めてきたときに守るのが難《むずか》しい

エ　入り江が多い地形のため、外国から入ってくるものを船に乗せて運びやすい

オ　東海道の宿場だったため、日本人と外国人とのかかわりが増え、大きな混乱《こんらん》が予想される

カ　神奈川の海岸沿《ぞ》いは、たくさんの海産物がとれたため、漁民が開港に反対する

問題２　【会話１】中の①＿＿＿線について、次の**【地図１】**（**【資料３】**と同じ地図）の太線で囲った地域《ちいき》は、現在の地図に当てはめると、どの地域になるか。解答用紙の地図に当てはまる地域を線で囲いなさい。ただし、次の**【地図１】**と解答用紙の現在の地図が表している方位は同じとは限らない。

【地図１】

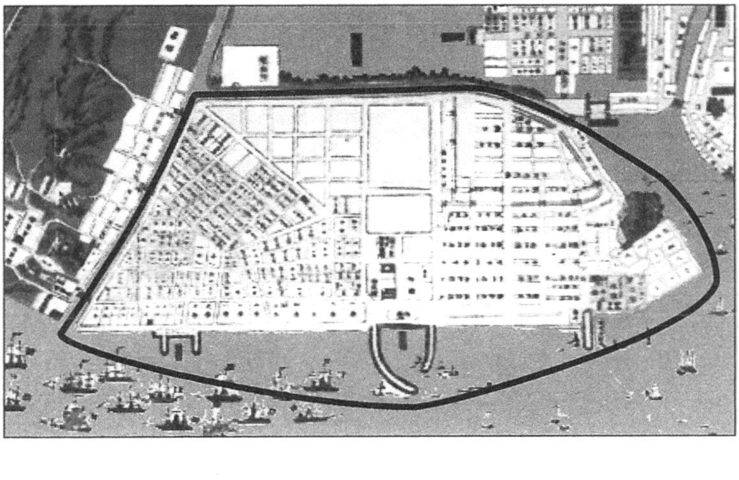

【会話２】

りかさん：【文章】に書いてあった「みなとみらい地区」は、私《わたし》も家族と一緒《いっしょ》に買い物に行ったことがあります。ランドマークタワーで買い物ができたり、臨港《りんこう》パークの芝生《しばふ》で遊んだりしました。その「みなとみらい地区」がしっかりと考えられた計画に基づいてつくられたとは知りませんでした。

みなみさん：実は、「みなとみらい地区」には、目に見えないところにも工夫が隠《かく》されているのですよ。

りかさん：それはいったいどのような工夫なのですか。

みなみさん：「共同溝《きょうどうこう》」という言葉を聞いたことはありますか。「共同溝」とは、電話、電気、ガス、上下水道などの管や線を道路の下にまとめて収容《しゅうよう》するためにつくられたトンネルのことです。その「共同溝」が「みなとみらい地区」には張《は》り巡《めぐ》らされているのです。

りかさん：ちょっとイメージができないので、教室にあるタブレット端末《たんまつ》を使ってインターネットで調べてみます。

りかさん：とあるホームページを調べたところ、イラストが載《の》っていました。なるほど、これが「共同溝」なのですね。

【資料４】りかさんがみつけた「共同溝」のイラスト

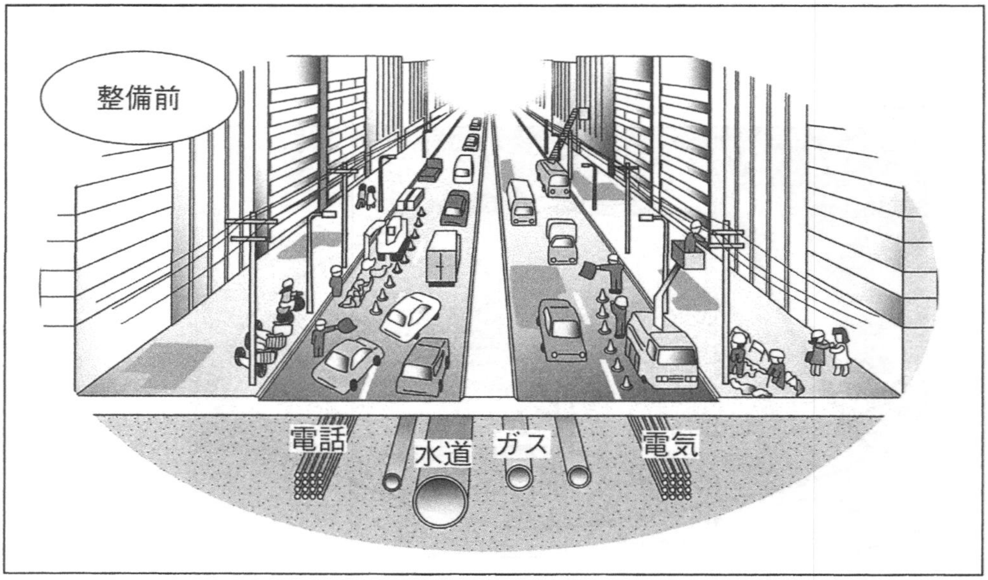

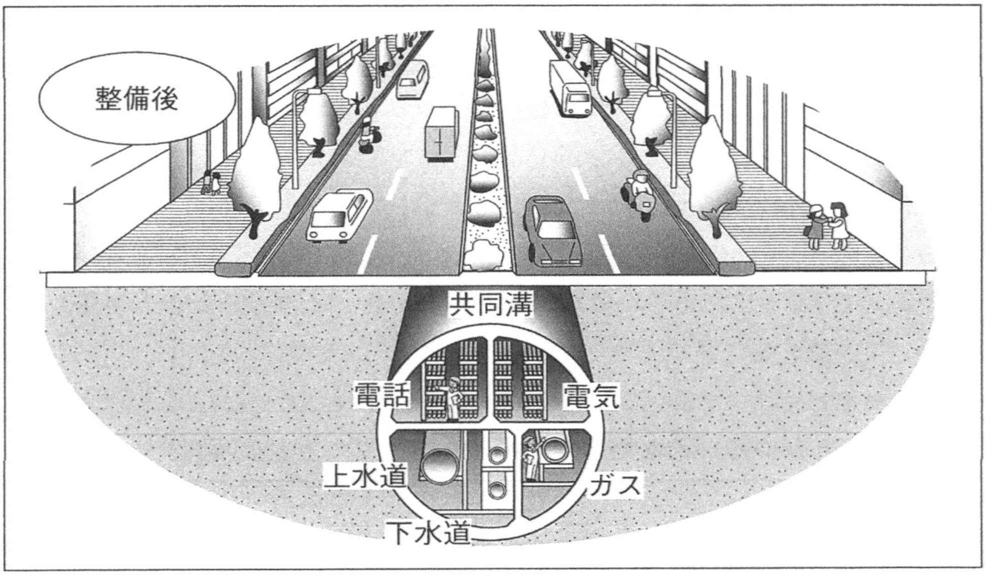

(国土交通省関東地方整備局横浜国道事務所ホームページをもとに作成)

みなみさん：【資料４】を見て、共同溝にするとどのような利点があると考えられますか。

りかさん：【資料４】からは、（　３　）ということが利点として考えられると思います。

みなみさん：それ以外にも、地震《じしん》などの災害にも強いという利点があります。

りかさん：「みなとみらい地区」は、地面の下という目に見えないところにも工夫がされているのですね。

問題３　【会話２】中の（　３　）にあてはまるものとして、最も適切なものを、次のア～エから一つ選び、記号を書きなさい。

ア　整備後は水道水がきれいになって環境《かんきょう》にやさしくなる
イ　どのような町にでもすぐに整備することができる
ウ　整備後は水を貯《た》められるので、大雨の時に洪水《こうずい》を防げる
エ　整備後は道路を掘《ほ》りおこして工事する必要がなくなる

【会話３】

りかさん：私《わたし》は、以前からベイブリッジが大好きだったのですが、【文章】を読んで、はじめて「六大事業」の一つとしてベイブリッジが建設されたことを知りました。

みなみさん：なぜベイブリッジが好きなのですか。

りかさん：あのアルファベットのＨに見えるかたちがとても気に入っているからです。私は、いろいろな場所から撮《と》ったベイブリッジの写真をもっているので、見てください。

【資料５】りかさんがいろいろな場所から撮ったベイブリッジの写真

1

2

3

4

みなみさん：どの写真もとてもよく撮れていますね。ベイブリッジは、見る角度によってずいぶん違《ちが》うように見えるのですね。

りかさん：はい。それがベイブリッジの魅力《みりょく》だと思います。

問題４　【**資料５**】中の１～４の写真は、次の【**地図２**】中のＡ～Ｆのそれぞれどの場所で撮ったものですか。写真と場所の組み合わせとして、最も適切なものを、あとの**ア～ク**から一つ選び、記号を書きなさい。

【**地図２**】

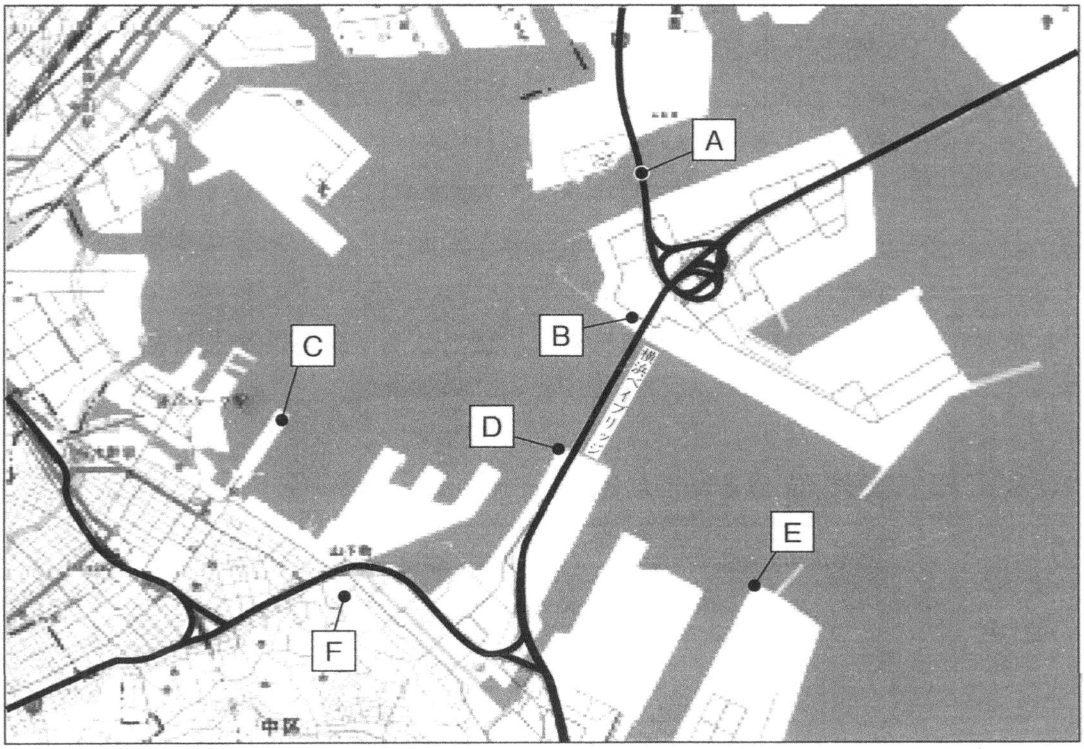

（国土地理院　地理院地図をもとに作成）

ア	１とＢ	２とＡ	３とＦ	４とＣ
イ	１とＢ	２とＦ	３とＡ	４とＣ
ウ	１とＢ	２とＡ	３とＦ	４とＥ
エ	１とＢ	２とＦ	３とＡ	４とＥ
オ	１とＤ	２とＡ	３とＦ	４とＣ
カ	１とＤ	２とＦ	３とＡ	４とＣ
キ	１とＤ	２とＡ	３とＦ	４とＥ
ク	１とＤ	２とＦ	３とＡ	４とＥ

【会話４】

りかさん：私《わたし》の友だちに、センター南駅の近くに住んでいる人がいます。その人の家に遊びに行ったときに市営地下鉄ブルーラインに乗りました。このことも【文章】に書いてあった「六大事業」に関わりがあることに気がつきました。

みなみさん：そうですね。そう考えると「六大事業」は、いろいろなところで私たちの生活と関わっていますね。
「六大事業」を調べていたら、【資料６】を見つけました。この資料は、「六大事業」の中の（　４　）について、イメージ図を使って説明したものです。

りかさん：確かに現在は、このイメージ図のように開発が進んでいますね。「六大事業」は、今も続いているのですね。

【資料６】みなみさんが見つけたイメージ図

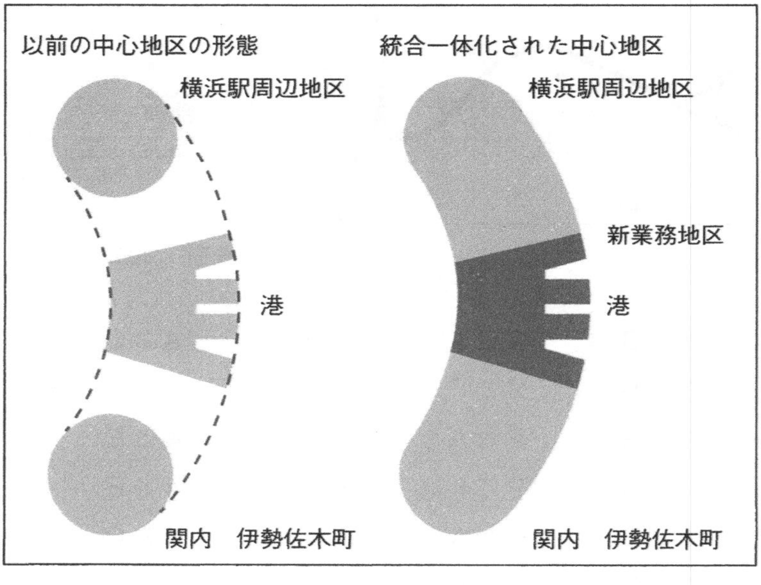

（横浜市教育委員会編「Yokohama Express 第５版」をもとに作成）

問題５　【会話４】中の（　４　）にあてはまる言葉を、【文章】の中から２６字で見つけ、その最初の３字と最後の３字を書きなさい。

問題６　次の写真①、②の成り立ちや特徴《とくちょう》を、【文章】をもとに、それぞれ横浜のまちづくりの「基本的な戦略」と関連させて、あとの【条件】にしたがって説明しなさい。

写真①
ドックヤードガーデン

写真②
桜木町から石川町にかけての高速道路

【条件】

・１枚《まい》の写真につき【語群】からキーワードを２つずつ文中に使うこと。
　ただし一度使ったキーワードは他の写真で使えないこととする。
・それぞれ１２５字以上１５０字以内で書くこと。
・段落《だんらく》はつくらずに、１行目、１マス目から書くこと。

【語群】キーワード

地下	石造り
歴史	規制

問題７　次の【資料７】は、りかさんが見つけた本の一部です。【文章】と【資料７】に共通する考え方を、あとの【条件】にしたがって書きなさい。

【資料７】

コスタリカは、カリブ海と太平洋に挟《はさ》まれた、四国と九州を合わせたくらいの中央アメリカの小国ですが、ほかの熱帯林をもつ国(コスタリカには、雨林、乾燥《かんそう》林、雲《うん》霧《む》林などのさまざまな熱帯林のバラエティがあるため総称《そうしょう》して「熱帯林」という)と同じく１９８０年代までは、[※7]プランテーションやそのほかの開発のために森林をさかんに破壊《はかい》してきました。しかし９０年代に入り、熱帯林やその[※8]生物多様性こそ自国の戦略的資源《しげん》であるとの再認識《さいにんしき》のもと、保全を重視《じゅうし》した政策《せいさく》に転換《てんかん》をはかりました。地球の０.０３パーセントという狭《せま》い国土ながら、地球上の生物の５パーセント以上を占《し》めるという、きわめて生物多様性の高い自然の貴重さに気づいたからです。

その[※9]施策《しさく》の一つは、国家事業としてのエコツアー(ツーリズム)の推進《すいしん》でした。エコツアーとはいうまでもなく、すぐれた自然を資源に、自然や生態系《せいたいけい》に負荷をかけることのない観光事業で旅行客を呼《よ》び込《こ》み、経済《けいざい》的自立をはかるとともに、その[※10]収益《しゅうえき》を通じて地域《ちいき》の自然や文化の維持《いじ》に再投資しようとするものです。エコツアーを売り物にしようとすれば、自然を壊《こわ》してしまっては元も子もありません。国土の２５パーセントが保護区に指定され、自然が積極的に保全されています。

今日では、バナナやコーヒーなどの物産の貿易額を抜《ぬ》いて、外貨収入《しゅうにゅう》の第一位がエコツアー収入だということです。

もう一つの国家戦略が、「コスタリカ国立生物多様性研究所」による生物資源の探《たん》査《さ》です。植物、昆虫《こんちゅう》、菌類《きんるい》をはじめ、すべての生物を[※11]網羅《もうら》的に収集《しゅうしゅう》、分類し、その生物資源としての可能性を探査しているのです。現在、欧米《おうべい》の製薬会社などの数社と契《けい》約《やく》を結び、化学物質とＤＮＡの探査、[※12]スクリーニングを行っています。すでに[※13]ヘルペスに有効な物質などいくつかの成分がスクリーニングされているということです。

(豊島《とよしま》　襄《のぼる》「ビジネスマンのためのエコロジー基礎講座《きそこうざ》　森林入門」より。一部省略やふりがなをつける、表記を改めるなどの変更《へんこう》があります。)

【条件】

・３０字以上４０字以内で書くこと。
・段落《だんらく》はつくらずに、１行目、１マス目から書くこと。

［注］

※７　プランテーション…熱帯・亜《あ》熱帯《ねったい》地域《ちいき》で綿花・ゴム・コーヒーなどの一種だけを大量に栽培《さいばい》する経営形態。

※８　生物多様性…………いろいろな生物が存在《そんざい》している様子。

※９　施策…………………行政機関などが、計画を実行すること。またその計画。

※１０　収益…………………もうけを手に入れること。

※１１　網羅…………………かかわりのあるものすべてを残らず集めて取り入れること。

※１２　スクリーニング……ふるいにかけること。選抜《せんばつ》。選別。

※１３　ヘルペス……………皮《ひ》膚《ふ》や粘膜《ねんまく》に感染《かんせん》して引き起こされる病気。

令和４年度

適性検査Ⅱ

１０：２５～１１：１０

注　意

1　問題は[1]から[3]まであり、この問題冊子《さっし》は１ページから２６ページにわたって印刷してあります。ページの抜《ぬ》け、白紙、印刷の重なりや不鮮明《ふせんめい》な部分などがないかを確認《かくにん》してください。あった場合は手をあげて監督《かんとく》の先生の指示にしたがってください。

2　**受検番号**と**氏名**を解答用紙の決められた場所に記入してください。

3　答えはすべて解答用紙に記入し、**解答用紙だけを提出**してください。

4　声を出して読んではいけません。

5　計算が必要なときは、この問題用紙の余白を利用してください。

6　字ははっきりと書き、答えを直すときは、きれいに消してから新しい答えを書いてください。

7　問題用紙、解答用紙を切ってはいけません。

横浜市立横浜サイエンスフロンティア高等学校附属中学校

1 シマウマの模様《もよう》に関しては、いろいろな説があります。「サバンナの草原に紛《まぎ》れて敵に見つかりにくい。」という説や、「しま模様は模様が目立ちすぎるため、輪《りん》郭《かく》が見えにくく、群れを成すと巨大《きょだい》な生物に見え、敵が近寄らなくなる。」という説です。しかし、なぜシマウマがこのように進化し現在に至《いた》っているのか、進化のなぞとなっています。そこで、しま模様のできる仕組みがわかれば、進化のなぞも解決できるかもしれないと、動物の模様ができる仕組みの解明が行われています。

次の【資料１】、【資料２】を読んで、あとの問題に答えなさい。

【資料１】２種類の色素細胞《さいぼう》の関係

動物のしま模様がどのようにできるのか、大型のほ乳類《にゅうるい》は実験室で実験ができないため、ゼブラフィッシュ（【図１】のA）というしま模様の魚を使って研究が行われています。

ゼブラフィッシュの※1細胞を顕微鏡《けんびきょう》で見ると、黒色と黄色の※2色素細胞の配置が模様になっていることがわかります（【図１】のB）。黒色の色素細胞（以下、黒と記します）がない※3変異体《へんいたい》では、黄色の色素細胞（以下、黄と記します）はしま模様を作らず、一様に分布することがわかっています（【図２】）。

【図１】A：ゼブラフィッシュ、B：ゼブラフィッシュの皮ふの顕微鏡画像

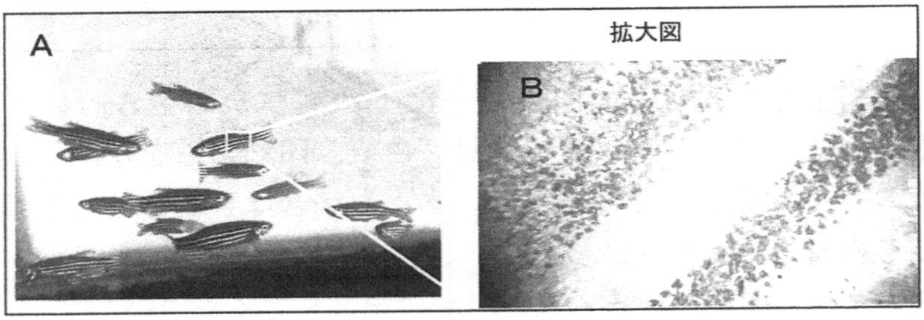

※１　細胞・・・・生物を構成《こうせい》する最小単位《さいしょうたんい》の構造《こうぞう》。ヒトやその他一般《いっぱん》の動植物はたくさんの細胞が集まって体ができている（多細胞生物）が、１個《こ》の細胞からなる単細胞《たんさいぼう》生物もある。細胞は分裂《ぶんれつ》によって増える。

※２　色素細胞・・色素をもった細胞。

※３　変異体・・・遺伝子《いでんし》や染色体《せんしょくたい》の異常《いじょう》により、色や形などの性質の一部が変化してしまい、それが子孫に引き継《つ》がれていくことがある。こうして新しい性質をもった生物を変異体という。

2022(R4) 横浜サイエンスフロンティア高附属中
教英出版

このことから、黄がしま模様を作るには、黒が必要であることがわかります。逆に黄がない変異体の場合も、黒はまばらにではありますが、一様に散らばり、しま模様を作りません（【図２】）。

【図２】ゼブラフィッシュの色素細胞の模式図《もしきず》

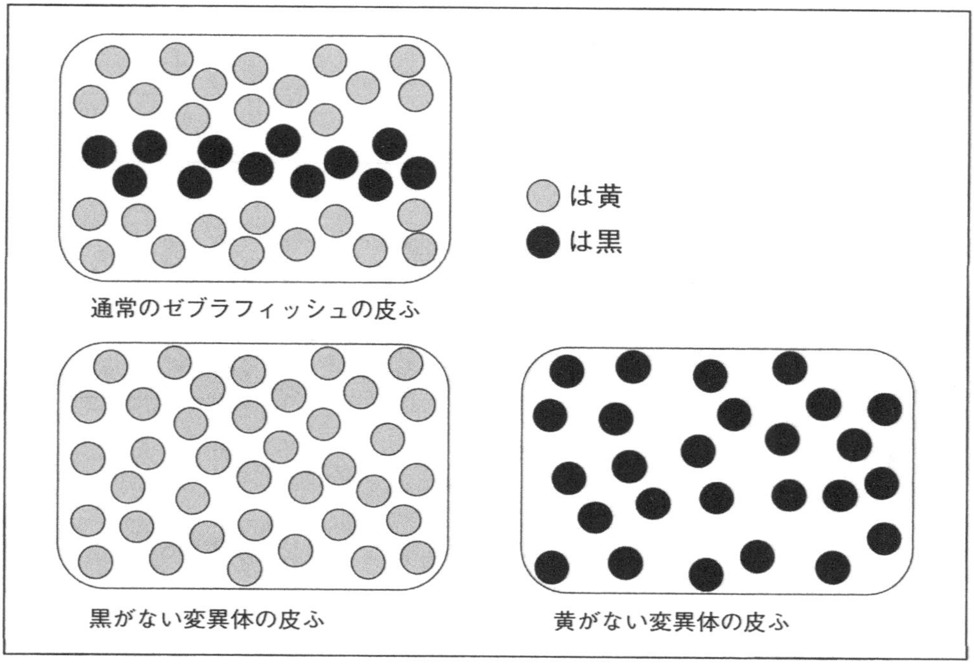

これより、黒と黄のどちらかが先にしま模様を作り、残りがすき間を埋《う》めるというのではなく、おそらく２種類の色素細胞の相互《そうご》作用で模様ができていることが想像できます。

模様が完成していない若いゼブラフィッシュの皮ふでは、黒と黄が完全に分離《ぶんり》しておらず、混ざった状態で存在《そんざい》しています（【図３】）。時間が経つと、黄が優勢《ゆうせい》な領域《りょういき》では黒がなくなり、黒が優勢な領域では、黄がなくなっていき、色がきれいに分離します（【図３】）。この時間経過をみると、黒と黄が、互《たが》いに相手を排除《はいじょ》していることが想像できます。

【図３】若いゼブラフィッシュの時間経過に伴《ともな》う皮ふの変化

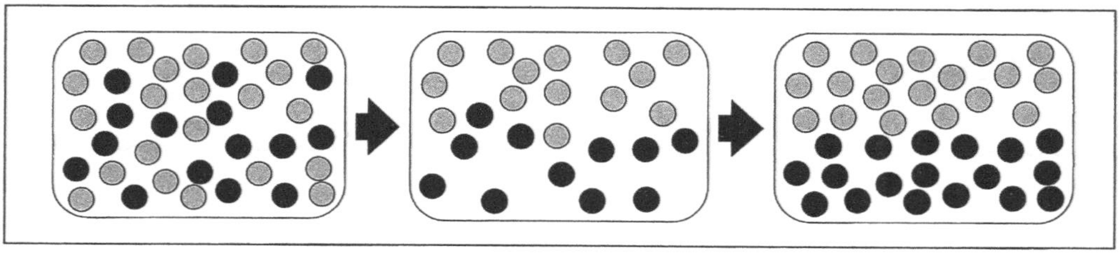

このことは、一部の色素細胞《さいぼう》をレーザーで焼くことで簡単《かんたん》に確かめられます。レーザーで焼くと、細胞は死んでしまいます。

【図4】で、黒と接している黄だけをレーザーで焼くと、黒は生き残ります。ということは、黒が死んでしまうのは、それを取り囲んでいる黄に原因があるといえます。この関係は、黒と黄を逆にした実験でも成り立つので、隣《とな》り合った黒と黄は、互《たが》いを排除《はいじょ》しようとしていることがわかります。

【図4】レーザー実験①

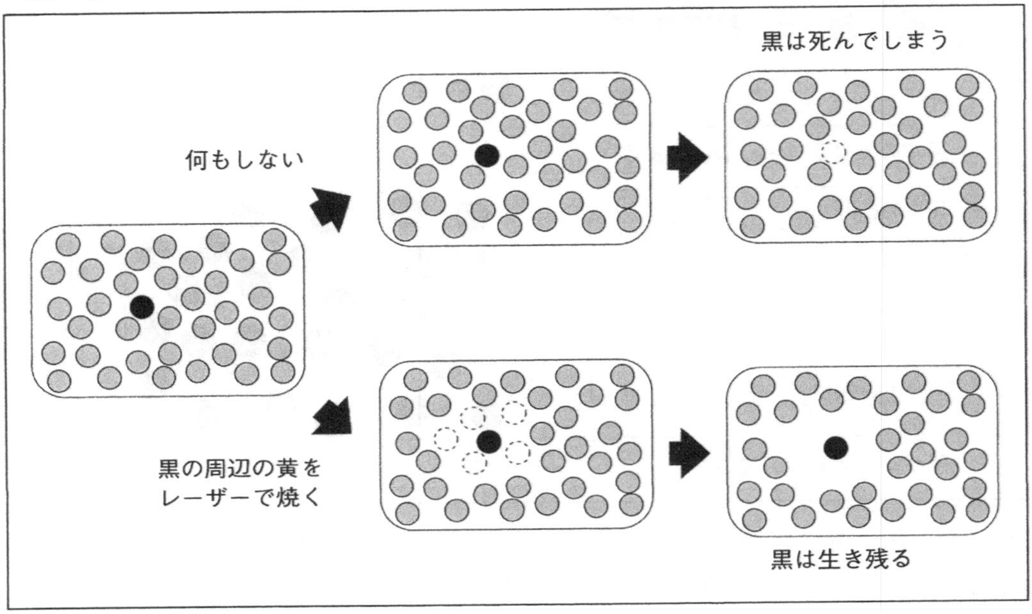

では、遠いところにある色素細胞の影響《えいきょう》はどうでしょうか。次の実験では、広い範囲《はんい》の黒、または黄を全部レーザーで焼いてみました。興味深いことに、この実験の結果は、黒と黄で異《こと》なります。

まず、黒を広い範囲で焼いた場合、黄は何の影響も受けません。元気に数を増やしていき、もともと黒がいた領域《りょういき》にも黄が広がっていきます（【図５】）。

一方、黄を広い範囲で焼いたとき、黒の多くは急に小さくなり、２０～３０％が死んでしまいます。つまり、黒が元気に生存《せいぞん》するためには、黄が必要ということになります（【図６】）。

2022(R4) 横浜サイエンスフロンティア高附属中
K 教英出版

【図5】レーザー実験②

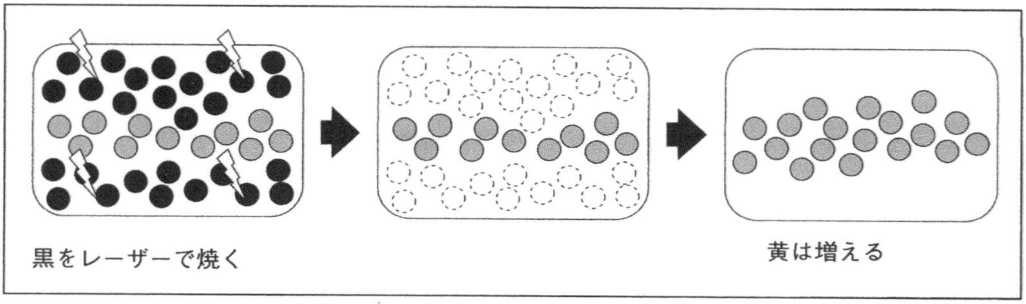

【図6】レーザー実験③

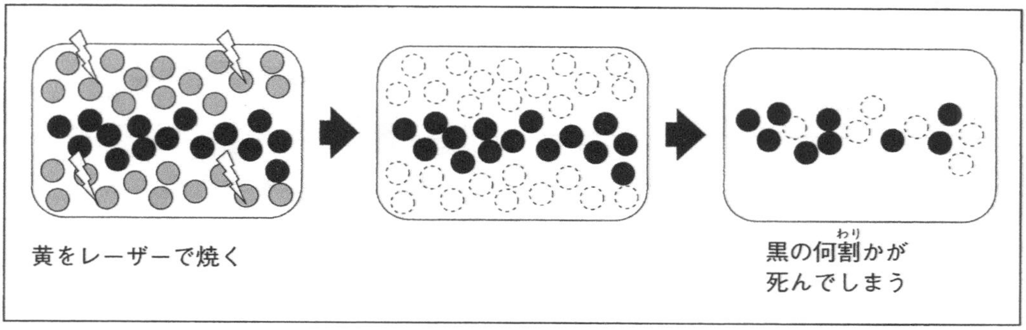

【図7】レーザー実験からわかった色素細胞間の相互作用の模式図《もしきず》

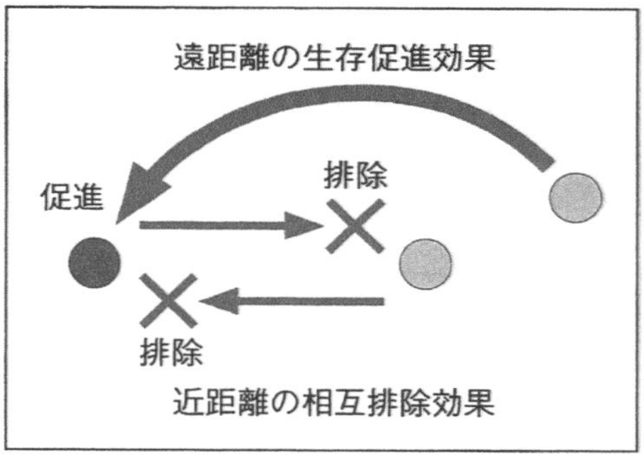

一つ目の実験と逆のような結果ですが、何が違《ちが》うのでしょう。違いは、影響が及《およ》ぶ距《きょ》離《り》です。【図6】で示したように、黄と接していない黒も何割かが死んでしまうということは、黄による黒の生存を促進《そくしん》する(助ける）効果は、少し離《はな》れたところで、はたらくということになります。つまり、排除効果は隣接《りんせつ》する黄と黒の間で起こり、生存促進効果は遠距離で、はたらくのです(【図7】)。

ある領域で黒が優勢《ゆうせい》になってしまったり、逆に黄が優勢になってしまったりする場合を考えると、相互作用がお互いに返ってきたり、効果が及ぶ距離が違ったり、複雑になってしまいます。そこで黒から黄、黄から黒へのそれぞれの効果１つずつを１組と考え、【図7】を【図8】の①と②のように２つに分けて考えました。

【図８】色素細胞《さいぼう》間の相互《そうご》作用を２つに分解した模式図《もしきず》

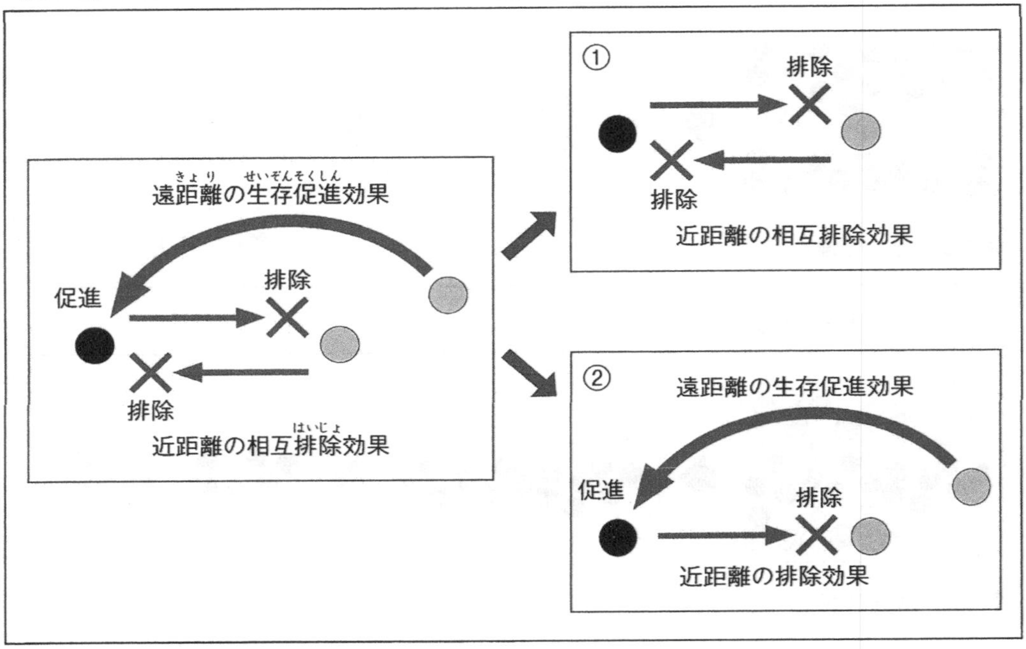

（近藤《こんどう》　滋《しげる》「波紋《はもん》と螺旋《らせん》とフィボナッチ」をもとに作成）

問題１　【図８】の①では、黒が増えると最終的にはどうなると考えられますか。語群の中から一つ選び、番号を書きなさい。

語群

1	黄も黒もなくなる
2	黄と黒が同じ数くらいになる
3	黄だけになる
4	黒だけになる

問題２　**【図８】**の②について、何らかの原因で黄が減ったとき、その後の流れを考えます。次の（　１　）～（　３　）にあてはまることばとして、最も適切なものを**語群**からそれぞれ一つずつ選び、記号を書きなさい。ただし、（　１　）、（　３　）は**ア～カ**から、（　２　）は**キ～コ**から選びなさい。

黄が減る。
↓
（　１　）ので、（　２　）。
↓
（　３　）ので、黄が増える。
↓
黄の数は元に戻《もど》る。

語群

ア　黄の、黒への生存を促進する効果が増える
イ　黄の、黒への生存を促進する効果が減る
ウ　黄の、黒を排除する効果が増える
エ　黄の、黒を排除する効果が減る
オ　黒の、黄を排除する効果が増える
カ　黒の、黄を排除する効果が減る

キ　黒が増える
ク　黒が減る
ケ　黄が増える
コ　黄が減る

【資料２】模様《もよう》ができる仕組み

【図８】の①と②は、黒に対して反対にはたらく作用ですが、【図８】の①は近距離《きょり》ではたらき、【図８】の②は遠距離の効果が含《ふく》まれているので、広い範囲《はんい》ではたらくことになります。そのため、【図８】の①と②は共存《きょうぞん》してはたらくことができます。

ゼブラフィッシュの実験からわかった２つの作用が模様《もよう》を作る基礎《きそ》となることはわかりましたが、模様のパターン（しま模様、まだら模様、格子模様など）はどうやって決まるのでしょう。

今度は黄と黒がほぼ均等に混ざっている短冊《たんざく》状の皮ふの領域《りょういき》を考えます。横軸《よこじく》を皮ふの位置、縦軸《たてじく》を黄と黒の割合《わりあい》としてグラフにすると、【図９】のＡのようになります。この状態から中央付近で黄が増えたとします（【図９】のＢ）。ごく近い場所では、黄による黒への生存促進《せいぞんそくしん》効果より排除《はいじょ》効果のほうが大きいため、黒は減っていき、黄はさらに増えていきます（【図９】のＣ）。中央では黄が圧倒的《あっとうてき》に多くなりますが、中央から少し離《はな》れたところでは黄による排除効果は強く現れず、逆に生存促進効果により黒が増えていきます。遠距離ではたらく生存促進効果と、近距離ではたらく相互排除効果がせめぎ合い、それぞれの色の領域が次第にはっきりとしてきます（【図９】のＤ）。そして、さらに遠くの領域では黒が減り、黄が増えて、そのさらに遠くでは…　と２つの作用は波のように広がっていくのです。

【図９】２つの作用による皮ふの模式図《もしきず》と黄と黒の割合のグラフ

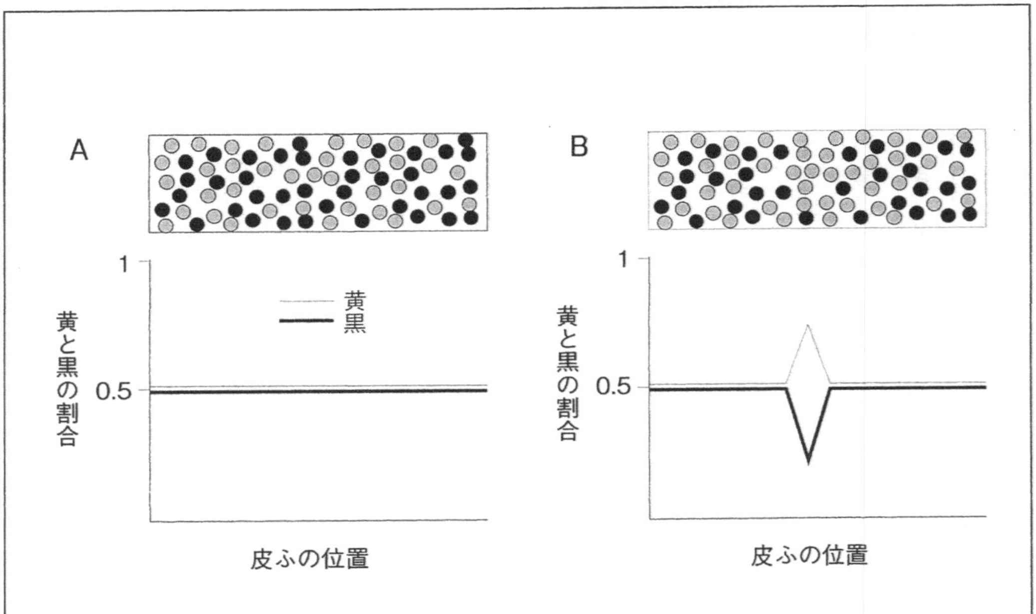

C

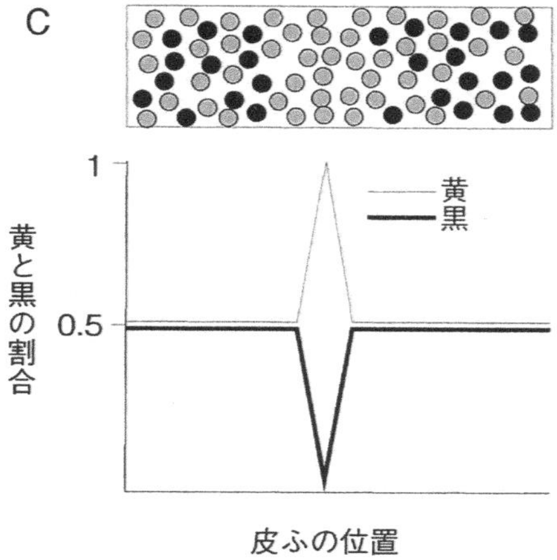

D

（模式図はありません）

グラフ

この大胆《だいたん》なアイデアを初めて思いついたのはイギリスの数学者、アラン・チューリング（１９１２～１９５４年）です。アラン・チューリングは、計算機科学の創《そう》始《し》者であり、生涯《しょうがい》に１つだけ書いた生物に関する論文《ろんぶん》（１９５２年）で提案したのが、この動物に模様の波を作る原理（チューリング・パターン）なのです。

【図７】をチューリング・パターンでシミュレートすると、「遠距離ではたらく生存促進効果」の距離をごく短くしたとき、２色が均一に混ざった中間色となり、距離を十分に長くしたとき、２色がくっきりと分離《ぶんり》したしま模様になります。シマウマは進化の過程でしま模様を獲得《かくとく》したのではなく、均一な中間色を保つ仕組みが壊《こわ》れてしまい、現在のような姿《すがた》になったと考えられるのです。

（近藤《こんどう》　滋《しげる》「波紋《はもん》と螺旋《らせん》とフィボナッチ」をもとに作成）

問題３　【図９】のＤのグラフとして最も適切なものを、次の１～４から一つ選び、番号を書きなさい。

1

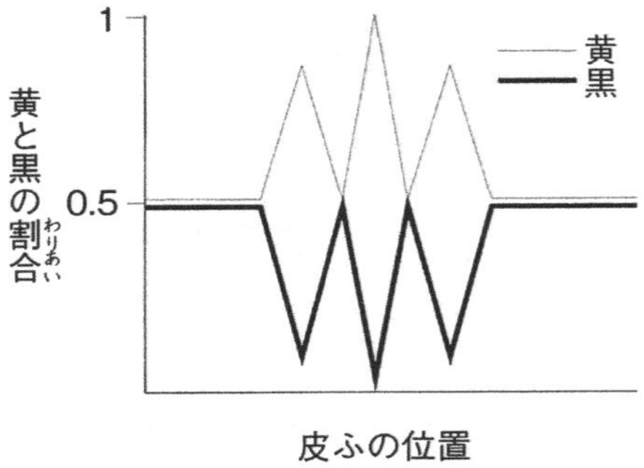

2

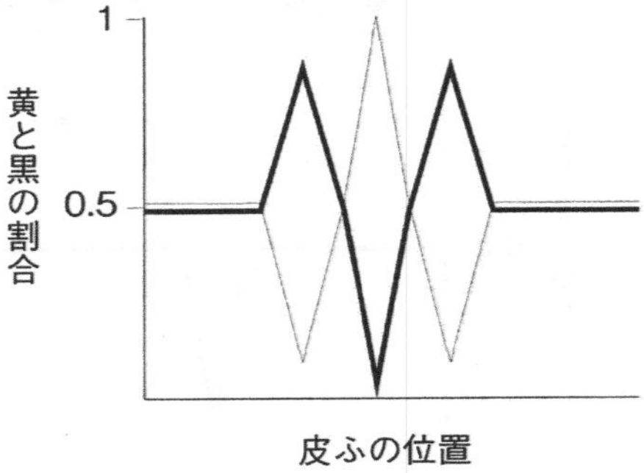

3

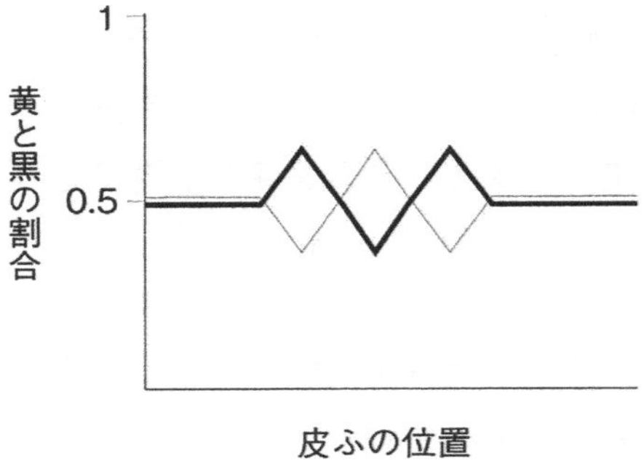

4

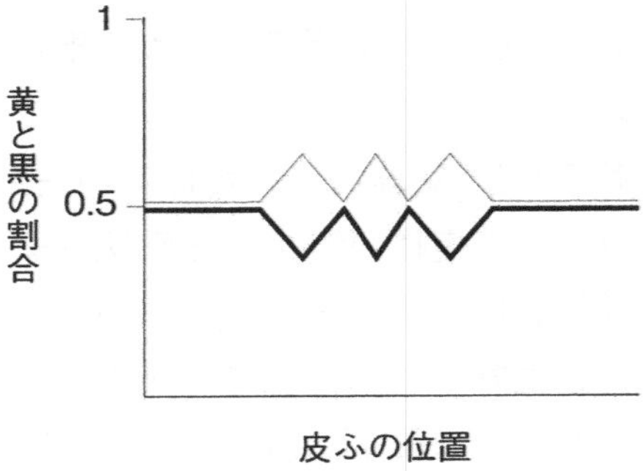

2022(R4) 横浜サイエンスフロンティア高附属中
K 教英出版

このページに問題は印刷されていません。

2　次のたろうさんとはなこさんの【会話文】を読んで、あとの問題に答えなさい。

【会話文】

たろうさん：はなこさん、リバーサルミラーを知っていますか。

はなこさん：いいえ、初めて聞きました。

たろうさん：鏡にうつる自分の顔は、本当の自分の顔とは左右が入れかわってうつってしまいますよね。しかし、２つの鏡を直角に組み合わせると、左右が入れかわっていない自分の顔を見ることができます。そのように２つの鏡を直角に組み合わせた鏡のことを**リバーサルミラー**とよぶそうです。

はなこさん：そうなのですね。

たろうさん：今日は鏡を２つ持ってきたので、一緒《いっしょ》に**リバーサルミラー**をつくってみませんか。

はなこさん：いいですね。つくってみましょう。

【図１】たろうさんとはなこさんがつくったリバーサルミラー

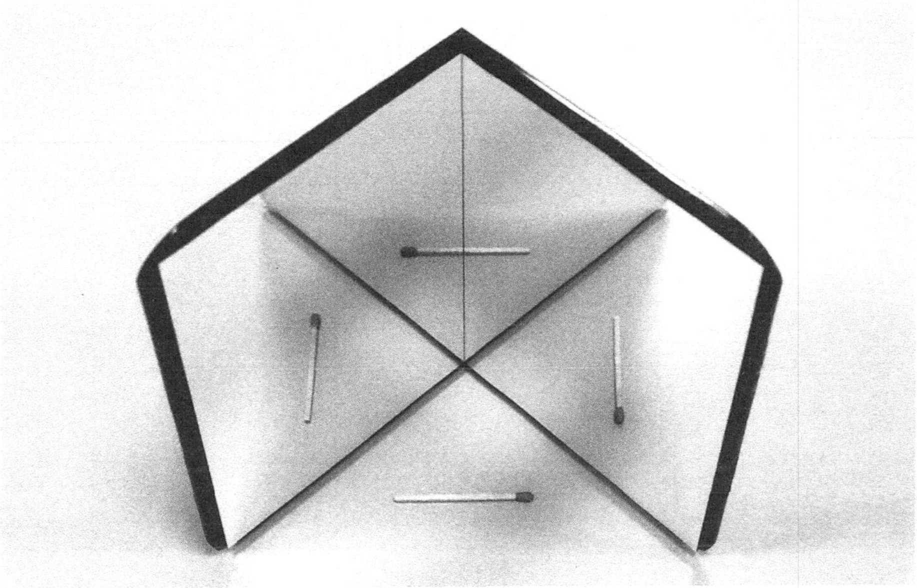

たろうさんと**はなこさん**は、つくった**リバーサルミラー**にいろいろなものをうつしてわかったことを**【資料1】【資料2】**にまとめました。ただしこれ以降《いこう》、一般的《いっぱんてき》な鏡を単に「鏡」、2つの鏡を直角に組み合わせてつくった鏡を「**リバーサルミラー**」、鏡や**リバーサルミラー**にうつったもののことを「像」とよびます。

【資料1】鏡にうつる像とリバーサルミラーにうつる像

【図2】のように「G」と書かれたものを、鏡にうつすと、観察者には**【図3】**のように左右が入れかわった像が見えます。

ところが、**【図2】**のように「G」と書かれたものを、**リバーサルミラー**にうつすと、観察者には**【図4】**のように左右が入れかわっていない像が見えます。

【図2】鏡にうつしている様子

【図3】鏡にうつる像

【図4】リバーサルミラーにうつる像

【資料２】リバーサルミラーについて考えたこと

【図５】は【図１】を模式的《もしきてき》にあらわしたものです。また、組み合わせた２つの鏡を、鏡Ｘ、鏡Ｙとします。【図５】のようにマッチ棒《ぼう》Ａをおきます。

【図６】のように、鏡Ｘにうつるマッチ棒Ａの像は、観察者には点Ｂの位置にあるように見えます。同じように、マッチ棒Ａの像は、観察者には点Ｃの位置にあるように見えます。

鏡Ｘにはマッチ棒Ａだけではなく、鏡Ｙもうつります。鏡Ｙの像は【図６】の点線━ ━ ━ ━の位置にあるように見えます。同じように、鏡Ｙには、鏡Ｘがうつり、【図６】の点線━ ━ ━ ━の位置にあるように見えます。

Ｂの位置にあるように見えるマッチ棒Ａの像と、Ｃの位置にあるように見えるマッチ棒Ａの像がさらに像をつくって、【図７】のＤの位置で重なって見えていると考えられます。したがって、観察者には左右が入れかわっていない像が見えます。

【図５】

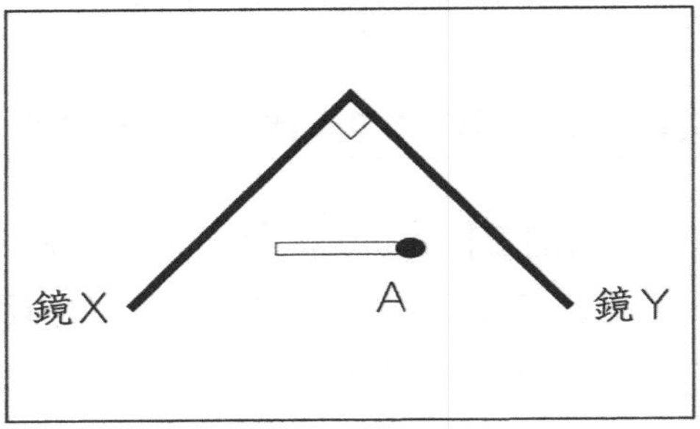

【図６】

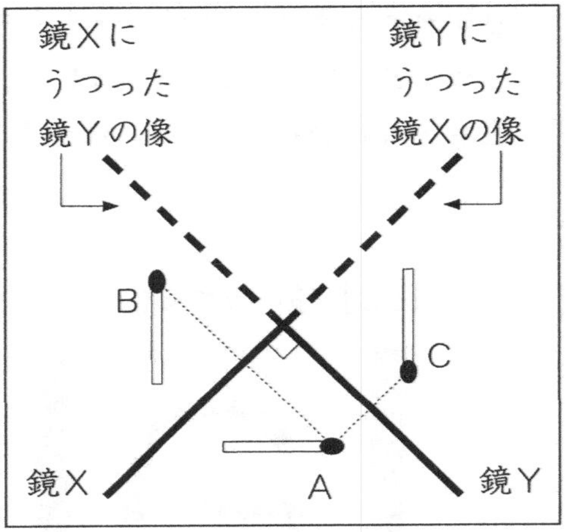

【図７】

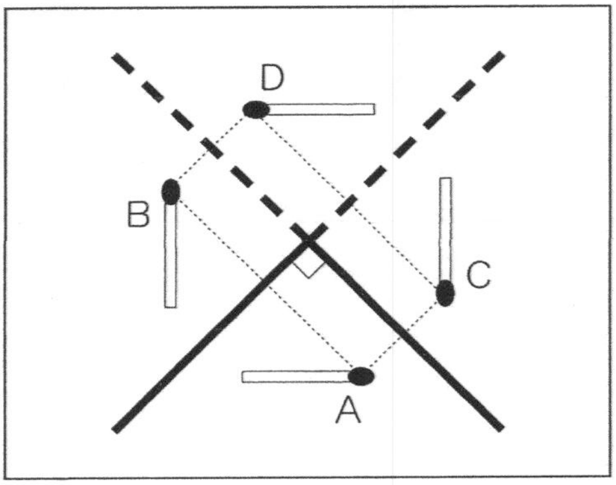

問題１　**【図２】**と同じように、今度は「Ｆ」と書かれたものを鏡と**リバーサルミラー**にうつします。観察者に対して正面に見える像の見え方の組み合わせとして最も適切なものを、次の**１～４**から一つ選び、番号を書きなさい。

	鏡	リバーサルミラー
1	F	F
2	F	ꟻ
3	ꟻ	F
4	ꟻ	ꟻ

点線は２つの鏡の境目

問題２　リバーサルミラーを**【図８】**のように９０°回転させて置き、**問題１**と同じように「Ｆ」と書かれたものをうつします。このとき、観察者に対して正面に見える像として最も適切なものを、あとの**１～８**から一つ選び、番号を書きなさい。

【図８】９０°回転させたリバーサルミラー

1

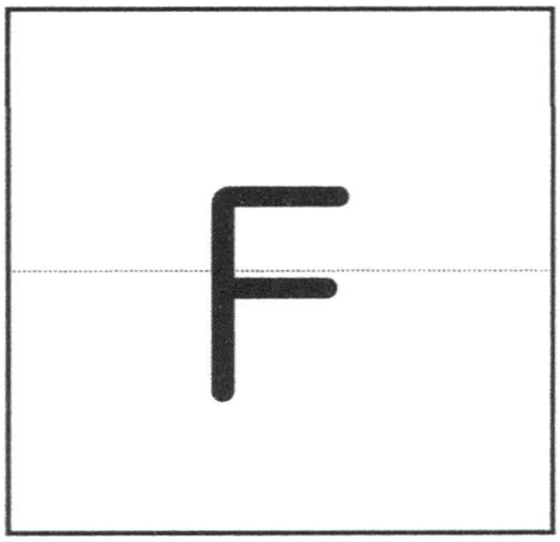

2

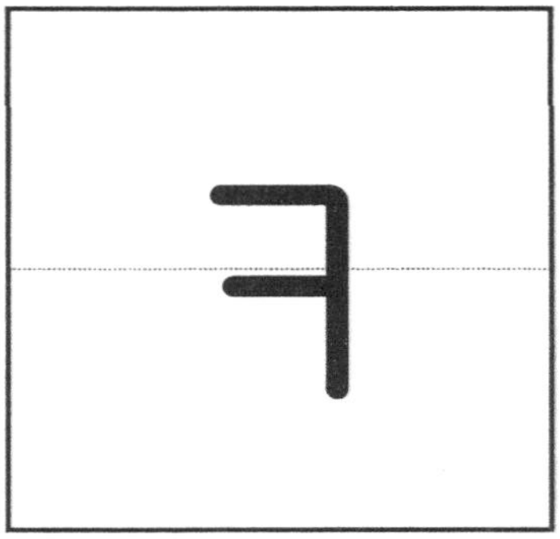

3

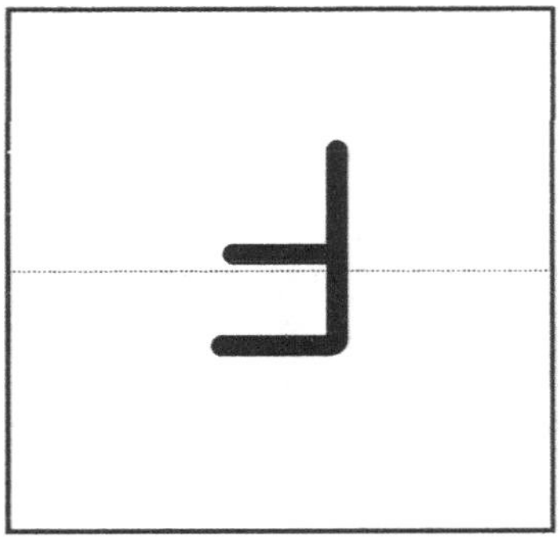

4

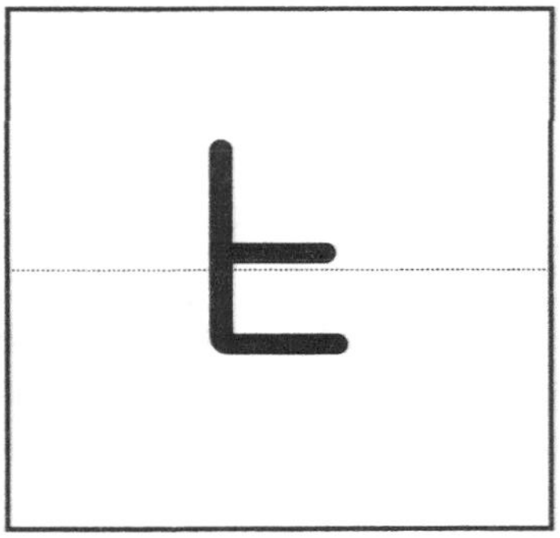

5

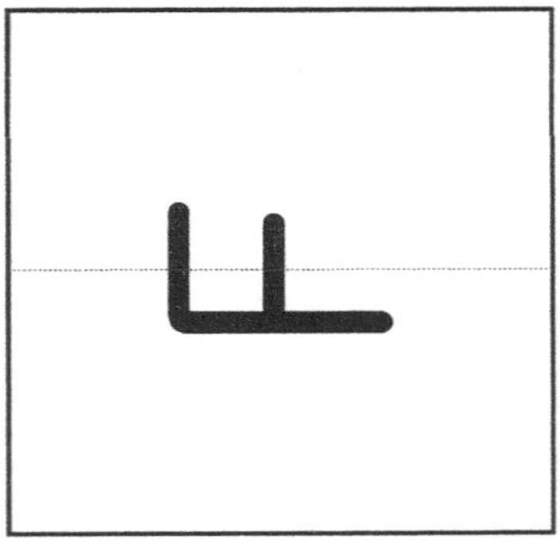

6

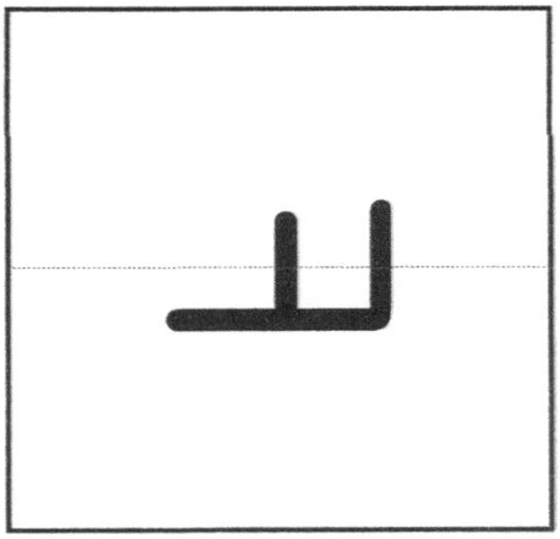

7

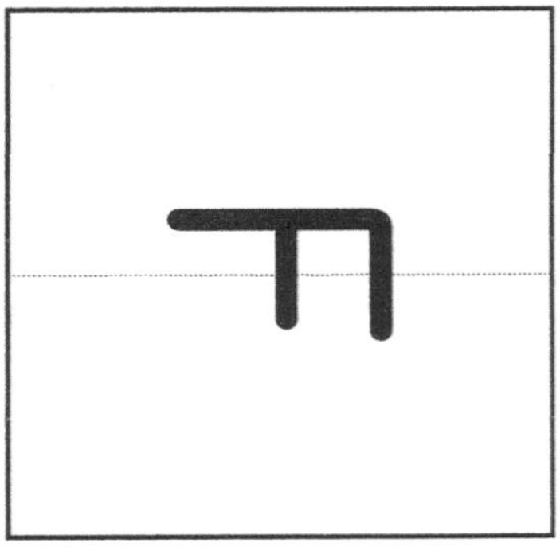

8

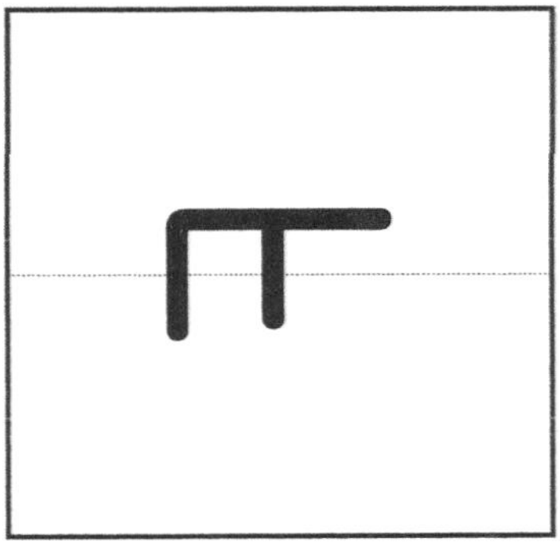

点線は２つの鏡の境目

観察者が、**リバーサルミラー**を持ち、**【図9】**のように観察者自身の顔をうつしました。この状態から、**リバーサルミラー**を**【図9】**の矢印の方向に時計回りに**リバーサルミラー**が元のところにもどるまで１回転させました。

【図9】観察者から見た、リバーサルミラーにうつった観察者の顔の像

問題3　観察者に見える像の動きとして最も適切なものを、次の**1**～**6**から一つ選び、番号を書きなさい。

1　観察者の顔の像が時計回りに半回転[※1]して見える。
2　観察者の顔の像が反時計回りに半回転[※1]して見える。
3　観察者の顔の像が時計回りに１回転[※1]して見える。
4　観察者の顔の像が反時計回りに１回転[※1]して見える。
5　観察者の顔の像が時計回りに２回転[※1]して見える。
6　観察者の顔の像が反時計回りに２回転[※1]して見える。

※1　ここでいう「半回転」とは１８０°の回転のこと、「１回転」とは３６０°の回転のこと、「２回転」とは３６０°の回転が２回分（７２０°の回転）のことです。

はなこさんは、２つの鏡の組み合わせ方を直角以外にしたときにも、**リバーサルミラー**と同じような像ができるのかが気になりました。そこで、２つの鏡を７２°で組み合わせ、**【資料２】**と同じようにマッチ棒《ぼう》を置きました。すると、**【図10】**のように観察者に対して正面に見える像が一つに定まりませんでした。

【図10】７２°で組み合わせた２つの鏡にうつる像

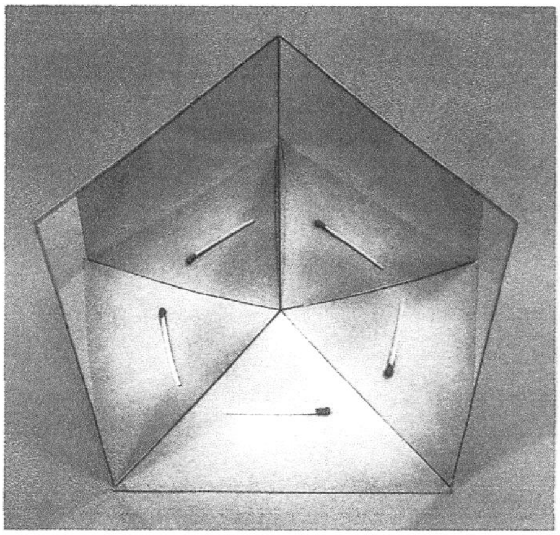

問題４　２つの鏡を４０°、４５°、６０°で組み合わせたときの、観察者に対して正面に見える像を調べます。このときの像の見え方として最も適切なものを、次の**１**～**３**からそれぞれ一つずつ選び、番号を書きなさい。

１　**【図３】**のように左右が入れかわった像ができる。
２　**【図４】**のように左右が入れかわっていない像ができる。
３　**【図10】**のように像が一つに定まらない。

【図３】鏡にうつる像

【図４】リバーサルミラーにうつる像

このページに問題は印刷されていません。

3　たろうさんとはなこさんは、体育の授業で５０ｍ走をして、陸上競技に興味をもちました。短距離走《たんきょりそう》についての資料を探《さが》し、**【資料１】**にまとめました。あとの**【会話文】**を読み、問題に答えなさい。

【資料１】見つけた資料をまとめたもの

陸上競技では短距離走などの走る種目において、速度はストライド（１歩で進む距離）とピッチ（１秒間に足が接地する歩数）のかけ算によって決まります。つまり式は［（ストライド）×（ピッチ）＝（速度）］になります。例えば、ストライドが２メートルで、ピッチが４の場合は、１秒間に８メートル進むということになります。

ただし、５０ｍや１００ｍを同じストライドやピッチで走るわけではなく、スタート時から中間にかけて、ストライドは広くなり、ピッチは上がるので、**【図１】**のように速度が上がっていきます。

【図１】小学生の疾走《しっそう》速度の変化

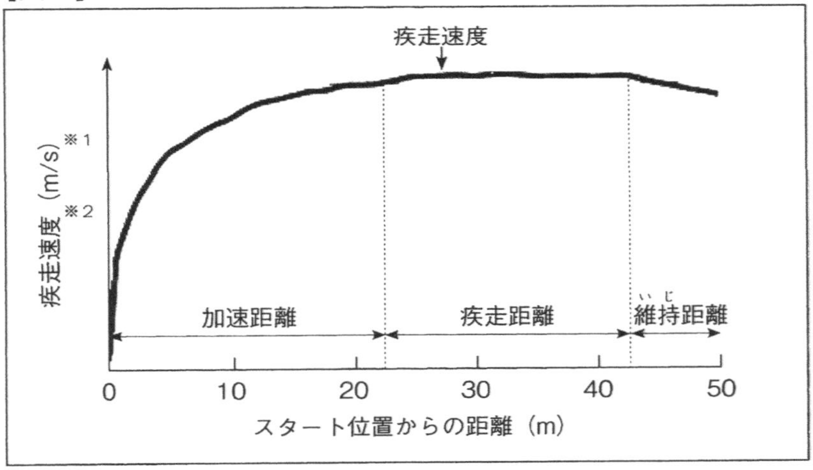

（「体育学研究　疾走速度変化から見た小学生の５０ｍ走における局面構成」をもとに作成）

※１　m/s　・・・・・　１秒間あたり、何ｍ進むかを表している単位。
※２　疾走速度　・・・　走ったときの速さ。

さらに調べていくと、陸上男子１００ｍの日本記録を見つけたので、**【表１】**にまとめました。また、山縣《やまがた》亮《りょう》太《た》選手が日本新記録を出したときの詳細《しょうさい》なデータを見つけたので、**【表２】**にまとめました。

【表１】陸上男子１００ｍの日本記録の移り変わり

年度	記録	選手名	大会名
1968	10秒34	飯島秀雄	メキシコ五輪
1987	10秒33	不破弘樹	東京国際ナイター陸上
1988	10秒28	青戸慎司	四大学対校
1990	10秒27	宮田英明	国民体育大会
1991	10秒20	井上悟	関東学生
1993	10秒19	朝原宣治	国民体育大会
1996	10秒14	朝原宣治	日本選手権
1997	10秒08	朝原宣治	ローザンヌ・グランプリ
1998	10秒00	伊東浩司	バンコクアジア大会
2017	9秒98	桐生祥秀	陸上競技対校選手権
2019	9秒97	サニブラウン アブデル・ハキーム	全米大学選手権
2021	9秒95	山縣亮太	布勢スプリント

（「ＮＨＫスポーツ」をもとに作成）

【表２】山縣選手の１０ｍごとの区間通過タイムと１０ｍごとの区間スピード

名前	ゴールタイム(秒)	最大スピード(m/s)	最大スピードが出た区間(m)	項目	10m	20m	30m	40m	50m	60m	70m	80m	90m	100m
山縣亮太	9.95	11.63	55	時間(秒)	1.84	2.88	3.81	4.70	5.57	6.43	7.29	8.16	9.05	9.95
				速さ(m/s)	5.43	9.62	10.75	11.24	11.49	11.63	11.63	11.49	11.24	11.11

（「ＪＡＡＦ　日本《にほん》陸上《りくじょう》競技《きょうぎ》連盟《れんめい》公式サイト」をもとに作成）

【会話文】

はなこさん：**【図１】**のグラフを見ると、小学生は５０ｍ走の終盤《しゅうばん》は減速していますが、山縣選手が５０ｍ走をしたらどうなるのでしょうか。

たろうさん：実際に５０ｍ走をしたデータは見つからなかったので１００ｍ走の記録のうちの、５０ｍまでを折れ線グラフにしてみましょう。

はなこさん：想像になってしまいますが、その方法でやってみましょう。まずは１０ｍごとの記録をあらわす点をうってみましょう。

たろうさん：０ｍのときの速度は０ｍ／ｓなので、ここに点をうつ必要がありますね。

問題１　**【表２】**のデータをもとに、山縣選手が走った５０ｍまでの記録について、解答用紙の０ｍにある点にならって、１０ｍごとに点をうちなさい。ただし、**点と点は線で結んではいけません**。

【会話文】の続き

はなこさん：グラフにしてみると小学生が走ったときと山縣選手が走ったときの違《ちが》いがよくわかりますね。

たろうさん：**【表２】**にあるように、山縣選手の最大スピードが記録されたのは５５ｍのときとなっているから、５０ｍを走り終えたときはまだ最大スピードではないのですね。

はなこさん：それはすごいですね。小学生が減速しているところを、山縣選手は加速しているのですね。それでは、世界記録を出した選手は、どのような経過で１００ｍを走っているのでしょうか。

たろうさん：では、世界記録の詳細なデータを調べてみます。

次にたろうさんは、陸上男子１００ｍの世界記録が気になったので調べました。調べていくと、ウサイン・ボルト選手とタイソン・ゲイ選手の１０ｍごとの区間通過タイム、区間スピードなどの**【表３】**を見つけました。また、それぞれの選手の、身長や体重、レースの細かい情報などの**【表４】**を見つけました。

【表３】ウサイン・ボルト選手とタイソン・ゲイ選手の
１０ｍごとの区間通過タイムと１０ｍごとの区間スピード

名前	ゴールタイム（秒）	最大スピード（m/s）	最大スピードが出た区間（m）	項目	10m	20m	30m
ウサイン・ボルト	9.58	12.35	65	時間(秒)	1.89	2.88	3.78
				速さ（m/s）	5.29	10.10	11.11
タイソン・ゲイ	9.71	12.20	65	時間(秒)	1.91	2.93	3.85
				速さ（m/s）	5.24	9.80	10.87

【表４】ウサイン・ボルト選手とタイソン・ゲイ選手のレース時の詳細《しょうさい》データ

名前	身長（cm）	体重（kg）	ゴールタイム（秒）	風速（m/s）	速さ（m/s）		
					スタート	最大	最終
ウサイン・ボルト	196	95	9.58	0.9	5.29	12.35	11.98
タイソン・ゲイ	183	73	9.71	0.9	5.24	12.20	11.76

問題２　ウサイン・ボルト選手が１００ｍを走る中で、最も速度の変化が大きかったのは何ｍ～何ｍの間ですか。**１～10**から一つ選び、番号を書きなさい。

1　０～１０ｍ　　**2**　１０～２０ｍ
3　２０～３０ｍ　　**4**　３０～４０ｍ
5　４０～５０ｍ　　**6**　５０～６０ｍ
7　６０～７０ｍ　　**8**　７０～８０ｍ
9　８０～９０ｍ　　**10**　９０～１００ｍ

2022(R4) 横浜サイエンスフロンティア高附属中
K 教英出版

0m	50m	60m	70m	80m	90m	100m
4.64	5.47	6.29	7.10	7.92	8.75	9.58
1.63	12.05	12.20	12.35	12.20	12.05	12.05
4.71	5.55	6.38	7.20	8.03	8.86	9.71
あ)	11.90	12.05	12.20	12.05	12.05	11.76

(「日《に》本《ほん》陸上《りくじょう》競《きょう》技《ぎ》連盟《れんめい》　陸上競技研究紀要」をもとに作成)

ピッチ			ストライド(cm)	
ート	最大	最終	スタート	最大
.29	4.48	4.29	135	275
.57	4.90	4.54	121	248

(「日本陸上競技連盟　陸上競技研究紀要」をもとに作成)

問題３　【表３】中の（　あ　）にあてはまる数値《すうち》を答えなさい。答えがわりきれないときは、小数第三位を四捨五入《ししゃごにゅう》して、小数第二位まで答えなさい。

問題４　次の１～３の文章を読み、文章内の（　い　）～（　え　）にあてはまる数《すう》値《ち》を答えなさい。答えがわりきれないときは、小数第三位を四《し》捨《しゃ》五《ご》入《にゅう》して、小数第二位まで答えなさい。

1　ウサイン・ボルト選手はストライドが広く、身長に対する最大ストライドの割合《わりあい》は（　い　）でした。

2　ウサイン・ボルト選手の最大速度に対する最終速度の割合は（　う　）でした。

3　タイソン・ゲイ選手は、ウサイン・ボルト選手よりもピッチの値《あたい》が大きかったです。しかし、タイソン・ゲイ選手の最大ピッチに対する最終ピッチの割合は（　え　）で、ウサイン・ボルト選手よりも低い数値でした。

このページに問題は印刷されていません。

【適

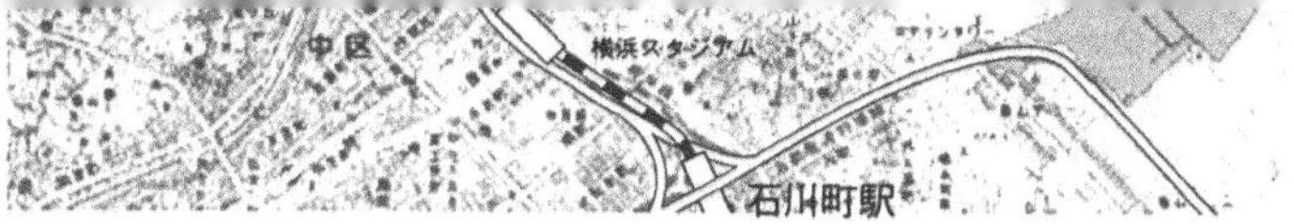

（国土地理院　地理院地図をもとに作成）

問題３	問題４

※ 12点

問題５						
最初の３字			～	最後の３字		
			～			

※ ６点

受検番号	氏　　名

※ 40点

横浜市立横浜サイエンスフロンティア高等学校附属中学校

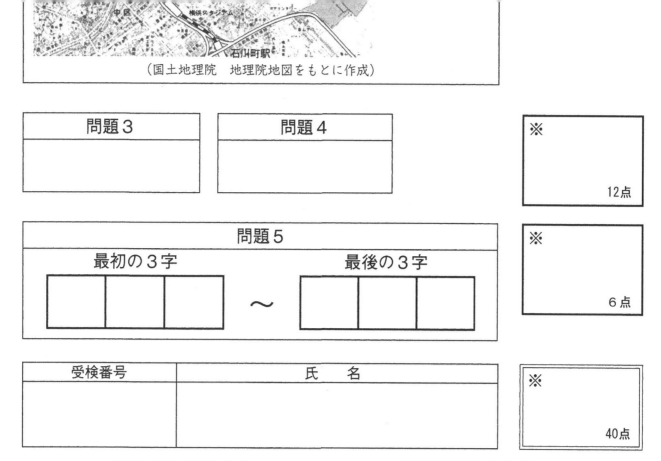

問題7

※6

※7

※8

※9

※10

※11

※12

3

問題1

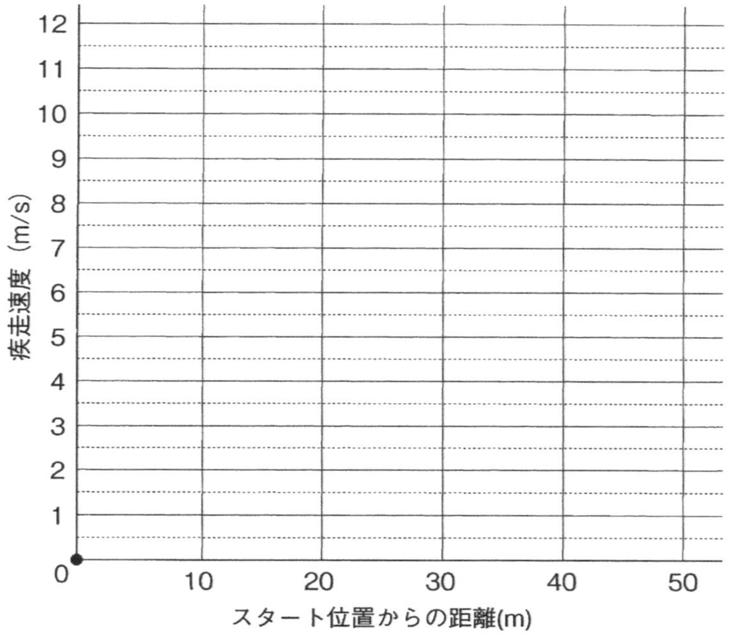

※ 10点

問題2

※ 5点

問題3

※ 10点

問題4

1	2	3

※ 10点

受検番号	氏　　名

※

横浜市立横浜サイエンスフロンティア高等学校附属中学校　※100点満点

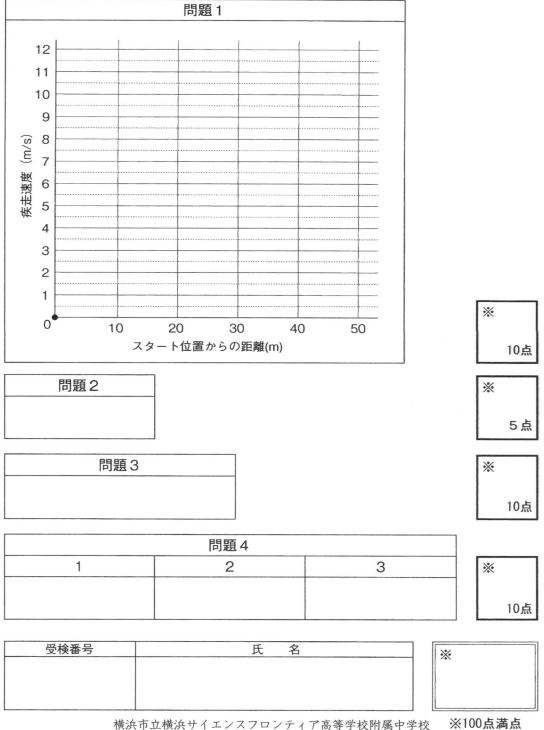

適性検査Ⅱ　解答用紙

※には何も記入しないこと。

1

問題１

※ 10点

問題２		
1	2	3

※ 10点

問題３

※ 10点

2

問題１

※ ５点

問題２

※ 10点

問題３

※ 10点

問題４		
４０°	４５°	６０°

※ 10点

適性検査Ⅰ　解答用紙

受検番号

氏　名

※には何も記入しないこと。

※

60点

問題6

写真①

125

150

写真②

※1

※2

※3

※4

適性検査Ⅰ　解答用紙

※100点満点

※には何も記入しないこと

問題１	
（１）	（２）

※
14点

問題２

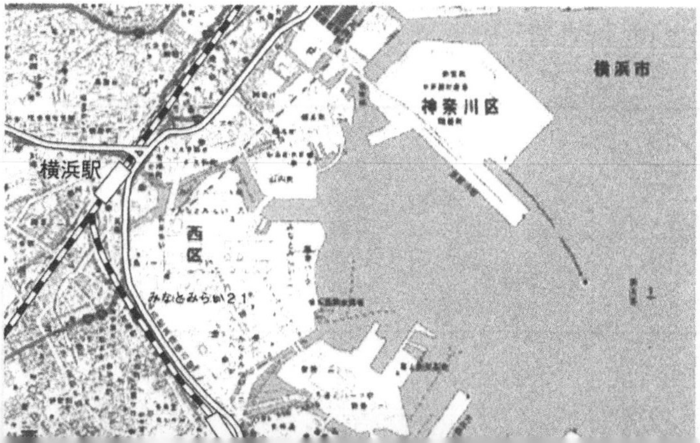

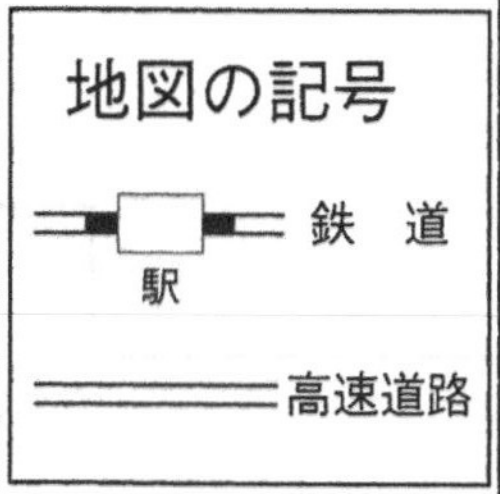

※
８点

【解答用

令和三年度

適性検査Ⅰ

9：00
～
9：45

［注　意］

1　この問題冊子《さっし》は一ページから十八ページにわたって印刷してあります。ページの抜《ぬ》け、白紙、印刷の重なりや不《ふ》鮮明《せんめい》な部分などがないかを確認《かくにん》してください。あった場合は手をあげて監督《かんとく》の先生の指示にしたがってください。

2　解答用紙は二枚《まい》あります。**受検番号と氏名**をそれぞれの決められた場所に記入してください。

3　声を出して読んではいけません。

4　答えはすべて解答用紙に記入し、**解答用紙を二枚とも提出してください。**

5　字ははっきりと書き、答えを直すときは、きれいに消してから新しい答えを書いてください。

6　文章で答えるときは、漢字を適切に使い、丁寧《ていねい》に書いてください。

横浜市立横浜サイエンスフロンティア高等学校附属中学校

1 「地球規《き》模《ぼ》の課題」というテーマの学習をしているみなみさんとりかさんが、会話をしています。次の**【会話文】**を読んで、あとの**問題**に答えなさい。

【会話文】

みなみさん　先日、先生から課題として出された、ＭＤＧｓ（エム・ディー・ジーズ）という言葉について調べてきました。

りかさん　ＳＤＧｓ（エス・ディー・ジーズ）ではなくＭＤＧｓですか。

みなみさん　そうです。ＭＤＧｓは、開発分野における国際社会共通の目標です。これは２０００年の９月にニューヨークで開催《かいさい》された「国連ミレニアム・サミット」で採択《さいたく》された「国連ミレニアム宣言《せんげん》」を基にまとめられたものです。これに参加したのは世界で１８９の国に及《およ》びました。**【資料１】**を見てください。ＭＤＧｓは**【資料１】**のような**「目標」**や**「ターゲット」**が設定されていて、これらの達成期限は２０１５年まででした。

りかさん　ＭＤＧｓが**【資料１】**のような内容になったのはどうしてなのでしょうか。

みなみさん　ＭＤＧｓで示された**「目標」**や**「ターゲット」**は、「一部の国や地域《ちいき》の課題を対象としている」といわれています。まず**【資料１】**の**「ターゲット2-A」**とそれに関係のある**【資料２】**をみて、**【資料２】**の①すべての年代で、世界全体の割合《わりあい》を下回っている国を読み取ってみましょう。

りかさん　複数国あるのですね。

【資料１】ＭＤＧｓの目標とターゲット（抜粋《ばっすい》）

目標	ターゲット
目標１ 極度の貧困《ひんこん》と飢餓《きが》の撲滅《ぼくめつ》	ターゲット１-Ａ ２０１５年までに１日１ドル未満で生活する人口の割合を１９９０年の水準の半数に減少させる
目標２ 普遍《ふへん》的な初等[※1]教育の達成	ターゲット２-Ａ ２０１５年までに、すべての子どもが男女の区別なく初等教育の全課程を修了できるようにする
目標３ ジェンダー[※2]の平等の推進《すいしん》と女性の地位向上	ターゲット３-Ａ ２００５年までに、初等・中等[※3]教育で男女格差の解消を達成し、２０１５年までにすべての教育レベルで男女格差を解消する
目標４ 乳幼児《にゅうようじ》死亡率《しぼうりつ》の削減《さくげん》	ターゲット４-Ａ ２０１５年までに５歳未満児の死亡率を１９９０年の水準の３分の１にまで引き下げる
目標７ 環境《かんきょう》の持続可能性を確保	ターゲット７-Ｃ ２０１５年までに安全な飲料水と衛生施設《しせつ》を継続《けいぞく》的に利用できない人々の割合を半減する

※１初等教育…日本では小学校での教育
※２ジェンダー…性別
※３中等教育…日本では中学校・高等学校での教育

（「国連開発計画駐日《ちゅうにち》代表事務所ウェブページ」をもとに作成）

【資料２】初等教育の学校の就学率《しゅうがくりつ》（％）

	２０００年	２０１０年	２０１２年	２０１５年
韓国《かんこく》	９９．６	９８．２	９８．９	９８．２
キューバ	９６．７	９９．２	９６．９	９２．２
オーストラリア	９４．０	９７．０	９７．５	９７．０
コロンビア	９４．６	９３．６	９１．５	９０．６
ドミニカ共和国	８３．５	８９．３	８６．８	８６．９
セネガル	５７．４	６９．８	７１．７	７１．４
スペイン	９９．８	９９．６	９９．６	９９．４
モザンビーク	５５．２	８６．９	８５．４	８９．１
世界全体	８３．６	８８．９	８９．４	８９．６

（「ワールドデータアトラス」をもとに作成）

みなみさん　次に【資料１】の「ターゲット３-Ａ」とそれに関係のある【資料３】をみてください。表の中から②すべての年代で、就学率《しゅうがくりつ》の男女差が世界全体のそれより大きくなっている国を探《さが》してみましょう。

りかさん　これらの国々は、男女の間で学校に通っている割合《わりあい》に差があるのですね。しかし、１９９７年以降、この男女の就学率の差が縮《ちぢ》まってきている様子も読み取れます。１９９７年～２０１６年までの間に初等教育の学校の男女別就学率の差が最も縮まっている国は【資料３】によると（　　　あ　　　）です。

みなみさん　ではここで【資料２】と【資料３】から読み取った国々を【資料４】で確認してみましょう。
【資料４】は青年海外協力隊が活動している地域《ちいき》です。青年海外協力隊は農林水産業や土木、教育、保健衛生などの分野で、主に発展《はってん》途《と》上国《じょうこく》の人々を支援しています。

りかさん　ほとんどが、青年海外協力隊が活動している国々ですね。そう考えるとＭＤＧｓで示された「目標」や「ターゲット」は発展途上国の課題を対象にしているという見方ができますね。

【資料３】初等教育の学校の男女別就学率（％）

年代	１９９７～２０００＊		２０００～２００４＊		２０００～２００７＊		２０１１～２０１６＊	
性別	男	女	男	女	男	女	男	女
日本	１００	１００	１００	１００	１００	１００	１００	１００
ブルキナファソ	４２	２９	４２	３１	５２	４２	７１	６７
スウェーデン	１００	１００	１００	９９	９５	９５	９９	９９
エチオピア	５３	４１	５５	４７	７４	６９	８９	８２
ブラジル	１００	９４	９８	９１	９４	９５	９２	９３
カンボジア	１００	９０	９６	９１	９１	８９	９４	９６
ニュージーランド	９９	９９	１００	９９	９９	９９	９９	９９
イエメン	８４	４９	８４	５９	８５	６５	９２	７８
世界全体	８５	７８	８５	７９	９０	８６	９０	８９

＊…指定されている期間内に入手できたデータの中で直近の年次のものであることを示す。　　（「世界子供《こども》白書」をもとに作成）

【資料4】青年海外協力隊が活動している地域（国際協力機構　２０１７年１２月）

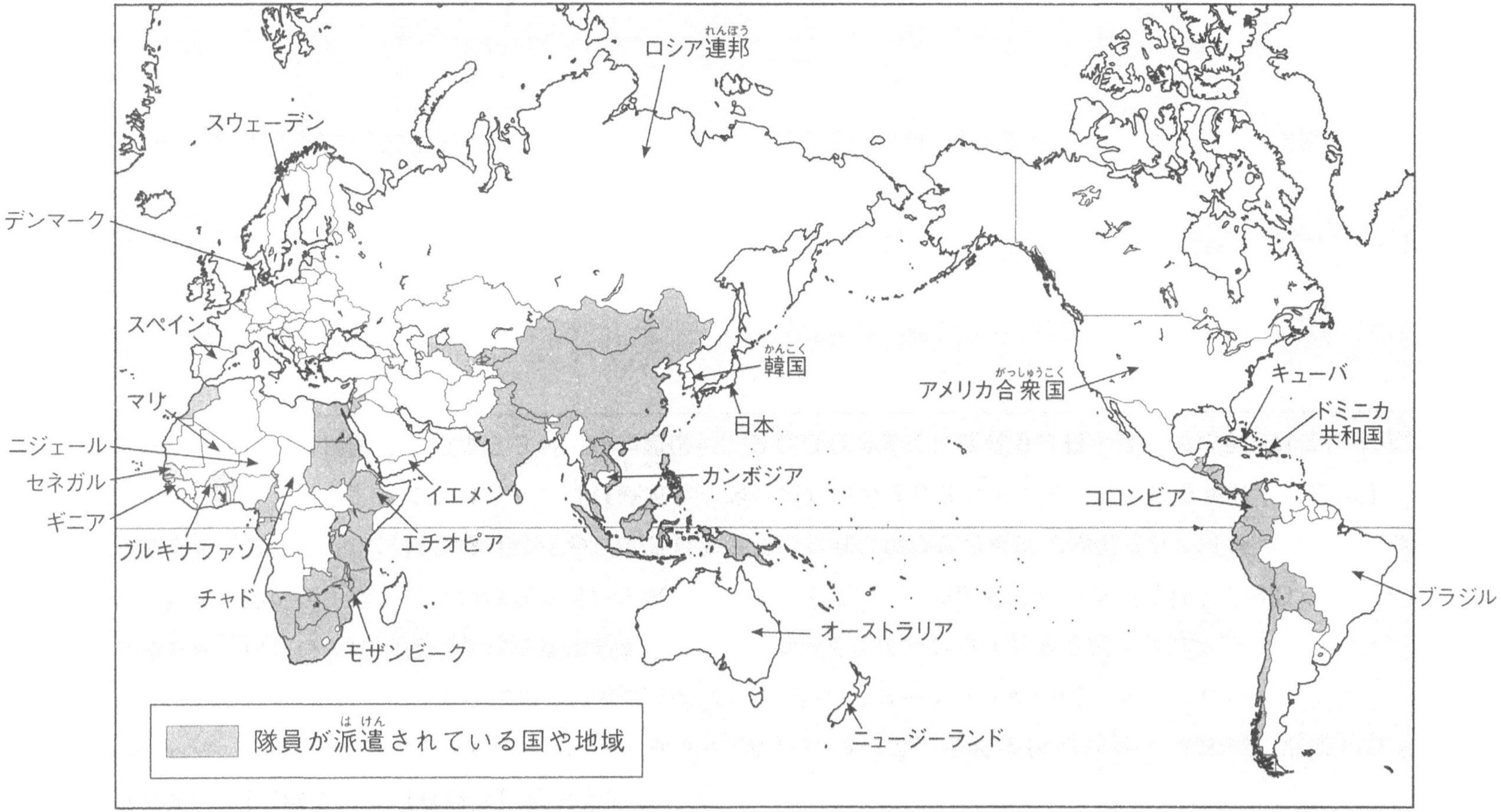

りかさん　その他の「**目標**」や「**ターゲット**」に関する資料はありますか。

みなみさん　**【資料５】**と**【資料６】**があります。

りかさん　これらの資料を見ると「**ターゲット１-Ａ**」について、世界全体の割合《わりあい》では達成されていますが、（　　い　　）の地域《ちいき》では達成されていません。「**ターゲット４-Ａ**」については、（　　う　　）。

みなみさん　ＭＤＧｓは、達成された目標も未達成の目標もある中で、２０１５年を迎《むか》えました。

りかさん　その後、ＭＤＧｓの結果や新たな課題をふまえて設定された国際社会共通の目標が、ＳＤＧｓですね。

みなみさん　ＳＤＧｓは、ＭＤＧｓに代わって２０１５年の９月に国際連合本部で開催《かいさい》された「国連持続可能な開発サミット」でまとめられた「持続可能な開発のための２０３０アジェンダ」に書かれたものです。そこには、国際連合の１９３か国の加盟《かめい》国が、２０３０年までに達成を目指す目標が提示されています。

【資料５】１日１ドル未満で過ごす人の割合

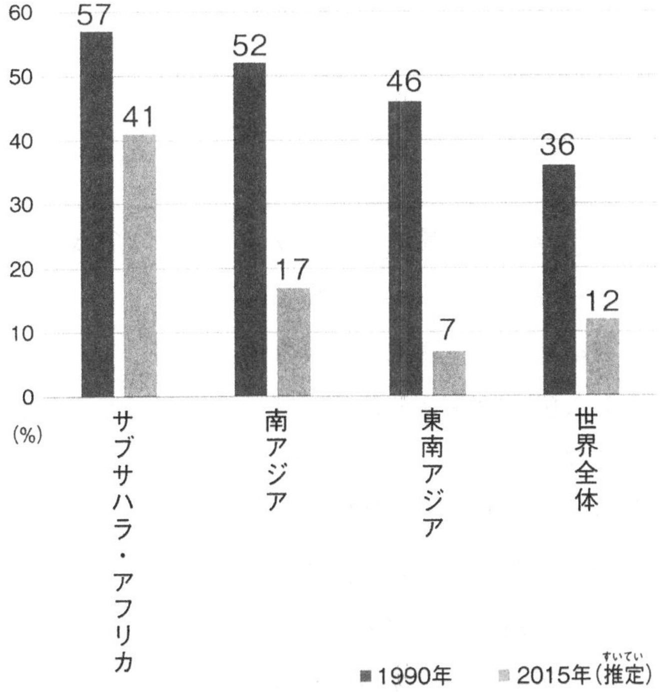

(「２０１５年版開発協力白書」をもとに作成)

【資料６】５歳未満児死亡《しぼう》数

(生まれた子ども1，０００人に対しての乳幼児《にゅうようじ》の死亡数)

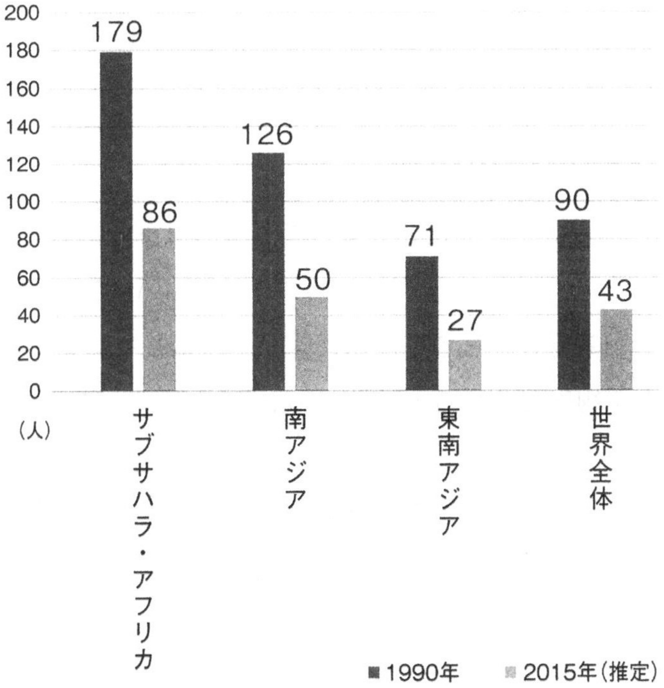

(「２０１５年版開発協力白書」をもとに作成)

みなみさん　【資料７】は２０１９年の６月に発表されたもので、ＳＤＧｓで掲《かか》げられた目標とそれぞれの国の達成度が表されています。

りかさん　興味深いですね。それぞれの国の達成度を見ると日本は４つ、韓国《かんこく》は３つ、アメリカ合衆国《がっしゅうこく》は７つ、デンマークは２つが（　　え　　）になっていますね。

みなみさん　目標別にみて興味深いものはありますか。

りかさん　「４　質の高い教育をみんなに」の最も達成度の高い国は[A]で、「１４　海の豊かさを守ろう」では[B]です。目標によって、各国の達成度には違《ちが》いが出ていますね。この資料全体を見ると最も達成度の高い国は[C]だといえますね。

みなみさん　そうですね。世界それぞれの国でさまざまな課題があるのですね。ＳＤＧｓは、ＭＤＧｓで期限までに解決できなかった課題を、対象や範囲《はんい》を広めつつ置《お》き換《か》えたものです。その課題を２０３０年までには達成し、世界の人々がともに豊かに暮《く》らせるようになれたらいいですね。

りかさん　ＳＤＧｓをもっと学習し、わたしたちができることは何かを考え行動していきたいです。

【資料7】ＳＤＧｓの目標とその達成度（２０１９年）

	1 貧困《ひんこん》をなくそう	2 飢餓《きが》をゼロに	3 すべての人に健康と福祉《ふくし》を	4 質の高い教育をみんなに	5 ジェンダー平等を実現しよう	6 安全な水とトイレを世界中に	7 エネルギーをみんなにそしてクリーンに	8 働きがいも経済《けいざい》成長も	9 産業と技術革新《かくしん》の基盤《きばん》をつくろう	10 人や国の不平等をなくそう	11 住み続けられるまちづくりを	12 つくる責任つかう責任	13 気候変動に具体的な対策《たいさく》を	14 海の豊かさを守ろう	15 陸の豊かさも守ろう	16 平和と公正をすべての人に	17 パートナーシップで目標を達成しよう
日本	△	▼	△	○	×	△	▼	△	○	▼	▼	×	×	▼	▼	△	×
韓国	△	▼	▼	△	×	▼	▼	△	△	▼	△	▼	×	▼	▼	△	×
アメリカ合衆国	▼	×	▼	△	×	△	▼	△	▼	×	▼	×	×	△	△	×	×
デンマーク	○	▼	△	△	△	△	△	△	△	○	▼	×	▼	×	△	○	△

※○△▼×…○が「達成している」△は「課題が残っている」▼は「重要課題」×は「最大の課題」

（「サステナブル・ディベロップメント・レポート２０１９」をもとに作成）

問題１　【会話文】中の①______線にあてはまる国を次のア～クからすべて選び、記号を書きなさい。

ア　韓国《かんこく》　　イ　キューバ　　ウ　オーストラリア　　エ　コロンビア
オ　ドミニカ共和国　　カ　セネガル　　キ　スペイン　　ク　モザンビーク

問題２　【会話文】中の②______線にあてはまる国を次のア～クからすべて選び、記号を書きなさい。

ア　日本　　イ　ブルキナファソ　　ウ　スウェーデン　　エ　エチオピア
オ　ブラジル　　カ　カンボジア　　キ　ニュージーランド　　ク　イエメン

問題３　【会話文】中の（　あ　）にあてはまる国を次のア～クから一つ選び、記号を書きなさい。

ア　日本　　イ　ブルキナファソ　　ウ　スウェーデン　　エ　エチオピア
オ　ブラジル　　カ　カンボジア　　キ　ニュージーランド　　ク　イエメン

問題４　【会話文】中の（　い　）にあてはまるものの組み合わせとして最も適切なものを次のア～エから一つ選び、記号を書きなさい。

ア　サブサハラ・アフリカ、南アジア、東南アジア
イ　南アジア、東南アジア
ウ　南アジア
エ　サブサハラ・アフリカ

問題５　【会話文】中の（　う　）にあてはまる文を次の**ア**～**エ**から一つ選び、記号を書きなさい。

ア　すべての地域《ちいき》で、達成しています
イ　すべての地域で、達成していません
ウ　世界全体の割合《わりあい》では、達成していませんが、東南アジアでは達成しています
エ　サブサハラ・アフリカのみ、達成していません

問題６　【会話文】中の（　え　）にあてはまる文を次の**ア**～**エ**から一つ選び、記号を書きなさい。

ア　「達成している」
イ　「課題が残っている」
ウ　「重要課題」
エ　「最大の課題」

問題７　【会話文】の［　A　］～［　C　］にあてはまる国の組み合わせとして最も適切なものを次の**ア**～**カ**から一つ選び、記号を書きなさい。

ア	［　A　］：日本	［　B　］：韓国	［　C　］：アメリカ合衆国《がっしゅうこく》
イ	［　A　］：韓国	［　B　］：デンマーク	［　C　］：アメリカ合衆国
ウ	［　A　］：日本	［　B　］：アメリカ合衆国	［　C　］：韓国
エ	［　A　］：韓国	［　B　］：デンマーク	［　C　］：日本
オ	［　A　］：日本	［　B　］：アメリカ合衆国	［　C　］：デンマーク
カ	［　A　］：韓国	［　B　］：アメリカ合衆国	［　C　］：デンマーク

問題８　次の【条件】に従《したが》い、「地球規模《きぼ》の課題」について文章を書きなさい。

【条件】

・３００字以上３６０字以内で書くこと。

・次の【構成】でそれぞれ一つずつ段落《だんらく》をつくること。

【構成】

[1]		[2]		[3]
世界の中で特に課題のある地域《ちいき》とその課題	→	行われた対策《たいさく》と成果	→	【会話文】や【資料１】～【資料１０】を通してあなたが考えたこと

・【構成】[1]と【構成】[2]は次のページの【資料８】～【資料１０】をもとにまとめること。【構成】[3]は、【会話文】や【資料１】～【資料１０】をもとにまとめること。

・一マスに書き入れることのできる文字は、一文字のみとする。（数字やアルファベットも同様とする。句読点が次の行の一マス目にくる場合は、前の行の文末に句読点を書き入れることとする。）

＜書き方の例＞

２	０	２	１	年	Ｍ	Ｄ	Ｇ	ｓ	を	８	３	．	５	％	調	べ	ま	し	た。

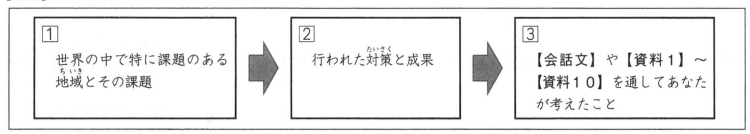

【資料８】初等教育における非就学児《ひしゅうがくじ》の割合《わりあい》（２０１１～２０１６＊）

単位：％

	男子	女子
アメリカ合衆国《がっしゅうこく》	６	５
イエメン	８	２２
オーストラリア	３	３
ギニア	１６	２８
キューバ	８	８
コロンビア	７	７
スペイン	１	０
チャド	１１	３１

	男子	女子
デンマーク	１	１
ニジェール	３２	４２
日本	０	０
ブラジル	６	５
ブルキナファソ	２９	３２
マリ	３６	４３
モザンビーク	９	１３
ロシア連邦《れんぽう》	３	２
世界全体	８	９

＊指定されている期間内に入手できたデータの中で直近の年次のものであることを示す。

（「世界子供《こども》白書２０１７」をもとに作成）

【資料９】識字率※4（国際比較《ひかく》）（２０１５）

単位：％

順位	国	男性	女性
１	ニジェール	２７．３	１１．０
２	ギニア	３８．１	２２．８
３	ブルキナファソ	４３．０	２９．３
４	マリ	４８．２	２９．２
５	チャド	４８．５	３１．９

男性の識字率下位５か国

※４　識字率・・・文字の読み書きができる人の割合

（総務省「世界の統計２０１６」をもとに作成）

【資料１０】

ユニセフは、ブルキナファソ政府とともに、２０２１年までにすべての子どもが小学校に通い、初等教育を修了《しゅうりょう》できることを目指しています。ユニセフのこれまでの支援《しえん》や、ブルキナファソ政府が３歳《さい》から１６歳の公立学校の費用を無償化《むしょうか》したことで、子どもたちの就学状況には着実に成果が出ています。小学校の就学率は２０００年の４４％から２０１９年には８９．５％にまで大きく改善《かいぜん》され、女子の就学率（８９．９％）が男子の就学率（８９．１％）を超《こ》えるなど、男女の教育格差の解消に向けた前進も見られます。

（日本ユニセフ協会ウェブページより一部引用）

2 みなみさんは、「ものごとが〝進歩すること〟や〝発展《はってん》すること〟」
・について興味を持ち、ある本を読みました。みなみさんが集めた次の
【資料】《①》《②》の資料を読んで、あとの問題に答えなさい。

【資料】

《①》

技術とは、テクノロジィである。ほかの日本語でいうと、「工学」になる。普通《ふつう》の人は、この技術というものを、難《むずか》しいことに挑《いど》むものだと※1認識《にんしき》しているが、実はまったく反対で、できるかぎり簡単《かんたん》に、失敗がないように、誰《だれ》にでもできる工夫をすることなのだ。

技術を手に持っている人を「達人」などと言ったりする。素人《しろうと》にはできないことをいとも簡単にやってのける。それが「技《わざ》の冴《さ》え」だとみんなは信じてしまう。しかし、実はそれはほんの一部の、いうなれば、マスコミ向け、取材向け、一般客《いっぱんきゃく》向けの※2パフォーマンスであって、本当の技の基本はそこにあるわけではない。

技の基本というのは、そういった綱渡《つなわた》り的な「離《はな》れ技」ではない。まったくその反対で、非常に回り道をして、確実で精確《せいかく》で、何度やっても同じ結果が出るという、安全な道の選択《せんたく》にある。したがって、「技術を磨《みが》く」というのは、そういったより安全な道を模索《もさく》することなのだ。

ある少数の人にだけ可能な作業というのは、つまりは技が洗練《せんれん》されていない、技術が遅《おく》れている分野だともいえる。技術が遅れるのは、新しい簡単な方法を模索していないからだが、それは※3需要《じゅよう》が小さく、競争相手もなく、そんなに売れない商品だから、作る人間も減り、進歩をしない伝統工芸に留まってしまった、ともいえる。

一方で、それに需要があって、競争が激《はげ》しくなれば、どんどん簡単な方法を編み出さなければ生き残れない。早く精確に作ることも重要だが、最も大事なことは、誰がやっても同じ結果が出る方法だ。その技が編み出さ

れれば、大勢で大量生産ができる。そのうち人間がいなくても機械で作ることが可能になる。こうしたときに、その技術が成熟《せいじゅく》する。

たしかに、見た目には、ロボットが作っていて、人間では到底《とうてい》真似《まね》ができないような方法に見えるのだが、ロボットは、数値《すうち》で設定されて動いているわけで、その数値は人が教えたものだ。数値でやり方が表せる、数値さえわかれば誰にでも再現できる。ここが「簡単だ」といっている部分であって、技術はそれを目指しているのである。

危なっかしい方法で、ちょっと気を許すと失敗してしまう、精神統一し、息を止めてやらないとできない、といった作業、これは[A]ではなく、[B]の世界になる。

機械に数値では教えられないもの、それは[C]ではなく[D]である。

《②》

人間の文明をざっと眺《なが》めてみると、もちろん技術がどんどん発展していることはまちがいないのだが、個別のジャンルに目を向けると、ある時期に最盛期《さいせいき》を迎え、その後は勢いがなくなって、ついには技術そのものが失われている、という場合がある。

大まかな見方をすると、機械的なものの設計は、二十世紀前半にピークがあったように見える。いわゆる「メカ」の時代である。さらに百年くらいまえに現在ある乗り物や各種の機械類のほとんどが発想され、それが洗練され、成熟した時代だったと思う。

その後は、電子技術が台頭《たいとう》してくる。これによって、複雑な機械を設計しなくても、電子制御《せいぎょ》によって目的が比較的《ひかくてき》簡単に、しかも高精度に達成されるようになった。たとえば、かつては、レジスタという機械があって、商店などで使われていた。機械というのは、つまり歯車で動くような絡繰《からく》りである。その仕掛《しか》けを設計した頭脳《ずのう》は、実に素晴らしいもので、天才的だと思える。これが、今はすべてデジタルになって、コンピュータが肩代《かたが》わりしている。多くのメカが※4淘汰《とうた》され消えてしまった。

こういった技術を※5傍観《ぼうかん》すると、かつては※6幾何学《きかがく》的な発想から生まれたアイデアが、今ではすべて※7代数《だいすう》的に解決するようになったかに見える。数学でこれを経験した人は多いだろう。幾何の問題を解くには、ちょっとしたセンスというか※8インスピレーションが必要だが、それを※9座標《ざひょう》に置《お》き換《か》え、代数《だいすう》的に解けば、誰《だれ》でもただ計算をするだけで解決に至《いた》る。現在のコンピュータを使った設計というのは、こういった「発想いらずの簡単さ」「ごり押《お》しで計算させれば良い」といった思想に基づいている。かつては、「そんな面倒《めんどう》な計算を」と消極的だったものも、どんどんコンピュータの処理《しょり》能力が高まり、記憶容量《きおくようりょう》が爆発《ばくはつ》的に大きくなったおかげで、なんの問題もなくなってしまった。

つまり、**現在の技術というのは、少々洗練《せんれん》されていなくても、最適ではなくても、答が出れば良い、といった「醜《みにく》さ」を抱《かか》えているのだ。**それを抱えていても動く、という点が「力づく」なのである。理論がなくても、※10収束《しゅうそく》計算で※11近似解《きんじかい》が得られる、みたいな。

はたして、人間は[E]なっているのだろうか？

百年くらいまえの機械技術は、今ではもう誰も理解できないくらい難《むずか》しく、既《すで》にそれを再現できなくなっている。簡単なおもちゃも、もう作れない。計算器も計測器も、もうあの頃《ころ》の水準《すいじゅん》には戻《もど》れない。たとえば、歯車式の時計を直せる人も少なくなっている。

はたして、人間は[F]なっているのだろうか？

（森《もり》　博嗣《ひろし》『素直に生きる100の講義』より。一部省略やふりがなをつけるなどの変更《へんこう》があります。）

[注]

※1 認識《にんしき》……ある物事を知り、その本質・意義などを理解すること。

※2 パフォーマンス……人目を引くためにする行為《こうい》。

※3 需要《じゅよう》……あるものを必要として求めること。

※4 淘汰《とうた》……不必要なもの、不適当なものを除《のぞ》き去ること。

※5 傍観《ぼうかん》……その物事に関係のない立場で見ていること。

※6 幾何学《きかがく》的……図形や空間の性質を研究する数学の一部門に関連があるさま。

※7 代数《だいすう》……数の代わりに文字を用い、計算の法則・方程式の解法などを主に研究する数学の一部門。

※8 インスピレーション……創作《そうさく》・思考の過程で瞬間的に浮かぶ考え。ひらめき。

※9 座標《ざひょう》……点の位置を表す数、または数の組。

※10 収束《しゅうそく》……変数の値《あたい》が、ある数に限りなく近づくこと。

※11 近似解《きんじかい》……よく似ている答え。

問題1　みなみさんが見つけた【資料】《①》と《②》について、A～Fにあてはまる言葉の組み合わせとして適切なものを次のア～エから一つ選び、記号を書きなさい。

ア　A 芸術　B 技術　C 芸　D 技　E 賢《かしこ》く　F 器用に

イ　A 芸術　B 技術　C 芸　D 技　E 器用に　F 賢く

ウ　A 技術　B 芸術　C 技　D 芸　E 賢く　F 器用に

エ　A 技術　B 芸術　C 技　D 芸　E 器用に　F 賢く

問題2　みなみさんが見つけた【資料】の《①》と《②》についてりかさんは次のようにまとめました。ア～カの文章が【資料】の《①》と《②》のいずれも又はいずれかの内容に合致《がっち》していれば↓○を【資料】の《①》と《②》のいずれの内容にも合致していない場合には↓×をそれぞれ書きなさい。

ア　技の基本にとって最も大事なことは、早く精確《せいかく》に作る方法だ。

イ　人間の文明は全てのジャンルでまちがいなくどんどん発展《はってん》している。

ウ　人間では到底《とうてい》真似《まね》ができないように見えるロボットの動きは、設定された数値《すうち》がわかれば誰《だれ》にでも再現できる。

エ　素人《しろうと》にはできないことを簡単《かんたん》にやってのける達人の技というのは、洗練《せんれん》され、技術が進んだ分野である。

オ　歯車で動くような絡繰《からく》りものの設計は、今は全てデジタルになってコンピュータが行っている。

カ　電子制御《せいぎょ》によって目的が比較《ひかく》的たやすく高精度に達成されるようになったのは、電子技術の台頭《たいとう》によるものだ。

令和３年度

適性検査Ⅱ

１０：１５～１１：００

注　意

1　問題は[1]から[3]まであり、この問題冊子《さっし》は１ページから２６ページにわたって印刷してあります。**ページの抜《ぬ》け、白紙、印刷の重なりや不鮮明《ふせんめい》な部分などがないかを確認《かくにん》してください。あった場合は手をあげて監督《かんとく》の先生の指示にしたがってください。**

2　**受検番号**と**氏名**を解答用紙の決められた場所に記入してください。

3　答えはすべて解答用紙に記入し、**解答用紙だけを提出してください。**

4　声を出して読んではいけません。

5　計算が必要なときは、この問題用紙の余白を利用してください。

6　字ははっきりと書き、答えを直すときは、きれいに消してから新しい答えを書いてください。

7　問題用紙、解答用紙を切ってはいけません。

横浜市立横浜サイエンスフロンティア高等学校附属中学校

1 はなこさんとたろうさんは、「持続可能な開発目標（Ｓｕｓｔａｉｎａｂｌｅ Ｄｅｖｅｌｏｐｍｅｎｔ Ｇｏａｌｓ、略称《りゃくしょう》はＳＤＧｓ）」を自由研究のテーマにすることにしました。１７ある目標のうち１３番目にあげられている「気候変動に具体的な対策《たいさく》を」について資料を探《さが》し、**【資料１】**、**【資料２】**、**【資料３】**、**【資料４】**をまとめました。

【資料１】見つけた資料をまとめたもの「気候変動について」

　２０１９年スペインで※1ＣＯＰ２５が開催《かいさい》されました。ここで話し合われた内容には、地球温暖《おんだん》化問題がふくまれています。科学者が果たせる重要な役割《やくわり》として、人間活動による温室効果ガス濃度《のうど》の上昇《じょうしょう》を明らかにすることが考えられます。また、将来《しょうらい》の温室効果ガス濃度の予測、それによる気候変動の予測をすることも大切です。

　１９５０年代に温室効果ガスの１つである二酸化炭素の濃度の観測が開始され、現在では地球全体で行われています。気象庁《きしょうちょう》によると日本の南鳥島では１９９３年の二酸化炭素濃度の平均値《へいきんち》は３５８.３※2ｐｐｍであったものが、２０１９年には４１２.２ｐｐｍと報告されています。

　温室効果ガスと気候はたがいに影響《えいきょう》をあたえ合うので、将来の予測のためには現在の温室効果ガス濃度の上昇や人間活動によって排出《はいしゅつ》される温室効果ガスの量の把握《はあく》だけでは不十分です。過去の温室効果ガスの変動と気候変動の関係を明らかにすることが必要不可欠です。

（東北大学大学院理学研究科大気海洋変動観測研究センターのウェブページより作成）

【資料２】見つけた資料をまとめたもの「氷床《ひょうしょう》※3コアについて」

　過去に起きた気候変動の復元と同時に、温室効果ガスの成分の変動を復元できる方法が氷床コア分析《ぶんせき》です。氷床とは、南極やグリーンランドで降り積《つ》もった雪が固まってできた、大地を広く覆《おお》う厚い氷です。雪が降り積もり、※4自重で圧縮《あっしゅく》され氷へ変化します。このとき、雪の隙間《すきま》にあった空気が氷の中に取り込《こ》まれ、過去の空気が保存されます。氷床コア分析は、過去の空気を氷の中から取り出して、直接分析する方法です。

　日本では氷床コアを研究するため、南極の「ドームふじ基地」で氷床コアの採取《さいしゅ》を行っています。

（東北大学大学院理学研究科大気海洋変動観測研究センターのウェブページより作成）

【資料3】見つけた資料をまとめたもの「ドームふじ基地と氷床コアについて」

【図1】南極大陸でのドームふじ基地の位置と断面図（あ ― い）

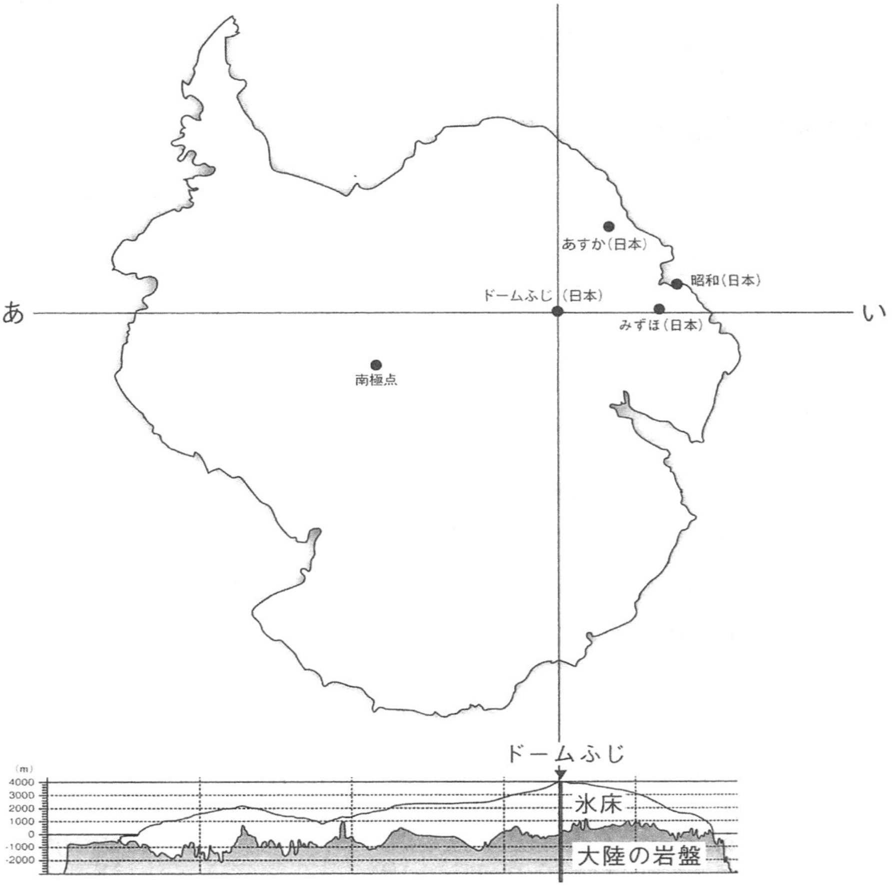

【図2】氷床コア

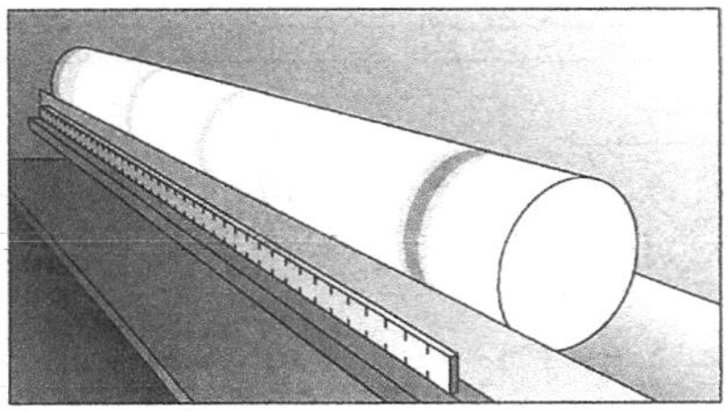

（国立極地研究所のウェブページより作成）

※1　ＣＯＰ２５・・・気候変動枠組《わくぐみ》条約の第２５回締約《ていやく》国会議

※2　ｐｐｍ・・・・・全体の量を１００万としたとき、その中にふくまれる
ものの量がいくつであるかを表すことば

※3　コア・・・・・・地層《ちそう》や氷床をドリルなどでくり抜《ぬ》いて採取したサンプル

※4　自重・・・・・・自分自身の重さ

【会話文】

たろうさん：「ドームふじの氷床《ひょうしょう》コア分析《ぶんせき》」を調べていると、【図３】を見つけました。氷床をくり抜《ぬ》いた深さと、氷床ができた年代との関係を表した資料です。

はなこさん：【図３】を見てみると、くり抜いた深さを基準にしているようなので左側の軸《じく》の目盛《めも》りは等間隔《とうかんかく》ですが、右側の軸の目盛りはそうではないようですね。

たろうさん：右側の軸の年代は目盛りの幅《はば》が不規則に見えますね。年によって降《ふ》る雪の量が違《ちが》うからなのでしょうか。

はなこさん：資料を理解するために【図３】をもとに、グラフをつくってみたいですね。①くり抜いた深さ５００ｍごとに区切って、何年分の氷床であるかを表すグラフをつくってみましょう。

たろうさん：もうひとつ、視点《してん》を変えて②５万年ごとに区切って、氷床の厚さを表すグラフをつくってみましょう。

はなこさん：つくったグラフをみると規則性がみえてきましたね。

たろうさん：【図３】からは（　う　）なっていることがよみとれますね。

はなこさん：確かにそうですね。グラフの表し方で、みえ方がずいぶん変わりましたね。

たろうさん：次は、過去の南極の環境《かんきょう》を知りたいので調べてきますね。

【図３】

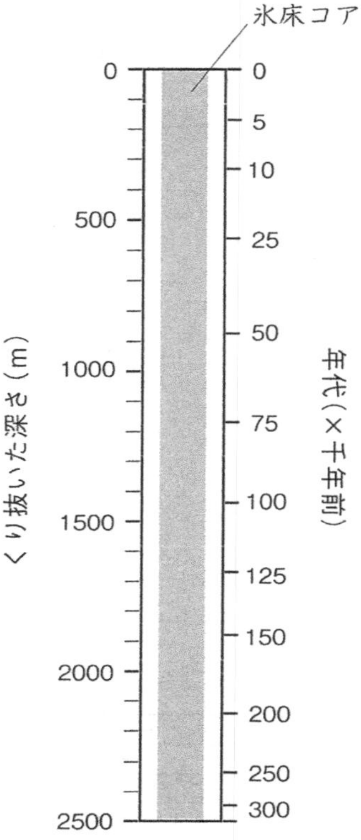

（Journal of Geographyより作成）

【適

問題1　**【会話文】**中の＿＿線①、＿＿線②について、はなこさんの提案で作成したグラフとして最も適切なものを、次の**1**～**6**からそれぞれ一つずつ選び、番号を書きなさい。

1

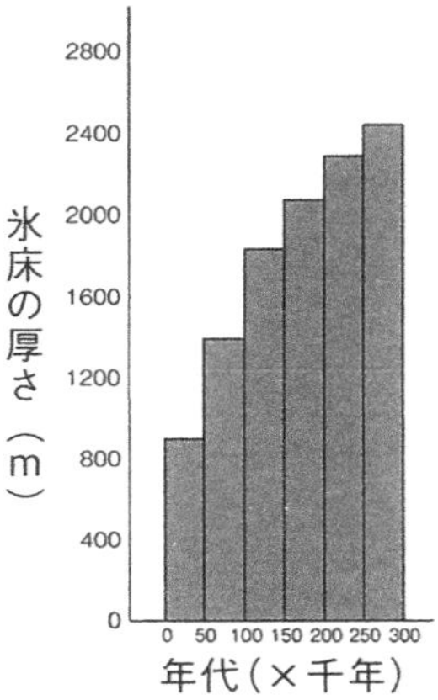

2

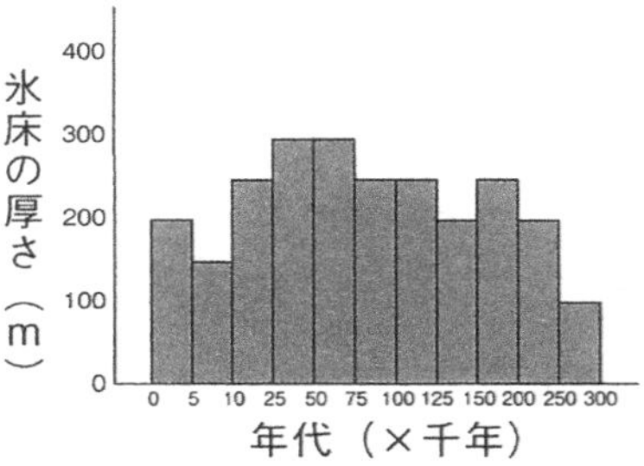

3

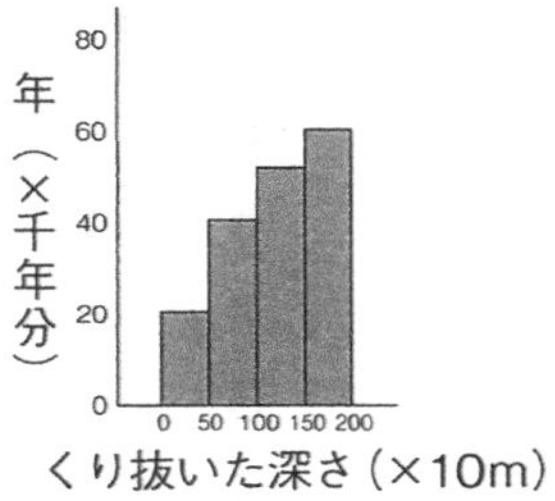

4

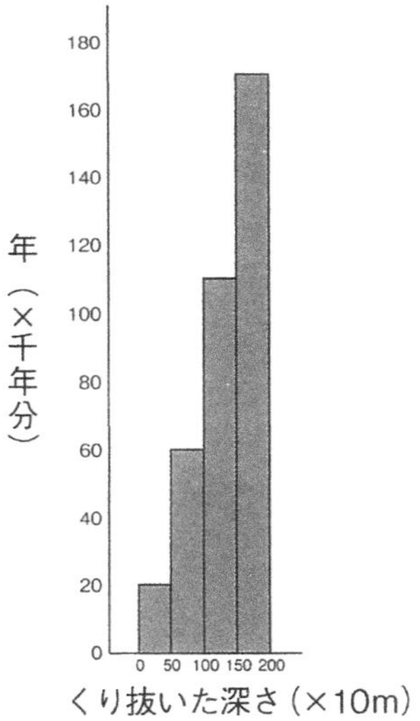

5

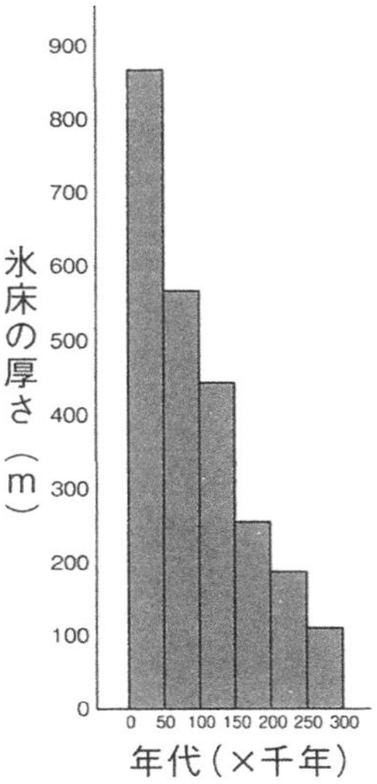

6

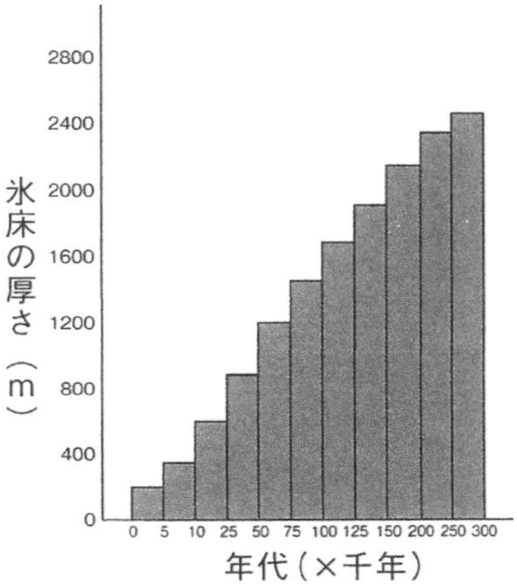

問題２　文章中の（　う　）に、最もよくあてはまることばについて、次の語群からことばを４つ選んで意味の通る順番に並《なら》べ、それらの**番号を順番通り**に書きなさい。

語群

1　５万年ごとの
2　５００mごとの
3　氷床《ひょうしょう》の年代は
4　氷床の厚さは
5　新しいものほど
6　古いものほど
7　大陸の岩盤《がんばん》の熱で
8　地表を吹《ふ》く冷たい風で
9　雪が多く
10　雪が少なく
11　薄《うす》く
12　溶《と》けやすく
13　溶けにくく

このページに問題は印刷されていません。

たろうさんは南極ドームふじの氷床《ひょうしょう》コアからわかる過去の気温について調べて、【資料４】をまとめ、**はなこさん**にわたしました。しかし、【図４】では縦軸《たてじく》が表す言葉や単位もなく、文章の一部が汚《よご》れて読めなくなっていました。

【資料４】たろうさんがまとめた資料

【図４】

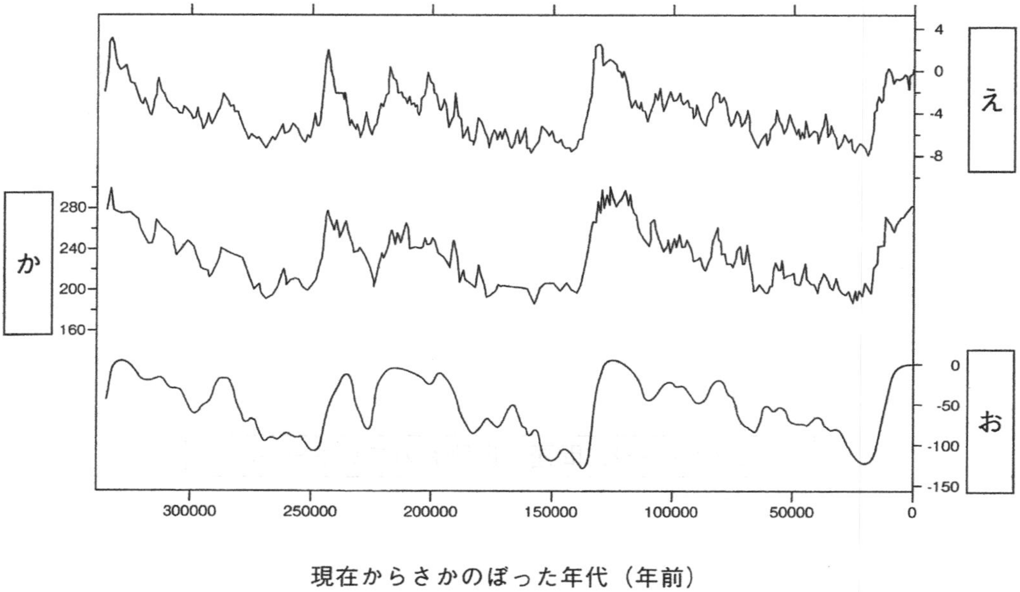

【図４】は、南極のドームふじの氷床コアから得た過去７２万年の中の３４万年にわたる　濃度《のうど》、その他の海底コア研究から得られている　とを比較《ひかく》したものです。

過去３４万年の間には、温暖《おんだん》かつ海水面が現在と同じくらいの「間氷期《かんぴょうき》」が現在をふくめて何度かあり、それ以外の時期の大部分は寒冷な「氷期」だったことがわかります。二酸化炭素濃度は、間氷期に高い状態で、氷期に低い状態であることから、南極の気温と温室効果ガス濃度は関係していたことがわかります。また、氷期から間氷期に向かって気温が上昇《じょうしょう》するとき、二酸化炭素濃度は上昇していることがわかります。さらに、気温が上昇した後、海水面は上昇していることがわかります。

（東北大学大学院理学研究科大気海洋変動観測研究センターのウェブページより作成）

問題３　【図４】のグラフの縦軸が何を表しているのかえ～かにあてはまるものを、次の１～６から選び、それぞれ番号を書きなさい。同じ番号を解答らんに書いてはいけません。え、おは現在の値《あたい》を基準としています。

１　南極の気温の変動（℃）

２　大気中の二酸化炭素濃度（ｐｐｍ）

３　大気中の酸素濃度（ｐｐｍ）

４　氷床の厚さの変動（ｍ）

５　海水面の変動（ｍ）

６　大気中のオゾン濃度（ｐｐｍ）

このページに問題は印刷されていません。

2　たろうさんとはなこさんは、大きな白い発泡《はっぽう》スチロールのかたまりから切り出した**【図１】**の四角柱について考えています。次の**【会話文】**を読み、あとの問題に答えなさい。

【図１】

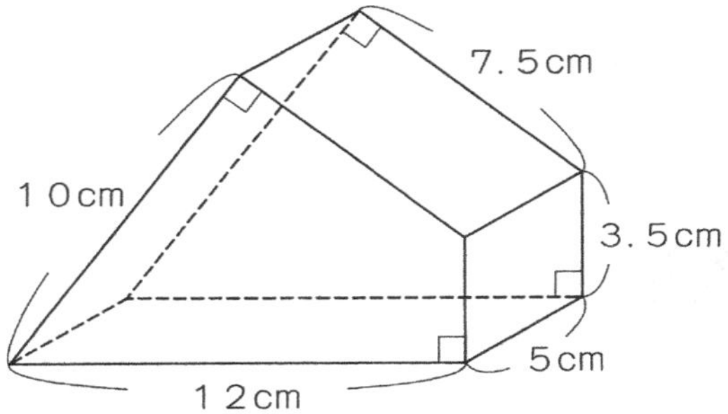

【会話文】

たろうさん：底面に特徴《とくちょう》のある四角柱ですね。

はなこさん：この四角柱の底面は、直角が２つだけで、残りの角は直角ではない四角形になっていますね。

たろうさん：この四角形を**底面の四角形**とよぶことにしましょう。

はなこさん：わかりやすいように、**底面の四角形**すべてを赤く、側面すべてを青くぬってみましょう。

問題１　赤くぬった面の面積と青くぬった面の面積の比を最も簡単《かんたん》な整数の比で表しなさい。

【会話文】の続き

たろうさん：ところで、こんな資料をみつけました。【資料１】を見てください。

【資料１】※１等脚《とうきゃく》台形を長方形に形を変える方法

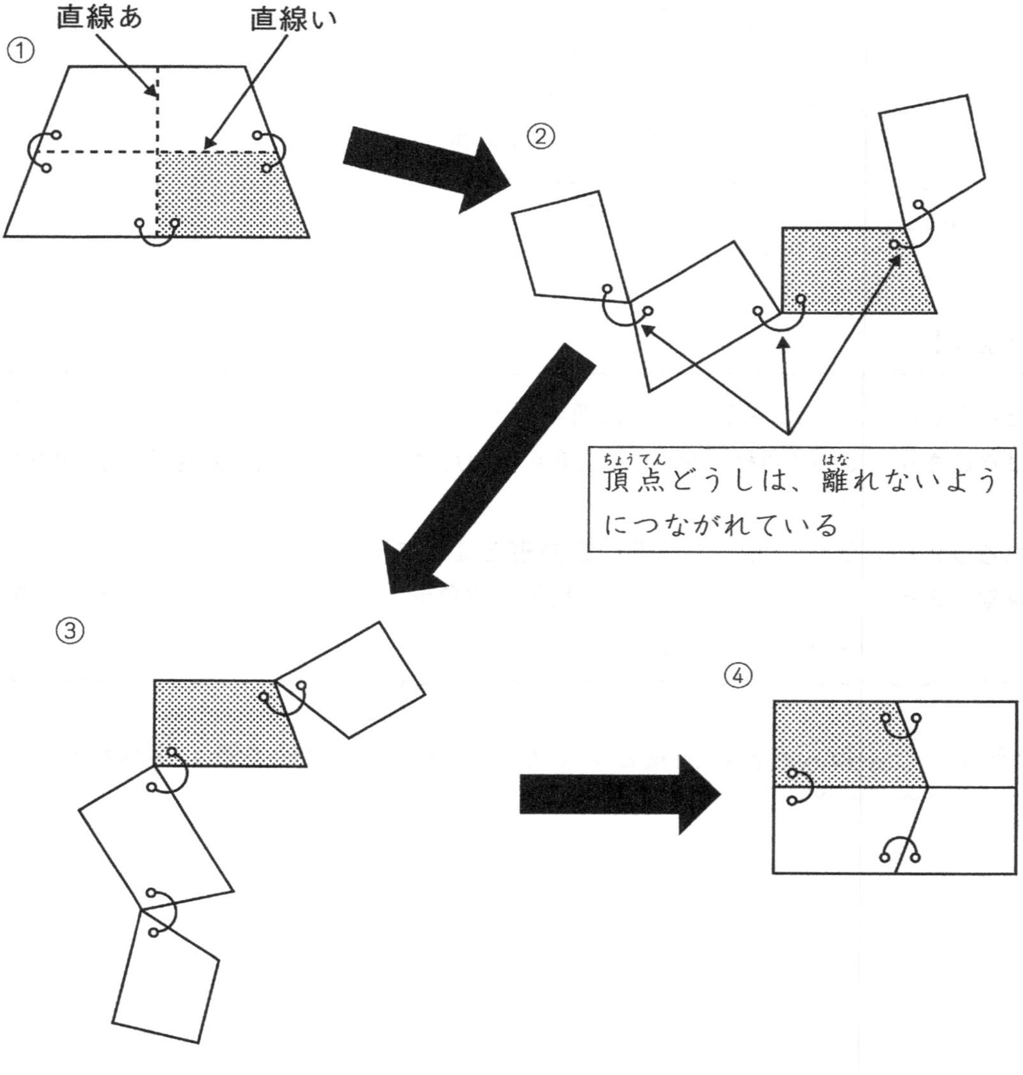

※１　等脚台形・・・台形のなかまで、右の図のように平行でない
　　　　　　　　　１組の辺の長さが等しい図形のこと

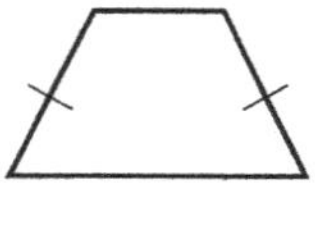

はなこさん：おもしろいですね。等脚台形は①の**直線あ**、**直線い**のような２本の切り取り線で切って動かすと、長方形に形を変えることができるのですね。

問題２　【**資料１**】では、等脚台形を長方形に形を変えるために、どのように２本の切り取り線である**直線あ**、**直線い**をひいたと考えられますか。最も適切なものを、次の１～６から一つ選び、番号を書きなさい。

1　切り取られた４つの部分の面積が等しくなるようにひいた

2　２本の切り取り線の長さが等しくなるようにひいた

3　２本の切り取り線が垂直《すいちょく》に交わるようにひいた

4　それぞれの辺に垂直になるようにひいた

5　向かい合う辺のそれぞれを２等分する点どうしを結ぶようにひいた

6　合同な四角形の組が２つできるようにひいた

【会話文】の続き

たろうさん：**【図１】の底面の四角形**も、**【資料１】**のように切り方を工夫したら、長方形に形を変えることができるのではないでしょうか。

はなこさん：そうですね。

たろうさん：見てください。**底面の四角形**を切って、並《なら》べかえたら、①長方形にすることができましたよ。

はなこさん：すごいですね。長方形になりましたね。

たろうさん：では、さらに切り方を工夫したら、**底面の四角形**を長方形以外の形にすることもできるのではないでしょうか。

はなこさん：どうでしょう。いろいろ切って試してみましょう。

たろうさん：見てください。②三角形にすることができましたよ。

はなこさん：本当ですね。

問題3　【会話文】中の＿＿＿線①、＿＿＿線②にあてはまる切り方の図として適切なものを、次の**1**～**6**からすべて選び、それぞれ番号を書きなさい。ただし、図の-----線は切り取り線を表しています。

1

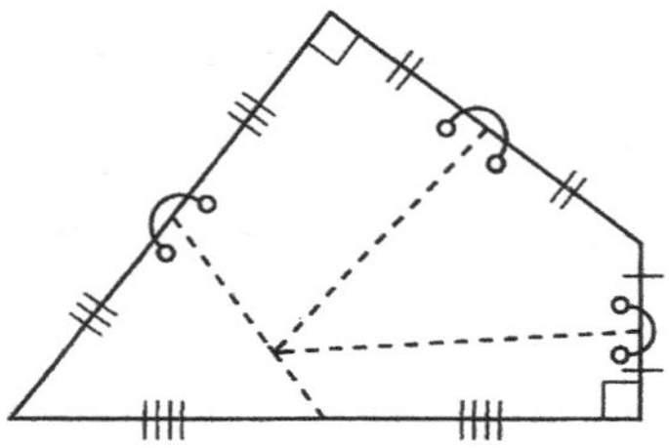

2

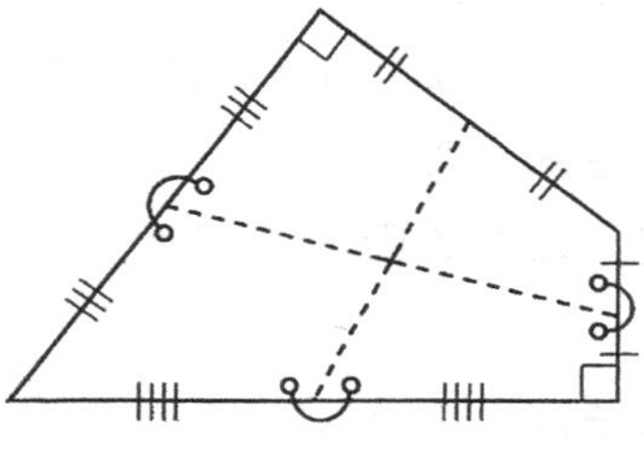

3

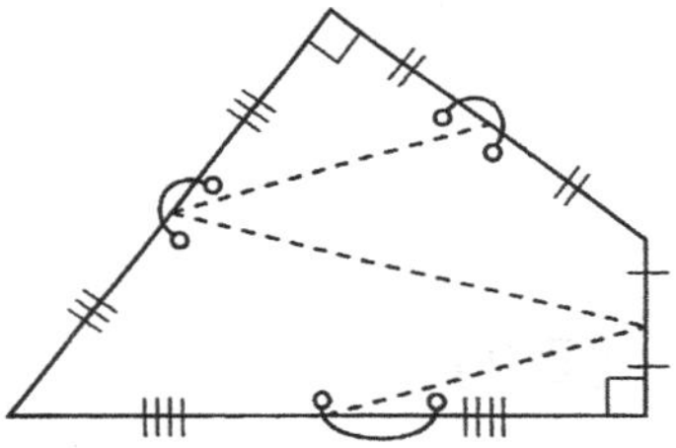

4

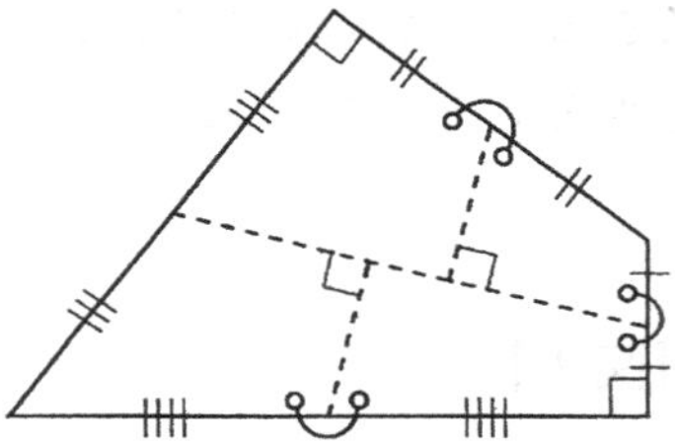

5

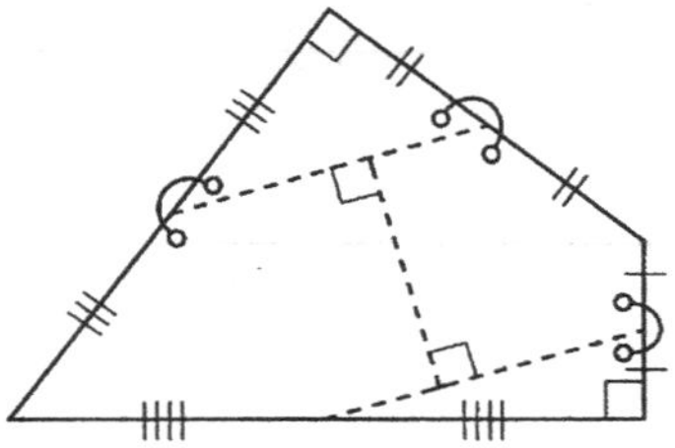

6

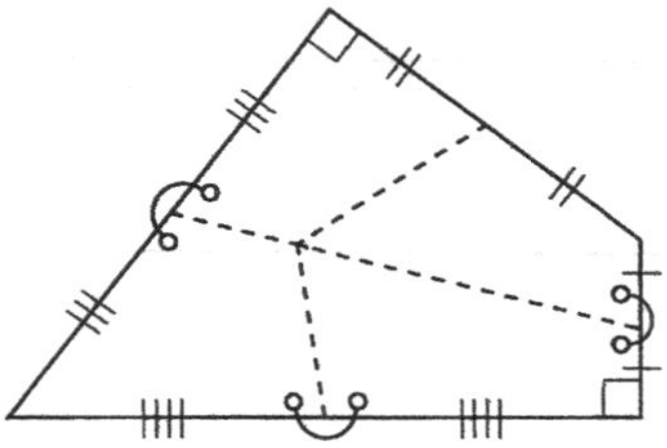

【会話文】の続き

たろうさん：【図１】の四角柱を、【図２】の切り取り線にそって、**底面の四角形に垂直《すいちょく》**になるように切ってみました。では並《なら》べかえてみましょう。

はなこさん：並べかえたことによって、側面の青くぬった面がすべて見えなくなりましたね。かわりに、中から白い面がでてきました。

たろうさん：並べかえる前と並べかえた後で、底面積は変わるのでしょうか。

はなこさん：底面は並べかえただけだから、変わらないのではないでしょうか。

たろうさん：そうですよね。では、側面の面積の合計も変わらないのでしょうか。

はなこさん：それはどうでしょうか。

たろうさん：では、【図２】の切り取り線の長さを、実際に測って、外側にくる白い面の面積の合計を計算してみましょう。

はなこさん：細かい部分は測れないので、長さはがい数でいいですね。

たろうさん：そうですね。

【図１】

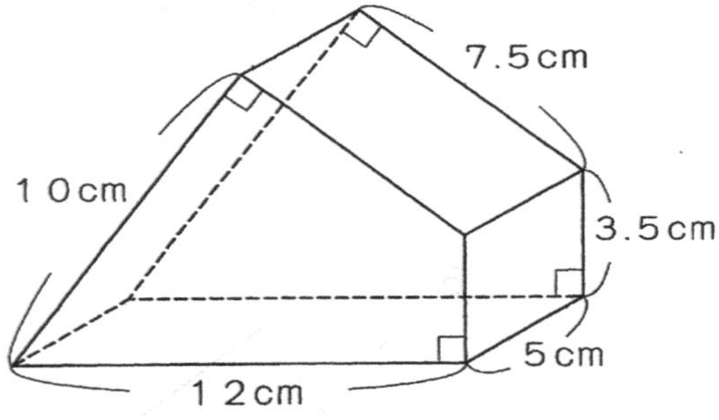

【図２】

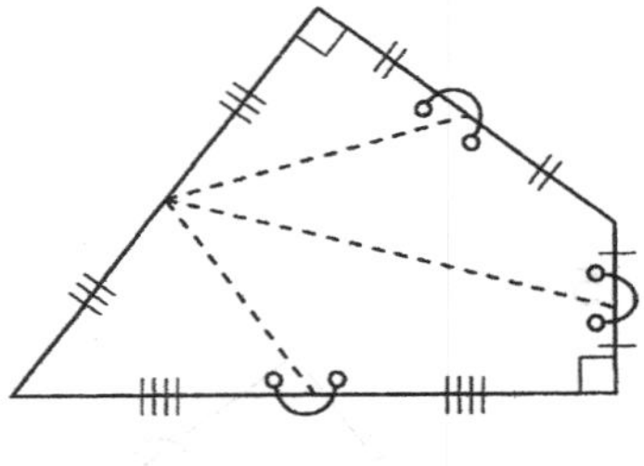

問題４　下の【図３】はたろうさんとはなこさんが【図２】の切り取り線の長さを実際に測って、記録したものです。【会話文】にあるように、並べかえてできた立体の外側にくる白い面の面積の合計を答えなさい。

【図３】

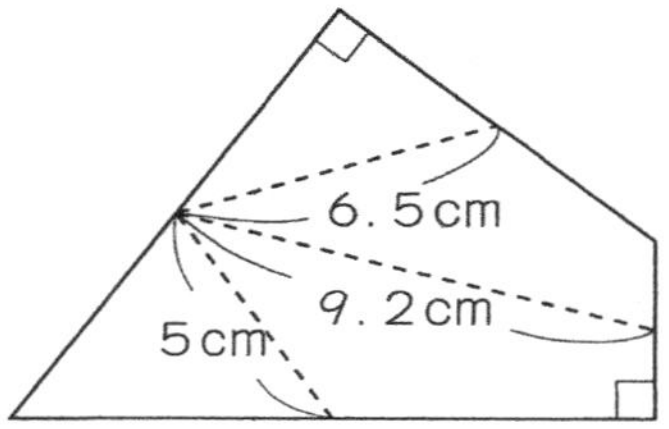

3 たろうさんは外来種に興味をもち、どのような外来種がいるのかを調べました。その中で、魚類の一種であるオオクチバス（ブラックバス）に関する【資料１】を見つけました。

【資料１】オオクチバスについて

【図１】オオクチバス

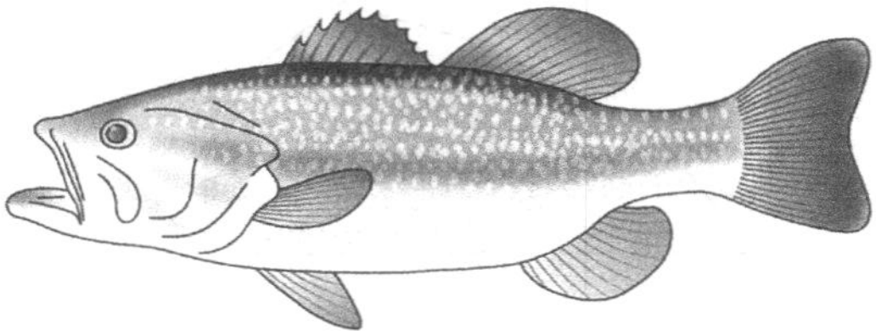

オオクチバスはサンフィッシュ科に属し、北アメリカに自然分布している魚です。１９２５年に釣《つ》りを対象として神奈川県芦ノ湖《あしのこ》に導入され、現在では国内のほとんどの川や湖、池に分布しています。成魚では体長が４０ｃｍ以上にもなります。産卵《さんらん》はオスが作ったすり鉢《ばち》状の巣で行われます。繁殖《はんしょく》期は水温が１６～２０℃となる春から初夏です。産卵からふ化後３週間くらいまでの小さな魚は、オス親に保護されます。アメリカの報告によると、メス１匹《ぴき》あたりの※1抱卵《ほうらん》数は２０００～１４５０００個であり、体のサイズの大きなメスほど多くの卵《たまご》を産むとされています。国内では、体長２０～２３ｃｍの三年魚の抱卵数が１７２００～２９５００個であることや、※2産卵床《さんらんしょう》１つあたり約５０００～４３０００個の卵が確認されています。春から秋にかけては、水草地帯や障害物《しょうがいぶつ》のある岸辺近くで活発に餌《えさ》を求めて動き回り、水温が１０℃前後になる秋には深いところへ移動し、冬には沈《しず》んでいる木などの間で群をなして越冬《えっとう》します。

通常はオイカワ、ヨシノボリ類などの魚類やエビ・ザリガニ類などを主食とし、その他水面に落下した昆虫《こんちゅう》や鳥のヒナまで捕食《ほしょく》することがあります。

オオクチバスは釣りの対象として人気がありますが、昔から日本に生息していた在来種を食い荒《あ》らして害を与《あた》えることが問題となり、外来生物法で特定外来生物に指定され、無許可の飼育・譲渡《じょうと》・運搬《うんぱん》・放流などが禁止されています。

※１　抱卵数・・・・メスが体内に抱《かか》えている卵の数
※２　産卵床・・・・卵を産《う》む場所

（国立環境《かんきょう》研究所のウェブページをもとに作成）

たろうさんは、学校の裏山《うらやま》にある池のオオクチバスの調査をしようと考えました。この池は江戸《えど》時代に農業用ため池として作られましたが、現在は使われておらず、川や水路などにつながっていない池です。

たろうさんは、この池に何匹《なんひき》くらいのオオクチバスが生息しているのか調査することにしました。しかし、魚類は自由に泳ぎ回るので数えることが難《むずか》しく、すべて捕《つか》まえることも現実的ではありません。そこで、**たろうさん**は魚の数を推定《すいてい》する方法を調べました。調べている中で**【資料２】**を見つけ、標識再捕獲《ほかく》法を用いてこの池に生息するオオクチバスの数を推定することにしました。

【資料２】標識再捕獲法

標識再捕獲法は、たとえば池に生息するオオクチバスを２０匹捕まえて、行動や生活に支障《ししょう》のない大きさの標識をつけてから放します。しばらく期間をおいてから、２回目の捕獲を行います。このとき、１回目の捕獲とできるだけ同じ条件で捕獲します。捕獲は※３無作為《むさくい》に行わなければなりません。そして、２回目の捕獲で捕まえた中に、どれだけの個体に以前つけた標識がついているかを調べます。その地域《ちいき》にたくさんの個体がいるほど、最初に標識をつけた個体は群れの中で広がりますから、２回目の調査で捕まえた中に標識をつけた個体がふくまれる割合《わりあい》は低くなります。２回目の調査で１０匹捕獲し、その中に標識をつけた個体が２匹いたとすると、池全体では１００匹のオオクチバスが生息していると推定することができます。

※３　無作為・・・・決まりがなく、偶然《ぐうぜん》に任せること

（国立環境研究所のウェブページをもとに作成）

たろうさんは7月２５日に捕獲したオオクチバス２５匹に標識をつけ、池に放しました。8月8日に２回目の捕獲を行ったところ、１９匹中３匹に標識がついていました。２回とも晴れた日の朝6時から9時まで同じ場所で捕獲を行い、捕獲の方法も同様に行いました。

問題１　池全体にオオクチバスは何匹生息していると推定されますか。答えがわりきれないときは、小数点以下を四捨五入《ししゃごにゅう》し、整数で答えなさい。

問題２　次の１、２のそれぞれの場合について、標識再捕《ほ》獲《かく》法が適しているときは○を、適していないときは×を書きなさい。また、その理由として、最も適切なものを**ア～オ**からそれぞれ一つずつ選び、記号を書きなさい。

１　オオクチバスの捕獲を１回目は４月に行い、標識をつけて池に戻《もど》し、２回目の捕獲は３か月後の７月の同じ時間帯に同じ場所で同じ方法で行う場合。

２　オオクチバスが自由に移動できる川とつながっている大きな湖で調査を行う場合。

ア　日をあけた方がより標識をつけた個体が群れの中で広がるから。

イ　餌《えさ》となる魚類やエビ・ザリガニ類が川から入ってくるから。

ウ　オオクチバスが調査範《はん》囲《い》内にとどまっているとは限らないから。

エ　餌を変えることで捕獲数が増えるから。

オ　ふ化して個体数が増加している可能性が高いから。

たろうさんは空き地で見慣れない植物を見かけ、何という植物なのか気になり、調べました。そこで【資料3】を見つけ、この植物は外来種のナガミヒナゲシであることがわかりました。

【資料3】ナガミヒナゲシについて

【図2】ナガミヒナゲシ

ナガミヒナゲシは、ヨーロッパの地中海沿岸《えんがん》地《ち》域《いき》を原産とするケシ科の植物です。空き地や耕作地、道端《みちばた》、線路脇《わき》など、日当たりの良い場所に自生しています。丈《じょう》夫《ぶ》な性質と強い繁殖《はんしょく》力から、現在ではヨーロッパ、アメリカの全域《ぜんいき》、アフリカ、アジア、オセアニアなど、世界の広い地域に分布域《ぶんぶいき》を広げています。

日本でナガミヒナゲシが初めて確認《かくにん》されたのは１９６０年です。東京都で初めてナガミヒナゲシが確認されて以来、急速に広がりを見せ、現在では北海道から沖縄に至《いた》る全国で生息が確認されています。ナガミヒナゲシの根と葉からは、周辺の植物の生育を妨《さまた》げる成分をふくんだ物質が分泌《ぶんぴつ》されます。特定外来生物には指定されていませんが、それと同じくらいか、それを上回る影響《えいきょう》が心配されています。

（国立環境《かんきょう》研究所のウェブページをもとに作成）

たろうさんは、空き地にたくさん生えていたナガミヒナゲシが気になり、どれだけ生えているのかを数えようとしました。しかし、空き地は広く、ナガミヒナゲシもたくさん生えていたので、１つずつ数えることは難《むずか》しいと思いました。調べてみると、コドラート法という方法があることがわかりました。コドラート法とは、生息域《せいそくいき》に一定の面積の四角形の枠《わく》（コドラート）を設定し、その内部の個体数を調べることで、全体の個体数や密度《みつど》を推定《すいてい》する方法です。**たろうさん**はこの方法で、この空き地に生息するナガミヒナゲシの個体数を推定することにしました。

【図３】１ｍ×１ｍのコドラート

たろうさんは空き地の適当な場所に【図３】のようなコドラートを置きました。そのコドラート内のナガミヒナゲシの個体数は５でした。空き地は９ｍ×１４ｍの長方形で、個体数が面積に比例すると考えると、生息しているナガミヒナゲシの個体数は６３０ということになります。しかし、**たろうさん**はこの空き地に実際に生えているナガミヒナゲシはそれよりも少ないのではないかと思いました。

問題３　コドラート法で、より正確に個体数を推定する方法を**たろうさん**は次のように考えました。次の文章の（　あ　）、（　い　）、（　う　）にあてはまる最も適切なことばを、あとの１〜８からそれぞれ一つずつ選び、番号を書きなさい。

> 空き地の中には日当たりが良い場所や、日当たりの悪い場所がある。コドラートで１か所だけを測定して推定するのは正確とはいえない。コドラートを置く場所を（　あ　）して、コドラート内で数えた個体数を（　い　）した値《あたい》と空き地の面積の値を（　う　）すれば、より正確に推定できるのではないだろうか。

１　多く　　２　少なく　　３　比較《ひかく》　　４　平均

５　たし算　　６　ひき算　　７　かけ算　　８　わり算

たろうさんはこの空き地をコドラート法で調査しているときに、いろいろな植物が生えていることに気付きました。調べてみた結果、この空き地にはナガミヒナゲシ、※4イヌムギ、※5ヨモギ、※6ツユクサ、※7セイタカアワダチソウが生息していることがわかりました。

たろうさんは、この空き地に生息している植物の種類は多いのか少ないのか、また、種類ごとの個体数はバランスが取れているのか、といった※8生物多様性について興味をもちました。生物多様性を数値《すうち》で表し比較することはできないかを調べ、**【資料４】**を見つけました。

※４　イヌムギ・・・・・・・・・・日本で広く見られるイネ科の植物
※５　ヨモギ・・・・・・・・・・・日本で広く見られるキク科の植物
※６　ツユクサ・・・・・・・・・・東アジア全般《ぜんばん》に見られるツユクサ科の植物
※７　セイタカアワダチソウ・・・北アメリカ原産のキク科の植物
※８　生物多様性・・・・・・・・生物一つひとつの特徴《とくちょう》とそれらのつながり

【資料4】シンプソンの多様度指数

生物多様性について考えるときは、生物の種《しゅ》の数だけでなく、それぞれの種がどれだけ均等に存在《そんざい》するかということも考慮《こうりょ》しなくてはなりません。その目安の一つとして、シンプソンの多様度指数というものがあります。シンプソンの多様度指数を求めるには、まず相対優占度《そうたいゆうせんど》を求めます。相対優占度とは、それぞれの種が群集の中で、どれだけの割合《わりあい》を占《し》めているかを表したものです。**【群集ア】**を例として考えてみます。

【群集ア】

植物１：２５個体

植物２：２０個体

植物３：２５個体

植物４：３０個体

このとき、植物１の相対優占度は、次の計算で求められます。

$$\frac{\text{植物１の個体数}}{\text{植物１の個体数} + \text{植物２の個体数} + \text{植物３の個体数} + \text{植物４の個体数}}$$

この式から、植物１の相対優占度を求めると０.２５となります。

そして、**【群集ア】**のシンプソンの多様度指数は次の計算で求められます。

植物１の相対優占度　×　植物１の相対優占度　＝　あ

植物２の相対優占度　×　植物２の相対優占度　＝　い

植物３の相対優占度　×　植物３の相対優占度　＝　う

植物４の相対優占度　×　植物４の相対優占度　＝　え

【群集ア】のシンプソンの多様度指数　＝　１－（あ＋い＋う＋え）

（沖縄県浦添《うらそえ》市のウェブページをもとに作成）

問題４　**【群集ア】**のシンプソンの多様度指数を計算しなさい。

問題５　シンプソンの多様度指数が０となるのは、どのように植物が生えている状態か、１５字以内で書きなさい。

このページに問題は印刷されていません。

このページに問題は印刷されていません。

適性検査Ⅰ　解答用紙

※には何も記入しないこと。

受検番号

氏　名

※

※100点満点

（検査Ⅰ合計）

1

問題１

問題２

※

10点

問題３

問題４

問題５

※

15点

※

点

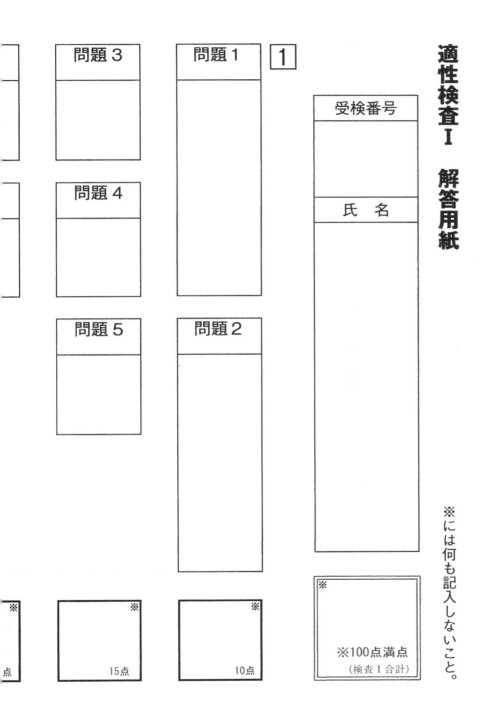

受検番号

氏名

360

300

※4

※3

※

50点

※には何も記入しないこと。

3

問題１
匹

※ 5点

問題２		○、×の記号	理由　ア～オの記号
	1		
	2		

※ 10点

問題３	（あ）	（い）	（う）

※ 5点

問題４

※ 5点

問題５							

10　15

※ 10点

受検番号	氏　　名

※

※100点満点

横浜市立横浜サイエンスフロンティア高等学校附属中学校

適性検査Ⅱ　解答用紙

※には何も記入しないこと。

1

問題１	
①	②

※ 10点

問題２			

※ 10点

問題３		
え	お	か

※ 10点

2

問題１
：

※ 5点

問題２

※ 5点

問題３	①長方形	②三角形

※ 20点

問題４
cm^2

※ 5点

適性検査Ⅰ　解答用紙

1　問題８

※
1

※
2

2

問題1

問題2

ア

イ

ウ

エ

オ

カ

※ 3点

※ 6点

※ 6点

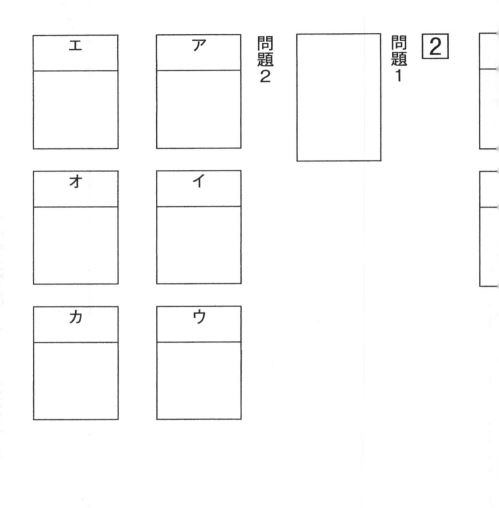

令和二年度

適性検査Ⅰ

9：00
～
9：45

［注　意］

1　この問題冊子《もんだいさっし》は一ページから二十二ページにわたって印刷してあります。**ページの抜《ぬ》け、白紙、印刷の重なりや不鮮明《ふせんめい》な部分などがないかを確認《かくにん》してください。あった場合は手をあげて監督《かんとく》の先生の指示にしたがってください。**

2　解答用紙は二枚《まい》あります。**受検番号**と**氏名**をそれぞれの決められた場所に記入してください。

3　声を出して読んではいけません。

4　答えはすべて解答用紙に記入し、**解答用紙を二枚とも提出してください。**

5　字ははっきりと書き、答えを直すときは、きれいに消してから新しい答えを書いてください。

6　文章で答えるときは、漢字を適切に使い、丁寧《ていねい》に書いてください。

横浜市立横浜サイエンスフロンティア高等学校附属中学校

このページには問題は印刷されていません。

みなみさんとりかさんが社会科資料室で地球儀《ちきゅうぎ》や世界地図を見ながら話をしています。次の【会話文】を読んで、あとの問題に答えなさい。

【会話文】

りかさん　球体の地球を、平面の世界地図で正確に表すことはできるのでしょうか。

みなみさん　球体の地球を平面の世界地図で表すと、必ず正確ではないところができてしまいます。

りかさん　どのようなところが正確ではなくなるのですか。

みなみさん　【資料1】の地図を見てください。【資料1】の地図では、方位は正確に表されていません。

りかさん　方位ですか。【資料1】の地図では、東京から見て真東と考えられる方向には、アメリカ合衆国《がっしゅうこく》がありますね。

みなみさん　はい。しかし、実際は、東京から見て真東の方向には、アルゼンチンがあります。

りかさん　そうなのですね。どのようにして調べるのですか。

みなみさん　【資料2】のように、地球儀上の東京を通るように南北にまっすぐひもをはります。その南北にはったひもの東京の位置に、そのひもに対して90度になるように東西にまっすぐひもをはります。そうすると東京から見た東西南北の方向が分かります。

りかさん　その方法で調べると、東京から見て、実際に真西にある国は、（　あ　）だということが分かりますね。【資料1】の地図で見るのとずいぶんちがいます。つまり【資料1】の地図の方位は正確ではないということですね。

みなみさん　そうです。このように、球体である地球を平面の世界地図に正確に表すことはできません。

りかさん　世界地図は面積やきょり、方位などの全てを、同時に正確に表すことができないということですね。

みなみさん　では【資料3】の地図を見てください。【資料3】は面積を正確に表している地図です。

りかさん　これを見ると、【資料1】の地図とはちがった印象を受けますね。

みなみさん　そうですね。【資料3】の地図を見ると、いろいろな国の大きさが比べられますね。では、日本と同じくらいの面積の国はどのような国があるか、統計資料で調べてみましょう。

りかさん　日本と同じくらいの面積の国には、ドイツがあります。日本とドイツを比べた【資料4】もありました。

みなみさん　【資料4】からはどのようなことが分かりますか。

りかさん　ドイツと日本を比べると（　い　）ことが分かります。

みなみさん　そうですね。統計資料からもいろいろなことが分かりますね。

りかさん　【資料5】の地図を見てください。これは、わたしがドイツへ旅行した時に、よく目にしたものです。

みなみさん　ヨーロッパが中心になっている地図ですか。

りかさん　そうです。【資料1】のような日本でよく見る地図とはちがいますね。

みなみさん　はい。【資料5】の地図では、日本が東のはしにあるように感じます。

りかさん　ヨーロッパではこのような地図が広く使われているそうです。

みなみさん　それは知りませんでした。中心が変わると、印象がちがいますね。

りかさん　もう一つ、【資料6】のように南北が逆転している地図も見つけました。

みなみさん　すごいですね。南北が逆転すると、世界が別のものに見えてきますね。

りかさん　みなみさん、【資料7】の地図は、【資料1】の地図の中のある地域《ちいき》を、別の向きから見た地図です。

みなみさん　これは【資料1】の地図の（　う　）の地域を、別の向きから見た地図ですか。

りかさん　そうです。こう見ると、（　え　）が瀬戸《せと》内海《ないかい》のような内海《うちうみ》に見えてきませんか。

みなみさん　本当ですね。見る向きを変えると、印象が変わりますね。

みなみさん　りかさん、わたしは、地図がえがかれた旗を見つけました。

りかさん　それはどのような旗ですか。

みなみさん　【資料8】の旗です。（　お　）が旗の真ん中にあり、その両わきにオリーブの葉がえがかれています。

りかさん　めずらしい旗ですね。このオリーブの葉にはどのような意味があるのですか。

みなみさん　これは地図と合わせて、世界の平和を表しているそうです。

りかさん　いろいろな地図や資料から多くのことが分かりましたね。

みなみさん　はい。今日は新しい発見が多くできて、楽しかったです。

りかさん　また、地図で見るだけではなく、実際に現地に行って調べるのもいいかもしれませんね。

みなみさん　そうですね。どんどん新しい知識を開拓《かいたく》したいと思います。いっしょにがんばりましょう。

【資料1】

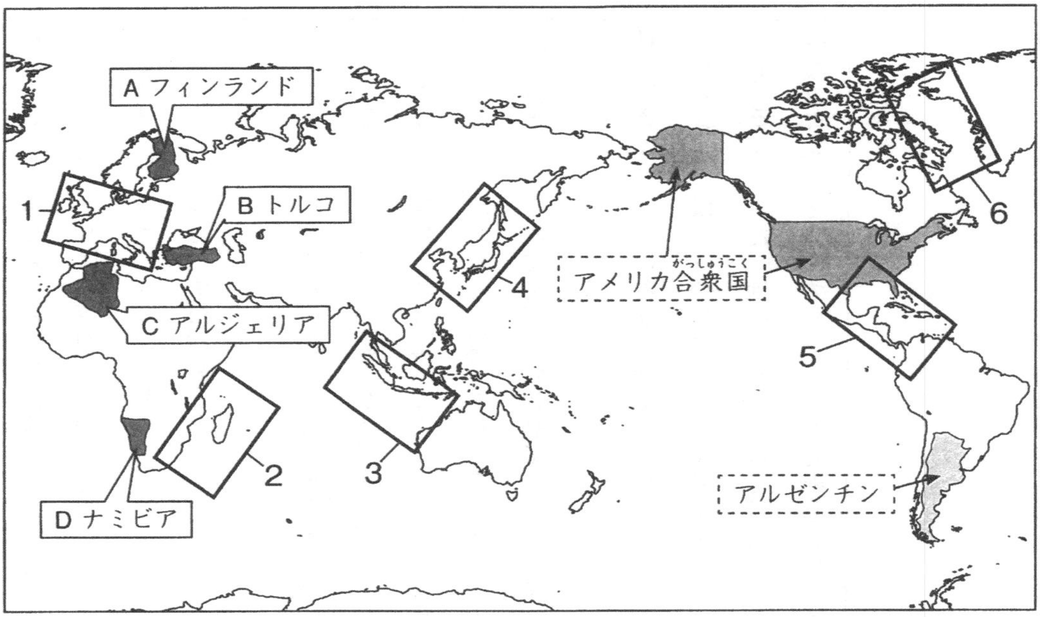

【資料2】

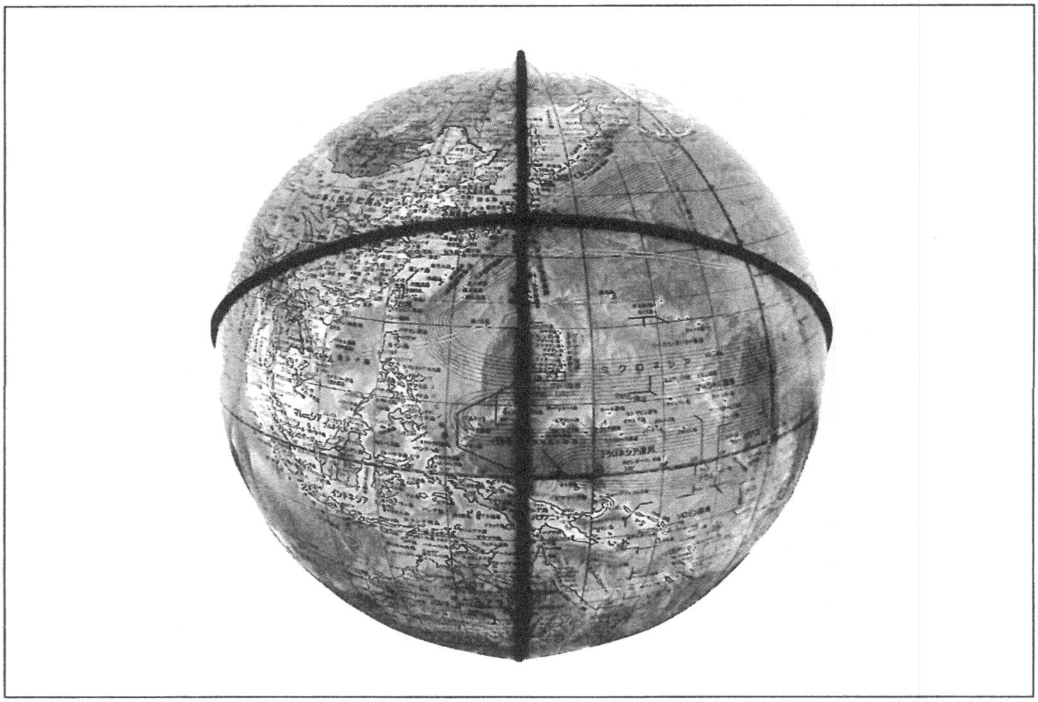

【資料３】

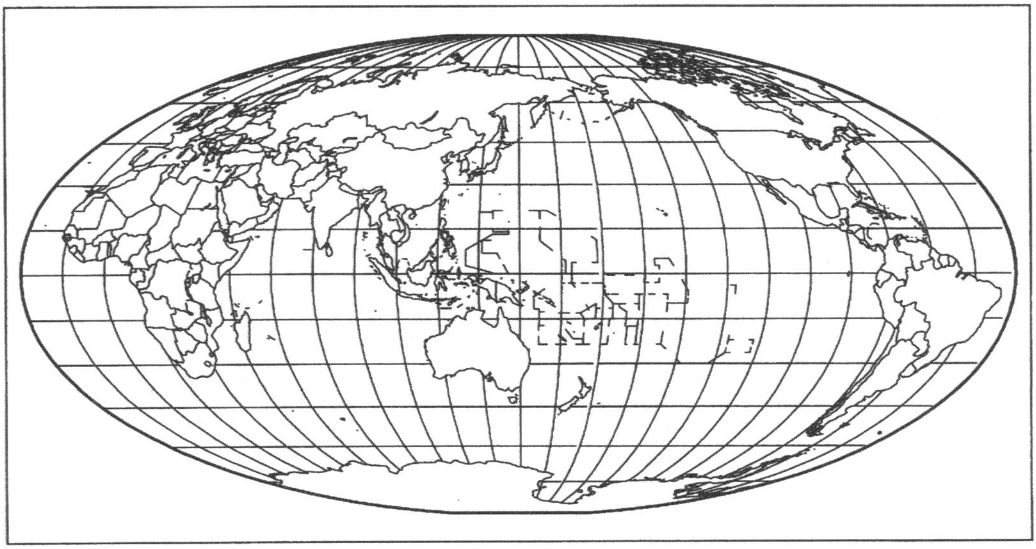

【資料４】日本とドイツの比較《ひかく》

		日本	ドイツ
面積（千 km²）		378	357
人口（千人）	2018 年	127185	82293
人口予測（千人）	2030 年	121581	82187
	2050 年	108794	79238
輸出額（百万ドル）		644932	1340752
輸入額（百万ドル）		606924	1060672
主要な輸出品（輸出額に占《し》める割合《わりあい》：%）	機械類	35.0	26.5
	自動車	21.8	17.8
	精密機械《せいみつきかい》	5.1	4.0

（『世界国勢図会（2018/2019）』をもとに作成）

【資料5】

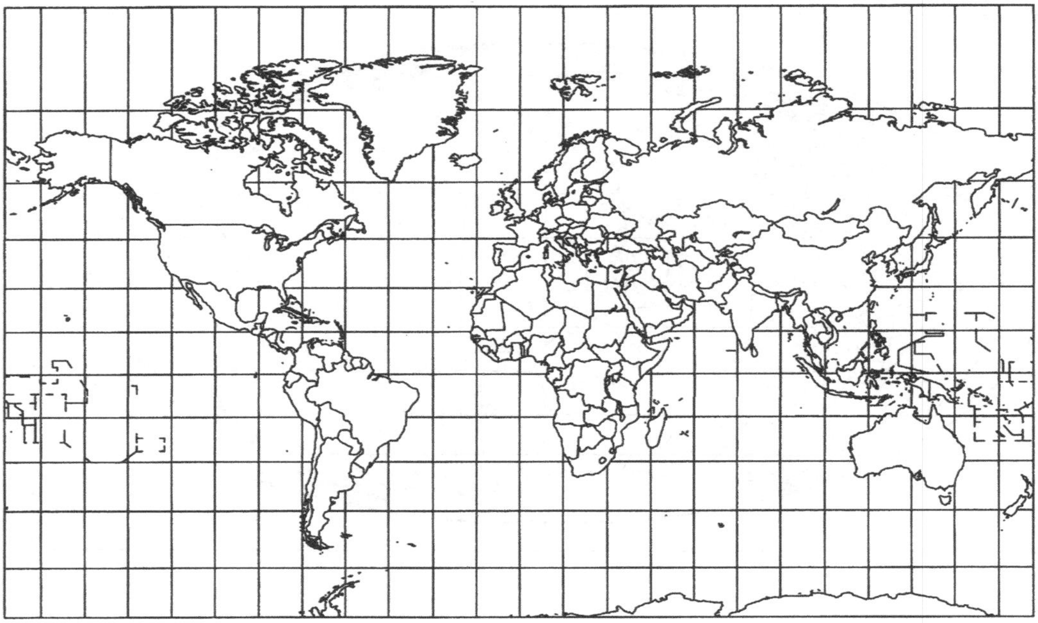

【資料6】

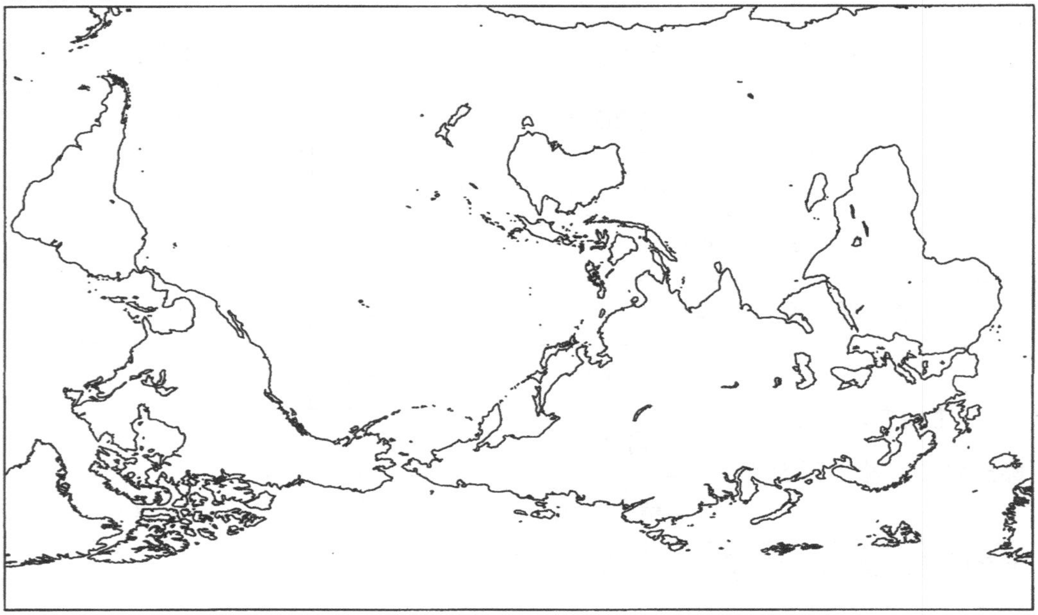

【資料７】

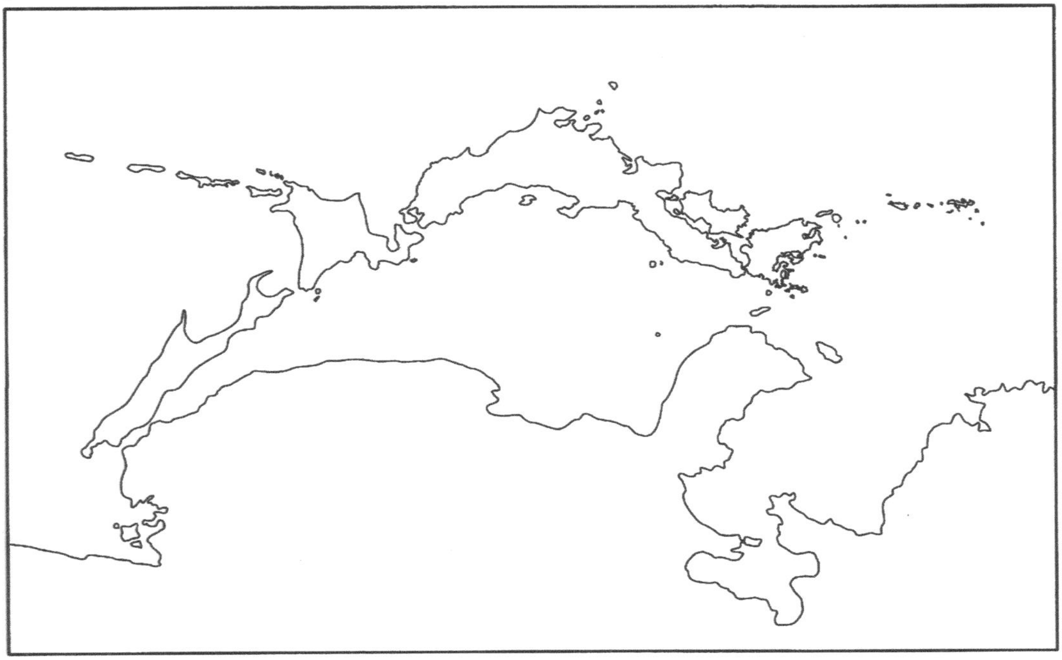

【資料８】

問題１　**【会話文】**中の（　あ　）にあてはまる国名として最も適切なものを**【資料１】**の地図のＡ～Ｄの中から一つ選び、記号を書きなさい。

問題２　（　い　）にあてはまる、**【資料４】**からわかることとして最も適切なものを次の**ア**～**エ**から一つ選び、記号を書きなさい。

ア　ドイツの方が日本よりも１㎢あたりの人口が多い

イ　ドイツの自動車の輸出額は、日本の機械類の輸出額よりも大きい

ウ　ドイツも日本も機械類、自動車、精密機械《せいみつきかい》の輸出額に占《し》める割合《わりあい》を合計すると50％以上になる

エ　ドイツも日本も2050年に予測される人口は、2018年の人口よりも10％以上少ない

問題３　**【会話文】**中の（　う　）にあてはまるものとして最も適切なものを**【資料１】**の地図の□の１～６から一つ選び、番号を書きなさい。

問題４　**【会話文】**中の（　え　）にあてはまる言葉として最も適切なものを次の**ア**～**エ**から一つ選び、記号を書きなさい。

ア　日本海　　**イ**　太平洋　　**ウ**　大西洋　　**エ**　インド洋

問題５　【会話文】中の（　お　）にあてはまる言葉として最も適切なものを次のア～エから一つ選び、記号を書きなさい。

ア　北極を中心とした北半球の地図
イ　北極を中心とした世界地図
ウ　南極を中心とした南半球の地図
エ　南極を中心とした世界地図

問題6　【資料9】は、みなみさんが図書館で見つけた本の一部分です。これまでのみなみさんとりかさんの【会話文】でみなみさんが気づいたことと、【資料9】で筆者が述べていることに共通する考え方を三十字以上四十字以内で書きなさい。ただし題名は書かずに一行目、一番上から書くこと。

【資料9】

著作権に関係する弊社の都合により本文は省略いたします。

教英出版編集部

著作権に関係する弊社の都合により
本文は省略いたします。

教英出版編集部

（熊谷《くまがい》　徹《とおる》『ドイツ人はなぜ、年290万円でも生活が「豊か」なのか』より。一部省略やふりがなをつけるなどの変更《へんこう》があります。）

［注］

※1　ユーロ・・・・お金の単位。

※2　緻密《ちみつ》・・・・・きめ細やかであること。

問題7　りかさんは図書館で、**【資料10】**を見つけました。**【資料10】**で筆者が述べていることを、あとの［条件］にしたがってまとめなさい。

［条件］

○複数の段落をつくって、三百字以上三百五十字以内で書くこと。

○題名は書かずに一行目、一マス下げたところから、原稿《げんこう》用《よう》紙《し》の適切な使い方にしたがって書くこと。

【資料10】

著作権に関係する弊社の都合により
本文は省略いたします。

教英出版編集部

著作権に関係する弊社の都合により
本文は省略いたします。

教英出版編集部

著作権に関係する弊社の都合により
本文は省略いたします。

教英出版編集部

（ルリヤ『認識《にんしき》の史的発達』一五七ページより）

著作権に関係する弊社の都合により
本文は省略いたします。

教英出版編集部

著作権に関係する弊社の都合により
本文は省略いたします。

教英出版編集部

著作権に関係する弊社の都合により本文は省略いたします。

教英出版編集部

著作権に関係する弊社の都合により
本文は省略いたします。

教英出版編集部

（當《とう》眞《ま》千《ち》賀《か》子《こ》『フィールドワークは楽しい』所収「怪談と文化的学びのかかわりを見つける」岩波ジュニア新書より。
一部省略やふりがなをつけるなどの変更《へんこう》があります。）

［注］

※3 母胎《ぼたい》・・・・・・・・ものごとが生まれる、もとになるもの。

※4 折りあい・・・・・・・おたがいにゆずり合って、解決すること。

※5 網羅《もうら》・・・・・・・・関係するものを、のこらず集めること。

※6 談話・・・・・・・・話。会話。

※7 発話・・・・・・・・ことばにして口に出すこと。発言。

※8 発意・・・・・・・・自分で考えを出すこと。

※9 フィールドワーク・・実際に現地へ行って調査や研究を行うこと。

※10 三段論法《さんだんろんぽう》・・・・・すでにわかっている二つのことから、三つ目の新しい判断を導く方法。

※11 極北・・・・・・・・地球上で最も北にある地域。

※12 命題・・・・・・・・あることがらについて「これはこうである」などとことばで表したもの。

※13 駆使《くし》・・・・・・・・使いこなすこと。

※14 戒《いまし》める・・・・・・・用心する。注意する。

※15 虐《しいた》げる・・・・・・・ひどいあつかいをして苦しめる。

令和２年度

適性検査Ⅱ

１０：１５～１１：００

注意

1 問題は１から３まであり、この問題冊子《さっし》は１ページから２６ページにわたって印刷してあります。**ページの抜《ぬ》け、白紙、印刷の重なりや不鮮明《ふせんめい》な部分などがないかを確認《かくにん》してください。あった場合は手をあげて監督《かんとく》の先生の指示にしたがってください。**

2 **受検番号**と**氏名**を解答用紙の決められた場所に記入してください。

3 答えはすべて解答用紙に記入し、**解答用紙だけを提出してください。**

4 声を出して読んではいけません。

5 計算が必要なときは、この問題用紙の余白を利用してください。

6 字ははっきりと書き、答えを直すときは、きれいに消してから新しい答えを書いてください。

7 問題用紙、解答用紙を切ってはいけません。

横浜市立横浜サイエンスフロンティア高等学校附属中学校

1 たろうさんはトウモロコシを見て、黄色い粒《つぶ》と白い粒が混ざっていることを不思議に思い、学校の図書館で調べました。調べている中で、グレゴール・ヨハン・メンデルという人が行った実験に関する**【資料１】**を見つけました。

【資料１】グレゴール・ヨハン・メンデルの実験について

グレゴール・ヨハン・メンデルは、１８５６年から１８６３年の間に、エンドウ豆の※1交配《こうはい》の実験をしました。エンドウ豆には、丸形としわ形があります。メンデルは、まず丸形同士やしわ形同士の交配の中で、交配しても丸形、しわ形が変わらないものを見つけていきました。これを純系《じゅんけい》と言います。この純系の丸形と純系のしわ形を親として交配してみます。すると、子どもの代ではすべて丸形になりました。このように、交配によって一つの※2形質《けいしつ》が、他よりも現れやすくなることがあります。次に、この交配してできた丸形のエンドウ豆同士を交配させました。すると、孫の代では５４７４個の丸形と、１８５０個のしわ形が現れました。同じように、エンドウ豆のさやの色について交配の実験をしてみると、緑色が４２８本、黄色が１５２本現れました。背《せ》の高い、低いといった形質について交配する実験では、背の高いものが７８７株《かぶ》、背の低いものが２７７株現れました。メンデルは、これらはどれもおよそ一定の比率で※3優性の形質が現れていることに気付きました。

※１　交配･･･自然のままではなく人間の力で受粉させること。
※２　形質･･･現れる形や色などの性質。
※３　優性･･･対立する形質のうち、現れやすい方。顕性《けんせい》ともいう。

（北海道大学のウェブページをもとに作成）

問題１　たろうさんはトウモロコシにも、一定の比率で優性の形質が現れているのではないかと思い、スーパーで買ってきたトウモロコシの黄色い粒の個数と白い粒の個数を調べました。その結果、黄色い粒の個数が４８２個で、白い粒の個数が１５８個でした。黄色い粒の個数は白い粒の個数の何倍になりますか。答えがわりきれないときは、小数第二位を四捨五入《ししゃごにゅう》して、小数第一位まで答えなさい。

たろうさんはトウモロコシに興味をもち、ほかの特徴《とくちょう》について調べようと思い、自分で栽培《さいばい》することにしました。トウモロコシの栽培はやったことがなかったため、栽培の仕方を調べ、**【資料２】**を見つけました。

【資料２】トウモロコシの育て方

畑の準備

タネまきの２週間以上前に※1苦土石灰《くどせっかい》を全面に散布して耕し、１週間前に※2元肥《もとごえ》を施《ほどこ》してよく耕し、※3畝《うね》を作ります。

株の間が３０ｃｍ程度となるよう、種子をまく場所を決めます。土を深さ３～４ｃｍほど掘《ほ》り取《と》り、そこに３～４粒の種子を２～３ｃｍ離してまき、２～３ｃｍの厚さで土をかけて手で軽く押《お》さえます。本葉が４枚《まい》の頃《ころ》に（高さ２０ｃｍくらいまでに）※4間引《まび》きをして、生育のよい株を１本だけ残します。間引きをするときは、不要な苗《なえ》をハサミで切り取ると、残す苗の根を傷《いた》めません。

実の粒ぞろいをよくするには、株を複数列に配置し、お互《たが》いの株の花粉が飛んで、※5雌穂《しずい》の絹糸《けんし》（ひげ）にかかるようにします。絹糸といわれる糸のようなものはめしべで、これに花粉が付着することで受粉し、実の粒が成熟《せいじゅく》します。粒の色が違《ちが》う品種が近くにあると、粒の色が本来のものと違ってくることがあるので、粒の色をそろえたい場合、※6混植《こんしょく》は避《さ》けます。特に、ポップコーン種との混植は味も悪くなるので注意しましょう。

収穫《しゅうかく》までの栽培管理

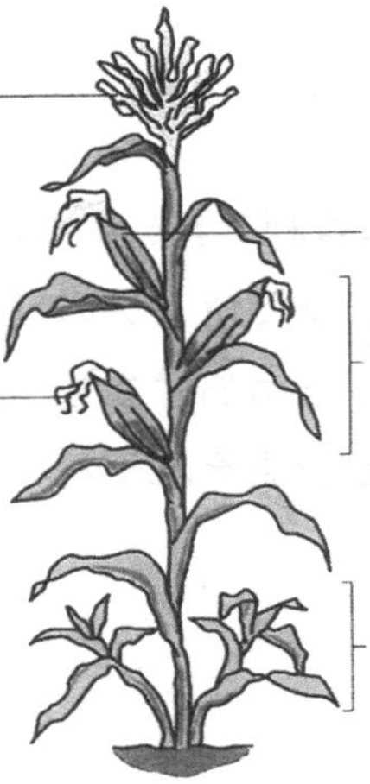

※7追肥《ついひ》と※8土寄《つちよ》せは、くきの先端に※9雄穂《ゆうずい》が出た頃に行います。追肥は一株あたり一握《にぎ》り程度（約５０ｇ）の肥料を株元のまわりにばらまき、まいた肥料が隠《かく》れる程度に通路部分から土を寄せます。

雌穂は１番上のみを残し、下の方に出ている雌穂は１番上の雌穂の絹糸が出はじめた頃に取り除《のぞ》きます。

土寄せをすると根がしっかりと張り、倒《たお》れにくくなります。取り除いた雌穂は皮をむいてヤングコーンとして利用できます。株元から出た※10分《ぶん》げつ枝《し》を取ってしまうと実の太りが悪くなります。

収穫《しゅうかく》

収穫時期の目安は、絹糸《けんし》が出てから２０～２４日後です。雌穂《しずい》の絹糸がこげ茶色になったら少し皮をむいて粒《つぶ》の充実《じゅうじつ》を確かめて収穫します。収穫が早すぎると、甘《あま》みが不十分でしなびるのも早くなります。逆に収穫が遅《おそ》すぎると、色が悪くなり、粒の皮が硬《かた》く、甘みも少なくなります。

※１　苦土石灰《くどせっかい》・土のアルカリ性を高めるために使われる肥料。
※２　元肥《もとごえ》・・・・・植物を植え付ける前に与《あた》える肥料。
※３　畝《うね》・・・・・・・細長く直線状に土を盛《も》り上げた所。
※４　間引《まび》き・・・良い苗《なえ》だけを残して他を引《ひ》き抜《ぬ》くこと。
※５　雌穂《しずい》・・・・・めばなの集まり。
※６　混植《こんしょく》・・・・・種類の異《こと》なる植物を一緒《いっしょ》に混ぜて植えること。
※７　追肥《ついひ》・・・・・追加で肥料を与えること。
※８　土寄《つちよ》せ・・・根に土をかけること。
※９　雄穂《ゆうずい》・・・・・おばなの集まり。
※１０　分《ぶん》げつ枝《し》・根元から分かれて出てくる新しいくき。

（株式会社サカタのタネのウェブページをもとに作成）

たろうさんは【資料２】を参考にして、４月末に庭の一部を耕して【図１】のように、家の南側と西側にトウモロコシの種子をまきました。種子と種子の間は３０ｃｍずつあけ、列と列の間は９０ｃｍあけました。種子は５月上旬《じょうじゅん》にすべて発芽しました。その後、間引きをして南側と西側それぞれ７株《かぶ》ずつになるようにし、１～７の番号を付けました。

【図1】トウモロコシの栽培《さいばい》場所

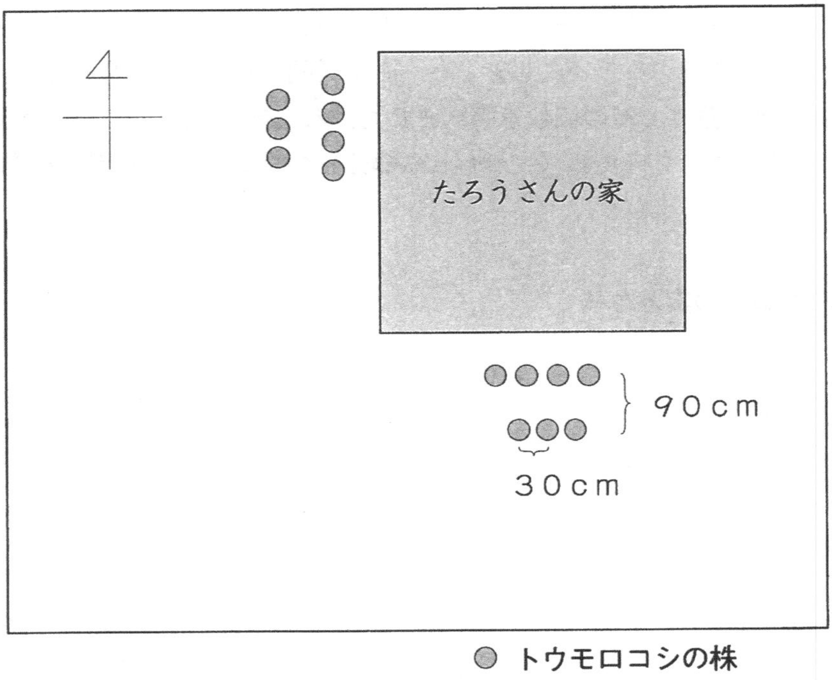

問題2　**【資料2】**を見て、トウモロコシを2列に植えた理由として考えられることはどれですか。最も適切なものを次の**1**～**4**から一つ選び、番号を書きなさい。

1　分げつ枝が多く生えるので、実の太りがよくなるため。

2　粒の色が本来のものと違ってくることを防ぐため。

3　根がしっかりと張るので、倒れにくくなるため。

4　花粉は風によって運ばれるので、受粉の効率をよくするため。

たろうさんは、【資料2】を参考にして育てたトウモロコシを一斉《いっせい》に収穫《しゅうかく》しました。たろうさんは収穫した際、南側と西側では実り方に差があると感じ、収穫したトウモロコシのさまざまな値を調べることにしました。まず、【図2】のように皮をむいて絹糸《けんし》を外し、ゆでた後に実の重さと粒《つぶ》の個数を調べました。未成熟《みせいじゅく》な粒は数えず、実から粒を外したときの粒全体の重さを可食部（食べられる部分）の重さとし、【資料3】、【資料4】を作成しました。

【図2】トウモロコシの実と粒

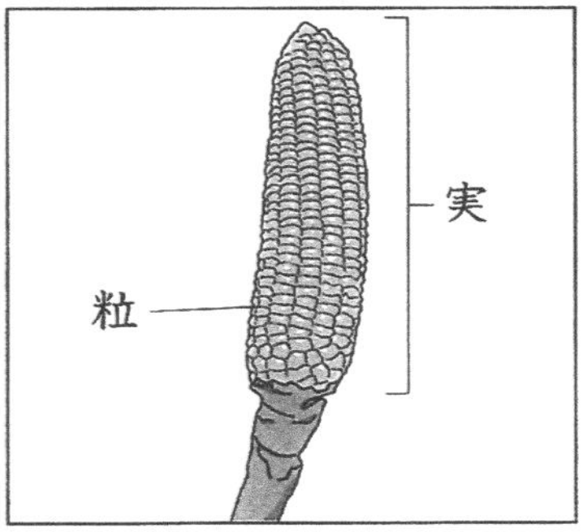

【資料3】南側で育てたトウモロコシのデータ

株の番号	実の重さ（g）	粒の数（個）	可食部の重さ（g）
1	322	650	210
2	334	666	214
3	323	654	210
4	330	660	212
5	326	652	210
6	328	656	211
7	333	662	213

【資料4】西側で育てたトウモロコシのデータ

株の番号	実の重さ（g）	粒の数（個）	可食部の重さ（g）
1	214	416	115
2	240	434	143
3	210	398	111
4	250	456	152
5	238	428	139
6	220	408	121
7	245	442	146

問題３　たろうさんは、【資料３】、【資料４】のデータからグラフを作成しようと思い、南側と西側で育てたトウモロコシそれぞれ７株のデータについて、グラフ用紙上に点をとっていきました。しかし、グラフの縦軸《たてじく》と横軸《よこじく》が何を表しているかを書いておかなかったため、どれが何を表すグラフなのかわからなくなってしまいました。南側で育てたトウモロコシの粒の数と可食部の重さの関係を示しているグラフを次の１～６から一つ選び、番号で書きなさい。

1
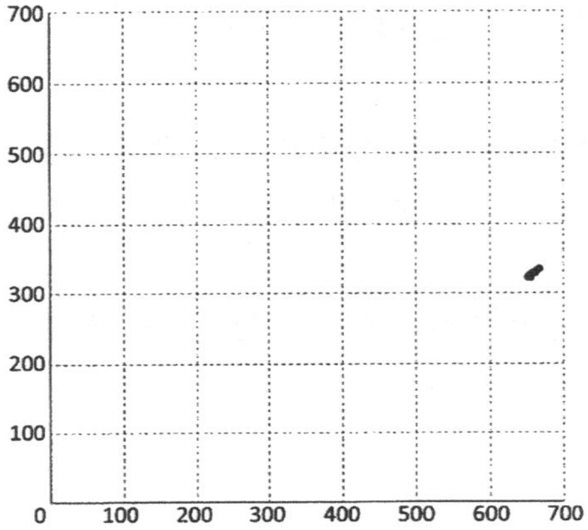

2
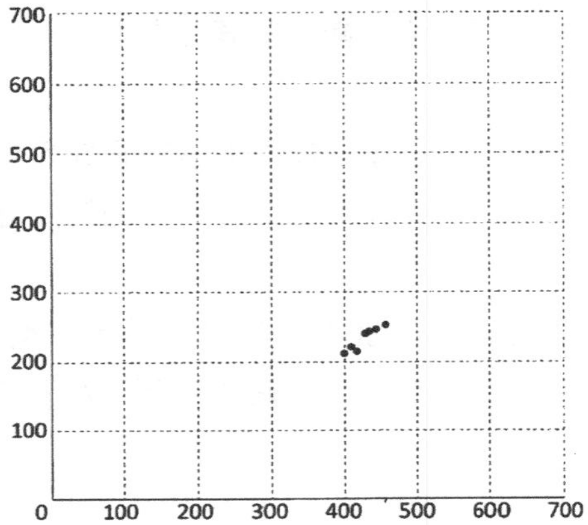

3
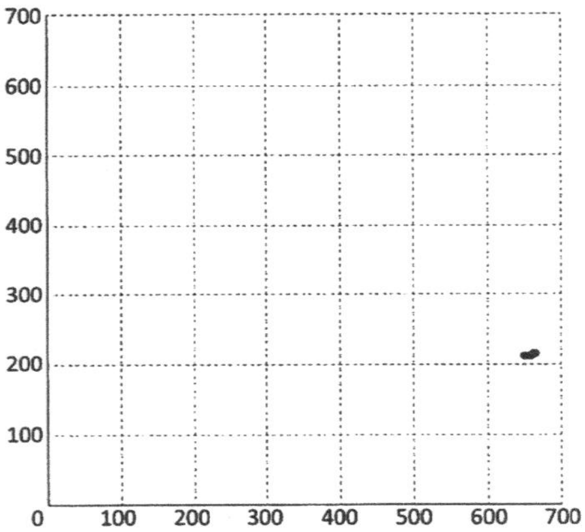

4
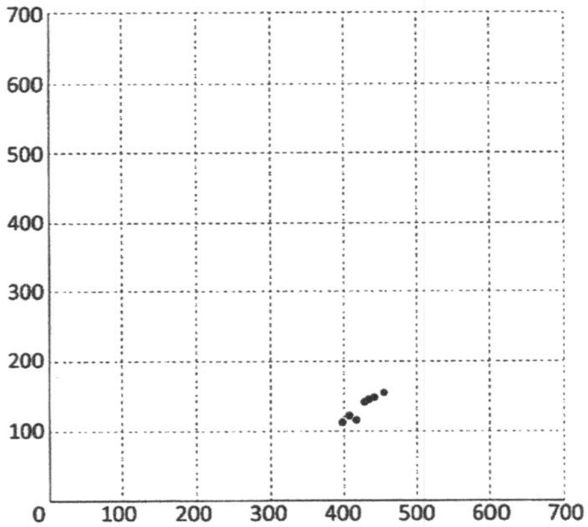

5
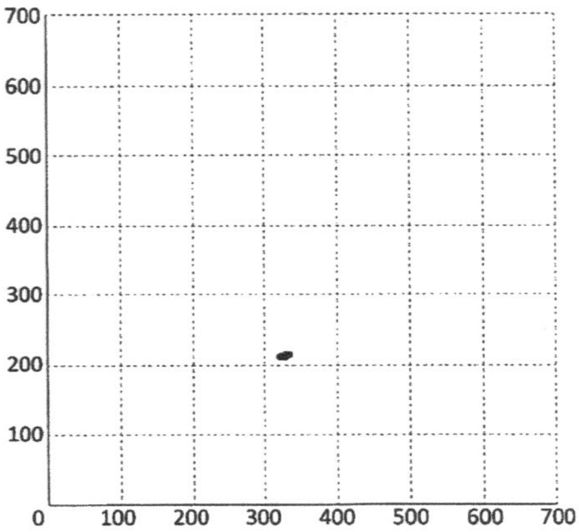

6
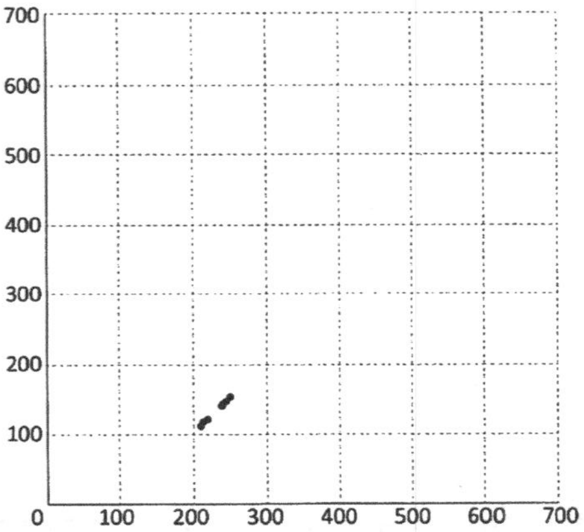

問題４　【資料３】、【資料４】からわかることとして、最も適切なものを次の１～４から一つ選び、番号を書きなさい。

１　一粒《つぶ》あたりの重さの平均を比較《ひかく》すると、南側で育てたトウモロコシの方が西側で育てたトウモロコシよりも０.１ｇ以上重い。

２　西側で育てたトウモロコシの実の重さ、粒の個数、可食部の重さのいずれの平均も、南側で育てたトウモロコシの平均の６５％以下である。

３　実の重さに対する可食部の重さの割合《わりあい》を平均して比較すると、西側で育てたトウモロコシの方が、南側で育てたトウモロコシより大きい。

４　実の重さに着目すると、南側と西側それぞれの平均に対する一株《かぶ》ごとのばらつきは、南側で育てたトウモロコシの方が少ない。

このページに問題は印刷されていません。

2 はなこさんは立体を平面に表そうとして、立体をある方向から見て平面に表す方法を考えました。はなこさんは【図1】のような、向かい合った面の目の和が7となるさいころをいくつか用意しました。次に用意したさいころを組み合わせて、【図2】のような立体をつくりました。この立体を、図の中の矢印で表した、前、上、右の3つの方向から見た図をそれぞれかいたところ【図3】のようになりました。はなこさんは【図3】をかくとき、さいころの目が見えるところは数字で書いて、さいころの目が見えないところは×を書いています。あとの問題に答えなさい。ただし、問題に答えるとき、次のことに注意しなさい。

- 【図2】のように「いくつかのさいころを組み合わせてつくった立体」のことを、**さいころ体**と呼《よ》ぶこととします。
- **さいころ体をある方向から見た図**をかくとき、【図3】のように、さいころの目は数字で書きます。
- **さいころ体をある方向から見た図**に目の数字を書くとき、2、3、6の目について【図4】にそれぞれある2つの見え方は同じものとして考え、区別はしません。

【図1】

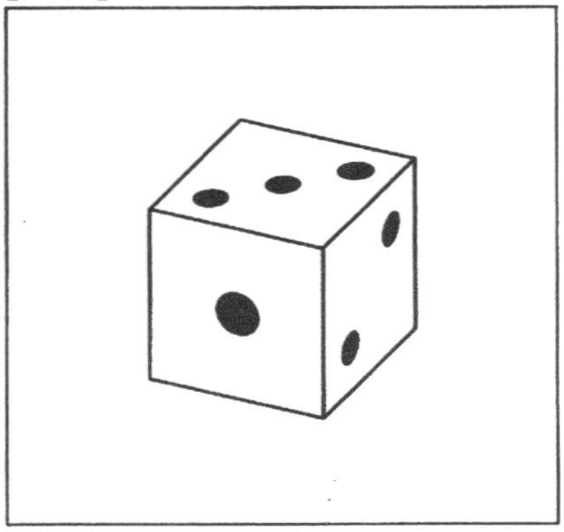

【図2】

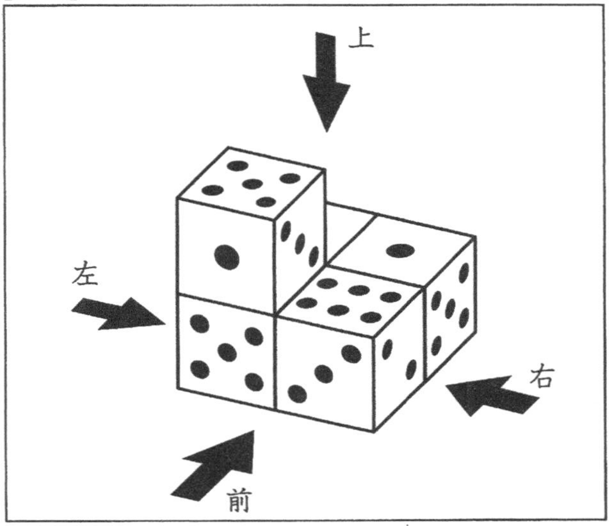

【図3】

前から見た図

1	×
5	3

上から見た図

1	1
5	6

右から見た図

3	×
2	5

【図4】

２の目	
３の目	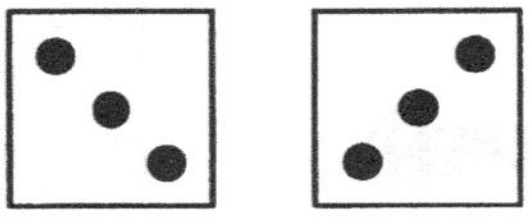
６の目	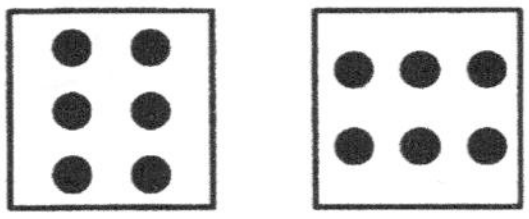

問題１　**【図２】**のさいころ**体**を、図の中の矢印で表した**左から見た図**として考えられるものはどれですか。最も適切なものを、次の**1～6**から一つ選び、番号を書きなさい。

1

6	×
6	4

2

4	×
4	3

3

3	×
2	1

4

×	6
5	4

5

×	4
3	4

6

×	3
2	1

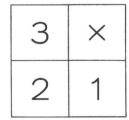

次に**はなこさん**は、**【図５】**のように、接している面の目が同じになるようにして、**さいころ体**をつくりました。このとき、**【図１】**のさいころを５つ使いました。また**【図６】**は、**はなこさん**がここでつくった**さいころ体**について、**前から見た図**と**上から見た図**をかいたものです。

【図５】

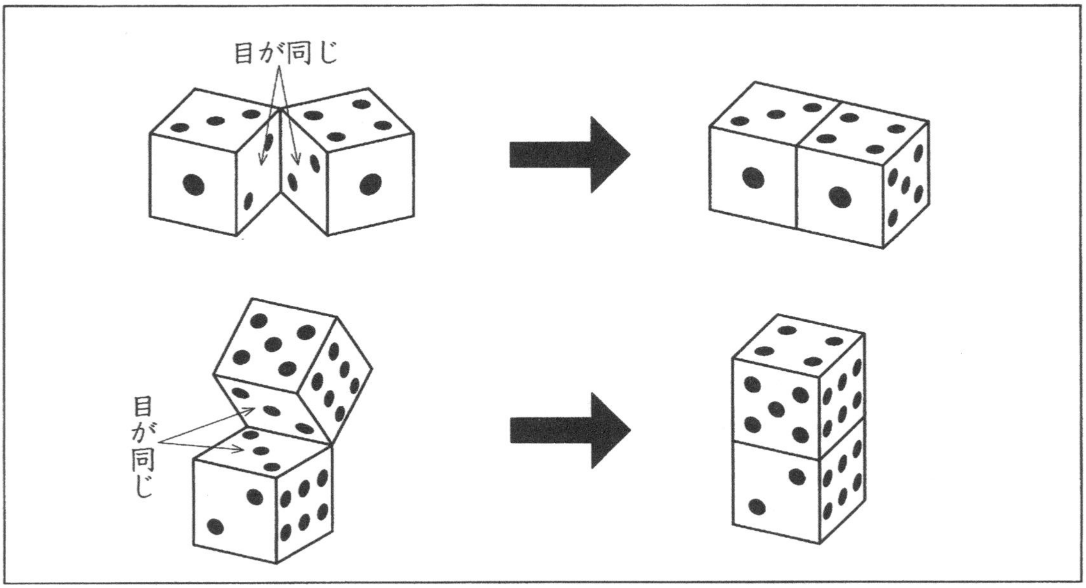

【図６】

前から見た図

×	5
4	5

上から見た図

×	6
5	3

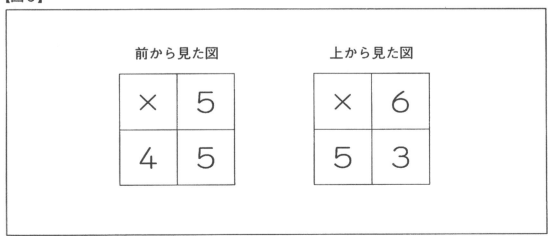

問題２　**【図６】**で表される**さいころ体**について、**右から見た図**のさいころの目を解答用紙にそれぞれ数字で書きなさい。また、さいころの目が見えないところは×を書きなさい。

はなこさんは、さいころの数を増やした**さいころ体**をつくることにしました。そのために、【図1】のさいころと同じ大きさのさいころを、新たにいくつか用意しました。このさいころも、向かい合った面の目の和が7となっていました。しかし、新たに用意したさいころをよく見たところ、【図7】のように、【図1】のさいころとは目の配置が異《こと》なっていました。

【図1】

【図7】はなこさんが新たに用意したさいころ

問題３　次の１～６は、立方体の展開《てんかい》図《ず》にさいころの目の数字を書いたものです。これらのうち、組み立てたときに【図７】のさいころと目の配置が同じになるものはどれですか。一つ選び、番号を書きなさい。ただし、これらの展開図は、組み立てたときにさいころの目の数字が表になるようにしてあります。また、２、３、６の目について、【図４】にそれぞれある２つの見え方は同じものとして考え、区別はしません。

1

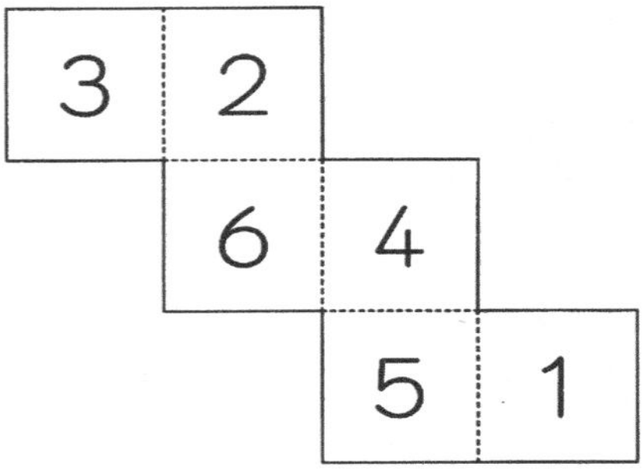

2

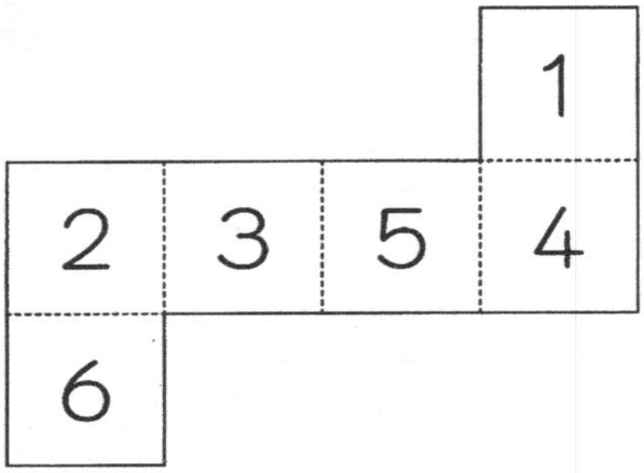

3

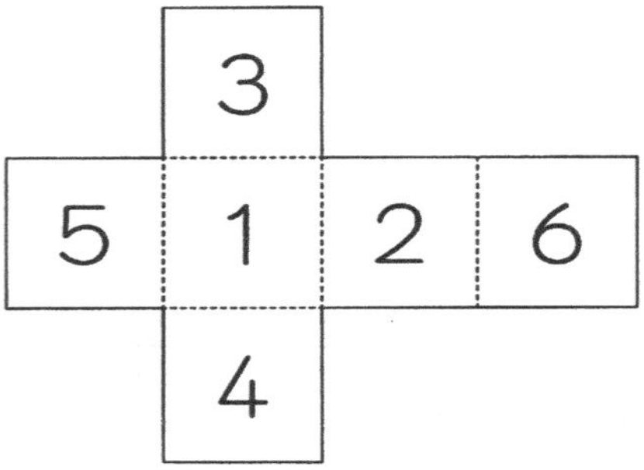

4

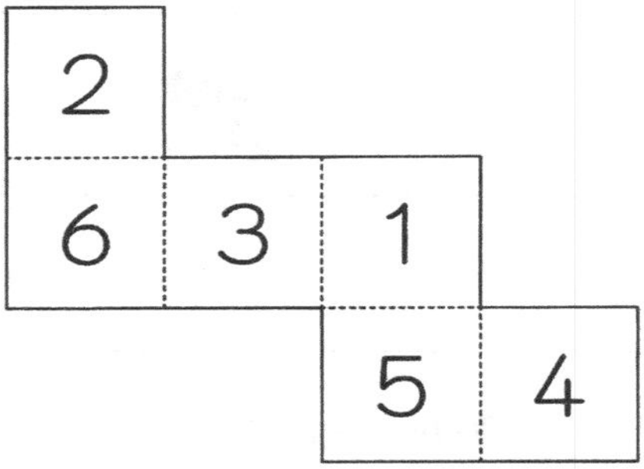

5

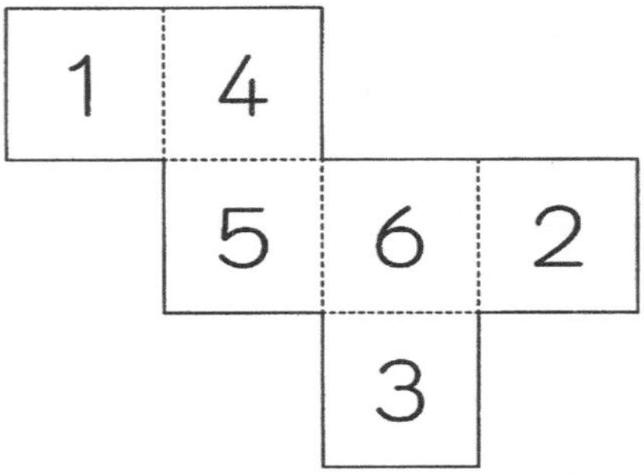

6

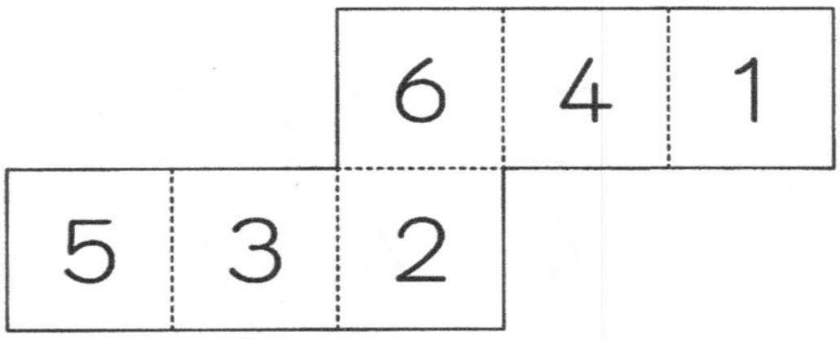

さらに**はなこさん**は、**【図5】**のように、接している面の目が同じになるようにして、**【図1】**のさいころと**【図7】**のさいころを使い、新たに**さいころ体**をつくりました。**【図8】**は、**はなこさん**が新たにつくった**さいころ体**を色のついた立方体と白い立方体で表したものです。色のついた立方体は**【図1】**のさいころを、白い立方体は**【図7】**のさいころを表しています。**【図9】**は、新たにつくった**さいころ体**について、**はなこさん**がかいた、**前から見た図**と**上から見た図**です。

【図8】

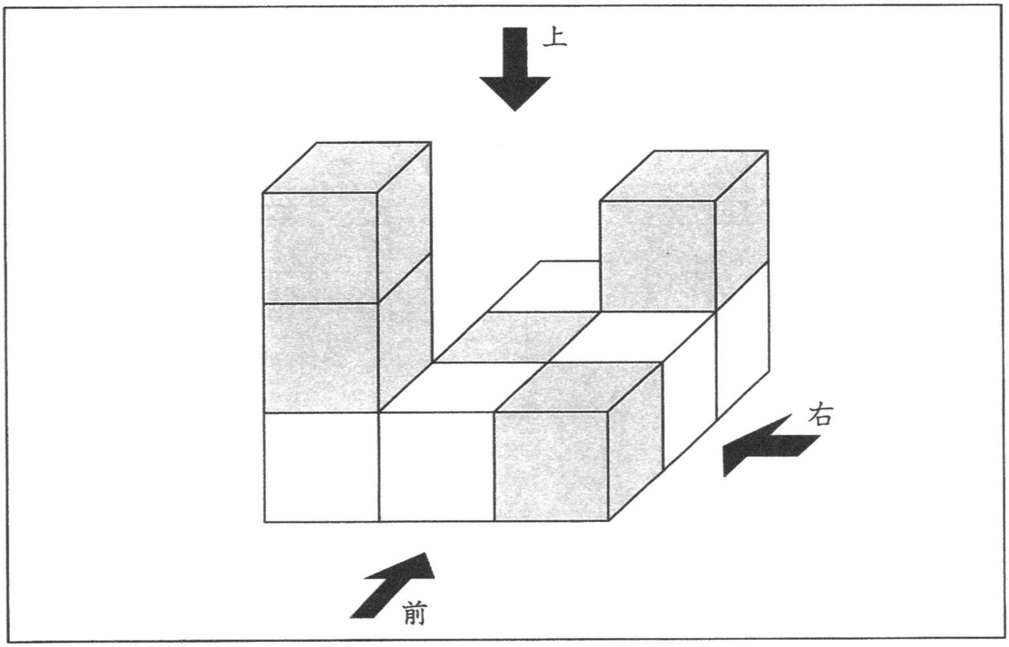

【図9】

前から見た図

4	×	×
4	×	4
4	4	4

上から見た図

×	5	5
×	2	2
1	6	6

問題4　**はなこさん**が新たにつくった**さいころ体**について、**右から見た図**のさいころの目を解答用紙にそれぞれ数字で書きなさい。また、さいころの目が見えないところは×を書きなさい。

3 たろうさんは、日本の探査機《たんさき》「はやぶさ２」が地球から遠く離《はな》れた天体に着陸したニュースを見て、ロケットの技術に興味をもち、調べて、**【資料１】**～**【資料６】**にまとめました。あとの問題に答えなさい。

【資料１】ロケットの技術に関係のある装置《そうち》

西暦《せいれき》１０～７０年ごろ、エジプトのアレクサンドリアで**【図１】**のような装置がつくられていたのではないかと考えられています。銅製の容器で構成され、容器内の水を下の火で加熱すると球体が矢印の向きに回転するものでした。（　あ　）、球体に回転する力を与《あた》えていたことがわかりました。

【図１】

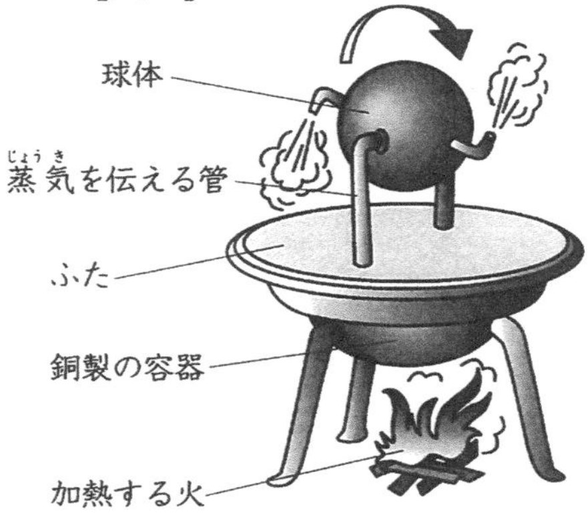

（ＮＡＳＡウェブページをもとに作成）

問題１　**【資料１】**の（　あ　）にあてはまる最も適切なものを、次の１～６から一つ選び、番号を書きなさい。

１　熱した容器と球体の温度が等しくなったことで

２　熱した容器と球体の温度の差が大きくなったことで

３　球体の下にある容器から出ている管が振動《しんどう》することで

４　球体の下にある容器の上の面が上下に振動することで

５　球体についている管から蒸気が噴《ふ》き出すことで

６　球体についている管が空気を吸《す》い込《こ》むことで

【資料2】ロケットが推力《すいりょく》を得る主な仕組み

膨《ふく》らませたゴム風船は、手を放すと**【図2】**のように空気を噴《ふ》き出した反動による力で飛んでいきます。この仕組みがロケットの「推力」の主なものです。ロケットはエンジンの燃焼室の中で燃焼ガスを作って噴き出し口であるノズルから後ろに噴き出し、**【図3】**のように前に進む力を得ています。

【図2】

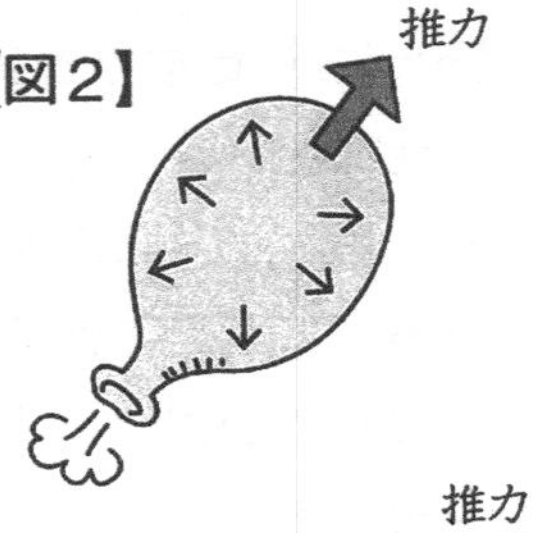

【図3】

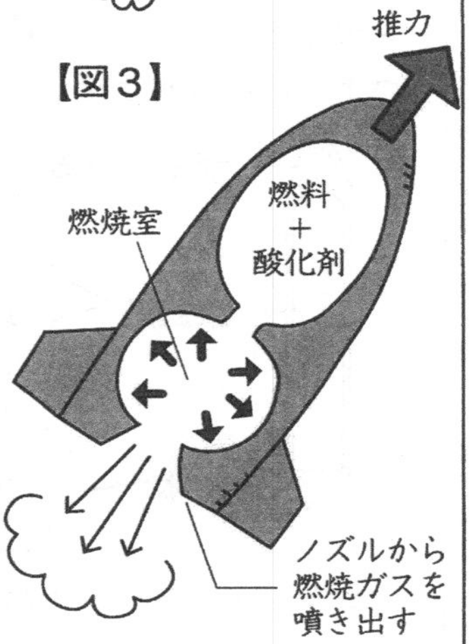

【図4】

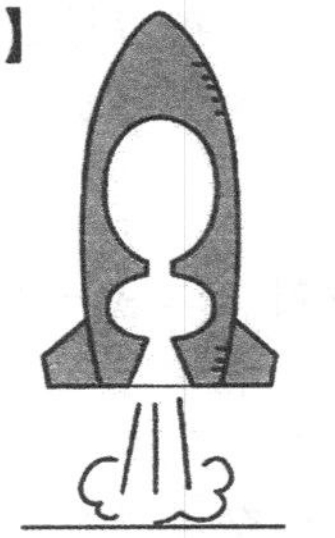

酸素のない宇宙《うちゅう》空間では、燃料とそれを燃焼させるための酸化剤《さんかざい》が必要になります。それらの二つを合わせて推進剤《すいしんざい》といいます。

全ての物には「質量」があり、単位はｋｇです。打ち上げのときのロケットの「質量」は物の動かしにくさの度合いを表します。その質量と速度をかけあわせると運動の激《はげ》しさを表す「運動量」が求められ、次の式が成り立ちます。

運動量＝質量×速度

物が動くときは、この運動量を一定に保とうとする性質があり、**【図4】**のようにロケットから燃焼ガスが噴き出されると、もともとロケットがもっていた質量が減り、運動量を一定に保とうとする性質により、ロケットの速度が増していきます。そこで、次の式が成り立ちます。

ロケット本体の質量×ロケットの速度＝噴き出した燃焼ガスの質量×噴き出した燃焼ガスの速度

ロケットがより大きな推力を得て速度を増すためには（　い　）ことが必要になります。

(的川泰宣《まとがわやすのり》「宇宙ロケットのしくみ」をもとに作成)

問題２　**【資料2】**の（　い　）に最も よくあてはまることばについて、次の**語群**からことばを選んで意味の通る順番に並《なら》べ、それらの**番号を順番通り**に書きなさい。

語群

１	より少量の	２	より多量の	３	常に一定の
４	燃料を	５	酸化剤を	６	燃焼ガスを
７	より高速で	８	より低速で	９	一定の速度で
１０	膨らませる	１１	吸い込む	１２	噴き出す

【資料3】比推力《ひすいりょく》と質量比

地球から遠く離《はな》れた天体に探査機《たんさき》を送るためには、大きな速度が必要になります。ロケットは速度を増すために推力《すいりょく》を大きくするとともに、比推力を大きくするための工夫がされています。いろいろな推進剤《すいしんざい》を比べると、1秒間に消費する推進剤の重さが同じでも噴《ふ》き出した燃焼ガスの速度が大きいものほど大きな推力を生み出します。また、質量比を小さくする工夫もされています。比推力と質量比は次のように表されます。

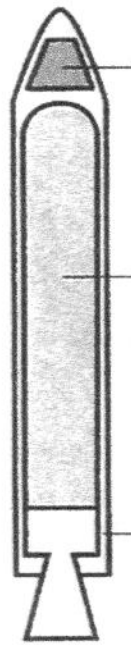

$$\text{比推力}=\frac{\text{推力}}{\text{1秒間に消費する推進剤の重さ}}$$

$$\text{質量比}=\frac{\text{積んでいる探査機の質量}+\text{機体の質量}}{\text{推進剤の質量}+\text{積んでいる探査機の質量}+\text{機体の質量}}$$

ロケットエンジンの推力は力の大きさであり※Ｎ（ニュートン）という単位を使います。推力５００ｋＮ（キロニュートン）のエンジンで、１秒間に消費される推進剤の重さが２ｋＮだとすると、比推力は２５０秒であり、推進剤の性能を表しています。

※Ｎ（ニュートン）…力の大きさの単位。重さも地上の物体にはたらく力なので単位はＮで表すことができる。１ｋＮ＝１０００Ｎ

（的川泰宣《まとがわやすのり》「トコトンやさしい宇宙《うちゅう》ロケットの本」をもとに作成）

【資料4】ロケットの速度を増す３つの工夫

①多段式《ただんしき》ロケット

空になって不要になった推進剤タンクなどを切り離していく仕組みです。

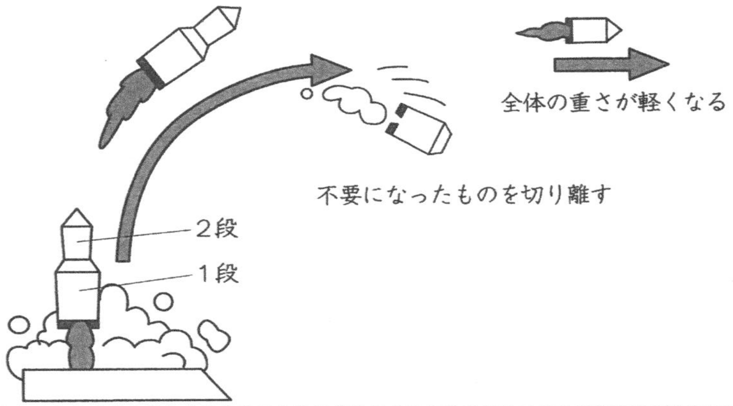

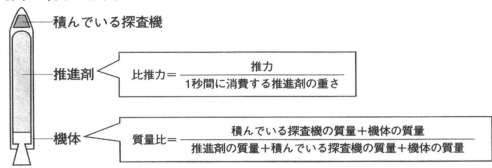

②クラスターロケット

大きな推力が出せる大型のエンジンの開発は経費や時間がかかるので、すでに開発されて性能の確定しているロケットを束ねる方法がよく使われています。【図５】のように下の方が広がった形をしています。

【図５】

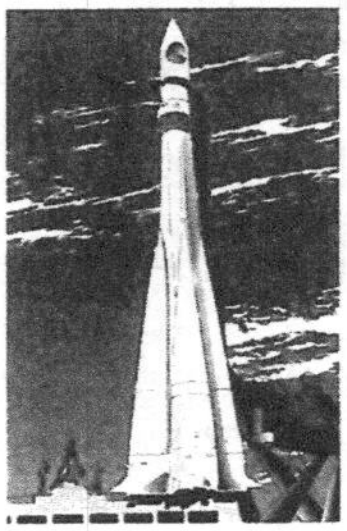

③スウィングバイ

アメリカが１９７７年に打ち上げた惑星《わくせい》探査機「ボイジャー２号」は、木星に引き寄せられる力を利用して進行方向を変え、加速して【図６】のように地球からより離れた天体へと向かう軌道《きどう》に乗りました。このように、天体に引き寄せられる力を利用して軌道や速度を変える方法を「スウィングバイ」といいます。

【図６】ボイジャー２号が行ったスウィングバイの様子

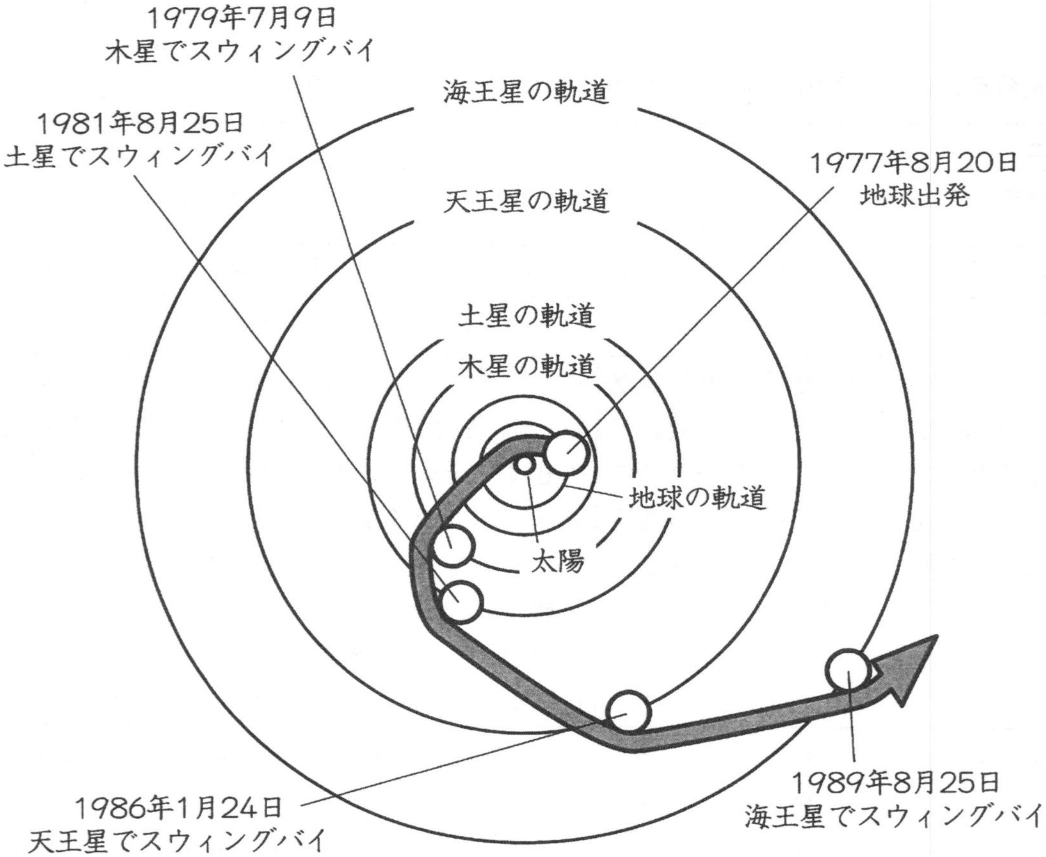

（的川泰宣「宇宙ロケットのしくみ」をもとに作成）

【資料５】ロケットの大型化

国産大型液体ロケットの開発は、【図７】のようにＮ－Ⅰロケットから始まり、Ｈ－Ⅱロケットは純《じゅん》国産ロケットとなりました。Ｈ３ロケットは現在運用中のＨ－ⅡＡロケットとＨ－ⅡＢロケットの後継機《こうけいき》として開発されています。

【図７】日本の大型液体ロケット

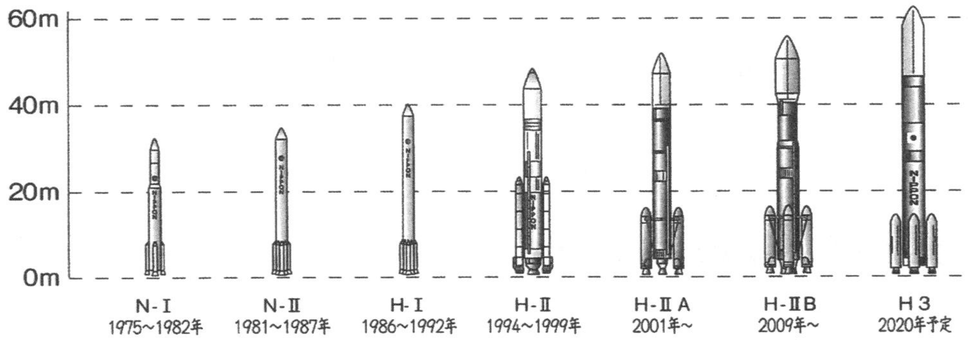

【資料６】日本で使用・開発しているロケットエンジンの比較《ひかく》の表

エンジン	ＬＥ－５	ＬＥ－７Ａ	ＬＥ－９
適用ロケット	Ｈ－Ⅰ	Ｈ－ⅡＡ Ｈ－ⅡＢ	Ｈ３（予定）
比推力《ひすいりょく》	４５０秒	４４０秒	４２５秒
推力《すいりょく》	１０３ｋＮ	１１００ｋＮ	１４７１ｋＮ
エンジンサイクル（推進剤《すいしんざい》を送るポンプを動かす仕組みについて表したもの）	液体水素と液体酸素の一部を副燃焼器で燃焼させて、そのガスで※ターボポンプを動かすガスジェネレータサイクル	液体水素と液体酸素の一部を予備燃焼させて、そのガスでターボポンプを動かし、その後、残りの液体酸素を加えて再度燃焼させる二段《だん》燃焼サイクル	推進剤である液体水素を燃焼室やノズルを冷やすことに使うと同時にガス化させて温度を上げ、そのガスでターボポンプを動かすエキスパンダブリードサイクル

※ターボポンプ･･･高圧ガスで一方の羽根車を回すと連結した他方の羽根車が推進剤を送り出す構造のポンプ

（宇宙《うちゅう》航空研究開発機構ウェブページをもとに作成）

問題３　**【資料３】**、**【資料４】**から考えられる多段式《ただんしき》ロケットとクラスターロケットの利点として最も適切な組み合わせを、次の**１**～**１６**から一つ選び、番号を書きなさい。

	多段式ロケットの利点
ア	質量比を小さくして加速をしやすくする
イ	質量比を大きくして加速をしやすくする
ウ	比推力を小さくして加速をしやすくする
エ	比推力を大きくして加速をしやすくする

	クラスターロケットの利点
オ	推進剤の消費を節約してロケット全体を軽くすることができる
カ	推進剤の消費を多くして早く質量比を大きくすることができる
キ	開発費をおさえて失敗しにくい大型ロケットを作ることができる
ク	開発費をおさえて推力の大きな大型エンジンを作ることができる

１　ア　オ	**２**　ア　カ	**３**　ア　キ	**４**　ア　ク
５　イ　オ	**６**　イ　カ	**７**　イ　キ	**８**　イ　ク
９　ウ　オ	**１０**　ウ　カ	**１１**　ウ　キ	**１２**　ウ　ク
１３　エ　オ	**１４**　エ　カ	**１５**　エ　キ	**１６**　エ　ク

問題４　Ｈ－ⅡＡロケットで使用されているＬＥ－７ＡエンジンとＨ３ロケットで使用する予定のＬＥ－９エンジンについて、**【資料２】**～**【資料６】**からわかることとして最も適切なものを、次の**１**～**６**からそれぞれのエンジンについて一つずつ選び、番号を書きなさい。

１　長さが４０ｍ未満のロケットに使用することに適している。

２　推力が最大となるので、大きな質量の探査機の打ち上げを可能にする。

３　液体燃料エンジンでは世界最小であり、クラスターロケットに向いている。

４　ＬＥ－５よりも推力が大きく、ＬＥ－９よりも一定の推力を出せる時間が長い。

５　推進剤の一部を副燃焼器で燃焼させるガスジェネレータサイクルである。

６　二段エキスパンダブリードサイクルであり１秒間に消費する燃料が少ない。

問題5　小惑星探査機《しょうわくせいたんさき》の「はやぶさ２」は、推力《すいりょく》の小さいエンジンを搭載《とうさい》していますが、小惑星「リュウグウ」に到着《とうちゃく》するまでにスウィングバイを行いました。**【資料２】**～**【資料４】**から考えて「はやぶさ２」がスウィングバイを行った理由として最も適切なものを、次の１～５から一つ選び、番号を書きなさい。

1　天体に引き寄せられる力を利用して、軌道や速度を一定に保てるから。

2　不要になったタンクを切り離して、質量比を小さくできるから。

3　ガスを噴き出す速度を上げることで、運動量を大きくできるから。

4　質量比を大きくすることで、燃料を節約することができるから。

5　燃料を節約しながら、速度と方向の調整を行うことができるから。

問題６　**【資料６】**から考えてＨ－Ⅰに使用されていたＬＥ－５エンジン１基とＨ－Ⅱに使用されているＬＥ－７Ａエンジン１基の１秒間に消費する推進剤の重さはそれぞれ何Ｎですか。答えがわりきれないときは、小数第二位を四《し》捨《しゃ》五《ご》入《にゅう》して小数第一位まで答えなさい。

このページに問題は印刷されていません。

このページに問題は印刷されていません。

適性検査Ⅰ　解答用紙

受検番号

氏　　名

※には何も記入しないこと。

※

※100点満点
（検査Ⅰ合計）

問題１

問題２

※

20点

問題３

※

４点

問題４

※

４点

問題５

※

７点

※8

※7

※6

※5

※4

問題4
【右から見た図】

※ 10点

3

問題1

※ 5点

問題2

※ 10点

問題3

※ 5点

問題4	LE－7Aエンジン	LE－9エンジン

※ 5点

問題5

※ 5点

問題6	LE－5エンジン	LE－7Aエンジン
	N	N

※ 10点

受検番号	氏　　名

※

横浜市立横浜サイエンスフロンティア高等学校附属中学校　※100点満点

適性検査Ⅱ　解答用紙

1

※には何も記入しないこと。

問題１	※
倍	5点

問題２	※
	5点

問題３	※
	10点

問題４	※
	10点

2

問題１	※
	5点

問題２

【右から見た図】

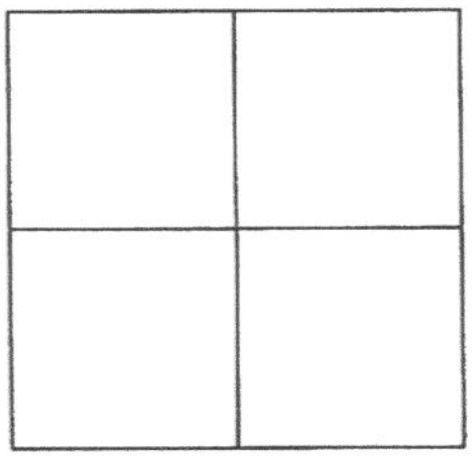

※ 10点

問題３	※
	5点

適性検査Ⅰ　解答用紙

※には何も記入しないこと。

受検番号

氏　　名

※

※問題６，７で65点

問題６

※１

問題７

※２

※３

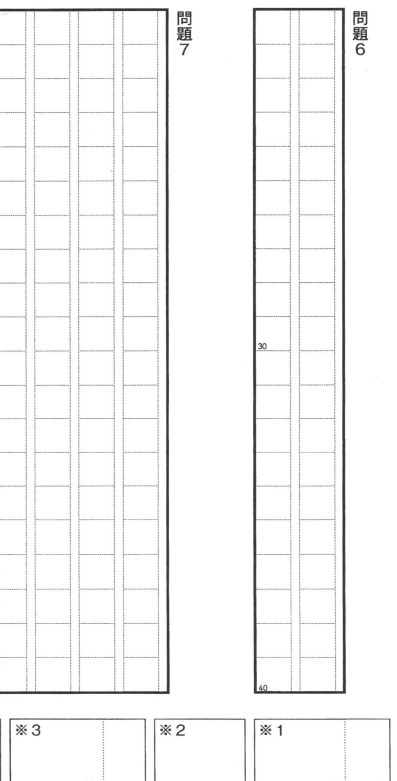

平成三十一年度

適性検査Ⅰ

9：00
〜
9：45

☆

［注　意］

1　この問題冊子《さっし》は一ページから十八ページにわたって印刷してあります。ページの抜《ぬ》け、白紙、印刷の重なりや不鮮明《ふせんめい》な部分などがないかを確認《かくにん》してください。あった場合は手をあげて監督《かんとく》の先生の指示にしたがってください。
2　解答用紙は二枚《まい》あります。受検番号と氏名をそれぞれの決められた場所に記入してください。
3　声を出して読んではいけません。
4　答えはすべて解答用紙に記入し、解答用紙を二枚とも提出してください。
5　字ははっきりと書き、答えを直すときは、きれいに消してから新しい答えを書いてください。
6　文章で答えるときは、漢字を適切に使い、丁寧《ていねい》に書いてください。

横浜市立横浜サイエンスフロンティア高等学校附属中学校

このページには問題は印刷されていません。

次の【会話文】を読んで、あとの問題に答えなさい。

【会話文】

みなみさん　冬休みに祖母の家へ行きました。そのとき親戚《しんせき》の人たちが聞きなれない言葉を使っていて興味をもちました。たぶん方言だと思うのですが。

りかさん　おばあさんの家はどこにあるのですか。

みなみさん　①鹿児島《かごしま》県です。

りかさん　今でも鹿児島県には多くの方言の形が残っているのでしょうか。

みなみさん　【資料1】を見てください。これは、都道府県を方言の形が残っている割合《わりあい》の高い順に上から並《なら》べたものです。

りかさん　鹿児島県の値《あたい》は80%を超《こ》えていますね。これは全国で（　あ　）番目に高い値だから、鹿児島県には多くの方言の形が残っているといえそうです。鹿児島県以外に沖縄《おきなわ》県や秋田県なども方言の形が多く残っているようですが、地域《ちいき》による傾向《けいこう》が何かあるのでしょうか。この表からは読み取ることが難《むずか》しいのですが。

先　生　②方言の形が残っている割合に応じて、都道府県をぬり分けた地図を作ってみると分かりやすいと思いますよ。

みなみさん　作ってみましょう。

りかさん　作成した地図をみると、関東地方から距離《きょり》が離《はな》れるほど、方言の形が残っている割合が高くなっているようです。

みなみさん　でも、北海道は東北地方と比べて方言の形が残っていないようです。東北地方より北海道の方が関東地方から離れているのになぜでしょうか。

先　生　北海道は、明治以降に開拓《かいたく》のため日本の各地から人々が移り住んだことによって、共通語が多く話されるようになったと言われています。

みなみさん　歴史と関係があったのですね。

先　生　（ い ）県は、長野県に接する都道府県の中で方言の形が残っている割合《わりあい》が最も高くなっています。これは、２つの県の間に高い山脈があることが一因だといわれています。

みなみさん　地形も関係があるのですね。

先　生　方言の形が残っている割合にも地域差《ちいきさ》がありますが、方言の形の分布にも地域差があります。**【資料２】**〜**【資料４】**を見てください。どのようなことが分かりますか。

りかさん　「居る」は A 、「かたつむり」は B 、「しもやけ」は C ということがわかります。

先　生　そうですね。それぞれの分布のパターンを、「東西分布」「周圏《しゅうけん》分布」「日本海太平洋型分布」といいます。「東西分布」は、日本アルプスなどの山々が境界となって、その東西で言葉が変化することによって起こったことだといわれています。「周圏分布」は、文化の中心地に新しい表現が生まれ、それがだんだん周囲に広がったことで生じたものだといわれています。「日本海太平洋型分布」は、日本海側と太平洋側の気候の違《ちが》いが言葉に影響《えいきょう》を及《およ》ぼしたものだといわれています。では、**【資料５】**は、どのパターンにあてはまるでしょうか。

みなみさん　（ う ）ですね。

りかさん　その背景《はいけい》や事情によって分布の仕方が異《こと》なってくるのですね。

先　生　何事も「なぜそうなっているんだろう」と興味をもつことが大事ですね。

【資料１】方言語形残存率

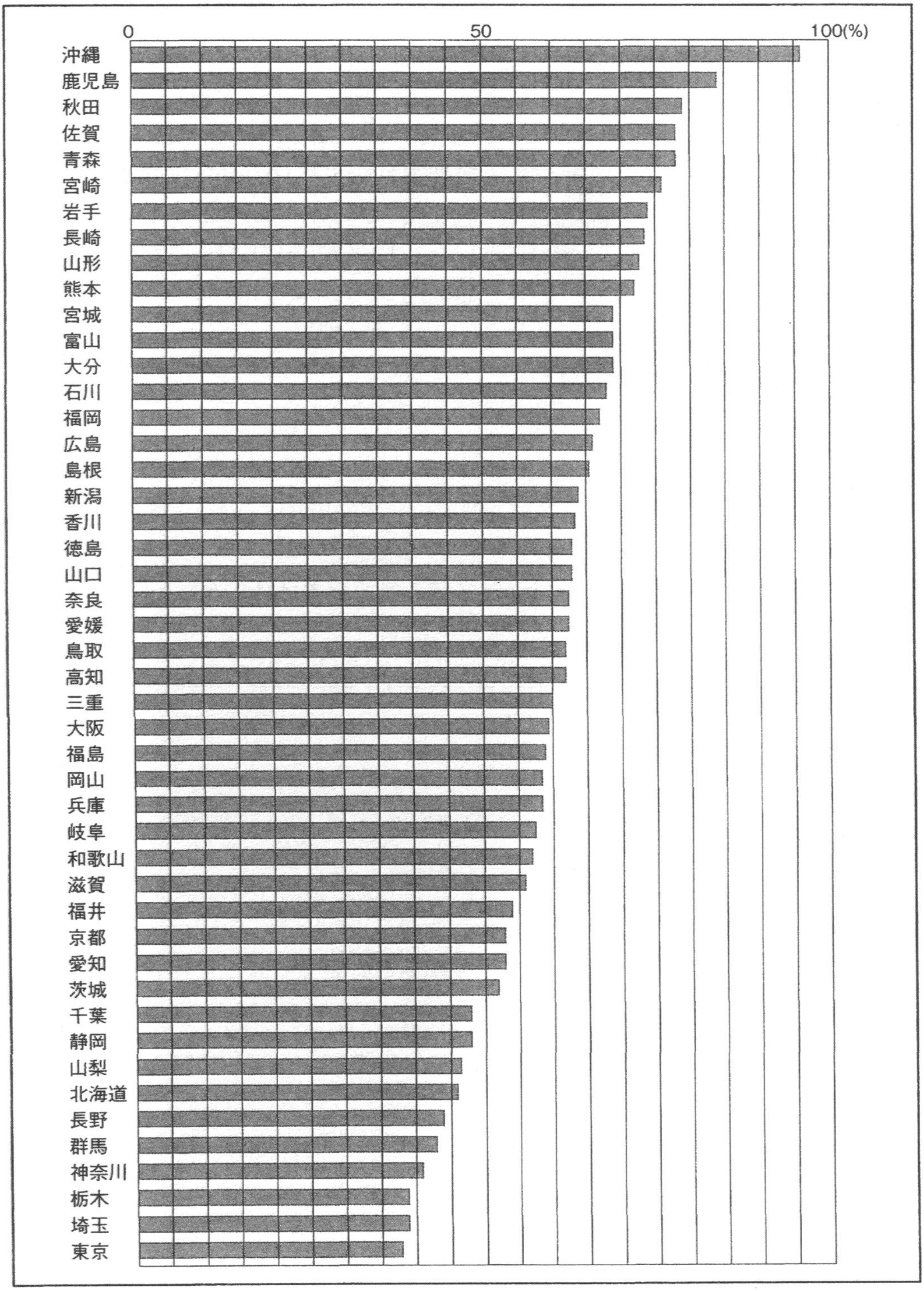

（真田信治『方言の日本地図』をもとに作成）

【資料２】「居る」の方言分布

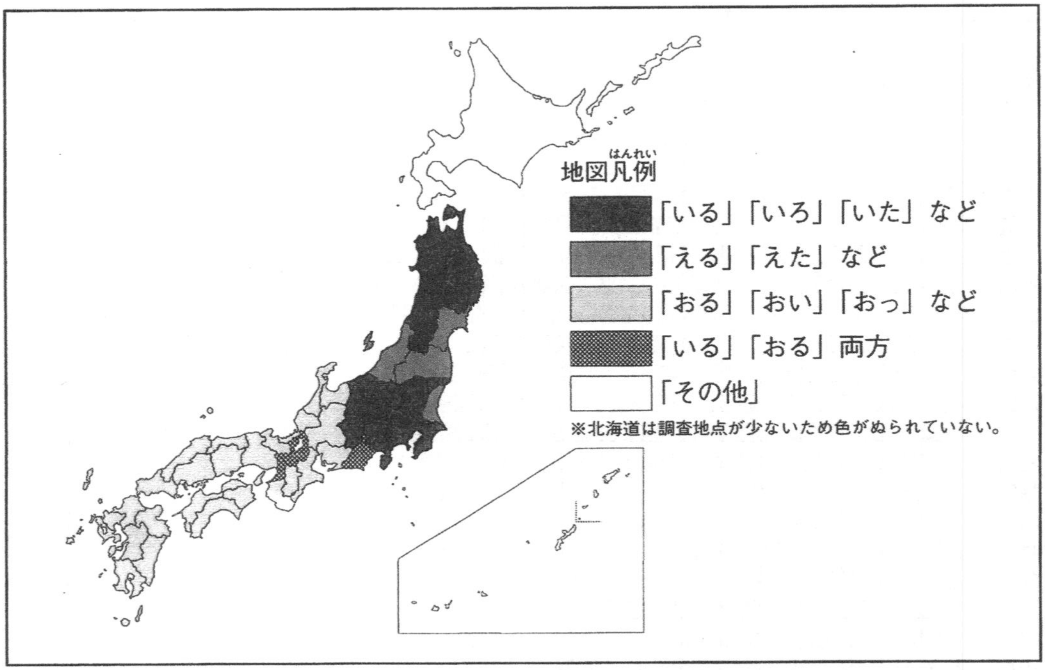

（『なるほど地図帳 2018 ニュースと合わせて読みたい日本地図』をもとに作成）

【資料３】「かたつむり」の方言分布

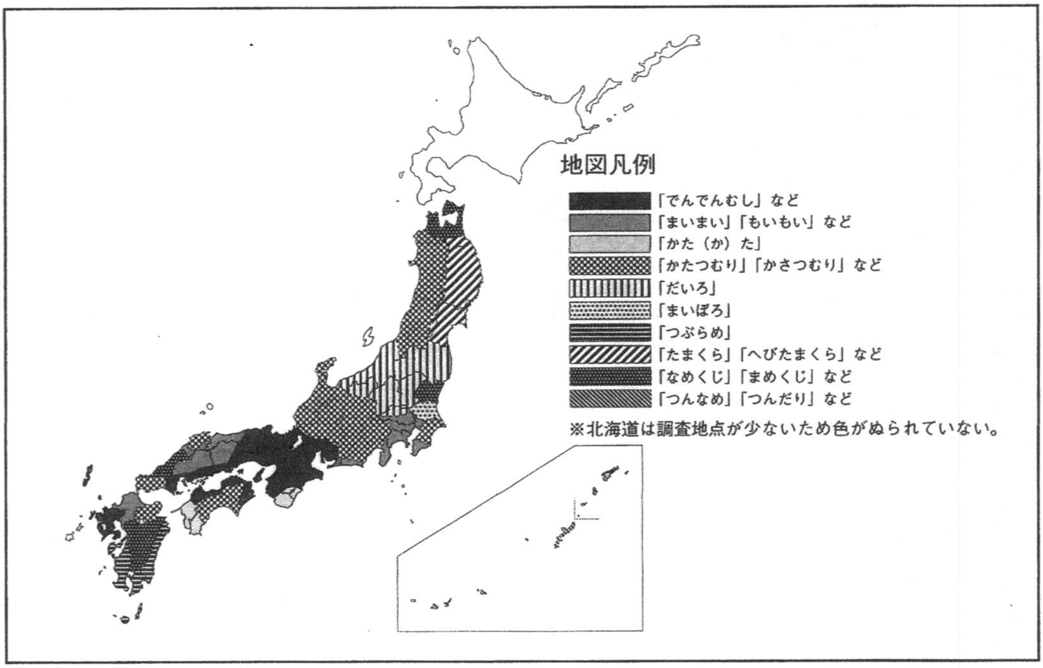

（『なるほど地図帳 2018 ニュースと合わせて読みたい日本地図』をもとに作成）

【資料4】「しもやけ」の方言分布

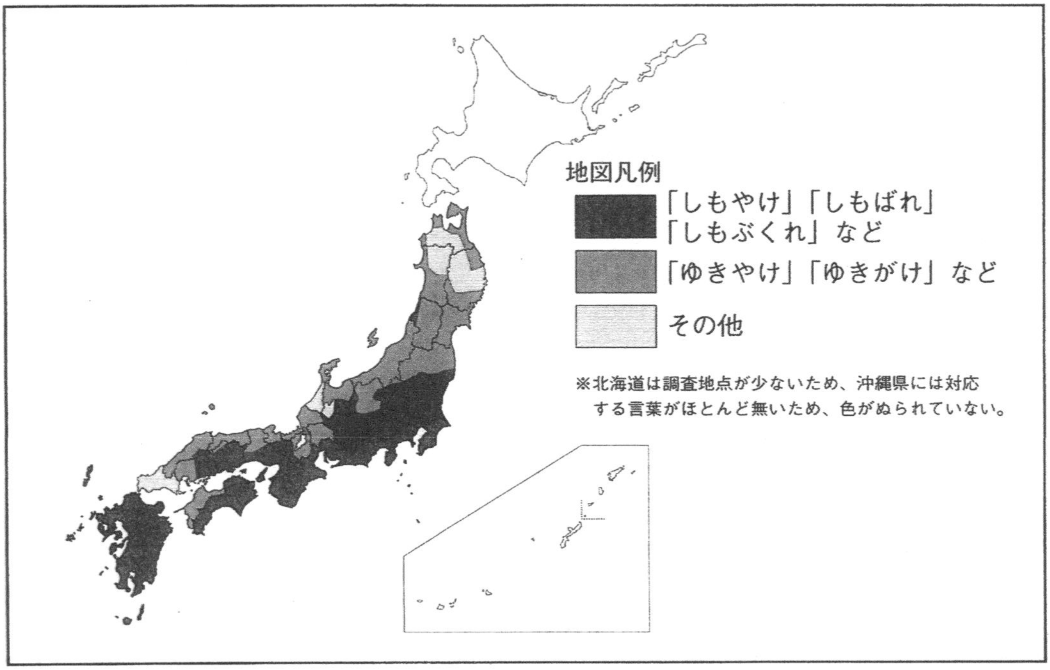

(『なるほど地図帳2018 ニュースと合わせて読みたい日本地図』をもとに作成)

【資料5】「顔」の方言分布

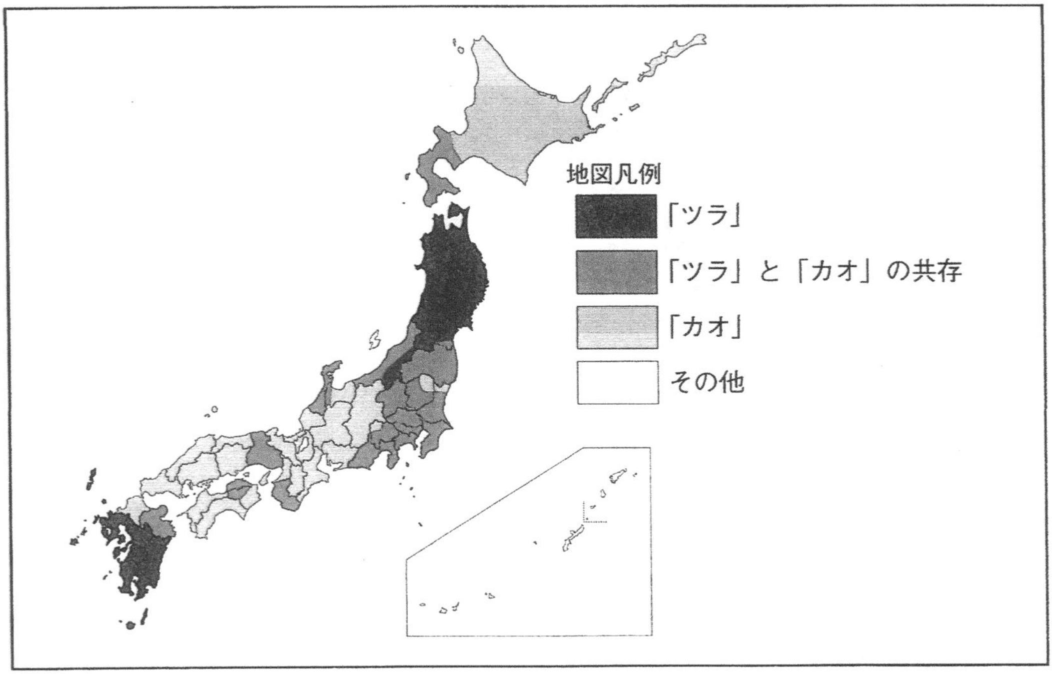

(「共同体社会と人類婚姻史」ホームページをもとに作成)

問題1　【会話文】中の――線①について、この地域《ちいき》の出身で、明治天皇《てんのう》を中心とした新政府をつくった人物として適切なものを次のア～オから二つ選び、記号を書きなさい。

ア　勝海舟《かつかいしゅう》　イ　西郷隆盛《さいごうたかもり》　ウ　陸奥宗光《むつむねみつ》　エ　大久保利通《おおくぼとしみち》　オ　木戸孝允《きどたかよし》

問題2　【会話文】中の（　あ　）にあてはまる数を書きなさい。

問題3　【会話文】中の――線②として最も適切なものを次のア～エから一つ選び、記号を書きなさい。

ア

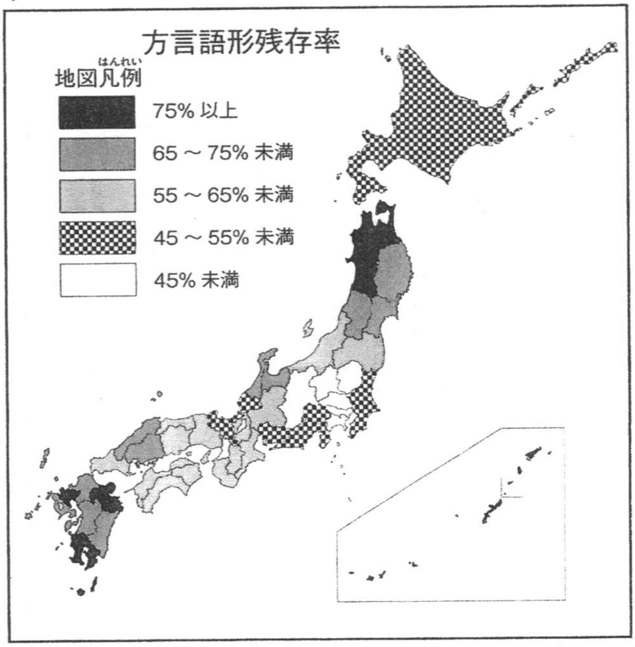

イ

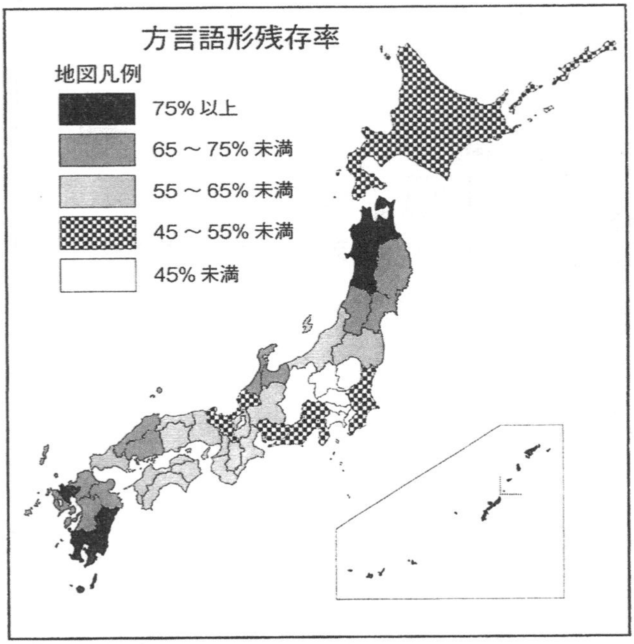

問題４【会話文】中の（　い　）にあてはまる県名をひらがなで書きなさい。

ウ

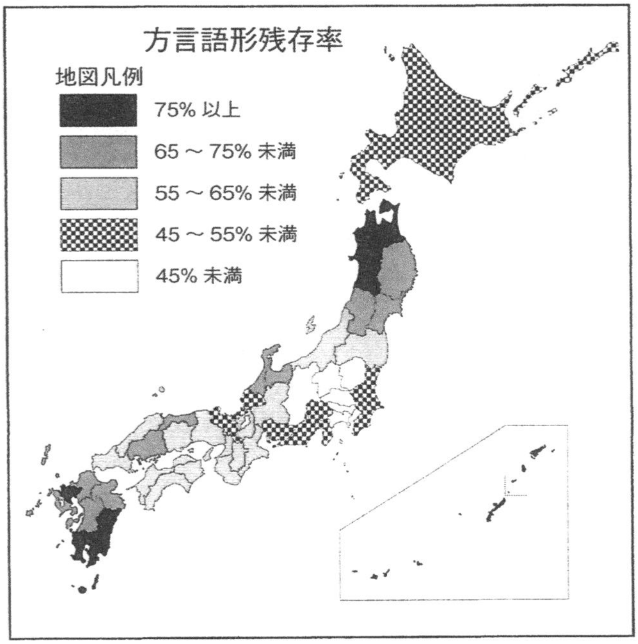

エ

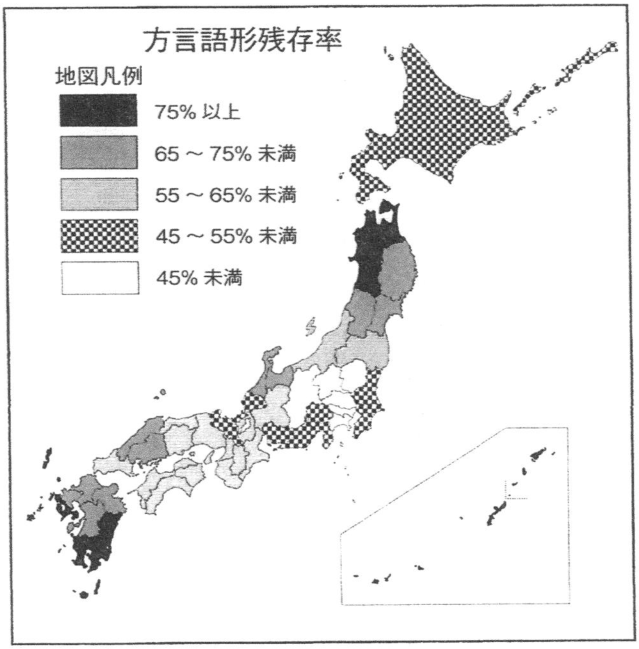

問題5 **【会話文】** 中の [A] ～ [C] にあてはまるものとして最も適切なものを、次の**ア**～**カ**からそれぞれ一つ選び、記号を書きなさい。

ア 京都や奈良《なら》周辺の地域《ちいき》には「でんでんむし」など、長野や富山周辺の地域や四国の太平洋側には「かたつむり」「かさつむり」など、青森県北部や熊本《くまもと》や宮崎《みやざき》周辺の地域には「なめくじ」「まめくじ」などというように、京都や奈良などを中心としていろいろな表現が周りに分布していっている

イ 岐阜《ぎふ》周辺の地域には「でんでんむし」など、秋田や山形周辺の地域や四国の太平洋側には「かたつむり」「かさつむり」など、青森県北部や熊本や宮崎周辺の地域には「なめくじ」「まめくじ」などというように、岐阜を中心としていろいろな表現が周りに分布していっている

ウ 山地に「ゆきやけ」などが、平地に「しもやけ」などが多く分布していて、山地と平地とで表現が異《こと》なっている

エ 日本海側に「ゆきやけ」などが、太平洋側に「しもやけ」などが多く分布していて、日本海側と太平洋側とで表現が異なっている

オ 日本の北側に「おる」などが、南側に「いる」などが多く分布していて、北側と南側とで表現が異なっている

カ 日本の東側に「いる」や「える」などが、西側に「おる」などが多く分布していて、東側と西側とで表現が異なっている

問題6 **【会話文】** 中の（　う　）にあてはまる語句として最も適切なものを、次の**ア**～**ウ**から一つ選び、記号を書きなさい。

ア 「東西分布」　**イ** 「周圏《しゅうけん》分布」　**ウ** 「日本海太平洋型分布」

このページには問題は印刷されていません。

問題7　言葉について興味をもったみなみさんは、**【資料6】**を見つけました。**【資料6】**を読んで、**三百字以上三百五十字以内で【資料6】が伝えていることを複数の段落《だんらく》を**つくってまとめなさい。ただし題名は書かずに**一行目、一マス下げたところから、**原稿用紙《げんこうようし》の適切な使い方にしたがって書くこと。

【資料6】

　近年、日本語の横書きが目立つようになった。印刷されたはがきの案内状などでも横組みはそれほどめずらしくないし、普通《ふつう》のはがきを横書きにしている人もある。国文学の学生にも卒業論文《そつぎょうろんぶん》の横書きが増えているそうである。横書きや横組みの印刷は、事務合理化の一環《いっかん》として、よく考えることもなく採用しているところが多い。そのせいか、横書きの方が何か高級のような感じを一般《いっぱん》に与《あた》えていることは見のがすことができない。

　すこし楽天的な人は、これからの世の中は、もう横書き、横組みでなくてはだめだときめてしまっているようで、こういう※1滔々《とうとう》たる天下の勢いを向うにまわして、横書き慎重論《しんちょうろん》を述べるのはこっけいかもしれない。しかし、横組みや横書きが、一般に信じられているように果して「合理的」なものかどうか、という点を文字の構造と関係づけて考えてみることは、必ずしも無意味なことではあるまい。

　縦《たて》に印書していたものを横に変えるという改革《かいかく》は、日本語では容易である。というのも、日本語の活字は、もともと、すべて全角の大きさだからである。すなわち、一本一本の活字の占《し》める面は正方形であるから、縦に並《なら》べていたものを横に並べても、寸法《すんぽう》にくるいがない。活字を替《か》える必要なしに縦組みを横組みに変えることができるが、これは日本語の活字の特色で、便利といえば便利なところである。しかし、一方では、この便利さのために、印刷上の抵抗《ていこう》を受けずに、かんたんに横組みへの移行がはじまったとも言えるのである。

　英語だと、こういう縦横自在《じゅうおうじざい》ということはとうてい考えられない。英語の活字は一本一本で幅《はば》が違《ちが》う。もっとも幅

のひろいのが全角で、これは日本語活字とおなじく、正方形である。そしてたとえば、nの字はmの活字の半分の幅しかない。さらにiはその半分、つまり、mの字の四分の一である。こういうように一本一本、字によって活字の幅がちがっている。そういう活字で縦組みをしようとすると、一行の幅が不揃《ふぞろ》いに出入りしてたいへんおかしいものになる。だから、英語の縦組み印刷は実行不可能である。活字を根本的に改造でもしない限り、英語の縦組みは考えることもできない。

日本語の印刷では、このように容易に縦のものを横に寝《ね》させることができるが、手で書くときはどうであろうか。

横書きは書きにくいと言う人もないではない。原稿を横書きにすると、自分の文章のような気がしない、思ったことがすらすら書けないという文筆家もある。ところが、一般《いっぱん》には、自分の書く文章について、そういうスタイルの※2機微《きび》にふれる意識がはじめからないためか、横書きが縦書きとちがうという感じがあまりないようである。縦に書くのも横に書くのとちがわないと思っている人は意外に多い。結果的に言えば、筆記の場合も印刷の場合と同じように、縦と横の転換《てんかん》ができるように漠然《ばくぜん》と考えられている。

それでは、読む者の側から見て、横組みの文章と縦組みと、どちらが合理的であろうか。

人間の眼は左右に並んでいるから、横に読む方が自然であるという説が一部にはあるが、この筆法で行くと、世の中のすべての縦のものは不自然なものだということになりかねない。読むのがいかなる文字であるかも※3吟味《ぎんみ》しないで、縦がよい、横がよいと言ってみてもしかたがない。

横がよいか、縦がよいかを決める前に、まず、リーディングと文字の構造との関係について考えなくてはならない。横組みに印刷されたことばを読むとき、一つ一つの文字の識別にあたって、もっとも大切なのは、活字の上の方と、下の方へつき出している縦線である。まん中の部分はもっとも無性格で、字の個性をあらわす度合いが低い。

他方、縦《たて》に書かれることばでは、横のことばの場合から推《お》しても、読みにあたっては、左右に突出《とっしゅつ》した部分によって、文字の区別がなされていると想像される。多くの漢字が、左の突出部である扁《へん》と、右への張り出し部である「つくり」から成っていることは、縦読みにおいては、そういう左右の分化、複雑化が自然に進んだであろうことを思わせるもので、英語で上と下の出入りが大切であったように、縦書きのことばでは左右が大切である。

日本語のように古来、縦読みをしている言語では、左右の文様によって字の区別が行われており、文字の構造では縦よりも横の線が主力をなしている。英語とはちょうど九十度だけ向きが変っている。これは、文字の構造が、読まれ方に対して、ある共通の原理の上に立っていることを暗示する。

英語のような横のことばと、日本語のような縦のことばの両者の文字としての性格を※4端的《たんてき》に示しているものに、数字がある。

横のことばの数字はⅠⅡⅢのように縦線を並べることを基本にしている。一方の縦のことばでは、一二三と横の線で書きあらわす。

横に読んで行くときには、眼の進行方向に対して直角に交わる線が多い方が効果的である。文字は元来視覚《しかく》に与《あた》える※5刺戟《しげき》として認識《にんしき》されるもので、視覚に有効な抵抗感《ていこうかん》を与える字は読みやすいのである。横読みには垂直《すいちょく》の縦の線がもっとも有効な抵抗を与える。ⅠⅡⅢがそうであり、ｍｎｕｖｉｌなどを見れば、アルファベットの一つ一つが、いかに縦の線に依存《いそん》しているかがよくわかる。

それに対して、一二三という数字をもつ漢字では、視線の流れが上から下へ走ることを予想している。一二三を横に並べると実に読みにくい。その読みにくさの理由は、すでに述べたように、眼の動きに平行する線は充分《じゅうぶん》な抵抗を与え得ないからである。十木本未末来日月旦など、いずれも横線の基調をはっきりさせている。こういう漢字を横に並べて横から読ませることが、読みの能率上からも決して得策《とくさく》ではないことは明らかである。

読むには、眼に充分強い刺激《しげき》を感じさせる線があった方がよいから、文字は、読むときの視線の流れに対して直角に交わる線を軸《じく》にして発達すると考えてよい。縦か横かのどちらかの読み方がある程度固まってから、それに適合するように文字は進化したと想像される。そして、読み方によく適合した文字の形が定まる。今日見られる多くの言語における文字は、その言語の読みの慣習に対して、安定した構造を確立させていると考えられる。

日本語の文字を急に九十度方向転換《ほうこうてんかん》して横に並《なら》べて書き、かつ読むということが、どういう結果をもたらすか。読む側のことだけを言っても、その転換によって生ずる、生理的、心理的負担《ふたん》の増大は明らかである。一二三というような文字を横に並べて読めば、視線の走る方向と文字の線は平行をなすから、眼の受ける抵抗感がすくなすぎて、読みにくい。それが心理的な負担増大ということの意味である。眼の走る方向に交叉《こうさ》する線が多ければ多いほど、文字を読みとるのに要するエネルギーはすくなくてすむ。

このように、リーディングの慣習と文字の関係は想像以上に※6緊密《きんみつ》であると言ってよく、縦読みのことばとして発達して来た文字を急に横読み用に変えるということは、文字に対する一種の破壊的行為《はかいてきこうい》であり、他方ではまた、読みの作業がいちじるしく負担の大きなものになることを認識すべきである。

日本の文字は上から下へ読まれるものとして発達して来た。文字を組み立てているのも、縦より横の線が優勢《ゆうせい》である。文字の※7弁別には上から下への視線がはたらかなくてはならない。

そういう文字が横に並んでいると、読者はこれをなだらかに横に読んで行くことができないので、一字一字を、ホウチョウでものを切るように垂直に読みながら横にすすむ。それが横組みの日本語の読みづらさとして感じられる。

このホウチョウ刻《きざ》み式の読み方だと、読んでも、ことばに流れが生じにくい。別なことばで言えば、一字一字が切

れ切れになりすぎてほどよい結合をつくらないのである。また、漢字や仮名《かな》は上と下は他のものと結合しようとする接着力が強いけれども、字体の左右の部分はどちらかと言うと、※8排他的《はいたてき》な力を蔵《ぞう》しているように思われる。そういう日本字を横に並《なら》べると、前の字の右と後の字の左とが反撥《はんぱつ》し合う。その反撥が字と字をバラバラにさせ、ことばの流れを失わせる。流れがないから、ますますホウチョウ読みを助長することになり、ホウチョウ読みだと、字と字の左右はいっそうくっつきにくくなって、ことばの自然な群化ができにくい。

漢字、仮名は、長い間、縦読《たてよ》みされてきたために、字の両側が視線《しせん》に洗《あら》われることにならされている。それが横読みをされると、その大切な両側は行の中にかくされて、左右の弁別の要素が隣《となり》同士で相殺《そうさい》されてしまい、それに代わって、縦読みではつよくは視線にさらされることのなかった上と下の部分が強調されることになる。

このように考えてみると、読み方が変れば、ことばの性質自体が変ってくることが了解《りょうかい》されるはずである。

そのことは、同じ文章を、縦組みと横組みとで読み比べてみるとよくわかる。縦組みか横組みかで同じ文章のスタイルがちがって感じられるのである。

俳句《はいく》などは、それがもっとはっきりする。俳句はことばの響《ひび》き合いの詩で、前のことばは次のことば、前の句は下の句へと、※9イメジを重ねて全体的雰囲気《ふんいき》を出す。そういう俳句が横組みになると、やはりイメジのつながり方に変化があらわれて、句の感じも変る。俳句は横組みを嫌《きら》う。逆に、横組みの日本語の中からは、おそらく俳句のような詩は生れないであろう。生れるとすればおそらくそれは別種の詩になる。

俳句ばかりでなく、和歌も横組みには弱い。一般《いっぱん》に、芸術的効果をねらう文章は横組みにすると微妙《びみょう》な変化を受ける。

同じ文章でも、組み方が変わり、読み方が変れば、その感じさせるスタイルにも差が生じる。だとすれば、スタイルは文章に内存《ないそん》しているばかりでなくて、読み方いかんにも関係があるわけで、表現形式の意味として注目に値《あたい》しよう。

縦に読んでいたことばを、横にして読むとするならば、縦でも横でも同じであるということには決してならない。文学に関心のあるものにとって、ことに、日本語が横書きされ、横に読まれるとき、どの程度に、どういう性質の文体的影響《えいきょう》があるのか、それは縦書き、縦読みのときと、どのようにちがうかということは大きな問題でなければならない。

また、一般の読書人は、元来が縦に書き、縦に読むことばとして発達して来た日本の文字を、横に並べて、横に読むということが、実は、固有の性質を一部分崩《くず》すほどの力を文字に対して加えているという事実に着目する必要がある。

それは決して縦のものを横にするだけのことではない。質的変化を伴《ともな》う。

日本語とその文字の固有の性質を考えると、縦から横への移行はかならずしも「合理化」の一環《いっかん》とはならないことを認《みと》めなくてはならない。なんでもないようで、日本語の横組み、横読みは、新かな遣《づか》い、※10当用漢字、あるいは※11常用漢字以上に根本的な国語の改編を意味するのである。

（外山 滋比古『ものの見方、考え方』ＰＨＰ研究所より。一部省略やふりがなをつけるなどの変更《へんこう》があります。）

［注］

※1　滔々《とうとう》たる・・・たくさんの水がいきおいよく流れるさま。また、そのようなようす。

※2　機微《きび》・・・・人の心や人間関係などのおくにひそむ微妙《びみょう》な動き。

※3　吟味《ぎんみ》・・・・こまかいところまで、念入りにしらべること。

※4　端的《たんてき》に・・・はっきりしているようす。

※5　刺戟《しげき》・・・・「刺激」に同じ。

※6　緊密《きんみつ》・・・・ものごとのむすびつきがしっかりしていて、くいちがいがないようす。

※7　弁別・・・・それぞれの特徴《とくちょう》のちがいを見きわめて、区別すること。

※8　排他的《はいたてき》・・・自分の仲間以外の人や、ちがう考えかたを受け入れようとしないようす。

※9　イメジ・・・「イメージ」に同じ。

※10　当用漢字・・国民が日常使用するとして示された漢字。

※11　常用漢字・・当用漢字にかわって、一般の社会生活における使用の目安として定められている漢字。

問題8　次の【資料7】はりかさんが見つけた本の一部分です。【資料7】と【資料6】を読み比べて、二つの資料に共通する考え方を読み取って四十字以上五十字以内で書きなさい。ただし題名は書かずに一行目、一番上から書くこと。

【資料7】

近年、方言の消滅《しょうめつ》を惜《お》しみ、これを尊重《そんちょう》し保護しようとする運動が盛《さか》んになってきた。明治以降《いこう》、日本語はひたすら※12均質化される方向に進んできたのであった。この均質化は1980年代におけるテレビメディア※13爛熟《らんじゅく》期《き》に、ほぼ完成の域に達したといっていい。しかし、均質化の完成と同時に、ことばの新たな多様化の時代がはじまったのである。そして、逆に方言を惜しむ声が各地で出はじめた。

近代的コミュニケーションのために、方言はいわば障害物《しょうがいぶつ》とされ、切り開くべきジャングルでもあったが、その自然を開拓し征服《せいふく》したとき、人々は、はじめて失ったものの大きいことに気づいたのであった。そして、絶滅《ぜつめつ》の危機《きき》に瀕《ひん》した自然と同じように方言を大切に保存《ほぞん》しようという時代になった。方言による暮《く》らしのなかには、人々が自然と共存して暮らしていける知恵がしみこんでいる。その伝統、文化の継承《けいしょう》をささえてきたことばを失うことは、自然の貴重《きちょう》な教科書を失うことに等しい、というわけである。

（真田 信治『方言は絶滅するのか』ＰＨＰ研究所より。一部省略やふりがなをつけるなどの変更《へんこう》があります。）

[注]

※12 均質・・・・・ものの、どの部分をとってみてもむらがなくて、同じ性質や状態であること。

※13 爛熟・・・・・文化などが、極度に発達すること。

平成３１年度

適性検査Ⅱ

１０：１５～１１：００

注　意

1　問題は[1]から[3]まであり、この問題冊子《さっし》は１ページから２６ページにわたって印刷してあります。**ページの抜《ぬ》け、白紙、印刷の重なりや不鮮明《ふせんめい》な部分などがないかを確認《かくにん》してください。あった場合は手をあげて監督《かんとく》の先生の指示にしたがってください。**

2　**受検番号**と**氏名**を解答用紙の決められた場所に記入してください。

3　答えはすべて解答用紙に記入し、**解答用紙だけを提出**してください。

4　声を出して読んではいけません。

5　計算が必要なときは、この問題用紙の余白を利用してください。

6　字ははっきりと書き、答えを直すときは、きれいに消してから新しい答えを書いてください。

横浜市立横浜サイエンスフロンティア高等学校
附属中学校

1　はなこさんは、水でぬれてしまった計算プリントをみて、プリントの黒い文字はにじまないのに、丸付けをした赤色のインクだけがにじむことを不思議に思いました。そこで、**【資料１】**のような実験を行いました。その後、いろいろなインクについて調べ、その結果を**【資料２】**～**【資料４】**にまとめました。

【資料１】～**【資料４】**をみて、あとの問題に答えなさい。

【資料１】２種類のインクに水を落とす実験

実験１

用意したもの　○直径１１cmの円形のろ紙を２枚《まい》

○水とスポイト

○赤色の**インクＡ**、**Ｂ**

ろ紙の真ん中に、２種類の赤色の**インクＡ**、**Ｂ**でそれぞれ直径１cmの円をかき、よく乾燥《かんそう》させた後、その上にスポイトで水を６滴《てき》落とした。

その結果を**結果１**のように簡単《かんたん》な図で表した。

結果１

インクＡ　　**インクＢ**

インクがにじみ広がった。　　**インクがにじまず広がらなかった。**

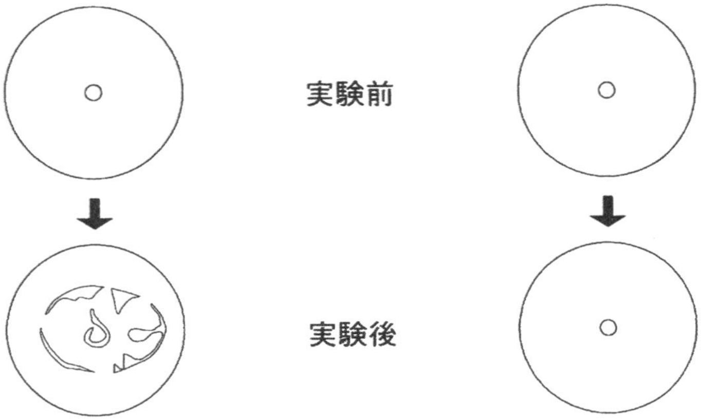

考察１

結果１では、赤色の**インクＡ**はにじんで広がったことから、**インクＡ**は（　あ　）インクであると考えました。また、赤色の**インクＢ**はにじまず広がらなかったことから、**インクＢ**は（　い　）インクであると考えました。

2019(H31) 横浜サイエンスフロンティア高附属中
教英出版　　【適

問題１　【資料１】の（　あ　）、（　い　）に当てはまる最も適切な語句を、次の１～６から一つずつ選び、番号を書きなさい。

１　うすい

２　乾《かわ》きやすい

３　水に溶《と》けやすい

４　こい

５　乾きにくい

６　水に溶けにくい

このページには問題は印刷されていません。

【はなこさんの考え1】

結果1で、赤色の**インクA**がにじんで広がると、その中にピンク色や黄色がみられました。このことから赤色のインクは1つの色だけでなく、様々な色が混ざってできているのではないかと考えました。そこで、実験方法を調べると次のような資料をみつけました。

【資料2】ペーパークロマトグラフィー

①正方形のろ紙の下から2cmのところに、鉛筆《えんぴつ》で線を引きその線上にインク(※1試料)をしみ込《こ》ませ、よく乾燥《かんそう》させる。

②密閉《みっぺい》できるガラス容器に液体を少量入れ、ふたをして密閉してから数分間待つ。その後、①のろ紙の端《はし》を液体に浸《つ》ける。この液体を展開《てんかい》液という。

③液体がろ紙にしみ込みながら上がっていき、液体が上がるとともにインクに含《ふく》まれている色素が移動していく様子が観察できる。このことを展開という。

色素が移動する速さは、その色素の展開液への溶《と》けやすさによって変化する。また、展開液のろ紙へのしみ込みやすさによっても変化する。この方法で色素の種類を調べたり、混ざっている色素を分離《ぶんり》したりすることができる。このような実験方法をペーパークロマトグラフィーという。

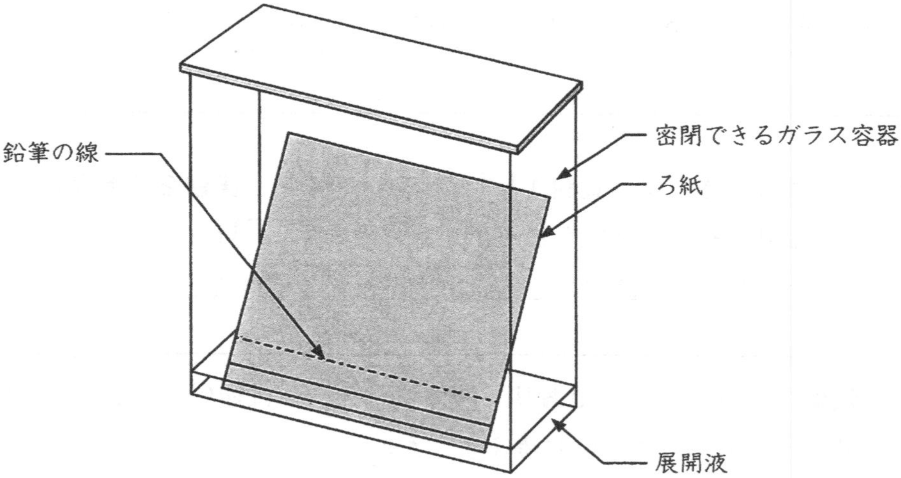

※1　試料・・・検査、実験などで用いる材料。

実験２

用意したもの　○正方形のろ紙１０cm×１０cmを２枚《まい》
　　　　　　　○展開《てんかい》液：水、エタノール
　　　　　　　○試料：**実験１**で使用した**インクＡ、Ｂ**と、新たに加えた
　　　　　　　　　　赤色の**インクＣ**

それぞれ**インクＡ～Ｃ**の展開を６分間ずつ行った後、よく乾燥《かんそう》させ観察した。その結果を**結果２**のように簡単《かんたん》な図で表した。

点線（……………）は、下から２cmのところに鉛筆《えんぴつ》で線を引いた位置、太線（―――――）は展開液が上がった位置を表している。

結果２

展開液：液体ア　　　　　　　　**展開液：液体イ**

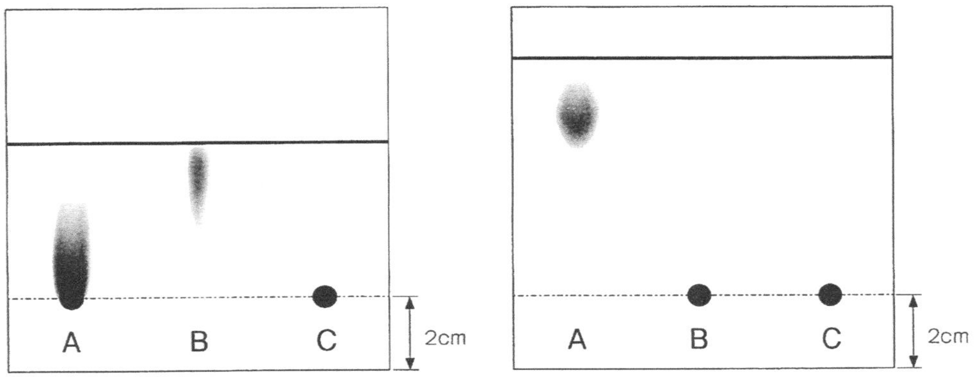

問題２　はなこさんは**【資料１】【資料２】**をみて、**実験２**で展開液として用いた**液体ア、イ**についてまとめました。次の［　　　］中の（う）、（え）、（お）に当てはまる適切な語句として、**ア**または**イ**を書きなさい。

液体（　う　）は水であり、**液体**（　え　）は**液体**（　お　）に比べてろ紙にしみ込《こ》みにくいと考えました。

【はなこさんの考え２】

実験２を終えて、さらに別の赤いインクで実験をしようと思い探《さが》していると、ホワイトボード用マーカーをみつけました。マーカーのラベルに書かれてある「アルコール系《けい》インキ」が、どのような性質のインクなのか、**実験２**と同じ手順で実験を行い、調べてみようと考えました。

【資料３】ペーパークロマトグラフィーを用いた追加実験

> **実験３**
>
> ホワイトボード用マーカーの赤色の**インクD**を試料とし、**実験２**と同じ展開液を用いて実験し、観察した。
>
> その結果を、**結果３**のように簡単な図で表した。
>
> **結果３**
>
> **展開液：液体ア**　　　　**展開液：液体イ**

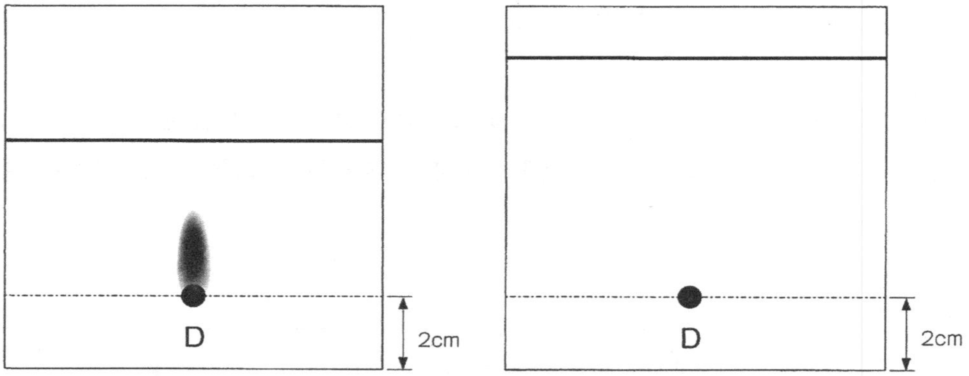

問題３　はなこさんは**【資料３】**をみて、**インクD**にはどのような性質があると考えられるかまとめました。次の［　　　］中の文章で、**適当ではない語句を５文字**で抜《ぬ》き出《だ》しなさい。

> 水には溶《と》けにくい性質であり、エタノールには溶けやすい性質があると考えました。

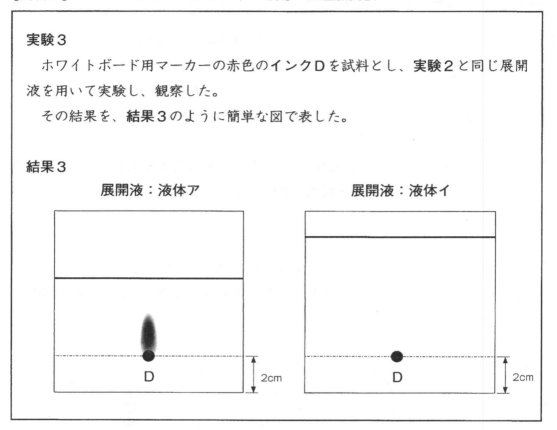

【はなこさんの考え３】

結果２をみたところ、**実験２**で行った展開《てんかい》だけでは、まだ色素が分離《ぶんり》できず、混ざっているところがありました。そこで、色素を分離するための実験方法を調べると、**実験２**のような展開方法を一次元展開法ということがわかりました。また、次のような二次元展開法と呼《よ》ばれる展開法をみつけました。

【資料４】二次元展開法によるペーパークロマトグラフィー

①正方形のろ紙の下から２cm、右から２cmのところに鉛筆《えんぴつ》で線を引きその交点上にインク（試料）をしみ込《こ》ませ、よく乾燥《かんそう》させる。
②密閉《みっぺい》できるガラス容器に展開液を少量入れ、ろ紙の端《はし》を浸《つ》ける。一次元展開を行い、このとき用いる展開液を展開液①とする。
③展開後、ろ紙をよく乾燥させる。
④ろ紙を時計まわりに９０°回転させ、展開液を別の液体に変え、二次元展開を行う。このとき用いる展開液を展開液②とする。
⑤展開後、ろ紙をよく乾燥させる。

×は試料をしみ込ませた位置、点線は鉛筆で線を引いた位置を表している。白矢印（⇨）は一次元の展開方向を、黒矢印（➡）は二次元の展開方向を表している。

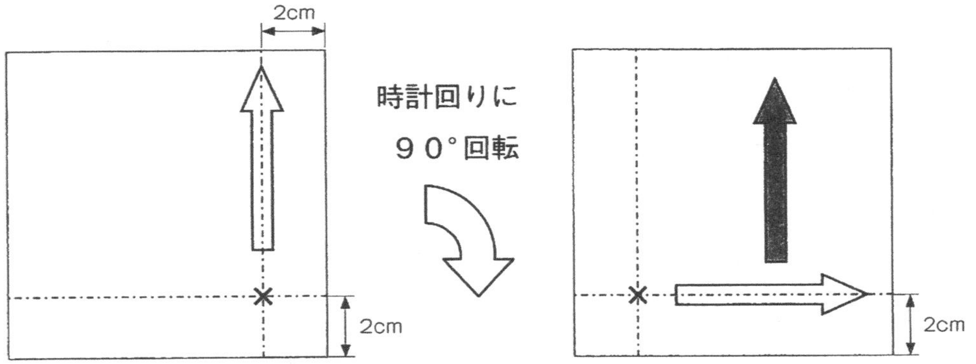

一次元展開　　　　二次元展開

実験４

用意したもの　〇正方形のろ紙１０cm×１０cmを３枚

〇展開液①：エタノール、展開液②：水

〇試料：３色（黄緑色、紫《むらさき》色、茶色）のインク

一次元展開した後、乾燥させ９０°時計回りに回転させた。

二次元展開した後、再度乾燥させて元の位置に戻《もど》して観察した。

その結果を**結果４**のように簡単《かんたん》な図で表した。

結果４

試料：黄緑色のインク　　**試料：紫色のインク**　　**試料：茶色のインク**

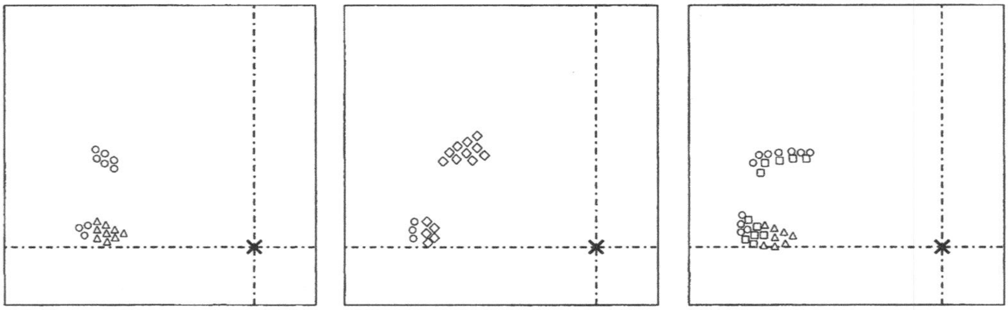

○　**青**　　△　**黄**　　◇　**ピンク**　　□　**赤**

問題４　**【資料４】**をみて、試料黄緑色、茶色のインクのみに共通して含《ふく》まれる色素として適切なものを、次の**１**～**７**から一つ選び、番号を書きなさい。

また、試料黄緑色、紫色、茶色のインクに含まれる色素のうち、エタノールに最も溶《と》けやすい色素として適切なものを、次の**１**～**７**から一つ選び、番号を書きなさい。

１　青

２　黄

３　ピンク

４　赤

５　黄緑

６　紫

７　茶

【はなこさんの考え４】

これまでの実験でみたように、色素によって展開《てんかい》液に対する溶《と》けやすさが異《こと》なることが分かりました。そこで図に表すだけでなく、展開のしやすさを数値《すうち》で表して比較してみようと考えました。

問題５　結果４をみて、試料紫《むらさき》色のインクに含《ふく》まれる色素のうち、青色とピンク色の水に対する展開のしやすさを割合《わりあい》で表したい。

エタノールで展開したところを始点とし、そこからそれぞれの色素が水で展開した先端《せんたん》までの距離《きょり》を測ると、青色は６.７cmで、ピンク色は６.２cmであった。ピンク色の展開のしやすさは、青色の何％か書きなさい。答えは小数第三位を四捨五入《ししゃごにゅう》して、小数第二位まで答えなさい。

このページには問題は印刷されていません。

2　たろうさんは街を歩いているときに、すべての面が同じ大きさの正三角形でできている立体があることに気付き、【図１】のような見取図をかきました。このような立体について、あとの問題に答えなさい。

【図１】たろうさんがかいた見取図

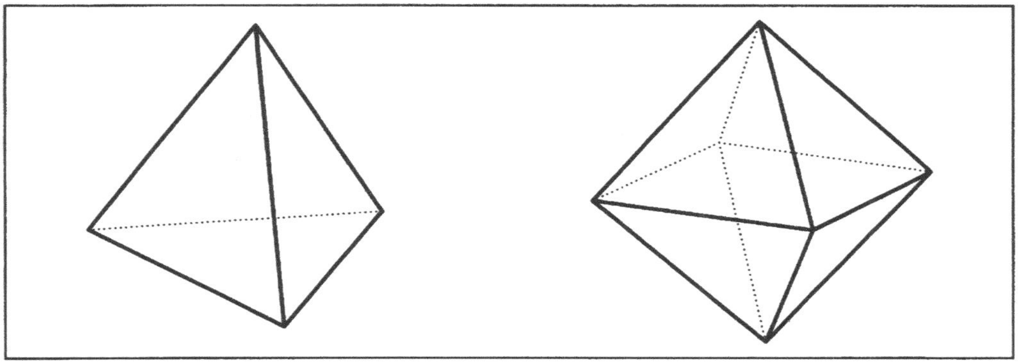

問題１　たろうさんは、【図１】のように、すべての面が同じ大きさの正三角形でできている立体にはどのようなものがあるのか考えるために、いくつかつくってみました。その結果、５種類の立体をつくることができました。

【図２】（あ）～（お）はたろうさんがつくった立体の見取図です。

【図２】（あ）を見ると、この立体は４つの面でできていることが分かります。

【図２】（う）（え）（お）はそれぞれいくつの面でできているか答えなさい。

【図２】　すべての面が同じ大きさの正三角形でできている立体の見取図

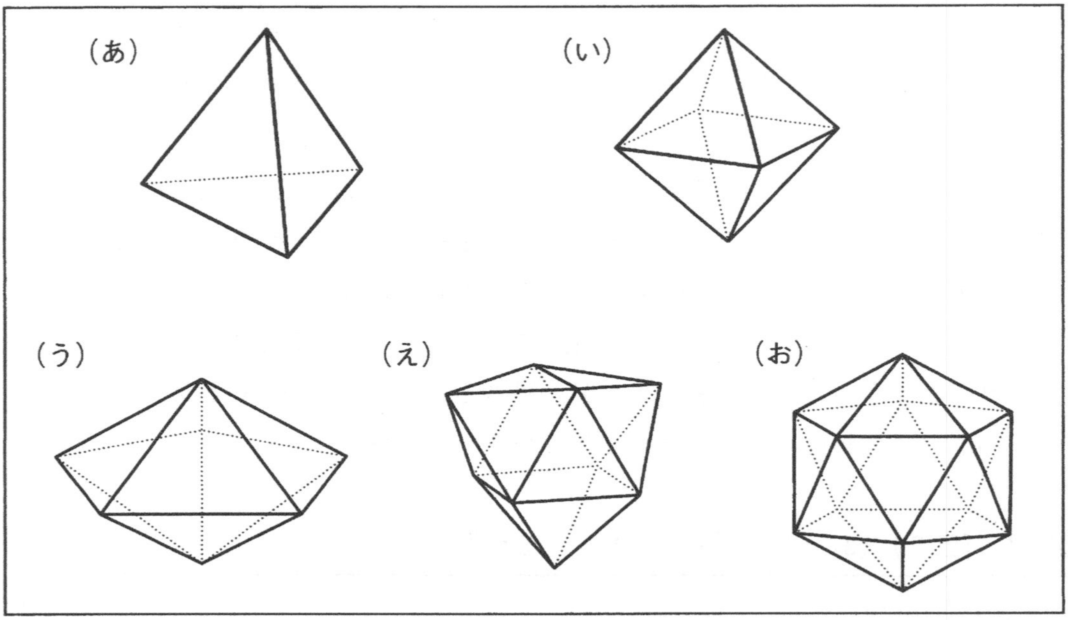

問題２　たろうさんは【図３】のように、【図２】（あ）の立体が安定するよう、平らな台に置きました。台と平行な面でこの立体を切ると、切り口は【図４】で色をつけた部分のように、正三角形になりました。同じように【図２】（い）の立体が安定するよう、平らな台に置き、台と平行な面で切るとき、**切り口になることがある図形**はどれですか。最も適切なものをあとの１～６から一つ選び、番号を書きなさい。

【図３】

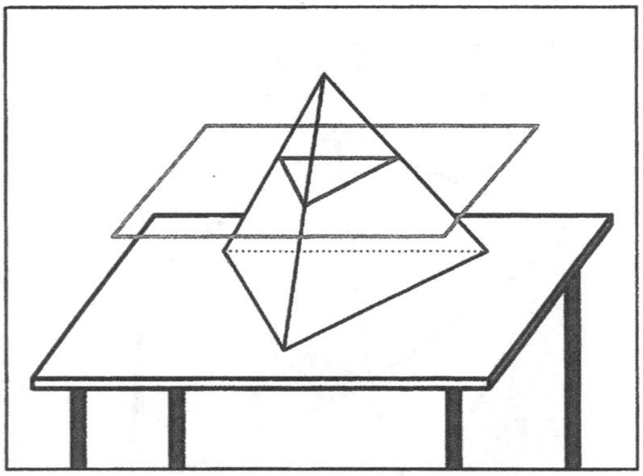

【図４】

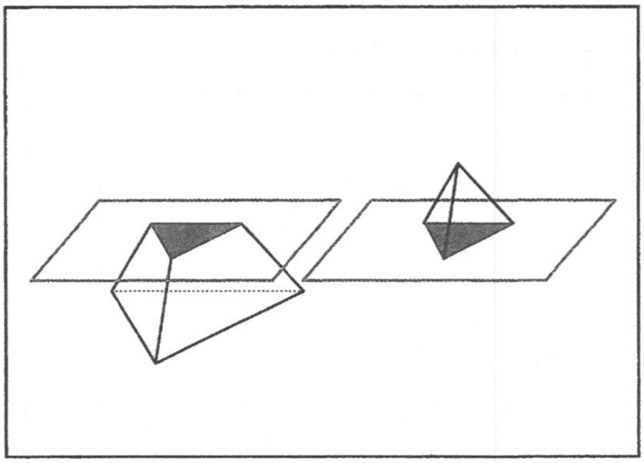

１　正方形　　２　長方形　　３　平行四辺形
４　ひし形　　５　正六角形　　６　正八角形

問題３　たろうさんは、すべての面が同じ大きさの正三角形でできている立体を他にもつくってみようと考えました。すべての面が同じ大きさの正三角形でできている立体で最も面の数が少ないものは、正三角形の面４つでできています。この立体を【図５】のように２辺を切り開き、開いたところを２つの正三角形の面でうめることで、【図２】の中にはない立体【図６】をつくることができます。２辺を切り開き、開いたところを２つの正三角形でうめる作業をくり返すことで【図２】でつくったもののほかに、何種類かの立体をつくることができました。また【図７】のように、へこんだところがふくまれる立体もいくつかできましたが、どの面もへこんでいない立体は【図２】のものと合わせて８種類つくることができました。

【図５】【図２】（あ）から【図６】をつくる作業

①【図２】（あ）の２辺を選ぶ。

②選んだ２辺を切り開く。

③開いたところを２個の正三角形でうめると【図６】ができる。

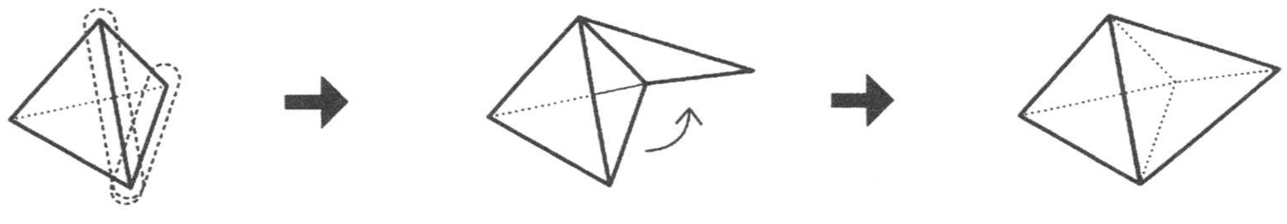

【図６】【図５】でつくった立体

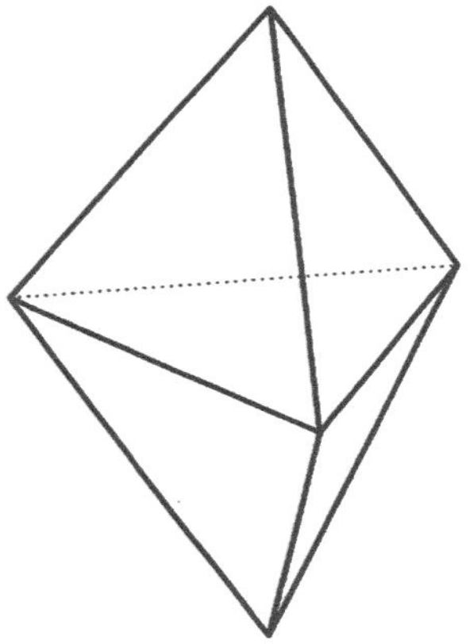

【図７】　正三角形の面５つがへこんだ立体

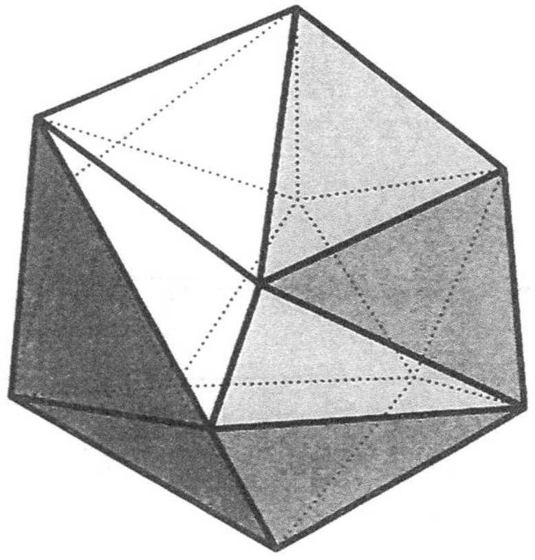

今度は、すべての面が同じ大きさの正方形でできている立体をつくってみようと思い、**【たろうさんが考えたこと】**のようにまとめました。**【たろうさんが考えたこと】**の中の［　A　］～［　C　］にあてはまる最も適切な言葉をあとの１～１２から一つずつ選び、番号を書きなさい。

【たろうさんが考えたこと】

正三角形のときと同じように、正方形についても考えてみました。

すべての面が同じ大きさの正方形でできている立体で最も面の数が少ないものは［　A　］で、正方形の面６つでできています。１つの面が１辺だけでつながるように３辺を切り開き、開いたところを同じ大きさの正方形でうめるためには、正方形の面が少なくとも［　B　］必要です。できあがった立体を見てみると、面と面がつながった部分が平らになったところがありました。できあがった立体の面のうち、４つの面は［　C　］になっていることが分かりました。これではすべての面が同じ大きさの正方形とはいえません。以上のことからすべての面が同じ大きさの正方形でできている立体は、**【図７】**のようなへこみがあるものを除《のぞ》けば１種類であると考えられます。

１	直方体	２	立方体	３	三角柱	４	円柱
５	正方形	６	長方形	７	ひし形	８	平行四辺形
９	２つ	１０	３つ	１１	４つ	１２	５つ

3　たろうさんは、飛行機に興味をもち、そのしくみと開発の歴史について調べ、【資料１】～【資料５】、【表１】、【表２】にまとめました。あとの問題に答えなさい。

【資料１】翼《つばさ》に上向きの力が生じるしくみ

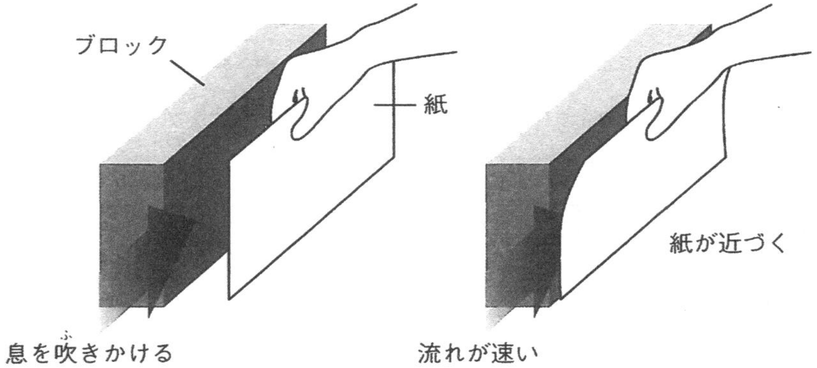

ブロックの近くに紙を置き、ブロックと紙のすき間に強く息を吹きかけると、紙がブロックの方に押《お》しつけられることが確かめられた。

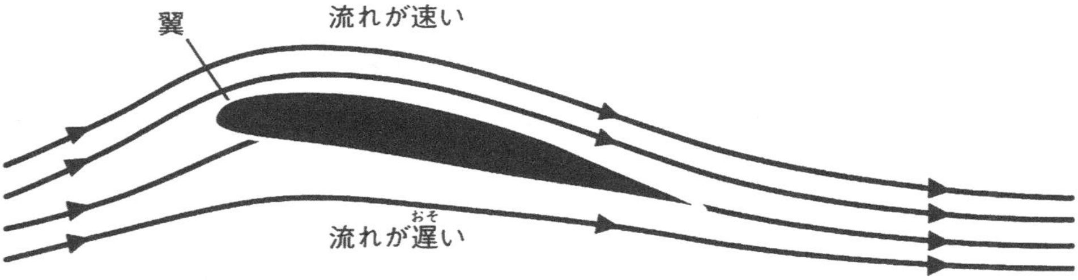

翼が空気から受ける力は、空気の流れを考えることで説明できる。飛行機の翼の上面では空気の流れが速く、翼の下面で空気の流れが遅い。空気の流れが速いと翼の面を押す力は（　　あ　　）が生じる。この力を揚力《ようりょく》という。

（高森安雄《たかもりやすお》　編著《へんちょ》「飛行機のテクノロジー」をもとに作成）

問題１　**【資料１】**の（　あ　）に最もよくあてはまることばについて、次の**語群**からことばを選んで意味の通る順番に並《なら》べ、それらの**<u>番号を順番通り</u>**に書きなさい。

語群

1	変わらないため	2	強くなるため
3	弱くなるため	4	上面と下面を押す力
5	前と後ろの端《はし》を押す力	6	の差によって
7	が強め合って	8	翼に下向きの力
9	翼に上向きの力	１０	翼に前向きの力
１１	翼に後ろ向きの力		

たろうさんは、ライト兄弟がエンジンのついた飛行機を初めて飛ばすまでに、さまざまな研究があったことを知り、その取り組みを**【表１】**と**【資料２】**、**【資料３】**にまとめました。

【表１】主な飛行機の研究を行っていた人々の取り組み

年	研究した人	できたこと・わかったこと	残った課題
１８８９	オットー・ リリエンタール	最初の有人グライダー飛行 「航空技術の基礎《きそ》としての鳥の飛翔《ひしょう》」を出版 **【資料２】**の実験で平らな板状の翼《つばさ》よりもキャンバーをつけて曲がった翼の方が揚《よう》力《りょく》が大きくなることを確かめた	安定飛行と操縦《そうじゅう》技術の両立
１８９４	サミュエル・ ラングレー	「空気力学実験」を出版 風に対する翼の角度が小さいときはアスペクト比の大きな平板の方が揚力が大きくなることを確かめた	
１８９６		無人模型《もけい》飛行機エアロドローム５号機で蒸気《じょうき》動力による９０秒間の飛行に成功した	有人機用に強度を増す
１９００	ウィルバー・ ライト と オービル・ ライト （ライト兄弟）	翼のアスペクト比3.5 キャンバー比 $\frac{1}{12}$ 総翼《そうよく》面積１５.３m^2のグライダーを作成	予想した揚力が出なかった
１９０１		翼のアスペクト比3.3 キャンバー比　最大 $\frac{1}{12}$ 総翼面積２７m^2のグライダーを作成	予想した揚力が出なかった
１９０１		グライダー実験終了《しゅうりょう》後、自転車リム天秤《てんびん》実験と※風洞《ふうどう》実験で揚力と空気抵抗《ていこう》についての実験を繰《く》り返《かえ》した**【資料３】**	
１９０２		主翼ひとつの翼の弦《げん》の長さ　約1.5２m、 主翼ひとつの翼の高さ最大　約0.0６m 主翼ひとつの翼の幅《はば》　約9.7５m 総翼面積２８.３m^2のグライダーを作成 操縦装置《そうち》の改良	軽量高出力のエンジンが開発されていなかった
１９０３		エンジンとプロペラを開発 人類初の有人動力飛行	

（ＮＡＳＡウェブページをもとに作成）

※風洞・・・空気の一様な流れを人工的に作る装置のこと。

【資料2】リリエンタールの実験と翼のキャンバー比やアスペクト比

リリエンタールの実験

アームに翼の模型を取り付け、アームを回転させて空気の抵抗《ていこう》や揚力を測定した。

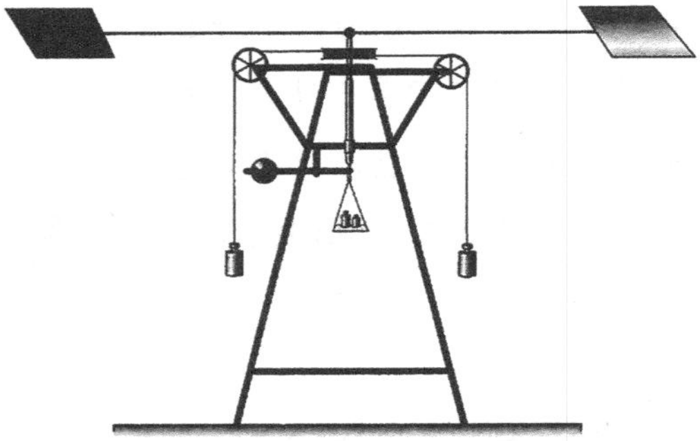

翼のキャンバー比について

翼の断面図

平板の翼　　　　キャンバーのある翼

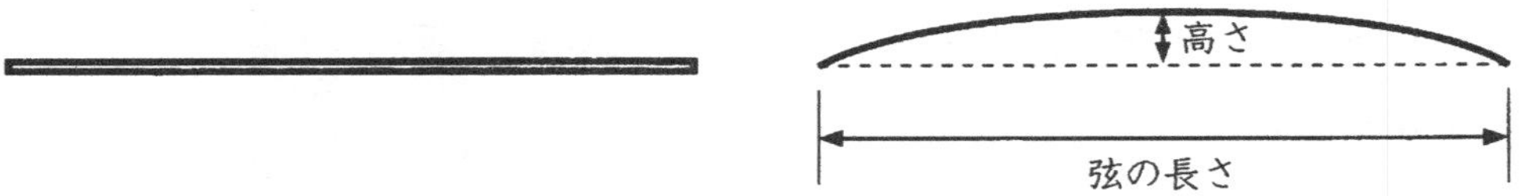

$$\text{キャンバー比}=\frac{\text{翼の高さ}}{\text{翼の弦の長さ}}$$

翼のアスペクト比について

翼を上から見た図

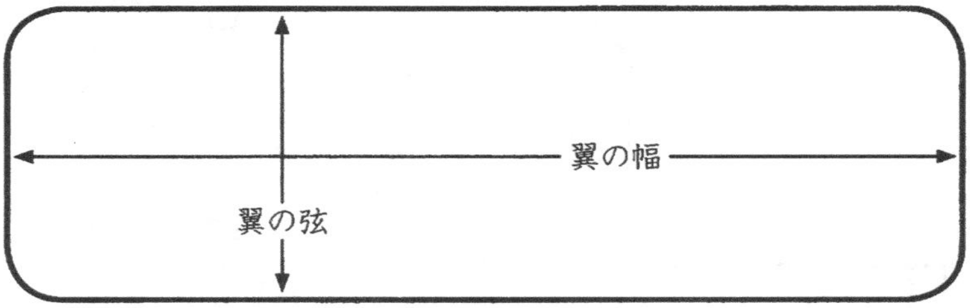

$$\text{アスペクト比}=\frac{\text{翼の幅の長さ}}{\text{翼の弦の長さ}}$$

（ジョン・Ｄ・アンダーソンＪｒ．「空気力学の歴史」をもとに作成）

【資料３】ライト兄弟の行った実験

自転車リム天秤《てんびん》装置《そうち》による実験

自転車の前輪に取り付けた自由に動く車輪の枠《わく》であるリムに翼《つばさ》の模型《もけい》を取り付け、自転車を走らせることで風を当て、翼の模型が空気から受ける力を測定した。

風洞《ふうどう》実験装置による実験

工作機械の動力を使い、装置の中で一定の風を送り続ける風洞実験装置を製作して、風の中で翼の模型が受ける力を正確に測定する実験を繰《く》り返《かえ》した。

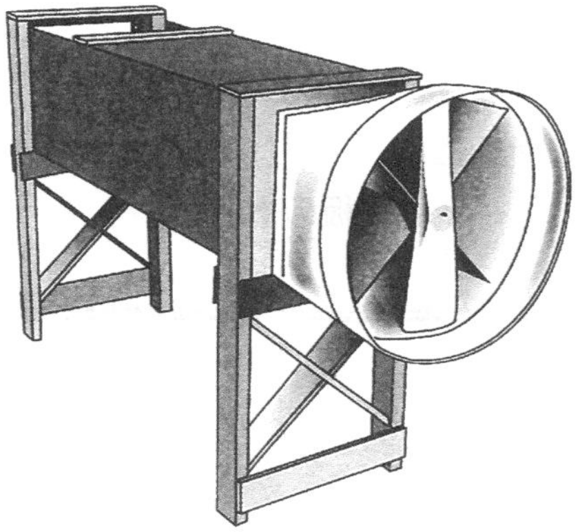

後に造られた複製品の様子

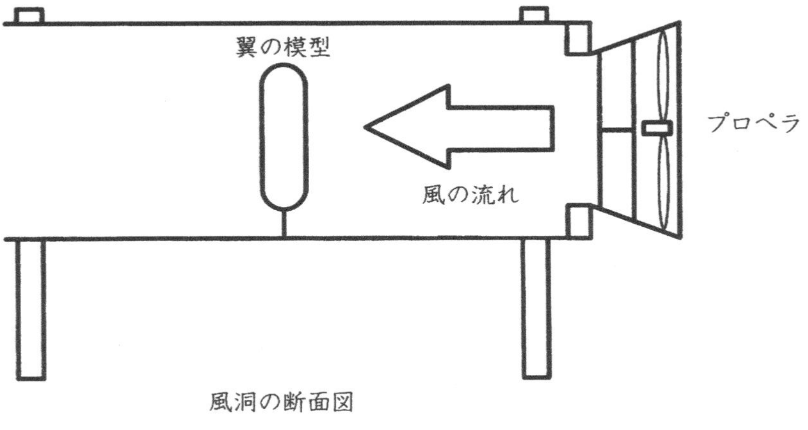

風洞の断面図

（ＮＡＳＡウェブページをもとに作成）

問題２　ライト兄弟は風洞実験を繰り返した結果、総翼《そうよく》面積が大きいだけでなく、どのような翼の飛行機がよいとわかったのか。最も適切なものを、次の１～８から一つ選び、番号を書きなさい。

1　アスペクト比が大きい翼の飛行機
2　アスペクト比が小さい翼の飛行機
3　キャンバー比が大きい翼の飛行機
4　キャンバー比が小さい翼の飛行機
5　アスペクト比が大きくキャンバー比が小さい翼の飛行機
6　アスペクト比が小さくキャンバー比が大きい翼の飛行機
7　アスペクト比が小さくキャンバー比が小さい翼の飛行機
8　アスペクト比が大きくキャンバー比が大きい翼の飛行機

たろうさんは、旅客機が滑走路《かっそうろ》から離陸《りりく》する様子をくわしく調べようと空港で写真を撮影《さつえい》しました。そして、旅客機が離陸したときの速さを考えてみることにしました。【資料４】はそのときのメモの一部です。

【資料４】たろうさんが旅客機の速さを求めたメモの一部

旅客機が滑走路の端《はし》で停止した後、滑走を始めて離陸するのに５０秒間かかり、２１５０m滑走したことがわかりました。**【図1】**はこの様子を表したものです。

【図１】

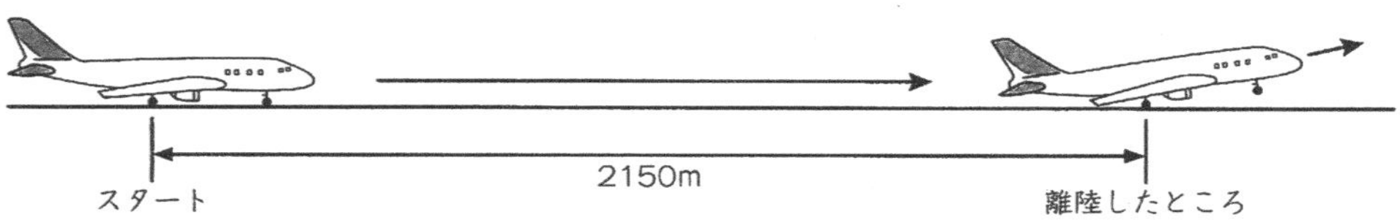

そこで、旅客機が離陸したときの速さを次の手順で計算することにしました。
①一定の速さで移動する物体の速さと時間の関係をグラフに表すと次のようになります。

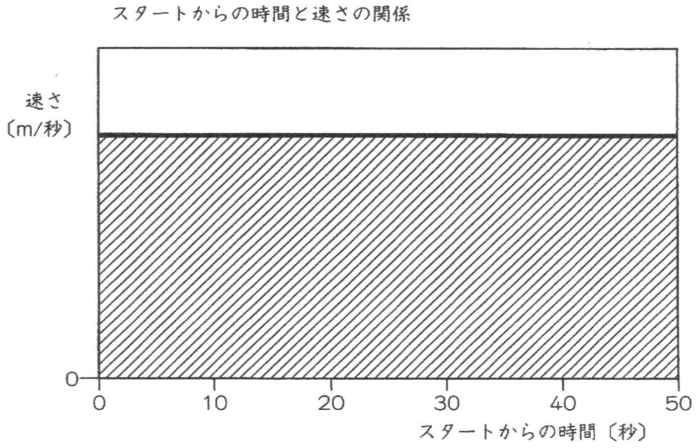

この物体がある時間で移動する距離《きょり》は、
（距離）＝（速さ）×（時間）で求められます。
グラフの斜線《しゃせん》部分の面積が物体が移動した距離を表していることになります。

②一定の割《わり》合《あい》で加速していく物体が移動するときは、速さと時間の関係をグラフに表すと次のようになり、グラフの斜《しゃ》線《せん》部分の面積が物体の移動した距離を表していると考えられます。

スタートからの時間と速さの関係

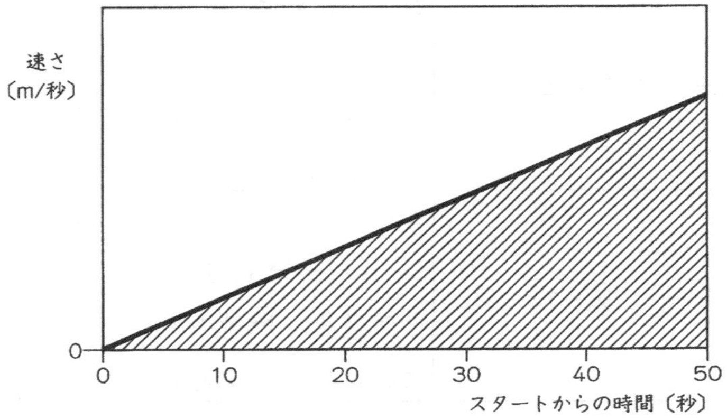

問題３　【資料４】の旅客機がスタートしてから一定の割合で加速して離陸したとするとき、離陸時の速さは毎秒何ｍか、答えなさい。

たろうさんは、現在の飛行機のエンジンの種類を【表２】にまとめ、エンジンの種類と燃料使用量の関係について【資料５】といろいろな燃料をエンジンで使用したときの二酸化炭素発生量について【資料６】を見つけました。

【表２】エンジンの種類と特徴《とくちょう》

エンジンの種類		特徴
ピストンエンジン：燃料の燃焼によってピストンを動かし、プロペラを回転させる。	1 ４サイクル・エンジン	空気と燃料を吸《す》い込《こ》み、圧縮《あっしゅく》して点火、燃焼、ピストンを押《お》して排気《はいき》という４つの働きを繰《く》り返《かえ》す。ライト兄弟の作成したエンジンと同じ仕組み。
	2 ディーゼル・エンジン	４サイクルエンジンと同じ働きだが、ジェット燃料を用いて高い圧縮による自然発火で燃焼を起こさせる。この仕組みによって回転する力が強い。
ガスタービンエンジン：タービンという羽根車を用いて、連続して空気圧縮、燃料燃焼を行い、燃焼後の気体を後方に押し出すジェット推進によって前に進む力を得る。	3 ターボプロップ・エンジン	燃焼によりできたジェット噴流《ふんりゅう》でタービンを回し、プロペラを回転させる。
	4 低※１バイパス ターボファン・エンジン	圧縮タービン前につけたファンで空気を後ろに押し出すこととジェット推進《すいしん》の両方で推力を得る。
	5 高バイパス ターボファン・エンジン	より高い※２バイパス比でファン排気量を多くしたターボファン・エンジン。
	6 ターボジェット・エンジン	ガスタービンエンジンの原型となったエンジンで、ジェット推進だけで前に進む力を得る。

（飯野《いいの》　明《あきら》「これだけ！　航空工学」をもとに作成）

※１　バイパス・・・・この場合、ファンで押し出されたあとエンジン内部に入らず外に出るファン排気ガスの流れのこと。

※２　バイパス比・・・タービン排気ガスの量をもとにしたファン排気ガスの比のこと。

【資料５】音の速さを1としたときの飛行機の速さと1時間あたりの燃料使用量の関係

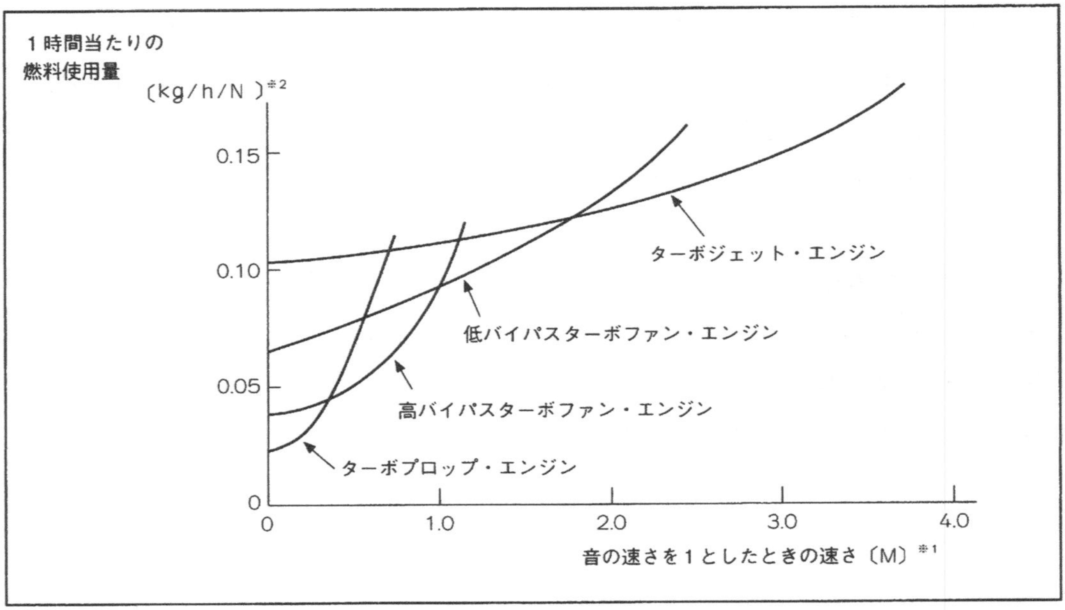

（飯野《いいの》　明《あきら》「これだけ！　航空工学」をもとに作成）

※１　M・・・・・・・・音の速さを１としたときのそのものの速さを表す単位。

※２　kg/h/N　・・・一定の力を出すのに1時間あたり何kgの燃料を消費するかを表した単位。

【資料6】燃料別の二酸化炭素排出《はいしゅつ》量の例

燃料の種類の例	燃料１Ｌあたりの二酸化炭素排出量
ガソリン	2.322kg
ジェット燃料	2.463kg

（環境《かんきょう》省ウェブページをもとに作成）

問題４　ある飛行機が上空を一定の速度で飛行するとき、その速度が音の速さの約８５％である場合は１時間あたりの燃料使用量から考えてどのエンジンを使用するのがよいか。最もよくあてはまるエンジンの種類を**【表２】**の１～６から一つ選び、また、そのエンジンがよい理由について次の７～１０から一つ選びそれぞれ答えなさい。

７　単純《たんじゅん》な構造で製作しやすく、飛行機の価格を抑《おさ》えることできるため。

８　ジェットエンジンと同じ燃料で使用できるので利用しやすいため。

９　飛行機を飛ばす費用を抑えて、二酸化炭素の排出量も減らせるため。

１０　最も高速で飛行機を飛ばすことができ、移動時間が節約できるため。

このページには問題は印刷されていません。

問題8

50

40

350

300

※ 1	※ 2	※ 3	※	※ 4	※

3

※には何も記入しないこと。

問題1

※
10点

問題2

※
5点

問題3
毎秒　　　　　m

※
10点

問題4	エンジンの種類	よい理由

※
10点

受検番号	氏　名

※
※100点満点

横浜市立横浜サイエンスフロンティア高等学校附属中学校

適性検査Ⅱ　解答用紙

1

※には何も記入しないこと。

問題1	あ	い	※
			5点

問題2	う	え	お	※
				5点

問題3	適当ではない語句					※
						5点

問題4	試料黄緑色、茶色のインクのみに共通して含まれる色素	エタノールに最も溶けやすい色素	※
			10点

問題5	※
約　　　　　%	10点

2

問題1	(う)	(え)	(お)	※
	個の面	個の面	個の面	10点

問題2	※
	10点

問題3	A	B	C	※
				10点

適性検査Ⅰ　解答用紙

受検番号

氏　　名

※には何も記入しないこと。

※

※問題７，８で60点

問題7

※5

※6

※7

※

適性検査Ⅰ　解答用紙

（検査Ⅰ合計）
※100点満点

受検番号

氏　名

※には何も記入しないこと。

※

問題１

問題２

問題３

※ 15点

問題４

※ 10点

問題５

A

B

C

※ 10点

問題６

※ 5点

平成３０年度

適性検査Ⅰ

９：００～９：４５

注　意

1　問題は[1]から[2]まであり、１ページから１５ページにわたって印刷してあります。ページの抜《ぬ》け、白紙、印刷の重なりや不鮮明《ふせんめい》な部分などがないかを確認《かくにん》してください。あった場合は手をあげて監督《かんとく》の先生の指示にしたがってください。

2　解答用紙は二枚《まい》あります。**受検番号**と**氏名**をそれぞれの決められた場所に記入してください。

3　答えはすべて解答用紙に記入し、**解答用紙を二枚とも提出してください。**

4　声を出して読んではいけません。

5　計算が必要なときは、この問題用紙の余白を利用してください。

6　字ははっきりと書き、答えを直すときは、きれいに消してから新しい答えを書いてください。

横浜市立横浜サイエンスフロンティア高等学校
附属中学校

1　たろうさんとはなこさんは、調べ学習で日本の工業について調べることにしました。【会話１】を読み、あとの問題に答えなさい。

【会話１】

はなこさん：私《わたし》は日本の工業について調べるために図書室に行きました。そこで、【資料１】と【資料２】をみつけたので、見てください。私は日本の工業は発展《はってん》し続けていると思っていたので、これらの資料を見たときに驚《おどろ》きました。

たろうさん：何に驚いたのですか。

はなこさん：【資料１】を見てください。（　あ　）ということがわかりますね。次に、私たちの学校の近くにある京浜《けいひん》工業地帯に注目して【資料１】と【資料２】を見てみようと思います。【資料２】を見ると京浜工業地帯で最も盛《さか》んな工業は、機械ですね。

たろうさん：はい。

はなこさん：しかし、京浜工業地帯の機械の製造品出荷額は、中京工業地帯の機械の製造品出荷額の約３分の１しかないのです。

たろうさん：なぜ、約３分の１とわかったのですか。京浜工業地帯の機械の製造品出荷額と中京工業地帯の機械の製造品出荷額は、どこにも書いてありません。どのようにしてそれぞれの工業地帯の機械の製造品出荷額を出して、さらに約３分の１を導き出したのですか。

はなこさん：それは、【資料１】の２０１４年の製造品出荷額と【資料２】を見て、（　い　）。

たろうさん：なるほど。そのようにして導き出したのですね。中京工業地帯に比べると京浜工業地帯の機械の製造品出荷額は少なく感じますね。それでは、京浜工業地帯では、食料品や繊維《せんい》などの軽工業はどうでしょうか。

はなこさん：【資料２】から、京浜工業地帯の中で軽工業は全体の２４.４％を占《し》めていることがわかります。また、【資料１】と【資料２】から、京浜工業地帯の軽工業の製造品出荷額は、【資料１】にある工業地帯や工業地域《こうぎょうちいき》の中で（　う　）番目に多いことがわかります。

たろうさん：資料を正確に読みとると、いろいろなことに気づきますね。

【資料１】工業地帯、工業地域の製造品出荷額の移り変わり（単位　億円）

	１９９０年	２０００年	２０１０年	２０１３年	２０１４年
京浜工業地帯	516000	403000	258000	254000	262000
中京工業地帯	445000	427000	481000	526000	546000
阪神《はんしん》工業地帯	406000	326000	301000	303000	317000
北九州工業地帯	78000	74000	82000	82000	85000
瀬戸内《せとうち》工業地域	267000	242000	293000	295000	310000
関東内陸工業地域	336000	305000	290000	279000	293000
東海工業地域	165000	168000	159000	158000	161000
京葉工業地域	123000	115000	124000	131000	139000
北陸工業地域	132000	128000	118000	121000	128000

（「日本国勢図会《にほんこくせいずえ》　第７５版」をもとに作成）

【資料２】工業地帯、工業地域の製造品出荷額の内訳《うちわけ》（2014年）

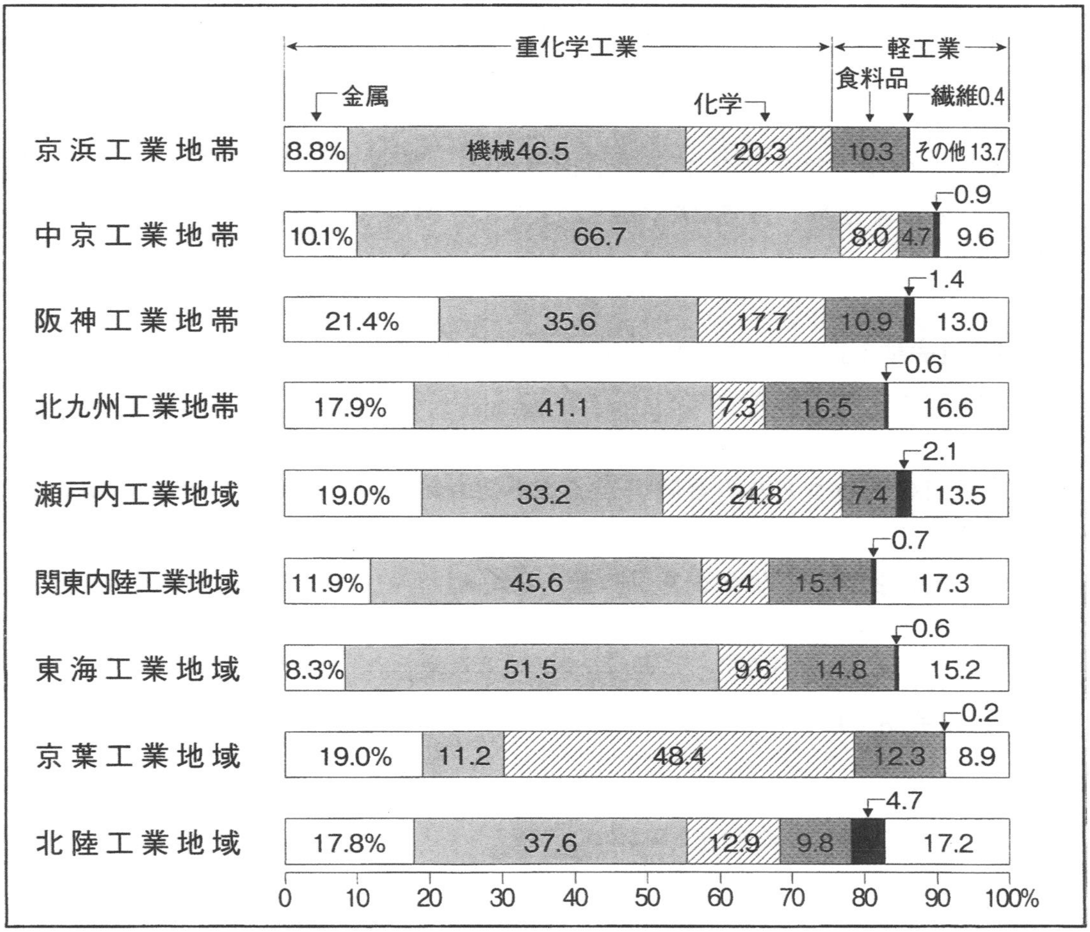

（「日本国勢図絵　第７５版」をもとに作成）

問題１　【会話１】の内容や【資料１】【資料２】を参考にして、次の（１）～（３）の問題に答えなさい。

（１）【会話１】中の（　あ　）にあてはまるものとして、最も適切なものを、次の１～４から一つ選び、番号を書きなさい。

１　２０１４年において関東地方にある工業地帯や工業《こうぎょう》地域《ちいき》の中で製造品出荷額が最も多いのは、京浜《けいひん》工業地帯である

２　１９９０年から２０１４年まで、製造品出荷額が増加し続けている工業地帯や工業地域は、一つもない

３　全ての工業地帯と工業地域の製造品出荷額を年ごとに合計すると、１９９０年から２０１４年まで、その合計額は減少し続けている

４　１９９０年と２０１４年を比べると、製造品出荷額が増加している工業地帯や工業地域は三つだけで、それ以外は減少している

（２）【会話１】中の（　い　）にあてはまることばを次の［条件］にしたがって書きなさい。

［条件］

○直前のたろうさんの質問に答えるように計算のしかたを具体的に説明すること。

○前後の会話につながるように書くこと。

（３）【会話１】中の（　う　）にあてはまる数字を答えなさい。

このページには問題は印刷されていません。

2 たろうさんとはなこさんは、総合的な学習の時間で「日本の伝統的な建築物」をテーマにした調べ学習をすることにしました。そのなかで実際に宮大工《みやだいく》の小野《おの》さんにインタビューすることができました。【会話1】を読み、あとの問題に答えなさい。

【会話1】

インタビューの中で、宮大工が使う道具についての説明を聞くことになりました。

小野さん　：宮大工はいろいろな道具を使って寺や神社などの建築や補修《ほしゅう》をしています。今日はその中でもサシガネについて説明したいと思います。サシガネは、物の長さなどを測る道具で、【図1】を見てわかるように、ものさしを９０度に曲げたような形をしています。

はなこさん：形が変わっていますが、普通《ふつう》のものさしと何が違《ちが》うのですか。

小野さん　：サシガネは【図2】のように長い部分の表と裏《うら》に、それぞれ長さの違う目《め》盛《も》りが刻《きざ》んであります。【図2】の右側に見えるのが「表目」で、1寸《いっすん》、2寸と目盛りが刻んであります。1寸の長さは約3cmです。裏にも1寸、2寸と目盛りが刻んでありますが、これは実際の1寸、2寸の長さとは違います。この目盛りを「裏目」と言います。【図2】では左側の目盛りです。「裏目」の1寸は、【図3】のように一辺が「表目」の1寸である正方形の対角線の長さになっています。

たろうさん：「表目」と「裏目」はどのようなときに使うのですか。

小野さん　：例えば、丸太から角材を切り出すとき、その角材の切り口の長さを測るのに使います。それでは実際に使ってみましょう。【図4】のように、直径が「表目」で測ると3寸ある円の中にできるだけ大きな正方形を描《か》くとき、その一辺の長さは、約何寸になると思いますか。サシガネを使って調べてみてください。

はなこさん：わかりました。一辺の長さは約（　あ　）寸です。

小野さん　：そのとおりですね。それでは次に、ある正方形の対角線の長さを知りたいとき、サシガネの「表目」と「裏目」を利用すれば対角線を直接測らなくても知ることができます。では、サシガネをどのように使えばよいでしょうか。

たろうさん：はい。（　い　）。その数値《すうち》が対角線の長さになります。

小野さん　：そのとおりです。二人ともよく理解できましたね。

（松浦昭次《まつうらしょうじ》「宮大工 千年の『手と技』」をもとに作成）

【図1】

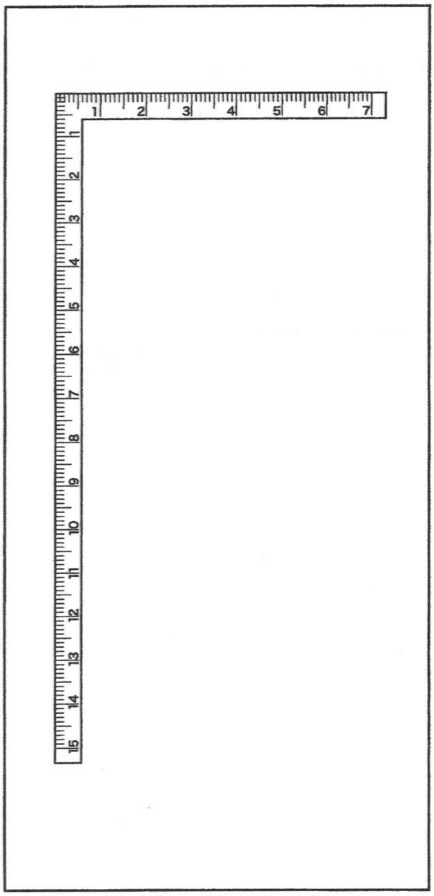

【図2】

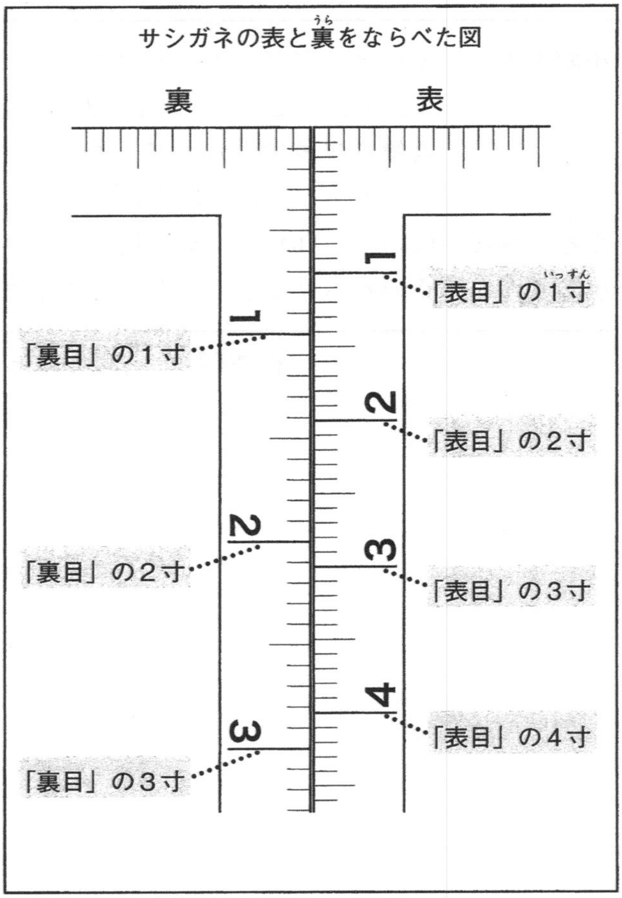

【図3】

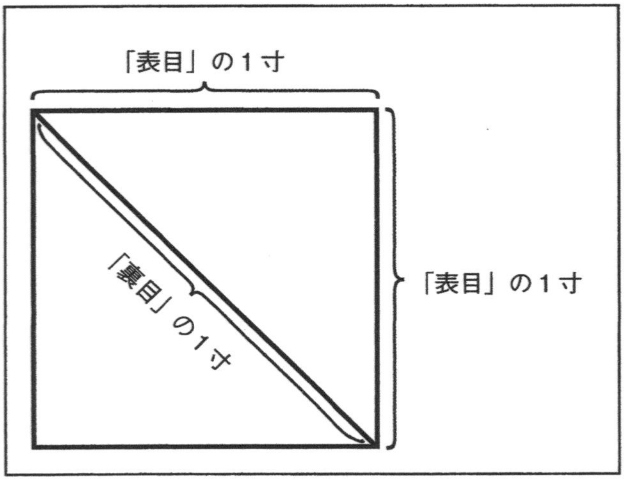

【図4】

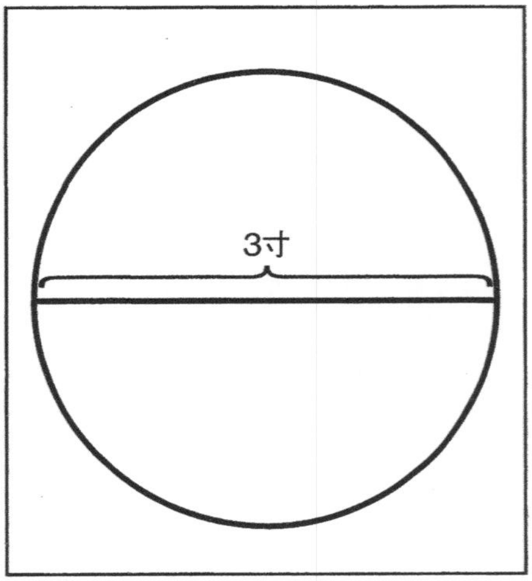

※【図1】～【図4】の長さは実際の長さとは異《こと》なります。

問題１　【会話１】の内容や【図１】～【図４】を参考にして、次の（１）（２）の問題に答えなさい。

（１）【会話１】の（　あ　）に当てはまる数値《すうち》を小数第一位までの数字で答えなさい。

（２）【会話１】の（　い　）に当てはまる最も適切なものを、次の１～４から一つ選び、番号を書きなさい。

１　まず、正方形の一辺の長さを「表目」で測ります。次にサシガネをひっくり返して、「表目」で測った数値と同じ数値の「裏目」に当たるところを指で押さえます。もう一度サシガネをひっくり返して、指で押さえているところの「表目」の数値を読みます

２　まず、正方形の一辺の長さを「表目」で測り、その位置を指で押さえます。そのままサシガネをひっくり返して、指で押さえているところの「裏目」の数値を読みます

３　まず、正方形の一辺の長さを「裏目」で測ります。次にサシガネをひっくり返して、「裏目」で測った数値と同じ数値の「表目」に当たるところを指で押さえます。もう一度サシガネをひっくり返して、指で押さえているところの「裏目」の数値を読みます

４　まず、正方形の一辺の長さを「裏目」で測り、その位置を指で押さえます。そのままサシガネをひっくり返して、指で押さえているところの「表目」の数値を読みます

問題２　たろうさんは、「日本の伝統的な建築物」に関して、詳《くわ》しく調べてみようと思いました。そして、【資料１】を見つけました。【資料１】を読み、あとの（１）（２）の問題に答えなさい。

【資料１】「日本の伝統的な木造建築物」に関して書かれた文章

木の使い方を指示した※1口伝《くでん》に「※2堂塔《どうとう》の木組みは木の癖組《くせぐ》み」というものがあります。

木は工場から出てくる鉄骨《てっこつ》やブロックのように均一のものではありません。南に面した木と北に面した木では性質が違《ちが》いますし、風のあるところで育った木と林の真ん中で育った木でも性質は違います。木は一本一本が育った環境《かんきょう》も経歴も違います。人間が何人いても、まったく同じ人がいないように、木も一本一本性質が異《こと》なるのです。

その一本一本の木の性質を見ぬいて使えば、建物は丈夫《じょうぶ》で長持ちし、※3材となった木の寿命《じゅみょう》を使いきることができるというのです。

しかし、現代の物づくりでは効率が優先《ゆうせん》されます。こうした一本一本の性質の違いを区分けしていたのでは速くつくることができません。ですから、工場や製材所から出てくる※4寸法《すんぽう》に仕立てられた木を「均一」な性質なものとして扱《あつか》っているのが現状です。

しかし、実際には木は一本一本育った環境や受《う》け継《つ》いだ遺伝子が違うのですから、異なった性質を持っています。

木のこの一本一本の異なる性質を大工たちは「癖」と呼《よ》んでいます。檜《ひのき》、杉《すぎ》、ケヤキ、栗《くり》、松などのように樹種《じゅしゅ》ごとに木の癖は違いますが、同じ檜や同じ杉でも、生えている場所やそれらの種をつくった親木の違いで癖が違うのです。

≪中略≫

木を癖で組むとはどういうことか例を一つあげましょう。

四本の柱で建つ建物を想像してください。

この柱に四本とも左ねじれの癖のある木を使ったら、建物は時間がたつにつれて木の癖が出て、たがいの力が同じ方向にはたらいて、建物そのものが左にねじれてしまうでしょう。屋根や壁《かべ》はねじれを計算していませんから、ひびが入ったり隙間《すきま》ができたりして建物の寿命を短くしてしまうで

しょう。ところが、右ねじれと左ねじれをじょうずに組み合わせれば、木はたがいの癖を補《おぎな》い合《あ》いながら、なおしっかりと建物を※5維持《いじ》していくでしょう。法隆寺《ほうりゅうじ》はこうした癖を生かして、千三百年ももってきたのです。

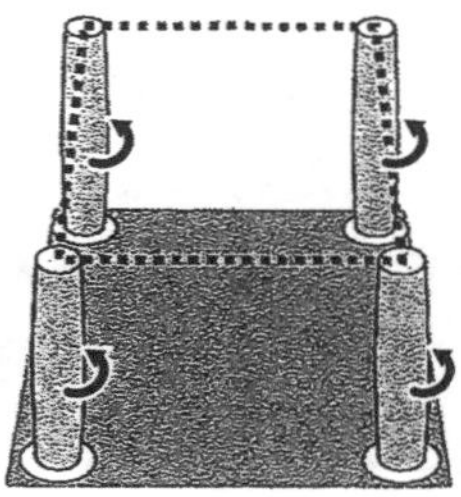

（四本とも左ねじれの癖のある木を使った場合）

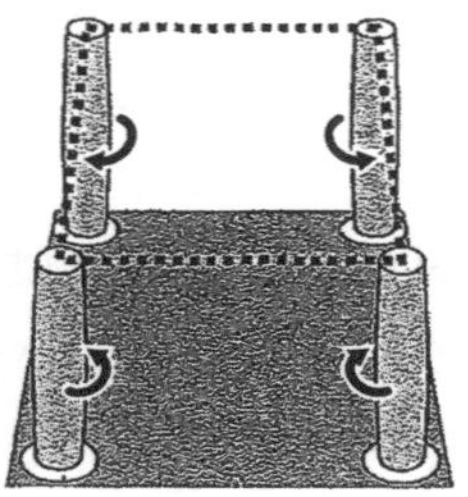

（右ねじれと左ねじれをじょうずに組み合わせた場合）

≪中略≫

山に生えている木は植物という生きものです。これを伐採《ばっさい》すると、木材になります。木はコンクリートや鉄などと違って、材になっても生きています。

西岡※6棟梁《とうりょう》がよく話していました。修理のときに法隆寺の古材を削《けず》っていると、すばらしい檜の香《かお》りがするんだと。それは木を伐《き》り倒《たお》したときの強い香りとは違って、時代を経たやわらかな香りです。実際に私《わたし》も目の前で古材を削ってもらったことがありますが、削《けず》り肌《はだ》はつやを持ち、すばらしい香りを放ちました。

五重塔《ごじゅうのとう》を解体修理するときでも、屋根の瓦《かわら》をはずし、その下の※7葺《ふ》き土《つち》を取り除いていくと軒《のき》が少しずつですが、持ち上がってくるのだそうです。昔の瓦は※8野地板《のじいた》という板の上に土を載《の》せ、その上に瓦を並《なら》べてありました。野地板の下には屋根を支えるために※9垂木《たるき》や※10梁《はり》があります。それまで土や瓦の重さに耐《た》えていた木が、それらが取《と》り除《のぞ》かれることで、ふたたび立ちあがってくるのです。押《お》し返す力がはたらいていればこその作用です。この押し返す力があってこそ建物は長くもち続けるのです。もしこの力がなくなれば、木は重さに耐えられず、折れてしまうでしょう。

昭和の解体修理の話でしたから、木は千数百年前に伐り倒されたのに、まだ生きものとしての力を発揮《はっき》していたのです。西岡棟梁は自分を※11戒《いまし》めるようにいいました。

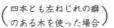

「千年のいのちを長らえてきた檜は材にしても千年はもたせなければならない。木にはそういう力があり、それを生かすのが自分たち大工の使命である。千年の木を千年使えば、その間にふたたび木を植え、育てていくことができるのだから、資源《しげん》としての木を失うことはないのです。」

木のいのちを十分に使うために、※12工人《こうじん》たちは木の寿命をより長く生か

す工夫も怠《おこた》りませんでした。

日本の伝統的木造建築の特徴《とくちょう》の一つは、解体して修理することができるということです。木には建物になってから出てくる癖《くせ》もありますから、時間がたつと建物はひずみが出たり歪《ゆが》んだりしてきます。また日本は雨が多く、風雨にさらされていれば、木の建物は傷《いた》んできます。傷んだままにしておけば、壊《こわ》れる速さが増します。

そのためにある程度時間がたち、傷みが出てくると、いったん建物を丸ごと解体してしまって悪い部分を取《と》り替《か》え、補修《ほしゅう》して改めて建て直します。もし解体のさいに柱の下の部分が腐《くさ》っていたとすれば、そこを切り取って継《つ》ぎ足《た》します。柱としてそのまま使うことができなくても、捨《す》ててしまうのではなくほかの部署《ぶしょ》に再利用します。

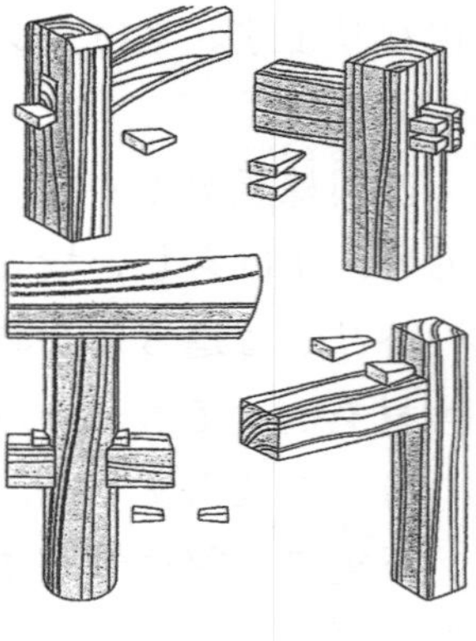

一枚《いちまい》の板、一本の柱でも、寿命《じゅみょう》のある限り何度でも使います。そのために伝統的木造建築は、はじめから解体できるようにつくってあります。やたらに釘《くぎ》や金具を使わず、木と木を組み、時間がたてば、だんだん締《し》まっていくように考えてつくられています。柱と梁《はり》などの組み合わせにしても右の図のように木の※13くさびを打《う》ち込《こ》むことでゆるみを収《おさ》めていくやり方です。木が乾燥《かんそう》して縮《ちぢ》んできたら、くさびを打ち込んでやれば締まります。そうすることで解体が簡単《かんたん》になりますし、解体した木も十分、再利用することができるのです。釘や金具でがっちり動かないように固めてしまった家では解体そのものが無理になります。

法隆寺《ほうりゅうじ》は千三百年前に建てられたものですが、およそ二百年ごとに解体修理がおこなわれて引《ひ》き継《つ》がれてきています。各時代《かくじだい》ごとに寺を守る大工たちが、雨漏《あまも》りがすれば直し、傷みがあれば補修しながら保ってきました。ほかの寺社でも復元や再建の問題が出てくると、残された部材を調べ直して、それぞれがどんな場所にどういうふうに使われていたかを調べます。

しかし、修理は大層《たいそう》手間もお金もかかる仕事です。ですからある部署が傷んだからといって簡単に部材を取り替えていてはもったいない話です。そのために、細かなところや傷みやすい部署などは補修がきくように工夫を凝《こ》らしてあります。

建物で一番傷みやすいところは屋根の軒先《のきさき》です。軒を支えるのは垂木《たるき》という部材です。垂木の先端《せんたん》は、つねに日に当たり、風に吹《ふ》かれ、雨にさら

されています。そのため先端から腐ってきます。垂木の寸法《すんぽう》を最低必要限でつくっていると、先端が腐れば寸法が足りなくなるので、新しいものと取り替えなければなりません。しかし大きな建物には、気の遠くなるほどたくさんの垂木が使われています。それゆえ宮大工《みやだいく》は垂木の寸法をお尻を長くしておいて、腐ったら前に押《お》し出せばいいようにしておきます。五重塔《ごじゅうのとう》や金堂《こんどう》の裏側《うらがわ》では太い木が※14いくえにも折り重なっていますが、表に見える部分はきちんと化粧《けしょう》を施《ほどこ》して、後ろの予備の部分は荒削《あらけず》りのまま、長さもまちまちに残してあるそうです。

垂木を長くつくっておいて、傷んできたら押し出すという発想のなかには、木は雨《あま》ざらしにすれば傷むものだという観察があり、それならどうするかという工夫があるのです。今さえよければいいという考えからはこうした知恵《ちえ》は生まれてきません。

木材の再使用は寺社だけではなく、民家でもふつうにおこなわれていました。古くなった家を解体する場合、再利用できるものは新しくつくる家の部材として使ったのです。

これは家に限らず舟《ふね》でも同じです。使わなくなった舟は解体し、板に戻《もど》して使える部分は大切に保存《ほぞん》しておきました。

現在は人間の※15手間賃《てまちん》が一番高くなっています。そのため解体し、使える部材を残すよりは一気に壊してしまって、工場から送られてくる※16規格品《きかくひん》の新しい材料を使うほうが、結果的には安くすみます。不思議なことですが、持っている材料を使うよりも新しく材料を買ったほうが安いのです。流通や経済《けいざい》、効率というものが※17原価に影響《えいきょう》しているからです。

こういう背景《はいけい》もあって、現代の技術と古代の日本人の技術者たちの間には、考え方に大きな違《ちが》いがあります。最後まで使おうという知恵は、建物や舟をつくるときにはもちろん、木を伐《き》り出《だ》すときから運ぶときにまではたらきます。効率優先《ゆうせん》の考えでは、どの方法が速いか、どっちのほうが安いかが基準になります。大事に使いきることを優先して訓練・修業してきた人たちは、ちょっと時間や手間がかかっても、これだけのことはしておこうということになりますから、やることも、手順も、心構えも違ってくるのです。

(塩野米松《しおのよねまつ》「木の教え」ちくま文庫 より。一部省略やふりがなをつけるなどの変更《へんこう》があります。）

[注]

※１　口伝《くでん》・・・・・大事な事がらを師から弟子へ口頭で教えて伝えること。

※２　堂塔《どうとう》・・・・・寺のお堂と塔。

※３　材・・・・・・材料。

※４　寸法《すんぽう》・・・・・物の長さ。

※５　維持《いじ》・・・・・もちつづけること。

※６　棟梁《とうりょう》・・・・・大工の親方。

※７　葺《ふ》き土《つち》・・・・瓦《かわら》の下に敷《し》く土のこと。

※８　野地板《のじいた》・・・・垂木《たるき》や梁《はり》の上に敷く板。この板の上に土を敷き瓦をのせる。

※９　垂木・・・・・建物の屋根のうら板をささえる木。

※10　梁・・・・・・屋根の重みを支えるために、柱の上に横にわたす材木。

※11　戒《いまし》める・・・・言い聞かせる。注意する。

※12　工人《こうじん》・・・・・職人のこと。

※13　くさび・・・・木を組み合わせたところに打ちこんで、かたくとめたりするのに使うもの。

※14　いくえにも・・数多く。

※15　手間賃《てまちん》・・・・仕事にたいしてはらうお金。

※16　規格品《きかくひん》・・・・ものの大きさ、形、品質などについて定められた標準の品物。

※17　原価・・・・・かかった費用。

（1）たろうさんは、**【資料1】**で述べられている、**法隆寺《ほうりゅうじ》などの日本の伝統的な木造建築物にみられる建て方の工夫**の中で、**「木の癖組《くせぐ》み」**と**「解体と修理」**について興味深いと感じました。そして、その**工夫**をクラスの人たちに紹介《しょうかい》したいと思い、文章を書くことにしました。あなたならどのように書きますか。あとの[条件]と[注意事項《ちゅういじこう》]にしたがって書きなさい。

[条件]

○**「木の癖組み」**と**「解体と修理」**についての工夫を述べること。

○複数の段落《だんらく》はつくらずに、一段落で書くこと。

○次の**【書き出しの文章】**に続くようにして**２００字～２５５字**で書くこと。
ただし、**【書き出しの文章】**は字数に含《ふく》めないこと。

【書き出しの文章】

私《わたし》は「日本の伝統的な建築物」をテーマとして調べ学習を行っていくなかで、法隆寺などの日本の伝統的な木造建築物にみられる建て方の工夫について書かれた文章に出会いました。その工夫を紹介します。

[注意事項]

○解答は横書きで書くこと。

○題名は書かずに、**一マス空けて**書き始めること。

○原稿用紙《げんこうようし》の適切な書き方にしたがって書くこと。(ただし、解答用紙は、一行二十マスではありません。)

○文字やかなづかいなどに気をつけて、漢字を適切に使い、丁寧《ていねい》に書くこと。

（2）たろうさんは、**【資料１】**を読んで自分が考えたことをクラスの人に伝えたいと思いました。あなたならどのように書きますか。あとの[条件]と[注意事項《ちゅういじこう》]にしたがって書きなさい。

[条件]

○**【資料１】**を読んで考えたことを、自分の生活やこれまでの学習と結びつけて、具体的に書くこと。

○複数の段落《だんらく》をつくって、文章全体を構成し、**２５０字～３００字**で書くこと。

[注意事項]

○解答は横書きで書くこと。

○題名は書かずに、**一マス空けて**書き始めること。

○原稿用紙《げんこうようし》の適切な書き方にしたがって書くこと。(ただし、解答用紙は、一行二十マスではありません。)

○文字やかなづかいなどに気をつけて、漢字を適切に使い、丁寧《ていねい》に書くこと。

○段落をかえたときの残りのマスは、字数として数えます。

○最後の段落の残りのマスは、字数として数えません。

平成３０年度

適性検査Ⅱ

１０：１５～１１：００

注　意

1　問題は1から3まであり、この問題冊子《さっし》は１ページから２６ページにわたって印刷してあります。**ページの抜《ぬ》け、白紙、印刷の重なりや不鮮明《ふせんめい》な部分などがないかを確認《かくにん》してください。あった場合は手をあげて監督《かんとく》の先生の指示にしたがってください。**

2　**受検番号**と**氏名**を解答用紙の決められた場所に記入してください。

3　答えはすべて解答用紙に記入し、**解答用紙だけを提出してください。**

4　声を出して読んではいけません。

5　計算が必要なときは、この問題用紙の余白を利用してください。

6　字ははっきりと書き、答えを直すときは、きれいに消してから新しい答えを書いてください。

横浜市立横浜サイエンスフロンティア高等学校

附属中学校

このページには問題は印刷されていません。

【適

1 **はなこさん**は、熱を出してたくさんの汗《あせ》をかいたときに、お医者さんから経《けい》口《こう》補《ほ》水液《すいえき》を飲むようにすすめられ、それを飲んだことで早く回復した経験がありました。後日、経口補水液のラベルを見てみると、**【資料１】**のように多くの成分が含《ふく》まれていることがわかり、興味をもちました。そこで、いろいろなものが溶《と》けている水について調べ、**【資料２】**～**【実験報告書】【資料４】**にまとめました。円周率は３.１４として、あとの問題に答えなさい。

問題１　**【資料１】**を参考にして、経口補水液５００mLに含まれる塩化ナトリウムの量は何gであり、全体の何％になるか書きなさい。ただし、経口補水液１００mLの重さを１０１.１gとし、答えは小数第三位を四《し》捨《しゃ》五《ご》入《にゅう》して、小数第二位まで答えなさい。

【資料１】経口補水液のラベルに書かれていた栄養成分表示の一部

たんぱく質0g、脂質0g、炭水化物２.６g、塩化ナトリウム３１０mg、その他　（１００mLあたり）

問題２　【資料２】【資料３】を見て、あとの（１）～（３）の問題に答えなさい。

【資料２】経口《けいこう》補《ほ》水液《すいえき》と半透膜《はんとうまく》

経口補水液は食塩などが溶けており、大量に汗《あせ》をかいたときなど、体の水分を失ったときに、脱水症状《だっすいしょうじょう》を和らげるための飲みものです。

生物の体は細胞《※さいぼう》が多数集まってできており、細胞は半透膜といわれる膜で覆《おお》われています。この半透膜は、ごく小さな穴《あな》があいていて右の図のように表すことができます。

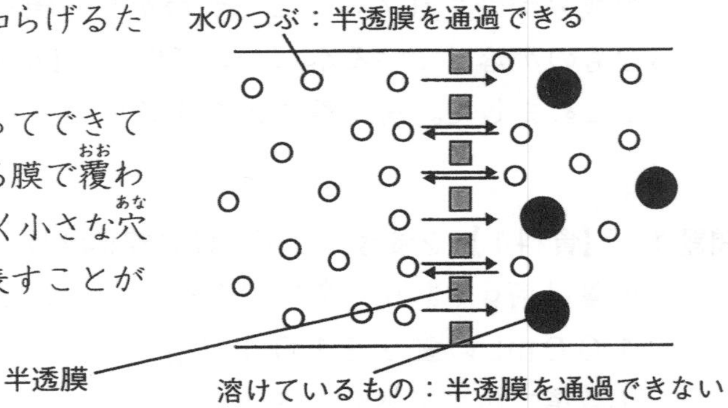

※　細胞・・・生物を作っている、いちばん小さな単位。

半透膜の性質を確かめる実験

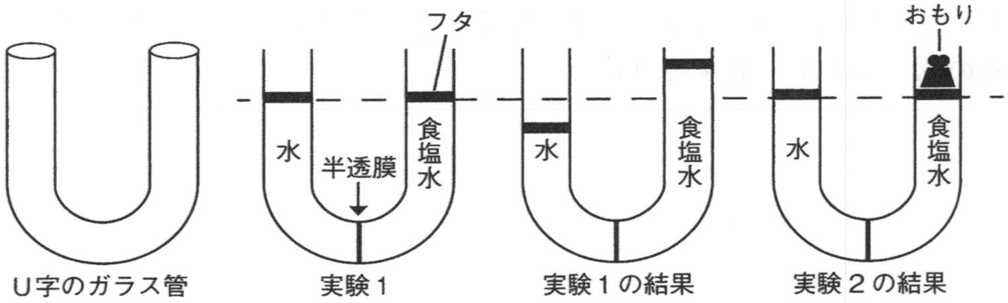

実験１　U字のガラス管の中央を半透膜で仕切り、左側には水、右側には食塩水を入れ、空気が入ったり液体が出たりせず、面積が１０cm^2の自由に動くフタをする。

実験１の結果　しばらくすると半透膜を通して水は食塩水側にしみこんでいくので、水側のフタが下がり食塩水側のフタが上がった。

実験２　**実験１**の後、食塩水側のフタの上におもりを置き、水側と食塩水側のフタの高さが同じになるまでおもりの重さを変える。

実験２の結果　適切なおもりを置くと、水がしみこんでフタの面を押《お》し上《あ》げる力とおもりがフタの面を押す力を釣《つ》り合《あ》わせることができた。

この**実験１**、**実験２の結果**で、水が半透膜を通り、食塩水の方へ移動し、この働きでフタの面を押す力が生まれることがわかりました。このフタの面を押す力を浸透圧《しんとうあつ》といいます。

【資料3】 血液中の細胞の変化

観察 ヒトの血液をこい食塩水、経口補水液、水に入れて、しばらく置いたときの変化を顕《けん》微《び》鏡《きょう》で観察し、スケッチした。

①取り出した時の血液
中央部分がへこんだ赤色の細胞が多数見えた。

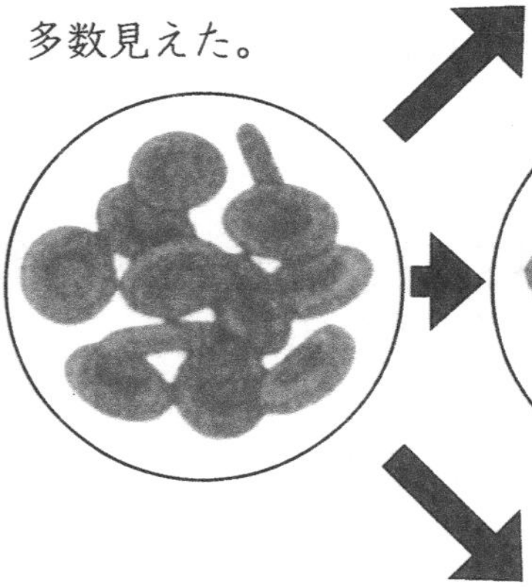

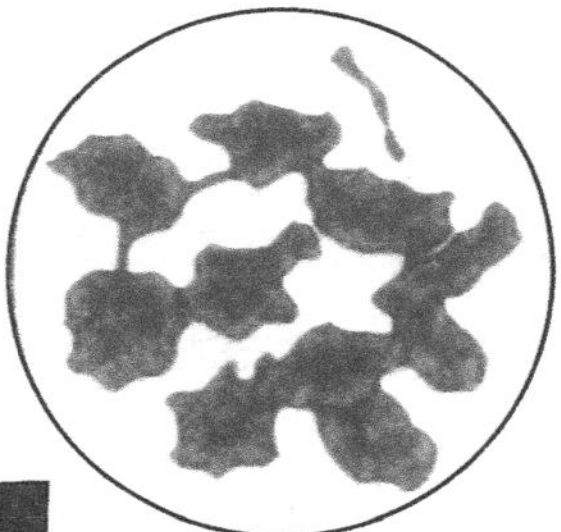

②赤色の細胞をこい食塩水の中に入れてしばらく置いたもの
赤色の細胞は縮《ちぢ》んでいびつな形になっていた。

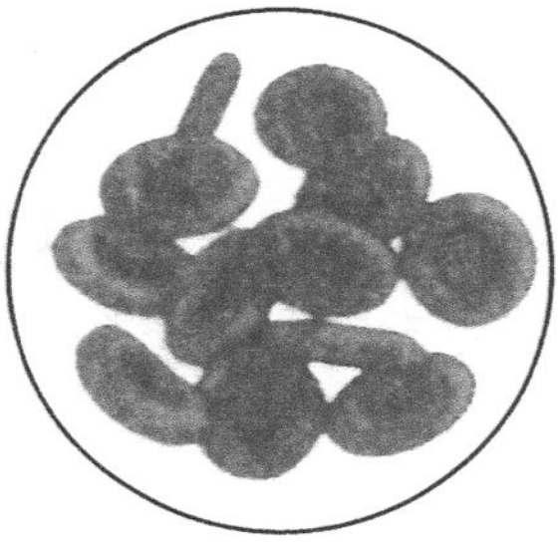

③赤色の細胞を経口補水液の中に入れてしばらく置いたもの
赤色の細胞はほとんど変化しなかった。

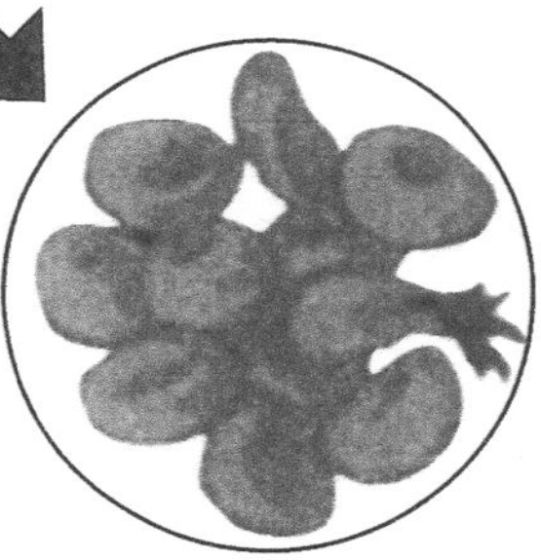

④赤色の細胞を水の中に入れてしばらく置いたもの
赤色の細胞は膨《ふく》らんでやぶれてしまったものがあった。

（1） うすい食塩水を【資料2】のU字のガラス管の食塩水側に入れて、釣り合うおもりの重さを量ってみると750gでした。どの部分も内側の直径が4cmのU字のガラス管で同じ実験を行うと、フタの上にのせてちょうど釣り合うおもりは何gになるか、書きなさい。

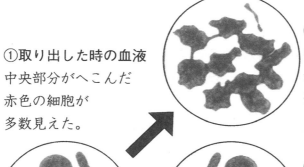

（2）【資料2】の半透膜《はんとうまく》の性質を確かめる実験では、なぜ浸透圧《しんとうあつ》が生じるのか。最も適切なものを、次の１～６から一つ選び、番号を書きなさい。

1　半透膜では水や溶《と》けているものも自由に通《とお》り抜《ぬ》けることができるので、水が食塩水側へ移動するから。

2　溶けているものは半透膜を通り抜けることはできないが、水は小さなつぶなので半透膜を自由に通り抜けて、食塩水側へ移動するから。

3　半透膜は水を全く通さないので、半透膜の面でおもりがフタの面を押《お》す力を支えることができるから。

4　水は大きなつぶなので、半透膜を通ることはできないため、半透膜の面でおもりがフタの面を押《お》す力を支えることができるから。

5　半透膜は浸透圧には関係がないので、水が自由に通り抜けることができるから。

6　半透膜は浸透圧には関係がないので、物質が自由に通り抜けることができるから。

（3）経口補水液《けいこうほすいえき》について説明した、次の□中の（　あ　）にあてはまることばを下の[条件]にしたがって答えなさい。

経口補水液とは浸透圧が（　あ　）飲みもの

[条件]

○句読点を含《ふく》め、１５～２０字で書くこと。

○「浸透圧が」という語に続き、ことばの終わりを「飲みもの」として、適切につながるようにすること。また、「浸透圧が」と「飲みもの」は、字数に含めないこと。

問題３　【資料２】【資料３】を見て、経口補水液と体内の水分バランス調節について最も適切なものを、次の１～５から一つ選び、番号を書きなさい。

1　体内の水分が失われているときは、体の細胞《さいぼう》の中の液体よりもこい液体を飲むと、水と比べて水分が吸収《きゅうしゅう》されやすいが、体の細胞の形が変化してしまうことがある。

2　経口補水液を飲むと、水と比べて体の細胞の形を変化させることなく水分を吸収することができる。

3　経口補水液は体の水分が極端《きょくたん》に失われた状態で飲むと、水と比べて吸収されにくい。

4　体内の水分が失われているときは、水を大量に飲むと、水分が吸収され、体の細胞に与《あた》える影響《えいきょう》も少ない。

5　経口補水液を飲み続けていると、溶けていた物質が体内にたまり、血液がこくなる心配がある。

問題４　はなこさんは、海水にどのくらいの塩分があるのかということに興味をもちました。そこで、海水を加熱して水を蒸発《じょうはつ》させ、塩分を取り出す実験を行い、次のような【実験報告書】【資料４】を書きました。あとの（１）（２）の問題に答えなさい。

【実験報告書】

実験　海水の塩分を求める。

目的　海水から水を蒸発させて、含《ふく》まれている塩分をできるだけ正確に求める。

準備　ろ紙でろ過した海水、蒸発皿（大）１０枚、ガスバーナー、三脚《さんきゃく》、セラミック付き金網《かなあみ》、１００mLメスシリンダー、電子天秤《てんびん》（０．０１ｇまで量《はか》れるもの）、乾燥剤《かんそうざい》入りガラスケース

手順　①海水５０mLをメスシリンダーで量り取り、電子天秤で重さを量っておいた蒸発皿に移した。

②三脚の上にセラミック付き金網を乗せ、この上に海水の入った蒸発皿を置いてガスバーナーでゆっくり加熱した。

③水が蒸発して液体の体積が５分の１程度に減ったら、ガスバーナーの火力をさらに弱めて加熱を続けた。

④水分がほぼ蒸発したところで、乾燥剤を入れたガラスケースに移しさました。これを蒸発皿No.１とした。

⑤十分に冷え、乾燥したところで重さを量り、蒸発皿の重さを除《のぞ》いて得られた塩分の重さを求めた。

⑥できるだけ正確な測定値《そくていち》を求めるために１０回実験を繰《く》り返《かえ》し、蒸発皿No.１０まで重さを量った。

⑦結果から海水１Ｌ中に含まれる塩分を求めた。

結果

【資料４】実験ノートの一部

蒸発皿No.	塩分の重さ(g)	実験中に気づいたこと
1	1.73	
2	1.74	
3	1.76	
4	1.72	
5	1.79	
6	1.75	
7	1.78	
8	1.10	塩の結晶がはじけて蒸発皿から飛び出した。
9	1.70	
10	1.69	

（1）【資料４】を見て、実験結果の扱《あつか》い方《かた》について最も適切なものを、次の１～６から一つ選び、番号を書きなさい。

1　それぞれの実験結果には意味があるので、全ての結果を使って計算する。

2　１番目の実験結果は実験に慣れていないので、計算には入れないで計算する。

3　１０番目の実験が最も確実に操作《そうさ》ができたと考えられるので、この値《あたい》だけを結果とする。

4　正確さが疑《うたが》わしい出来事のあった実験結果を除き、残りの結果で計算する。

5　結果が同じ値になっている回数が最も多いものを、実験結果とする。

6　１０回の実験中のNo.５とNo.６の結果だけから計算する。

（2）【資料４】から海水１Ｌ中に含まれる塩分の重さは何gか書きなさい。

このページには問題は印刷されていません。

2　たろうさんは白と黒の画用紙で同じ辺の長さの黒い正五角形と白い正六角形をすきまなく貼《は》りあわせて【図１】のようなサッカーボールの模型《もけい》を作りました。あとの問題に答えなさい。

【図１】

問題１　【図２】は【図１】のサッカーボールの模型の展開図《てんかいず》です。【図１】の正六角形の「◎」が書いてある面と向かい合う面はどれですか。【図２】のア～コから一つ選び、記号を書きなさい。

【図２】

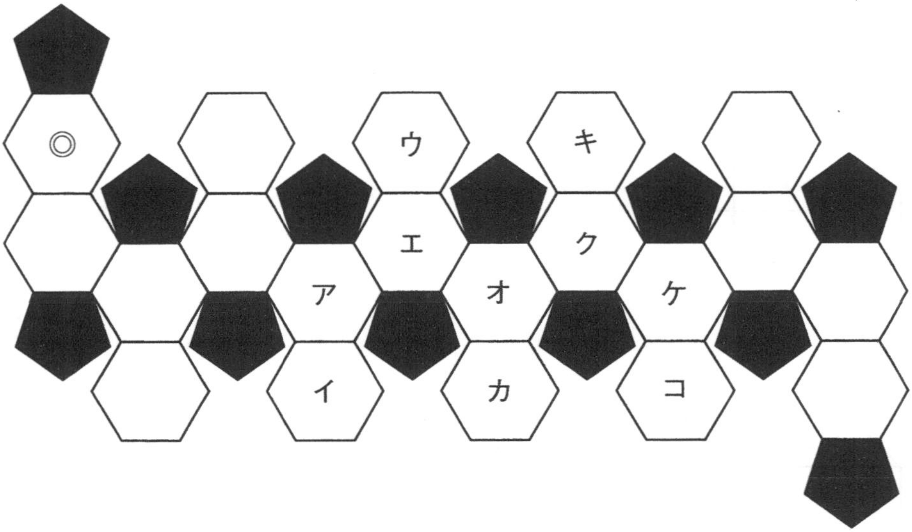

問題２　たろうさんは白の画用紙で同じ辺の長さの正五角形と正六角形をすきまなく貼《は》りあわせ、【図３】のような白のサッカーボールの模型《もけい》を作り、辺で接する面同士を異《こと》なる色で塗《ぬ》る（以後「塗り分《わ》け」という）ことを考えました。ただし、回転して形も色もぴったり重なるときは同じ塗り分け方とします。

【図３】

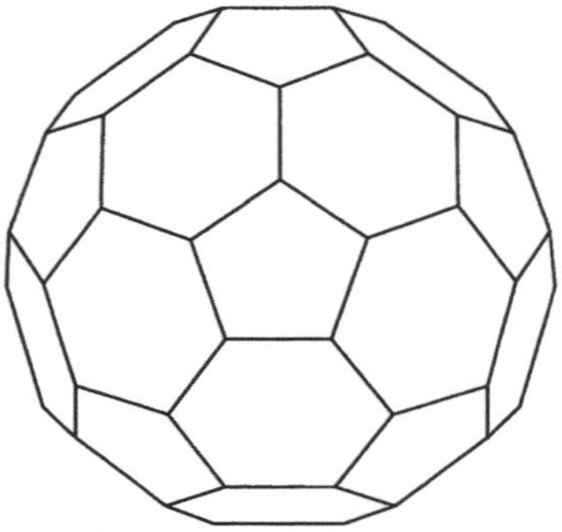

例えば【図４】のような白の立方体を、青・黄・黒・緑・赤・茶の６色をすべて使って塗り分けることを考えた場合、【図５】の２つの立方体の塗り分け方は１通りとします。あとの（1）（2）の問題に答えなさい。

【図４】

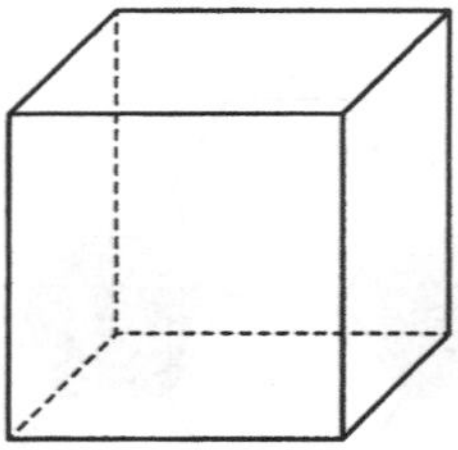

【図５】

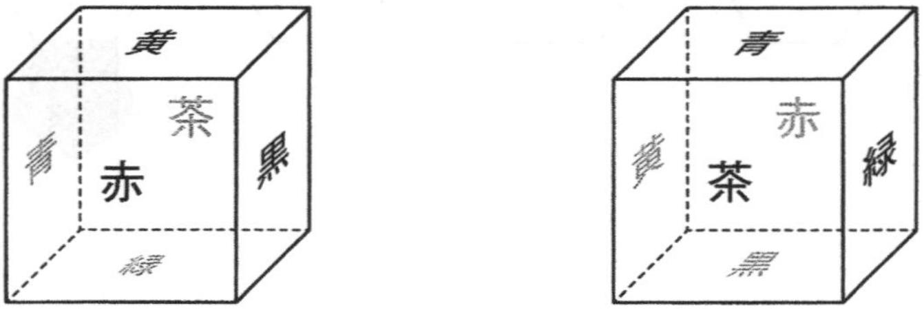

（１）【図４】の白の立方体を、青・黄・黒・緑・赤・茶の６色をすべて使って塗り分けるとき、【図５】を含めて塗り分け方は全部で何通りありますか。ただし、回転して形も色もぴったり重なるときは同じ塗り分け方とします。

（２）【図６】は青を１、黄を２、黒を３、緑を４とし、４色をすべて使って塗り分けたときの白のサッカーボールの模型の展開《てんかい》図《ず》です。【図６】の残りの面に１～３の数字を書きなさい。

【図６】

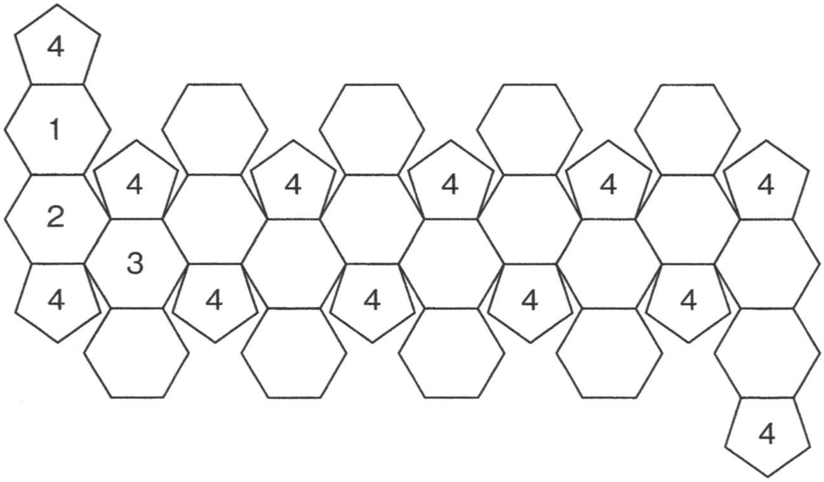

3　たろうさんは、博物館で見た手回し計算機に興味をもちました。そこで、計算の技術が手回し計算機からコンピューターへと進歩し、さらに、人工知能として活用されていることを調べ、**【資料1】**～**【資料7】**を見つけました。あとの問題に答えなさい。

【資料1】手回し計算機の使用法

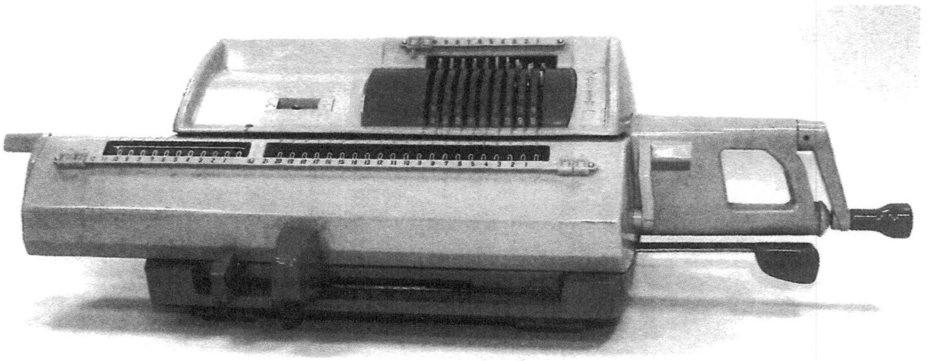

実物の手回し計算機の写真

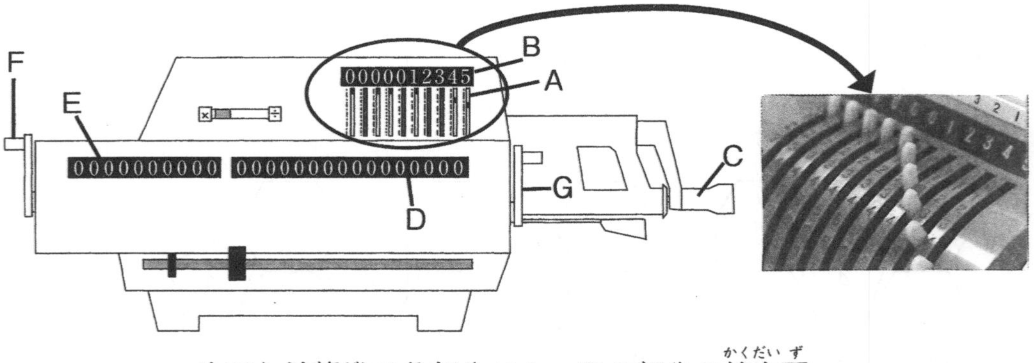

手回し計算機の各部分とA、Bの部分の拡大《かくだい》図《ず》

Aのレバーを上下させて、Bの窓《まど》に入力した数を表示させます。初めから計算するときは、Fのハンドルで Eの窓に、Gのハンドルで Dの窓に表示されている数を0にします。

たし算の場合

（1） ２０１８＋３６５４を計算する時は、Aのレバーを上下させて、Bの窓に２０１８を表示させ、ハンドルCを（＋）の方向に１回転させ、Dの窓に２０１８を表示させます。

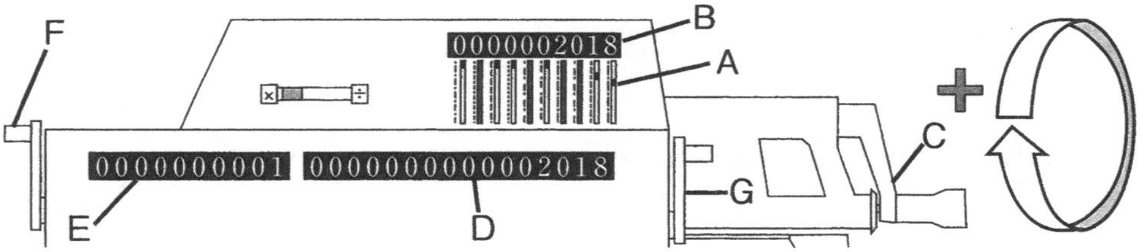

（2） Bの窓に３６５４を表示させ、ハンドルCを（＋）の方向へ１回転させます。この結果がDの窓に表示されます。

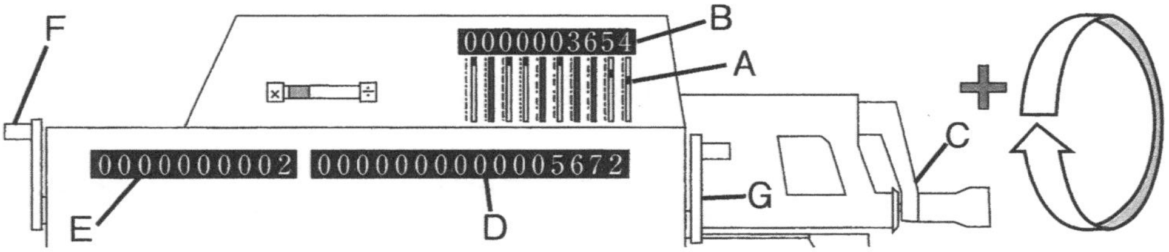

ひき算の場合

（3） ５１２－１２８を計算する時は、Bの窓に５１２を表示させ、ハンドルCを（＋）の方向に１回転させ、Dの窓に表示させます。

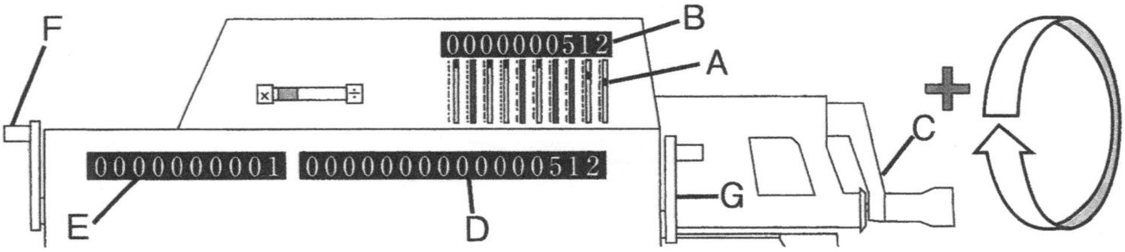

（4） Bの窓に１２８を表示させ、ハンドルCを（－）の方向へ１回転させます。この結果がDの窓に表示されます。

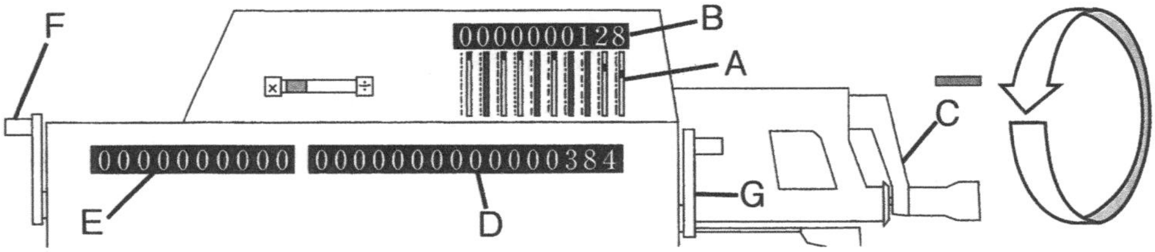

かけ算の場合

（5） １４５×５を計算する時は、Ｂの窓《まど》に１４５を表示させ、ハンドルＣを（＋）の方向へ５回転します。すると、Ｅの窓に５が表示され、この結果がＤの窓に表示されます。

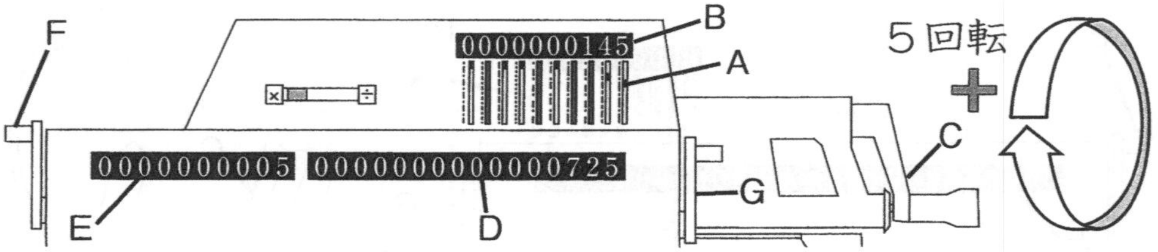

わり算の場合

（6） ３６÷１２を計算する時は、Ｂの窓に３６を表示させ、ハンドルＣを（＋）の方向に１回転させ、Ｄの窓に表示させます。

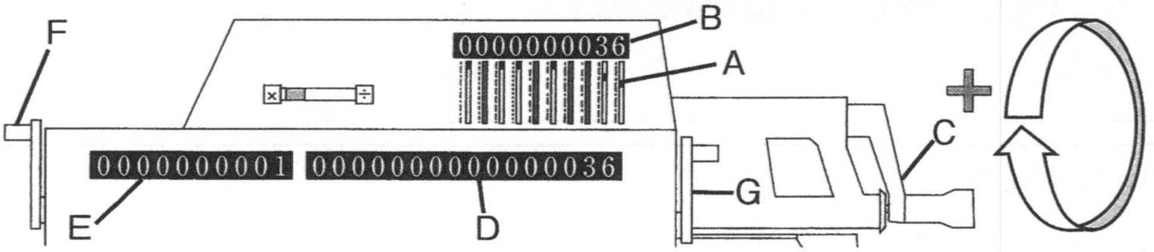

（7） Ｅの窓に表示されている数をＦのハンドルで０に戻《もど》し、Ｂの窓にわる数の１２を表示させます。

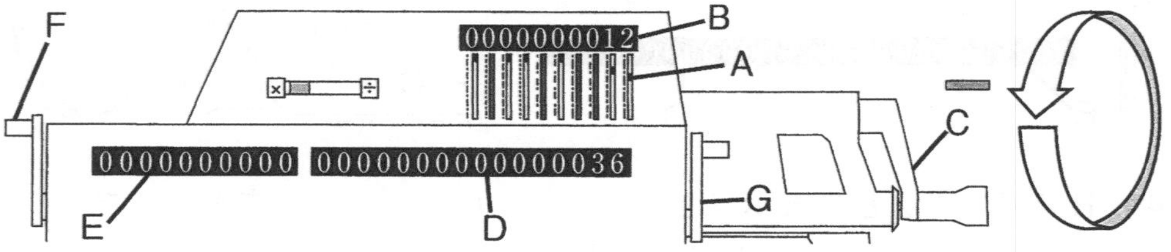

（8） ハンドルＣを（－）の方向に回転させていくと、Ｅの窓に回転した数が表示されていき、（－）の方向に回転を繰《く》り返《かえ》すと４回目にベルが鳴ります。これは、ひきすぎたということを表すベルです。

そこで、ハンドルCを１回（＋）の方向に戻すと再びベルが鳴り、Dの窓の表示は割り切れて０となり、Eの窓に３が表示されています。２回目のベルは、Dの窓のひきすぎを訂正《ていせい》できたという合図です。

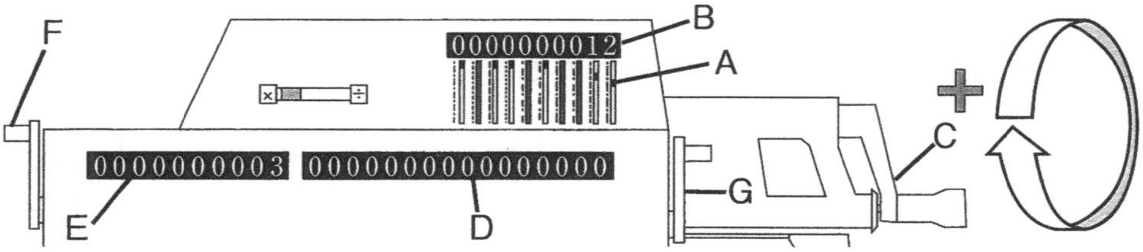

問題１　**【資料１】**の手回し計算機を使って（４８０－２５６）×４÷１２８を次の①～④の順に計算しました。

①４８０－２５６ ②（①の答え）をBの窓に表示させてから、Dの窓に表示されている数を０にする。 ③（①の答え）×４ ④（③の答え）÷１２８ このとき、③の答えが、すでにDの窓に表示されています。改めて③の答えを表示させるためのハンドルCを回転させる必要はありません。すぐに、Bの窓にわる数の１２８を表示して計算します。

①～④の順に計算したとき、ハンドルCを（－）の方向に回転させた回数から（＋）の方向に回転させた回数をひいた数を書きなさい。

【資料２】タイルが縦《たて》と横で同じ数だけ並《なら》んでいるときの一辺のタイルの枚数《まいすう》を手回し計算機で求める方法

小さなタイルが縦と横に同じ数だけ並んでいるとき、そのタイルの枚数を下の表にまとめました。

【小さなタイルを「縦横同じ数に」並べたときのタイルの枚数や増えた枚数】

タイルを並べた様子			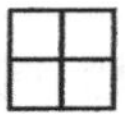	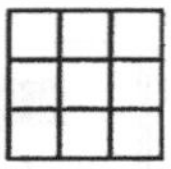
縦の数	0	1	2	3
横の数	0	1	2	3
タイルの枚数	0	1	4	9
増えたタイルの枚数		1	3	5

縦と横の数を一つ増やすと、増えたタイルの枚数は、
（一辺のタイルの枚数）×２－１であり、必ず奇数《きすう》になっている。

①タイルが縦と横で同じ数だけ並んでいるときの一辺のタイルの枚数（以後、①の下線部の数を「**アの数**」という。）を手回し計算機では、次のような方法を用いることで計算できる。

４８４枚のタイルを縦と横で同じ数だけ並べたとき、アの数を手回し計算機で求める

４８４を４００と８４に分けて、４００はさらに、４×１００と考えて、ここで、４の部分についてだけ**アの数**を求めると
まず、最初の奇数である１をひき、
４－１＝３

続いて、残った３から、１の次の奇数である３をひき、
３－３＝０
となったので終わりであり、２回の計算で終わったので４の**アの数**は２となる。
４８４の先頭の４の**アの数**と８４の**アの数**を組み合わせても４８４の**アの数**にはならない。

ここで計算した４は「４００について考えていた。」ということであり、４の**アの数**は２なので、「縦横に２０枚ずつ、合計で４００枚のものが並んでいた。」ということになる。

これは、４８４－１－３－５－…＝８４となるまでに、２０回分の奇数をひき算したことになる。次の２１回目のひき算をするときの数は２１を２倍して４２となる。そこから１をひくと４１となる。

残っている８４は、２０回目に当たる計算の答えなので、

２１回目は８４－４１＝４３

２２回目は４３－４３＝０

答えが０になったので４８４の**アの数**は２２となる。

問題２　９２４１６枚のタイルを縦と横で同じ数だけ並べたとき、次の（**1**）（**2**）の問題に答えなさい。

（１）**【資料２】**を見て、**アの数**を求めるやり方として適切であり、かつハンドルを回す回数がより少なくてすむものを次の**１～４**から一つ選び、番号を書きなさい。

1　９２４１６を９００００と２４１６に分けて考え、９００００の**アの数**を求めて、残りの２４１６から次の奇数をひき算をしていき、０になるまでひいた回数を数える。

2　９２４１６を９２０００と４１６に分けて考え、９２０００の**アの数**を求めて、残りの４１６から次の奇数をひき算をしていき、０になるまでひいた回数を数える。

3　９２４１６を９２４００と１６に分けて考え、９２４００の**アの数**を求めて、残りの１６から次の奇数をひき算をしていき、０になるまでひいた回数を数える。

4　９２４１６を分けずに、１から順に奇数をひき算をしていき、０になるまでひいた回数を数える。

（2）９２４１６を分けずに、１から順に奇数《きすう》を手回し計算機でひき算をしていく方法で**アの数**を求めます。９２４１６をＤの窓《まど》に表示させたあと、Ｃのハンドルを（－）**の方向に１１回転**したときと、Ｃのハンドルを（－）**の方向に３０回転**したときのＤの窓の表示はいくつになるか書きなさい。

このページには問題は印刷されていません。

【資料３】コンピューターの原理

手回し計算機からコンピューターへと計算機技術は進歩していきました。

コンピューターの基本となるものは、電子部品から構成された計算をするための※素子《そし》です。これには、ＮＯＴ（ノット）素子とＯＲ（オア）素子とＡＮＤ（アンド）素子などがあります。

素子のＡやＢに１や０を入力すると、ＯＵＴ（アウト）に１や０が出力されます。

ＮＯＴ素子

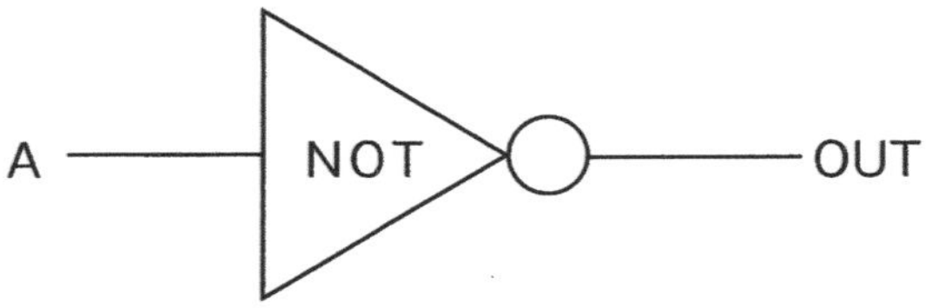

A	OUT
0	1
1	0

ＯＲ素子

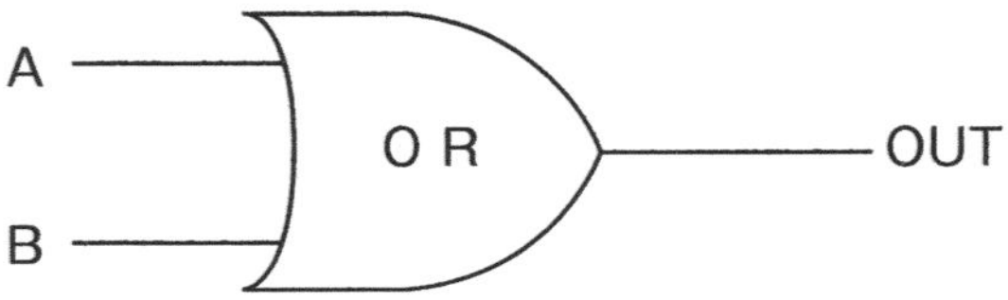

A	B	OUT
1	1	1
1	0	1
0	1	1
0	0	0

ＡＮＤ素子

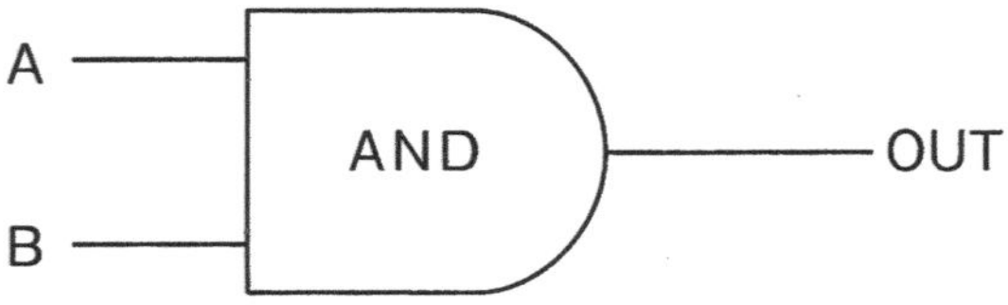

A	B	OUT
1	1	1
1	0	0
0	1	0
0	0	0

※　素子・・・全体の機能に重要な役割をもつ個々の部品。

問題３　それぞれの素子が次の【図１】【図２】のように組み合わさっています。
あとの（１）（２）の問題に答えなさい。

【図１】

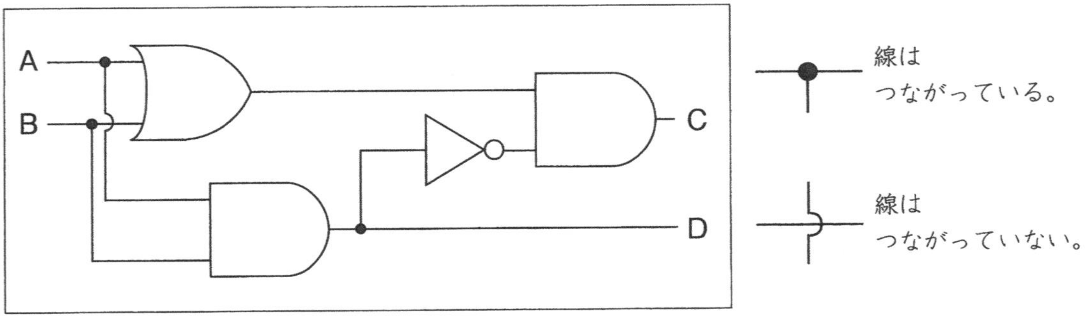

（１）【図１】でＡとＢに１を入力したとき、Ｃ、Ｄの出力はそれぞれどうなっていますか。０または１を書きなさい。

（２）【図２】でＥに１を入力し、Ｆ、Ｇに０を入力したとき、Ｈ、Ｉの出力はそれぞれどうなっていますか。０または１を書きなさい。

【図２】

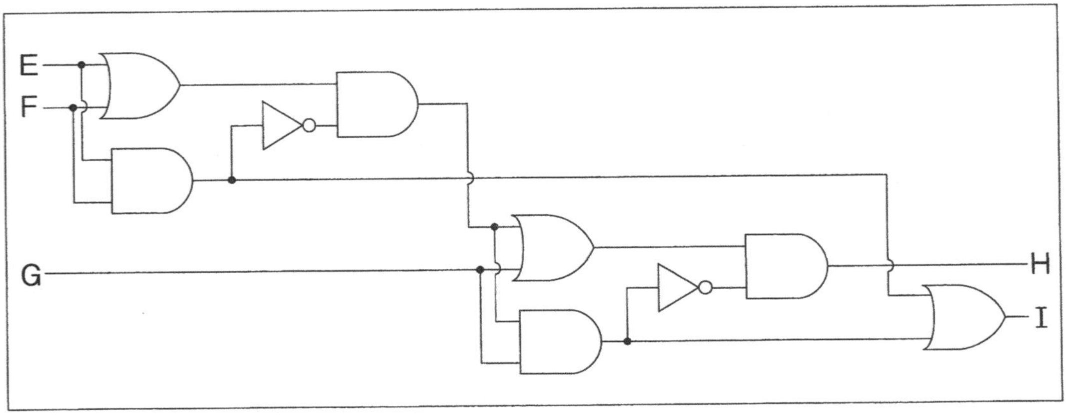

問題４　たろうさんは、コンピューター技術が進んだことで実現に近づいている自動運転技術について、調べたことを**【資料４】**～**【資料７】**にまとめました。あとの問題に答えなさい。

【資料４】年代による人工知能（ＡＩ）研究の変化

年　代	ブーム	内　　容
１９５０年代後半～１９６０年代	第１次ＡＩブーム	「※1推論《すいろん》・※2探索《たんさく》」をすることで特定の問題を解く研究が進む
１９８０年代	第２次ＡＩブーム	コンピューターに「知識」を入れて答えを導き出す実用的なシステムがつくられた
１９９０年代後半～	第３次ＡＩブーム	自動的にデータから学習して答えを出すための手法を見つける「ディープラーニング」などの機械学習がすすむ

（松尾《まつお》　豊《ゆたか》「人工知能は人間を超えるか」をもとに作成）

※１　推論・・・わかっていることをもとにして、まだわかっていないことを考え、説明すること。

※２　探索・・・さぐったりさがしたりして調べること。

【資料５】自動運転技術の進歩に関わる出来事

年	出　来　事
２００４	米国防総省国防高等研究計画が、砂漠《さばく》で自動運転技術を競う「グランドチャレンジ」を開催《かいさい》
２００７	「グランドチャレンジ」の市街地開催
２００９	大手ＩＴ企業《きぎょう》が参入、カリフォルニア州で１００万マイル（約１６１万km）に及《およ》ぶ自動運転走行試験
２０１４	大手ＩＴ企業が自社開発した自動運転自動車を公開
２０１５	各国政府が実現に向けた戦略を発表。※1Ｇ７交通大臣会合で国際標準化の推進《すいしん》、セキュリティ対策《たいさく》に取り組むことで合意
２０１６	日本では２０２０年の東京五輪での無人走行によるサービス、高速道路での高度自動運転の実現を目標に掲《かか》げる「※2官民ＩＴＳ構想・ロードマップ２０１６」を発表
２０１７	「官民ＩＴＳ構想・ロードマップ２０１７」を発表

（朝日新聞記事、内閣ＩＴ総合戦略本部の資料「官民ＩＴＳ構想・ロードマップ２０１７」をもとに作成）

※１　Ｇ７・・・・・・・・先進７ヶ国首脳会議

※２　官民ＩＴＳ構想・・・高度道路交通システムについて多くの府省庁や民間企業などにおいて、今後の方向性などの共有がなされた考え。

【資料6】自動運転技術レベルと主な内容

レ ベ ル	主 な 内 容	運転の責任主体《せきにんしゅたい》
レベル１ 運転支援《うんてんしえん》	システムが前後・左右いずれかの移動で運転支援を行う	運転者
レベル２ 部分運転自動化	システムが前後・左右の両方の移動で運転支援を行う	運転者
レベル３ 条件付運転自動化	限られた範囲内でシステムが全ての運転を行う。作動継続《さどうけいぞく》が困難《こんなん》な場合、運転者はシステムの要求に対して、応答して運転に戻ることが期待される	システム （作動継続が困難な場合は運転者）
レベル４ 高度運転自動化	限られた範囲内でシステムが全ての運転を行う。作動継続が困難な場合でも利用者が運転することはない	システム
レベル５ 完全運転自動化	限られた範囲ではなくシステムが全ての運転を行う。作動継続が困難な場合でも利用者が運転することはない	システム

（内閣ＩＴ総合戦略本部の資料「官民ＩＴＳ構想・ロードマップ２０１７」をもとに作成）

【資料7】自動運転システムによって期待できる変化

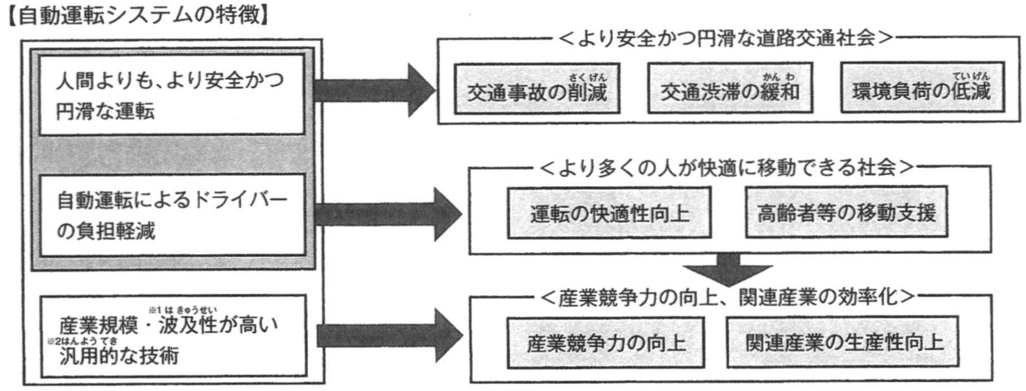

※１　波及性・・・だんだんと広がり伝わっていくようす。

※２　汎用的・・・一つのものをいろいろなことにつかえるようす。

（内閣ＩＴ総合戦略本部の資料「官民ＩＴＳ構想・ロードマップ２０１７」をもとに作成）

これらの資料からわかることとして適切なものを、次の**１～５**からすべて選び、番号を書きなさい。

1　１９９０年代後半からの第３次ＡＩブームでは、人間が「知識」を入れてコンピューターが答えを導き出す「ディープラーニング」が大きく進歩した。

2　２００４年にグランドチャレンジがあり、２０１５年にはＧ７交通大臣会合で、国際標準化の推進《すいしん》、セキュリティ対策《たいさく》に取り組むことが合意された。

3　自動運転技術レベル３の条件付運転自動化では、運転の責任主体《せきにんしゅたい》は運転者であり、システム作動継続《さどうけいぞく》が困難《こんなん》な場合は、運転者は運転に戻《もど》ることがある。

4　自動運転技術レベル４の高度運転自動化では、運転の責任主体はシステムであり、システム作動継続が困難な場合でも、利用者は運転することはない。

5　自動運転システムによって、より安全で円滑《えんかつ》な道路交通社会やより多くの人が快適に移動できる社会となることがみこまれ、産業競争力の向上や関連産業の効率化が期待できる。

このページには問題は印刷されていません。

【適

適性検査Ⅰ　解答用紙

2　※問題2．60点

問題2

（1）

私は「日本の伝統的な建築物」をテーマとして調べ学習を行っていくなかで、法隆寺などの日本の伝統的な木造建築物にみられる建て方の工夫について書かれた文章に出会いました。その工夫を紹介します。

200

255

※には何も記入しないこ

※
1

※

※
2

※
3

※

※
4

受検番号	氏　　名

※

横浜市立横浜サイエンスフロンティア高等学校附属中学校

2

※には何も記入しないこと。

問題２	（2）
	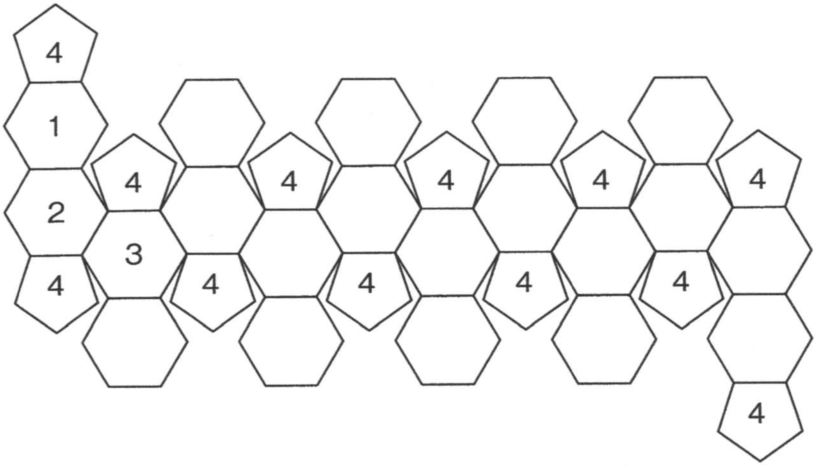

※

3　問題4．10点　他．5点×5

問題１

※

	（1）	（2）　完答	
問題２		11回転	30回転

※　※

	（1）　※完答		（2）　※完答	
問題３	C	D	H	I

※　※

問題４

※

受検番号	氏　　名

※

※100点満点

横浜市立横浜サイエンスフロンティア高等学校附属中学校

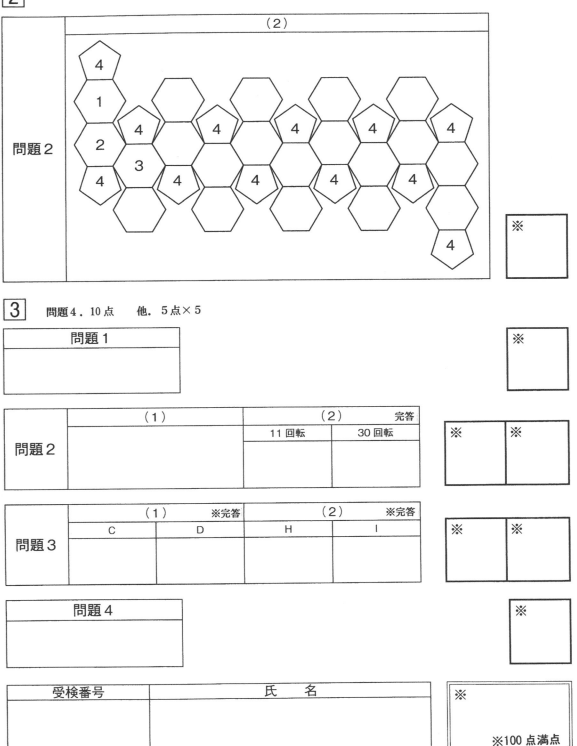

適性検査Ⅱ　解答用紙

1　問題２(3)．10点　　他．５点×６

※には何も記入しないこと。

問題１	
g	%

※

問題２	(1)	(2)
	g	

※ ※

(3)

浸透圧が

				15					20

飲みもの

※

問題３

※

問題４	(1)	(2)
		g

※ ※

2　問題１．５点　　他．10点×２

問題１

※

問題２	(1)
	通り

※

2

問題2

（2）

250

300

※には何も記入しないこと。

※ 5 ※

※ 6

※ 7 ※

※ 8

適性検査Ⅰ　解答用紙

（検査Ⅰ合計）
※100点満点

※には何も記入しないこと。

1

問題１　(1)５点　他．10点×２

（１）

※

（２）

※

（３）

※

2

問題１　15点

（１）	（２）
約　　　　寸	

※

受検番号	氏　　名

※

横浜市立横浜サイエンスフロンティア高等学校附属中学校